本教材第四版曾获首届全国教材建设奖全国优秀教材二等奖

"十四五"职业教育国家规划教材

"十三五"职业教育国家规划教材

"十二五"职业教育国家规划教材
经全国职业教育教材审定委员会审定

新编21世纪高等职业教育精品教材

市场营销系列

市场营销

理论、案例与实训

第五版

主　编／杨　勇　陈建萍

副主编／吴贤龙　朝　霞

中国人民大学出版社
·北京·

图书在版编目（CIP）数据

市场营销：理论、案例与实训 / 杨勇，陈建萍主编
. --5 版 . --北京：中国人民大学出版社，2023.1
新编 21 世纪高等职业教育精品教材 . 市场营销系列
ISBN 978-7-300-30762-6

Ⅰ.①市… Ⅱ.①杨… ②陈… Ⅲ.①市场营销-高
等职业教育-教材 Ⅳ.①F713.3

中国版本图书馆 CIP 数据核字（2022）第 108976 号

本教材第四版曾获首届全国教材建设奖全国优秀教材二等奖
"十四五"职业教育国家规划教材
"十三五"职业教育国家规划教材
"十二五"职业教育国家规划教材
经全国职业教育教材审定委员会审定
新编 21 世纪高等职业教育精品教材·市场营销系列
市场营销：理论、案例与实训（第五版）
主 编 杨 勇 陈建萍
副主编 吴贤龙 朝 霞
Shichang Yingxiao：Lilun、Anli yu Shixun

出版发行	中国人民大学出版社				
社　　址	北京中关村大街 31 号		**邮政编码**	100080	
电　　话	010－62511242（总编室）		010－62511770（质管部）		
	010－82501766（邮购部）		010－62514148（门市部）		
	010－62515195（发行公司）		010－62515275（盗版举报）		
网　　址	http://www.crup.com.cn				
经　　销	新华书店				
印　　刷	北京溢漾印刷有限公司		**版　次**	2006 年 3 月第 1 版	
				2023 年 1 月第 5 版	
开　　本	787 mm×1092 mm　1/16		**印　次**	2024 年 1 月第 4 次印刷	
印　　张	21.75				
字　　数	496 000		**定　价**	49.00 元	

第五版前言

党的二十大报告中强调："培养什么人、怎样培养人、为谁培养人是教育的根本问题。"立德树人成效是检验高校一切工作的根本标准。为了更好地满足学习与教学需求，本教材坚持全面落实立德树人的根本任务，将价值塑造、知识传授和能力培养三者融为一体，注重职业教育特色，进一步加强教材的应用性、适用性及实用性，同时保持教材生动、易学、好用的特色。

基于以上，第五版在教材体例及内容上，特别设计了"中国榜样""中国力量""素养提升"等。其中，"中国榜样"集中展示中国优秀企业营销实例；"中国力量"用事实（数据）说话，真实、全面地帮助读者更好地把握企业所面临的营销环境。"素养提升"则是练习环节，一方面拓展学生思考，另一方面检测相关教学效果。另外，原来的"方向标"中，也明确地列出知识与能力目标、素养目标。

为了有效反映营销理论与实践的新发展、新变化，第五版同样更新了大量的案例与资料，同时，增加、优化了"营销在中国""企业采购智能化发展""价格反应程序"等内容，更换了书末提供的学生营销企划习作。

第五版仍然在意为读者提供便利、有效的辅助学习手段。不同类型的二维码可以实现不同的学习目的：二维码"帮记"帮助读者更好、更方便地学习及做学习笔记；二维码"学一下"为读者提供一些碎片化阅读内容；二维码"放大镜"为读者提供更加清晰、完整的图片及相关资料；二维码"看一看"则提供了教材各章节一些重要知识点、内容的小视频介绍。每一章后面的"营销实战训练"设计成了营销实战训练项目，方便教学使用。

本教材由杨勇、陈建萍任主编，吴贤龙、朝霞任副主编。杨勇、陈建萍负责全面修订、统稿。参加第五版修订、编写的人员包括北京科技大学杨勇、陈建萍、吴贤龙、朝霞、曹彤春、李政丹。北京科技大学的韩梅、姜喆参与了部分资料的收集工作。

特别荣幸，本教材被评为首届全国教材建设奖全国优秀教材二等奖。获此殊荣，幸福之余深感压力更大、责任更重。

本教材为北京科技大学校级"十四五"规划教材，并得到北京科技大学教材建设

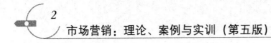

基金资助。

作者对中国人民大学出版社编辑一直以来给予本教材的大力支持与无私帮助表示衷心的感谢！

编者

第一版前言

在市场竞争越来越激烈的今天，市场营销已经成为决定企业经营成败的重要内容。成功的市场营销，能帮助企业通过更好地发现、满足市场需求来达成自己的目标。企业要想更好地生存与发展，必须立足市场，以满足市场需求为前提，做好市场营销。正因为如此，企业急需既懂现代市场营销理论，又能很好地进行市场营销运作的高素质人才。然而，目前高职高专的市场营销课程教学普遍偏重于理论教学，存在着脱离实际、不注重实操能力培养的弊端，难以培养出真正满足企业及市场需要的有用人才。通过不断的教学实践，我们越来越认识到市场营销课程教学必须符合市场营销的基本精髓——以不断地"满足市场需求"为达到目标的重要前提。市场营销课程教学面对的基本需求是教师、学生的教与学的需求，以及企业营销的实践需求。为满足上述需求，我们编写了本教材，并力求具备以下特色：

第一，实用性强。

一方面，本教材按照正常、合理的教学顺序设计教材结构与内容，从而更加贴近市场营销教学与教改的需要，更有利于培养真正实用的营销专业相关人才；另一方面，本教材遵从"理论够新够用"的基本原则，在编写过程中，不罗列一般的理论教条，在跟踪国内外营销理论最新发展的前提下，保证理论体系的健全、新鲜和生动。

第二，注重培养学生的营销技能。

考虑到市场营销课程教学内容的需要，本教材在提供市场营销的基本理论、方法的基础上，同时提供营销技能培训的教学。为此，本教材在相关章之后创新性地设计了"营销基本功必备"这样一个生动、趣味性强的实训内容，用以提升学生的营销技能。

第三，体例新颖，内容生动。

好的营销教材应该能够吸引学生更好地学习营销课程，掌握更多的专业知识。同时，也方便教师教学需要。本教材在借鉴国外优秀营销教材编写模式的基础上，结合我国营销实际，力求使整个教材体例新颖、内容生动。

本教材基本的体例安排为：

（1）在每一章的开始，设有"方向标"与"导入案例"。

方向标——提供每一章内容的基本框架，以帮助学生了解本章的主要内容及相互关系，并提出本章学习要达到的目标；

导入案例——引人入胜的导入案例，帮助学生快速进入本章内容的学习轨道。

（2）在每一章的叙述过程中，穿插安排了"营销战例"、"营销资料"、"大师在说"及"小思考"栏目。

营销战例——提供有趣、短小的企业营销实例，使学生了解企业营销成功的经验与失败的教训；

营销资料——提供具有极高实用价值的营销资料，扩展学生的知识面；

大师在说——提供营销大师的至理名言；

小思考——学习的缓冲器，通过它可以暂缓学习的脚步，使学生停下来整理一下学过的内容，并为后面的学习做好准备。

（3）每一章的结束部分，设计、安排了"本章小结"、"复习与思考"、"营销实战分析"以及"营销实战训练"栏目。

本章小结——帮助学生回顾本章学过的主要概念与内容；

复习与思考——以问题的形式，检测学生对本章所学基本知识的掌握情况；

营销实战分析——通过生动、真实的营销案例，为学生提供发挥所学、解决实际营销问题的机会；

营销实战训练——通过营销实训环节，提高学生的营销运作能力。

另外，本教材特设了"营销基本功必备"栏目，用以训练学生的营销基本功，培养和提升学生的营销技能。

本教材适用于高等职业教育院校、普通高等院校、成人高等院校相关专业的市场营销课程教学，也可以作为企业营销培训及自学者学习用书。

北京科技大学高职市场营销专业从1996年开始进行教学改革，2000年被北京市教委确定为北京市高职高专教改试点专业，2001年被教育部确定为第一批也是全国唯一一家市场营销专业的高职高专教改试点专业。作为营销专业最重要的专业课程之一，我们对市场营销课程的教学进行了认真研究与改革，并形成了有自己特色的教学体系与内容。这本教材是我们多年市场营销专业教学与教改、科研的总结。同时，它也是相关院校营销教学工作者通力合作的结晶。

本教材由杨勇构思、统稿，参加编写的人员有北京科技大学杨勇、束军意、吴贤龙、闵向东、郝建楠，福建经济管理干部学院潘金龙，陕西财经职业技术学院李建峰、张馨予，上海第二工业大学陈忠义，河北商贸学校王萍。同时，北京科技大学中日经济技术学院市场营销专业学生白雪鹏、刘英伟、田燕丽、田雪柱、朱贺、任丽、付涛、肖伟参加了本书营销企划案例的设计、编写工作。

在本教材的编写过程中，得到了中国人民大学出版社编辑的大力支持和帮助，编者在此表示衷心的感谢！

编者

2006年2月

第3篇 营销战略

第4篇　营销策略

第5篇 营销实现

索引

营销战例

营销资料

大师在说

第 1 篇　营销概述

第1章

营销的基本认识

 方向标

帮记 1-1

这一章，我们首先从企业目的及其实现之道开始，感性地认知营销。接下来，我们将从理论上去界定"营销是什么"以及"营销为什么"，并由此去把握企业的营销管理及其过程。最后，我们从企业战略的高度来理解企业的营销管理。掌握这些基本概念与分析，为我们学习以后各章的知识打下坚实的基础。走，去"邮局咖啡"喝杯咖啡，想想"营销是什么"。

我们要达成的目标：

知识与能力目标

★ 了解六种不同的营销观念；

★ 回答什么是市场与市场营销，为什么进行市场营销；

★ 了解营销管理及其过程；

★ 了解企业战略与营销管理。

素养目标

★ 了解营销理论在中国的发展，增强民族自信。

导入案例

邮局咖啡

2022年2月14日，中国邮政旗下第一家咖啡店"邮局咖啡"落地厦门国贸大厦。

从"邮局咖啡"微信小程序可知，该店售卖咖啡、茶饮、甜点和邮局周边文创等。其中，咖啡售价22元至38元不等，最便宜的是经典美式咖啡，售价22元，最贵的是特调咖啡好事"花"生，售价38元。门店能提供到店自取和送货到家两种服务。

"天涯海角都能送达"的中国邮政，竟然跨界开起了咖啡店，该消息很快引来众多关注。

"邮局咖啡"售卖的咖啡以精品咖啡为主，店内选用的咖啡豆产自云南。"邮局咖啡"由中国邮政与中域咖烨共同打造。

在厦门开张的中国邮政咖啡店，由厦门国贸邮政支局改造而成，门牌左边写着"中国邮政"，右边写着"邮局咖啡"。这足以表明，经营咖啡与邮政要素的结合将成为主要的卖点。

据相关消息，2022年，"邮局咖啡"将陆续在北京、上海、广州、深圳等一二线城市开设。

资料来源：沪生.你会去邮局喝咖啡吗?.光明日报，2022-02-22；唐伯虎.邮政开咖啡馆：快递太"慢"，靠咖啡"提速"?.伯虎财经，2022-02-24，有删改.

 ## 1.1 企业目的与实现目的之道

让我们从企业目的及其实现之道开始，感性地认知营销吧。

1.1.1 企业及其目的

根据我国相关法律对企业概念的界定，企业是依法设立并向社会提供满意的产品，以获取赢利的经济组织。显然，企业的基本内涵决定其基本目的首先应该是经济性与营利性。经济性，即企业是从事生产经营取得利益的经济组织，是市场经济中的基本单位，是创造社会财富的主体；而营利性则表明追求赢利是企业的基本目的。在生产经营活动中，企业必须积极主动地提高生产力，不断改善经营管理，以尽可能少的投入获取尽可能多的产出，即不断提高企业的经济效益，而利润是企业经济效益的重要表现形式。企业不能赢利，就失去了存在和发展的基本意义。从本质上看，企业为了有效获得赢利，必须合理配置各种资源，不断提升自己的核心竞争力。当然，作为国民经济的微观组成部分，企业也责无旁贷地承担着满足社会需求、解决社会就业、做好环境保护及促进国民经济发展等一系列社会责任。因此，关注企业的利润及其增长成为企业的重要目的。

1.1.2　实现企业目的之道

当今的企业无论是作为卖方面对买方，还是作为买方面对其供应商或合作伙伴，无不处于各种交换关系之下。以交换为基本的前提和出发点，企业实现及更好地实现利润目标的解决之道经历了一个历史变化过程，主要表现为五种观念的选择。这一点，我们可以从西方国家，特别是美国企业一百多年的发展过程中清楚地看出。这五种观念分别是：生产观念、产品观念、推销观念、市场营销观念和社会营销观念。进入21 世纪，在新的生存与发展环境下，企业有了更趋整体化的新的观念，即全面营销观念。

学一下 1-1

看一看：营销观念及其比较

1.1.2.1　生产观念

生产观念（production concept）是一种古老的解决之道。在西方国家，20 世纪 20 年代初期之前这种观念为很多企业所选择。当时，由于社会生产力不发达，许多商品严重供不应求，属典型的卖方市场。于是，企业的一切生产经营活动均以自己的生产为中心，"以产定销"——产量或生产规模成为决定企业利润的最重要的因素。

实际上，生产观念的假设前提是：顾客会喜欢那些随处可以买到的价格低廉的商品。所以，企业的工作重点就是努力提高生产规模与效率，降低成本，促进购买。

20 世纪初期，美国福特汽车公司创始人亨利·福特（Henry Ford）就一直致力于大规模生产线的实现。福特千方百计地增加 T 型车的生产规模，降低成本和价格，力求更多地占领市场，获得规模经济效益。至于顾客对汽车的具体需求与不同爱好，则不予考虑。那时的福特一直自豪地认为："本公司旨在生产汽车"；"顾客可以有不同颜色的需要，我们只有黑色的 T 型车"。

生产观念在两种情况下适用：其一是市场需求超过供给，供不应求，企业自然致力于生产规模与效率的提高；其二是产品成本和售价太高，企业只有提高生产规模与效率，才能降低产品成本与售价，从而促进购买，扩大市场规模。

1.1.2.2　产品观念

产品观念（product concept）与生产观念极其相似，在 20 世纪 20 年代初期之前同样为许多企业选择。与生产观念稍有不同的是，产品观念认为只要是好产品，就不愁卖不出去，不愁赚不了钱。

产品观念的假设前提是：顾客喜欢质量高、性能好、有特色的商品，企业的工作重点就是努力提高产品质量，提供价廉物美的商品。

美国皮尔斯堡（Pillsbury）面粉公司从 1869 年至 20 世纪 20 年代，一直运用产品观念帮助企业谋求更多的利润。当时这家公司认为，自己是专业的面粉加工商，生产的面粉质量是无与伦比的，其基本职责是生产高质量的面粉。

显而易见，生产观念和产品观念都认为企业利润的赢取之道在于强化企业的内部生产，其区别只在于：前者注重以量取胜，后者注重以质取胜，二者都没有把企业外部需要放在首位。

1.1.2.3　推销观念

推销观念（selling concept）是生产观念的发展和延伸。20 世纪 20 年代到 50 年代，西方国家的生产技术已相当先进，产量迅速增加，市场供求关系开始发生重大变化，由卖方市场向买方市场过渡。随着竞争加剧，企业产品的销售变得越来越困难。越来越多的企业发现生产的规模化与高效化及产品质量的提升已不能够满足自己对利润的有效追求，产品销路问题由此凸显。于是，推销技术受到企业的特别重视。建立高效的销售队伍以帮助企业找到顾客，成为企业实现利润之道的不二选择。

推销观念认为顾客不会购买并非必需的产品或服务，因此企业必须进行有效的人员推销和广告活动，刺激顾客并诱导其采取购买行动。即产品是"卖出去的"而非"买回去的"。

这时的美国皮尔斯堡面粉公司认为，自己是面粉加工商，必须有一流的销售组织，以便把生产出的所有产品以有利的价格销售出去。

推销观念与前两种观念的不同之处是：生产观念和产品观念以抓生产为重点，通过提升产量或质量来获利；推销观念则以推销为重点，通过强化产品销售来获利。但事实上，与前两种观念一样，推销观念仍然没有脱离以生产为中心、"以产定销"的范畴。

1.1.2.4　市场营销观念

市场营销观念（marketing concept）是第二次世界大战后在美国新的市场形势下形成的。当时的美国，已经完成了卖方市场向买方市场的转变。市场营销观念的核心原则在 20 世纪 50 年代中期基本定型。市场营销观念认为，实现企业的利润必须以顾客需要和欲望为导向。企业的生产经营活动是一个不断满足顾客需要的过程，而不仅仅是制造或销售某种产品或服务的过程。

市场营销观念认为，顾客的需要是企业生产经营活动的出发点和终结点，因为有相应的顾客需要，才会有企业的产品销售，最终才可能有效地实现企业的利润。所以，企业必须"发现需要并设法满足它们"，而不是"生产产品并设法卖出去"。正所谓"主观为自我，客观为他人"。

麦当劳成功地走向世界，靠的就是"顾客第一"的市场营销观念。麦当劳相信：顾客都是在一定历史条件下、一定的社会环境中生活，只要把顾客放在第一位，满足顾客的需要，钱就会像密西西比河的流水一样滚滚而来。为了有效地满足顾客需要，麦当劳公司制定了全球统一的企业标准 QSCV——质量（quality）、服务（service）、清洁（cleanliness）和价值（value）。

市场营销观念作为赢利之道而为企业所选择，标志着企业经营思想发生了根本性变化，意味着企业经营思想从"以产定销"转变为"以销（需）定产"。企业开始懂得，只有明确顾客需要，并予以有效满足，自己的产品才有销路，企业才可以长久获利，从而不断发展。

1.1.2.5　社会营销观念

20 世纪 70 年代以来，由于环境破坏、资源短缺、通货膨胀、失业增加及社会服务被忽视等问题越来越严重，要求企业重视消费者整体与长远利益及社会利益的消费者保护和环境保护等活动在西方国家盛行。在这种情况下，社会营销观念（societal marketing concept）应运而生。作为对市场营销观念的修正与完善，社会营销观念认为企

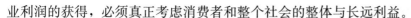

业利润的获得，必须真正考虑消费者和整个社会的整体与长远利益。

社会营销观念提出，企业的任务是确定消费者的需要、欲望和利益，并以保护或者提高消费者和社会福利的方式，比竞争者更有效地予以满足。

因为忽视社会利益，举世闻名的可口可乐公司和麦当劳公司，都曾受到美国消费者组织及环境保护组织的指责。

社会营销观念不仅满足了消费者的需要和欲望，使企业由此获得利润，而且符合消费者自身和整个社会的长远利益，能够正确处理消费者利益、企业利润和社会福利之间的矛盾，统筹兼顾，求得三者之间的平衡与协调，这显然有别于单纯的市场营销观念。

实际上，上述五种选择是不同的企业经营思想，它们被不同的企业用来指导自己的营销活动。所以，我们也称之为企业的营销观念。把这五种不同的企业营销观念做一个基本的比较，不难看出，前面三种具有本质的相同点，可以统称为传统的营销观念。传统的营销观念以企业为中心，以"产"定"销"；而市场营销观念及社会营销观念以消费者为中心，以"销"定"产"。这五种营销观念的比较如表 1-1 所示。

表 1-1　五种营销观念的比较

营销观念	核心	原则	规划顺序	手段	目的
生产观念	产品	产什么卖什么	以"产"定"销"	提高生产规模与效率	实现企业利润及其他目标
产品观念		酒香不怕巷子深		提高产品质量	
推销观念		产品是卖出去的		推销与广告	
市场营销观念	消费者需要	主观为自我，客观为他人	以"销"定"产"	整体营销手段	实现企业利润及其他目标
社会营销观念	消费者需要、利益及社会福利	保护或提高消费者利益及社会福利			

1.1.2.6　全面营销观念

面对 21 世纪更为纷繁复杂的环境变化，一些优秀的企业在自己的营销实践中越来越意识到需要全方位的、更加整体化且高度关联的新的观念，全面营销观念（holistic marketing concept）应运而生。

全面营销观念认为，企业的营销可能与一切事物相关，必须以更加广泛的方式整合营销实践中的营销企划、营销过程和营销活动。因此，全面营销包括四个重要的组成部分：关系营销、整合营销、内部营销及绩效营销。

（1）关系营销（relationship marketing）是指企业除进行短期交易外，还必须与有价值的顾客、供应商、分销商等营销关键成员建立长期、有效的关系，使企业保持长期的业绩和业务，从而不断取得发展。通过建立这种长久的关系，企业将最终拥有自己的营销网络——这是企业重要的无形资产。企业的营销网络包括企业及所有支持它的利益相关者：顾客、企业员工、供应商、分销商以及其他与之建立长期互利性商业关系的个人或组织。显然，企业与竞争对手的竞争已经演变为相应的营销网络之间的较量。谁与其利益相关者建立的营销网络更强大，谁才有可能不断地获得满意的利润。关系营销趋向于强调长期性，目标是为顾客提供长期价值，而同时以顾客长期的满意及有效的顾客生涯价值作为收获。

麦当劳与肯德基是一对强有力的竞争对手。想一想：麦当劳与肯德基的竞争真的只是它们两者之间的竞争吗？

　　（2）整合营销（integrated marketing）是指企业的营销过程可以用大量不同的方式来实现；同时，为了取得更好的营销综合效果，必须高度重视这些实现方式的协调一致。因此，企业需要将其需求管理、资源管理和网络管理进行全盘考虑，统一安排、部署。

　　（3）内部营销（internal marketing）是指保证企业全体成员特别是高层管理者必须正确理解、认知营销观念，聘用、培训并激励有能力做好顾客服务的员工。内部营销首先要保证企业营销管理的各环节、各部门在正确的营销理念指导下做好服务顾客的工作；同时，营销职能部门要高举"顾客第一"的旗帜，协调好与企业其他部门之间的关系。内部营销使服务顾客的正确的营销理念成为企业每一个人的共同价值观。

　　（4）绩效营销（performance marketing）是指在注重企业营销实践的商业回报的同时，更广泛地重视营销对法律、伦理、社会和环境等方面产生的作用。事实上，绩效营销在度量企业营销的绩效时，除考虑营销财务绩效外，也认真考虑其社会责任。财务绩效方面的衡量，可以既考虑企业的品牌建立、顾客群增长，又顾及财务与利润；而营销社会责任的衡量，必须正确平衡与协调消费者利益、企业利润与社会福利三者之间的关系。这实际上是对社会营销观念的包容。

❖营销战例 1-1

中国榜样★

贝因美的全面营销观：因爱而美

　　总部设在杭州、成立于1999年的贝因美，以"育儿专家，亲子顾问"为品牌定位，主要从事婴幼儿食品的研发、生产和销售等业务。

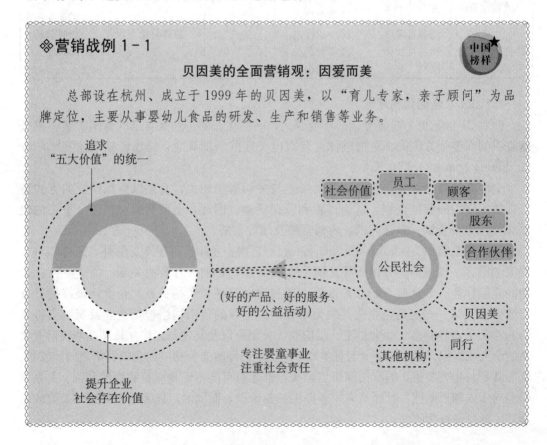

贝因·美以"让亿万家庭生活更美好"为公司使命，认为只有生产出真正符合中国婴儿特质的产品，才能真正获得社会的认同，在实现社会利益的同时也能有效地实现企业利益。

资料来源：贝因美官方网站，有删改.

1.2 营销——理论的解释

小思考

在给出"营销是什么？"的理论阐释之前，问问自己，你对市场营销了解多少？你认为什么是市场营销？列举一些你身边与市场营销有关的事实。

1.2.1 市场

市场营销显然与市场密不可分，营销应该是针对市场的营销。

关于"市场"，我们已经知道很多解释：市场是买卖双方进行商品交换的地点或场所；市场是人类交换关系的总和；等等。

市场营销观念认为，实现企业的利润必须以顾客需要和欲望为导向，必须以满足顾客需要和欲望为前提。因此，从营销的角度看，市场是具有特定需要和欲望，并愿意且可以通过交换来满足这些需要和欲望的全部顾客。所以，有人认为：

市场＝人口＋购买力＋购买欲望

人口是构成市场的基本因素，哪里有人，哪里就会有市场。一个国家或地区的人口多少，是决定市场大小的基本前提。购买力是指人们支付货币购买商品或服务的能力。购买力的高低取决于购买者收入的多少。一般来说，人们收入多，购买力高，市场也大。购买欲望是指人们购买商品的动机、愿望和要求，它是购买者把潜在的购买能力变为现实购买行为的前提条件。以上三个因素互相制约、不可或缺，它们的有机统一构成市场。

事实上，站在作为卖方的企业的角度，可以简单地将企业所面对的所有顾客看作是它的市场，而企业的同行（即企业以外的其他卖方）是企业的竞争者。或者说，买方构成市场，卖方构成产业。

1.2.2 市场营销

在介绍市场营销观念时提到，市场营销是"主观为自我，客观为他人"，也就是说，企业的市场营销是在交换的前提下，通过了解、明确市场需求并有效加以满足来实现企业利润及其他目标。

实际上，关于市场营销的概念，不同的人有不同的诠释。美国西北大学营销学教授菲利普·科特勒（Philip Kotler）指出，所谓市场营销（marketing），广义上就是通过与他人交换价值，来实现个人和组织的需要与欲望的社会和管理过程。在较为狭义的商业背景下，市场营销涉及与顾客建立价值导向的交换关系。所以，在菲利普·科特勒看来，市场营销是企业为获得利益回报而为顾客创造价值并与之建立稳固关系的过程。[①]

我们可以这样认为：市场营销以交换为手段，以满足需求和欲望为最终目标。交换过程能否顺利进行，则取决于企业创造的产品和价值可以满足顾客所需的程度及企业对交换过程管理的水平。

为了更好地理解市场营销，菲利普·科特勒分析了市场营销的核心概念，具体内容如下所述。

1.2.2.1　需要、欲望和需求

这是一切营销活动的起点。

（1）所谓需要（need），是指人类与生俱来的基本要求。这些要求包括吃、喝、穿、住、行等生理性的，也包括爱、尊重、自我实现等社会性的。显然，任何营销都不可能创造人的基本需要，而任何成功的营销都必须有效地满足人的需要。

（2）欲望（want）则是人类需要的具体的物化表现，即是人在不同文化、生活及个性背景下，由于不同需要而产生的对特定物品的要求。比如，一个口渴的中国人为了满足解渴的生理性需要，可能会选择茶，而一个口渴的意大利人则有可能选择咖啡来满足同样的需要。

（3）需求（demands）就是有购买能力的欲望。实际上，需求是对特定产品的市场需求。企业必须清楚其市场需求的状况及可能的变化，因为需求是企业营销的起点及终点，它指导企业营销的方向，并检验和衡量企业营销的成效。

1.2.2.2　产品

从营销的角度看，产品（product）是企业提供给市场，并用来满足人们需要与欲望的"一切"。显然，产品可以是我们熟悉的实物形态的有形产品（goods），也可以是那些看不见摸不着的"无形"的活动或利益，即所谓的无形产品——服务（service）。如银行的金融服务，保险公司的保险服务，家电维修服务，美容服务，等等。从更广义的角度讲，产品还可以包括事件、体验、人员、地点、财产权、组织、信息和观念。

企业可以通过精心安排不同的服务和商品，创造、推进和实施营销品牌体验。例如，去迪士尼乐园就是一种体验。如今，体验已经成为企业在激烈的市场竞争中富有特色、并能够触动顾客心灵的营销产品形式。

1.2.2.3　价值、满意与质量

面对市场众多可供选择的产品，顾客凭借他们对产品提供的价值来选择、购买产品，并力求使自己满意。从营销学的角度，这些内容可以用顾客让渡价值和顾客满意

---

① 菲利普·科特勒，加里·阿姆斯特朗. 市场营销原理与实践. 第17版. 楼尊，译. 北京：中国人民大学出版社，2020：5.

来表述。

1.2.2.3.1 顾客让渡价值

顾客让渡价值（customer delivered value），是顾客通过购买和消费特定产品所获得的价值（即总顾客价值，total customer value）与为此而付出的所有成本（即总顾客成本，total customer cost）的差额。对顾客而言，顾客让渡价值实际上是按照顾客自己的心理感受来理解的。顾客让渡价值的基本构成可以用图1-1来表示。

看一看：顾客
让渡价值与
顾客生涯价值

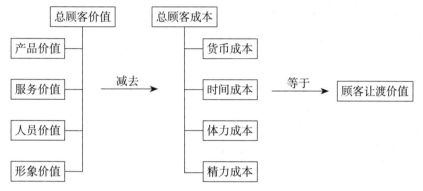

图 1-1 顾客让渡价值的基本构成

从图1-1可以看出，顾客让渡价值事实上是顾客通过购买和消费产品，而从企业得到的"利润"。

1.2.2.3.2 顾客满意

顾客满意（customer satisfaction），是顾客对购买和消费的产品所提供的效能与其主观期望比较的一种结果。当产品效能与其主观期望吻合时，顾客会满意；当产品效能低于其主观期望时，顾客会不满意；当产品效能超出其主观期望时，顾客便会喜出望外了。

◈**营销资料 1-1**

满意的顾客对于企业的意义

一个高度满意的顾客会：

● 忠诚于公司更久；

● 购买更多的公司新产品和提高购买产品的等级；

● 为公司和它的产品说好话；

● 忽视竞争品牌和广告，并对价格不敏感；

● 向公司提出产品或服务建议；

● 由于交易惯例化而比用于新顾客的服务成本低。

资料来源：菲利普·科特勒.营销管理.新千年版·第10版.梅汝和，等译.北京：中国人民大学出版社，2001：61.

对于一个正常的企业来说，保持顾客高度的满意，才可以提高顾客对企业及品牌的高度忠诚。而保持对企业的有益的顾客忠诚，几乎是所有企业获取长期利润的关键。

所以，企业应该竭尽所能使顾客满意，尽量减少有益顾客的流失，提高顾客维系率。有效地创造顾客价值和满意是建立持续的顾客关系的重要基础。

 小思考

> 吴女士，50多岁，是小区超市的常客，今后也不打算搬家。昨天，吴女士到小区超市买瓶醋，因为与服务员吵架而极不愉快。吴女士发誓再也不到这家超市买东西。小区超市会因此损失多少？

从这个小思考我们应该知道，小区超市损失的恐怕远不止一瓶醋的价值。所以，营销学使用了顾客生涯价值的概念。顾客生涯价值（customer lifetime value，简称CLV）是指对企业而言，顾客在指定的年限内可以为企业带来的总价值，是顾客在指定年限内为企业提供的总收入与企业为此而付出的总成本的差额。站在企业的角度，我们会使用平均顾客生涯价值的概念。通常，平均顾客生涯价值是指在较长的年限内，企业在其顾客身上平均实现的利润净现值。事实上，更有效地获得顾客生涯价值是对企业保持高度的顾客忠诚、维系顾客的最高奖赏。

大师在说 1-1

顾客平均生涯价值的计算

休斯指出，一名顾客平均生涯价值的计算可以遵循以下步骤：

步骤1：确定顾客维系率；

步骤2：确定消费率和总收入；

步骤3：确定利润总额；

步骤4：确定利润净现值和累计利润净现值；

步骤5：确定每年的平均顾客生涯价值；

步骤6：确定未来年份的平均顾客生涯价值。

资料来源：约瑟夫·H博耶特，等.经典营销思想.杨悦，译.北京：机械工业出版社，2004：99.

为有效地实现企业的顾客生涯价值，必须做好顾客关系管理。顾客关系管理（customer relationship management，简称CRM）是通过不同途径和方式与顾客建立和保持长期、互利的关系。显然，CRM强调维系顾客，并做好四个基本环节的工作：确认顾客；根据顾客对公司价值的大小来对他们进行区分；与顾客相互交往，了解顾客的需求、兴趣和期望；将产品或服务的某些方面按顾客要求定制。

有效的顾客关系管理，可以提升企业的顾客份额（share of customer，指顾客在本企业的消费支出额占其同类消费支出额的比重）。例如，京东的PLUS会员、亚马逊的Prime会员以及网易考拉的黑卡会员，都是在用更优惠的购买、更便捷全面的服务等多种手段，给现有顾客更好的选择，使其加大在自己平台上的消费支出，从而增加自己的顾客份额。

显然，顾客关系管理是企业营销战略的重要组成部分，企业必须通过自己长期不懈的努力来做好顾客关系管理。而顾客关系管理的最终目标应该是帮助企业获得更高的顾客资产（customer equity，即企业所拥有的全部现实及潜在顾客的顾客生涯价值总和）。有效的顾客关系管理，可以让更多的可获利的顾客满意，从而提升他们的忠诚度，保证企业拥有更多的顾客资产。顾客资产可以比销售额、市场占有率更好地反映企业的营销回报。通常，销售额、市场占有率只能反映企业营销的过往，而通过顾客资产可以看到企业发展的未来。

1.2.2.3.3 质量

质量（quality）是产品的特色和品质的总和，这些品质特色将影响产品满足各种明显的或隐含的需要的能力。[①] 党的二十大明确指出，在我国，高质量发展是全面建设社会主义现代化国家的首要任务，而对企业来说，企业产品质量的好坏，直接地影响顾客让渡价值与顾客满意度。营销学认为，应当根据顾客满意的程度来定义产品的质量。全面质量管理（total quality management，简称 TQM）提倡企业全体人员致力于全面地、全过程地改进产品及工作过程的质量。全面质量管理是创造价值及顾客满意的关键。

1.2.2.4 交换、交易和关系营销

生活中，我们可以通过四种不同的方式得到某种产品：自行生产；强行取得；乞讨或交换。市场营销以交换为基本前提，没有交换就不存在市场营销。

1.2.2.4.1 交换

交换（exchange）是营销学中的核心概念，是指通过提供某种东西为回报，从别人处获得自己所需东西的过程。交换的发生，必须具备五个条件：第一，至少有两方；第二，每一方均拥有对方想要的东西；第三，每一方均可以沟通信息和传送货物；第四，每一方均可以自由接受或拒绝对方的东西；第五，每一方均满意于与对方的交换。具备这五个条件，交换就有可能发生。但交换能否成为现实，还必须看交换各方能否找到合适的交换条件，即交换各方在交换之后都比交换之前要好。

1.2.2.4.2 交易

交易是一个通过谈判达成协议的过程。如果交换各方达成协议，就说他们之间发生了交易行为。所以，交易（transaction）是交换活动的基本单元，是由交换各方之间的价值交换所构成的行为。例如，小王以 2 000 元的价格从小张手中购得一台二手笔记本电脑，是一种典型的货币交易；当然，小王也可以用自己的手机与小张的笔记本电脑进行易货交易。一次交易包括三个实质性内容：至少有两个有价值的东西；交易（买卖）各方所同意的条件；协议时间和地点。

1.2.2.4.3 顾客关系与关系营销

今天，越来越多的人注重交易的长久性，关系营销越发重要。显然，关系营销最为重要的内容是建立、维护好顾客关系，因此企业必须加强顾客关系管理，不断为顾客提供满意的价值。

实际上，企业应该根据自己不同的目标顾客的特点，以不同方式建立自己的顾客关系。例如，对于一些薄利的快速消费品（普通洗发水、方便面等），企业可以通过大众传播媒介、网站、社交媒体等载体高效传播的手段建立最为基本层面的顾客关系，而不用分别去跟每一位顾客沟通；但是，对于数量少、利润丰厚的目标顾客，则应该

看一看：顾客
关系与关系营销

---

① 菲利普·科特勒. 营销管理. 第 11 版. 梅清豪，译. 上海：上海人民出版社，2003：92.

采取各种手段，与每一位顾客都要建立牢固、紧密、有效的全面合作关系。当然，企业也可以根据自己的不同目标顾客，选择介于上述两种极端之间的顾客关系。

随着互联网、移动互联网以及各种社交媒体的迅速发展，人们的互联方式发生了巨大变化，从而影响企业的顾客关系。企业可以借助互联网、移动互联网、手机与平板电脑以及各种社交媒体，让更多的顾客以各种方式更多、更深入地参与到自己的营销过程，实现顾客浸入营销。在此基础上，发展为消费者生成内容营销。所谓顾客浸入营销（customer-engagement marketing），是指在形成品牌对话、品牌体验和品牌社区时培养直接、持续的顾客参与，使品牌成为顾客交流及生活中有意义的一部分；而消费者生成内容营销（consumer-generated marketing）则是指消费者在形成自己或他人的品牌体验中发挥更大的作用。企业可以利用博客、论坛、"抖音"等视频分享平台、手机 App、微信及其他社交媒体，让更多的消费者积极参与营销及相关过程，并在形成产品和品牌信息方面发挥更大、更重要的作用。①

放大镜 1-1

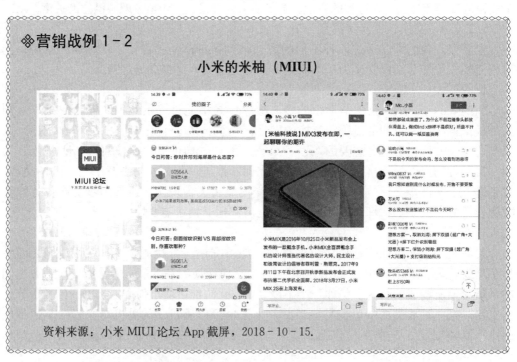

◈营销战例 1-2

小米的米柚（MIUI）

资料来源：小米 MIUI 论坛 App 截屏，2018-10-15.

1.2.2.5　市场营销者与营销对象

理论上，将交换过程中更积极、主动寻求交换的一方称为市场营销者，反之，则为营销对象。也就是说，市场营销者是希望从别人处取得东西并愿意以某种有价值的东西作为交换的一方。所以，市场营销者可以是卖方也可以是买方。但由于是站在企业的角度来研究市场营销，通常视企业（卖方）为市场营销者，而将顾客（买方）视作营销对象。

至此，我们从理论的角度给了市场营销以足够的解释。可以用图 1-2 来描述一个简单的市场营销过程。

---

① 加里·阿姆斯特朗，菲利普·科特勒.市场营销学.第 12 版·全球版.王永贵，等译.北京：中国人民大学出版社，2017：19.

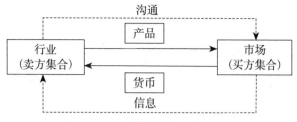

图 1-2 一个简单的市场营销过程

大师在说 1-2

放大镜 1-2

市场营销不是"什么"?

菲利普·科特勒:市场营销不是推销。

杰伊·康拉德·莱文森(Jay Conrad Levinson):营销不仅不是推销,而且也不是其他很多东西,如:

- 营销不是广告。
- 营销不是直接邮寄广告。
- 营销不是电话推销。
- 营销不是只制作宣传册。
- 营销并不意味着仅在黄页中做广告。
- 营销不是作秀。
- 营销不是用来展现幽默的舞台。
- 营销不是为了把吸引顾客的方式做得如何巧妙。
- 营销不是创造奇迹。

资料来源:约瑟夫·H博耶特,等.经典营销思想.杨悦,译.北京:机械工业出版社,2004:3-5,有删减.

1.2.3 营销的职能与意义

1.2.3.1 营销的职能

产品的生产与营销是企业生产经营活动的两项基本职能,所有企业必须通过这两项基本职能的实现来履行对顾客、社会及企业所有者的责任。生产和营销通过创造效用(utility)来满足市场需求,并最终达成企业目标。在这个过程中,企业通过生产职能实现产品的形式效用——把原材料和零部件转换成产品;而营销职能则分别实现时间效用(当顾客需要产品时,有产品可供)、地点效用(在顾客需要的地点提供产品)和所有权效用(将产品的所有权从营销者手中转移到顾客手中)。

为完成企业的营销职能,实现时间、地点及所有权效用,营销要履行八项基本职能:购买、销售、运输、仓储、标准化与分级、融资、承担风险和获取营销信息,如图 1-3 所示。[①]

---

① 路易斯·E布恩,等.当代市场营销学.赵银德,等译.北京:机械工业出版社,2005:18.

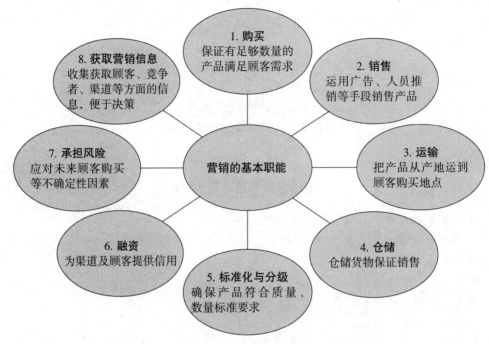

图 1-3　营销的基本职能

1.2.3.2　营销的意义

市场营销成为企业必需的首要意义是交换前提的普遍存在。除此之外，企业进行市场营销的主要意义还有：

（1）帮助企业增加销售收入。当企业销售收入减少时，面对日益萎缩的市场规模，企业领导者会面临越来越大的压力。这时，市场营销极有可能成为企业的选择。大量的事实也生动地告诉我们，市场营销确实可以在这种情况下，有效地帮助企业摆脱困境。例如，人们的生活、工作习惯在不断发生变化，越来越多的人利用电子邮件、即时聊天软件或者利用电话与远方的亲人朋友联系，而放弃了原来的信函、电报联系的方式。因此，邮局的主要业务量迅速下滑。面对不断缩小的市场空间，邮局只有引进营销理念，通过拓展新的业务（如加入第三方物流、开设金融业务、代办保险业务、开设"邮局咖啡"等）、改善服务质量以及强化传统业务（如加强报刊发行业务）来遏制业务量下滑，并使自己拥有新的生存空间。

（2）帮助企业寻求新的市场。很多企业发展缓慢的主要原因是企业的增长已经发展到一个极限，对这些企业来说，寻求或开拓新的市场是必需的选择。市场营销可以帮助企业清醒地识别、分析、评价及选择新的市场机会，把握机会，开辟新的发展空间。

（3）使企业适应顾客购买形式的变化。当顾客购买形式发生变化时，企业只有通过调整自己的经营活动，来适应这种变化。而市场营销努力可以帮助企业进行适当的改变，以满足市场需求。

（4）使企业更好地应对竞争。面对竞争对手不断增加，以及竞争对手咄咄逼人的竞争态势，市场营销可以帮助企业找到成功的竞争对策，使自己在激烈的竞争中立于不败之地。随着改革开放的不断深入，中国电信行业逐渐开放，开放的直接结果是使电信业真正引入竞争机制，从而有越来越多的竞争者加入，电信市场竞争越来越激烈。面对这种状况，电信企业只能学习、运用市场营销知识，放下官商架子，利用增加电信产品品种、改善服务质量、降低价格以及大量进行促销等手段，来保证自己更好地生存与发展。

（5）帮助企业降低营销费用。当企业发现自己的广告、促销、市场调查以及为顾客服务等营销费用过高时，可以利用市场营销的原理，做好营销活动的管理和筹划工作，以控制并降低营销费用。

（6）使企业更好地进行管理创新。今天，市场营销已经成为企业连接市场的重要桥梁，是企业实现利润的基本途径。在所有企业管理职能中，显然只有市场营销职能同时涉及企业内、外部管理。而更重要的是，市场营销要直接面对企业经营活动的起点与终点——市场需求。所以，市场营销是企业经营管理的重点，是企业实现管理创新的关键。

放大镜 1-3

◈营销资料 1-2

营销的进化：从营销 1.0 到营销 4.0

简单来说，营销 1.0 就是工业化时代以产品为中心的营销，解决企业如何实现更好地"交易"的问题，功能诉求、差异化卖点成为帮助企业从产品到利润，实现马克思所言"惊险一跃"的核心；营销 2.0 是以消费者为导向的营销，不仅仅需要产品有功能差异，更需要企业向消费者诉求情感与形象，因此这个阶段出现了大量以品牌为核心的公司；营销 3.0 是以价值观驱动的营销，它把消费者从企业"捕捉的猎物"还原成"丰富的人"，是以人为本的营销；营销 4.0 以大数据、社群、价值观营销为基础，企业将营销的中心转移到如何与消费者积极互动、尊重消费者作为"主体"的价值观，让消费者更多地参与到营销价值的创造中来。在数字化连接的时代，洞察与满足这些连接点所代表的需求，帮助客户实现自我价值，就是营销 4.0 所需要面对和解决的问题，它是以价值观、连接、大数据、社区、新一代分析技术为基础所造就的。

资料来源：菲利普·科特勒，等. 营销革命4.0：从传统到数字. 王赛，译. 北京：机械工业出版社，2018：XVI-XVII，2-34，有删改.

◈营销资料 1-3

营销理论在中国的发展

根据相关资料，西方的市场营销理论是在 20 世纪 30 年代进入中国，但一开始并没有产生太大影响。营销理论在中国的真正发展，通常认为是从 20 世纪 70 年代末 80 年代初开始的，其在中国传播与发展的历史大致分为以下阶段：

1. 重新引进和传播阶段

党的十一届三中全会以后，党中央提出了对外开放、对内搞活的总方针，从而为我国重新引进和研究市场营销学创造了有利的环境。1978年开始，北京、上海、广州的部分学者和专家开始着手市场营销学的引进研究工作。此后20年中，通过对国外市场营销学著作、杂志和国外学者讲课的内容进行翻译、介绍，选派学者、专家到国外访问、考察、学习，邀请外国专家和学者来国内讲学等方式，系统介绍和引进了国外市场营销理论。

1984年，"全国高等财经院校、综合大学市场学教学研究会"正式成立。1987年，该学会改名为"中国高等院校市场学研究会"。1991年3月，中国市场学会成立。相关学会的出现，密切了理论界与企业界的联系，有效地促进了营销理论在中国的广泛传播与发展。

1985年以后，我国经济体制改革的步伐进一步加快，市场环境的改善为企业应用营销理论指导经营管理实践提供了有利条件。在此期间，多数企业应用市场营销理论时，更多地注重市场细分和市场营销调研、分销渠道、促销等部分。

2. 研究与应用深入发展阶段

1995年"第五届市场营销与社会发展国际会议"在北京召开，标志着中国的营销理论研究与应用进入深入发展阶段。此后，国内营销理论界与国际学术界、企业界的合作进一步加强，中国营销理论的研究日益国际化。

随着营销管理理论的普及，市场营销的基本理论与方法逐渐被越来越多的中国企业接受，并在实践中得到更加广泛的应用且卓有成效。

到21世纪初，中国已经形成多层次、广覆盖的营销教育与人才培养网络，营销理论在企业实践中被广泛应用。

3. 因地制宜地创新与发展阶段

随着中国改革开放的不断发展，国民经济与综合国力不断增强，中国企业的营销实践精彩纷呈。而不断发展的中国企业营销实践，又为中国的营销理论的创新提供了极好的研究基础。因此，今天的中国营销理论研究开始具有更多的中国特色，而许多中国优秀企业的营销实践已经领先于世界发展。

1.3 营销管理与营销管理过程

市场营销管理是企业对其市场营销活动的管理，企业通过市场营销管理使营销活动有计划地进行，从而更好地实现营销的目的。所以，与其说企业在进行市场营销，不如说企业在进行市场营销管理。

1.3.1　营销管理及其实质

营销管理（marketing management），是指企业为了实现自身目标，建立和维持与目标顾客互利的交换关系，而进行的各种分析、企划、执行和控制活动。企业通过营销管理调整市场的需求水平、需求时间和需求性质，以有效实现企业与目标顾客之间供求关系的相互协调，从而实现互利的交换，最终达成企业目标。因此，营销管理实质上是需求管理。营销管理涉及对需求的管理，而需求管理又与顾客关系管理密切相关。

以往人们认为，企业的营销管理就是企业为自己的产品找出足够数量的顾客，并尽可能地扩大需求数量，但这种想法并不完全符合企业营销管理的实际。事实上，任何企业的产品都有一种适当的需求水平，而且在不同时期需求水平是不同的：有时需求量可能为零；有时需求量可能适当；有时需求量可能没有规律或是需求过量。因此，企业必须通过营销管理找出适当的方式来面对各种不同的需求状态，作出刺激、提升、维持或减少需求等不同的选择。有人根据不同的市场需求状况，将营销管理分为八种类型，如表 1-2 所示。

看一看：市场营销与市场营销管理

表 1-2　八种不同类型的营销管理

需求状况	营销任务	营销管理类型
负需求：市场上绝大多数人对产品不仅没有需求，而且还厌恶甚至愿意出钱回避产品。例如，减肥者对肥肉呈负需求	**扭转需求**：营销者必须分析市场为何对这种产品持抵制态度，使市场接受产品	扭转性营销
无需求：顾客对产品没有任何兴趣或者漠不关心。例如，成年人对一些年轻人的时尚潮流新品无动于衷，基本呈无需求状况	**激发需求**：营销者应该设法吸引顾客，刺激其需求。可以尽量将产品的好处与顾客的自然需要和兴趣联系到一起	刺激性营销
潜在需求：许多顾客对某种产品存在强烈需求，现有产品却不能加以满足。例如，许多人对无害香烟的需求	**实现需求**：营销者的任务是正确评估潜在市场的容量，努力开发有效的产品来满足潜在需求，从而使潜在需求变成现实需求	开发性营销
衰退需求：由于顾客对产品的兴趣下降或其他原因，导致该产品的市场需求不断减少。例如，随着时代的变化，中国女性对传统中式服装的需求不断下降	**恢复需求**：营销者要仔细分析需求衰退的原因，通过改变产品特色、开发新的市场等不同的方式来遏制需求减少，并重新刺激需求，实现创造性的再营销过程	恢复性营销
波动需求：由于时间或季节的不同，人们对产品的需求呈不规则的变化，并因此而产生需求与供给量的不协调。例如，人们对冷饮产品的需求在夏季特别旺盛，而在冬天就变得非常少	**调节需求**：营销者的任务是通过灵活定价、有效促销等手段，改变需求的时间或地点模式，使供需趋于协调，从而实现同步营销	同步性营销

续表

需求状况	营销任务	营销管理类型
充分需求：企业产品的市场需求在数量和时间上均与企业预期相吻合。例如，人们对许多日常用品的需求，一般都呈现充分需求的状态	**维持需求**：营销者必须高度重视顾客需求偏好的变化以及来自竞争对手日益激烈的竞争，通过稳定和提高产品质量、保持合理定价等方式，努力维持现有的需求水平	维持性营销
过量需求：企业产品的市场需求超过企业所能提供或所愿提供的水平。例如，大量的国内外游客对北京故宫博物院的需求，已经大大超出了它的正常接待能力	**限制需求**：即实行逆营销，营销者的任务是以提高价格、减少服务等方式，暂时或长期地降低需求水平，不鼓励需求	限制性营销
有害需求：对某些对顾客、社会或企业有害无益的产品的需求。例如，有些人对毒品的需求	**消除需求**：营销者的任务是采用大幅提价、减少供应或大量宣传等方式，规劝顾客放弃这种需求，从而抵制或消除这种需求	抵制性营销

小思考

在你的日常生活中，哪些产品的市场需求分别是上面所说的八种不同特征的需求？现实中的相关企业应该怎样面对这八种需求，从而做好不同营销任务的营销管理？

再考虑一个问题：

小张酷爱美食，且对素食制作颇有心得。毕业后，他想开家饮食店。不管店大店小，小张都打算靠市场营销挣钱。请你替小张出个主意，告诉他如何进行市场营销。

学一下 1-2

看一看：课程
结构：营销管
理的基本程序

1.3.2 营销管理的过程

为了完成不同的营销任务，企业必须做好不同类型的营销管理。营销管理的过程又被称作营销程序（marketing process），包括分析市场机会，研究与选择目标市场，制定营销战略，规划营销方案以及组织、执行和控制营销实现。因此，企业营销管理过程包括四项营销管理职能，即分析、企划、实施和控制，其相互关系如图 1-4 所示。

回到刚才"小张开店"的问题上，利用图 1-4 提供的框架，来给小张一个建议吧。

1.3.2.1 分析

分析市场机会（market opportunity）是企业营销管理过程的第一个步骤，我们也可以把它视为企业营销管理过程的起点。所谓市场机会，就是市场未被满足的需求。哪里有未被满足的需求，哪里就会有企业的市场机会。实际上，影响企业营销的因素不单纯是市场的需求。从宏观上看，国家政策法律的制定、宏观经济的发展、社会人口的变化甚至自然条件的改变等都有可能以不同的方式制约或影响企业的市场营销。从微观上看，来自同行竞争者的竞争压力、供应商的供货状况以及企业自身的状况，也不可避免地会对企业的市场营销造成影响。营销理论把所有可以影响企业营销的因

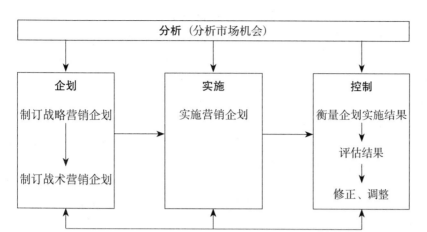

图1-4 营销管理过程

素通称为企业的市场营销环境因素。

所以，小张要开饮食店，必须清楚地知道影响自己的环境因素（将在第2章"市场营销环境分析"中详细介绍）。这其中，小张可能要特别关注和了解谁是自己的顾客，他们的口味、对饮食品种及质量的要求以及可接受的价格水平怎样等一系列顾客需求因素（将在第3章"消费者市场及其购买者行为分析"中详细介绍）。如果小张的生意做大了，面向一些企业、机构等大客户销售自己的产品，他就必须进一步了解这些相关顾客的需求状况（将在第4章"组织市场及其购买者行为分析"中详细介绍）。小张会面临众多的竞争对手，他还必须知道怎样面对竞争（将在第5章"竞争者分析"中详细介绍）。在分析、把握营销环境因素的过程中，小张可能需要建立特定的机制并采用一些有效的方法（将在第6章"营销信息与营销调研"中详细介绍）。

1.3.2.2 企划

1.3.2.2.1 制订战略营销企划

经过分析和评估市场营销环境因素，企业可以找出自己的营销机会及营销障碍。考虑到企业自身的资源状况，企业可以确定自己的营销目标。企业的营销目标可以分为战略营销目标和战术营销目标。通常，将为期一年以上、事关企业全局的整体营销目标称为战略营销目标。常见的战略营销目标包括利润与销售收入等财务目标、市场占有率、产品保护程度等。为期一年以内的局部性、具体的营销目标为战术营销目标，一般包括年度内的利润等财务目标、市场销售目标、广告与推广等具体的营销投入目标等。

对于小张来说，他可能希望在未来的五年内，饮食店能有超过100万元的利润收入（战略营销目标）。为此，在饮食店开张的第一年，小张希望能在投入广告、人员推销及其他营销支出达到30万元的前提下，实现起码10万元的净收入（战术营销目标）。

为了实现企业的营销目标，必须做好相关的营销管理决策，从而合理地进行企业的营销企划。营销企划是企业创造性地事先规划自身营销管理的活动。在这里，企业要制订自己的战略营销企划和战术营销企划以分别实现战略营销目标和战术营销目标。

小张如果进行战略营销企划的制订，必须先知道怎样去区分自己面对的具有不同需求特征的顾客，即进行市场细分。小张也许认为，顾客光顾饮食店的心理动机特别重要，他判断可能的顾客可以由此分为注重健康、长寿从而喜爱素食的顾客和普通顾客两类。在市场细分的基础上，小张必须进一步知道自己的市场目标在哪里，即必须选择自己营销要满足的对象。结合自己的优势条件，小张也许可以选择自己的目标市场是素食人群，因为这样可以以自己的长处去有效地满足素食人群的需要。确定目标市场之后，小张要知道怎样完成战略营销规划的最后一个内容——市场定位，即如何确定自己在目标市场的特点和形象。也许，小张的市场号召力在于"地道的素食"（将在第 7 章"目标市场营销战略"中详细介绍）。

当然，出于更长远的考虑，小张也许还要规划自己的产品创新及品牌发展，并设计好基本的竞争战略（将在第 8 章"产品战略与竞争战略"中详细介绍）。

1.3.2.2.2 制订战术营销企划

在战略营销企划的基础上，企业必须制订战术营销企划来实现战术营销目标。对企业来说，战术营销企划是在通过目标市场营销战略确定好自己的目标市场及市场定位之后，针对目标市场去整合、安排各种适当的营销手段，以更好地满足目标市场需求。营销理论中称满足目标市场的各种营销手段的集合为营销组合（marketing mix），所以企业制订战术营销企划就是设计针对特定目标市场的营销方案，即确定针对特定目标市场的营销组合。

企业的营销组合，是企业对其营销管理过程中可以控制的因素的合理安排，是企业在特定的目标市场中进行营销活动的具体工具。企业通常要对产品（product）、价格（price）、地点（place）及促销（promotion）四个方面的可控因素进行决策，形成相应的产品策略、价格策略、地点（渠道）策略及促销策略。因此，营销组合又简称为 4P。

对小张来说，他可能首先要知道如何决定向其目标市场人群提供什么样的产品，包括产品的类型、质量、性能等一系列围绕产品而进行的产品决策（将在第 9 章"产品决策"中详细介绍）。

接下来，小张必须考虑以什么样的价格为素食主义者提供自己的产品。另外，他还必须了解和价格有关的其他决策。对小张来说，产品策略的制定可能最基本，而价格策略的制定非常重要（将在第 10 章"价格决策"中详细介绍）。

为了使更多的素食主义者能够买到自己的素食产品，小张还要去考虑选择怎样的地点与方式以及提供怎样的营销服务设施，以便更有效地将其素食产品提供给目标市场（将在第 11 章"渠道决策"中详细介绍）。

促销是企业就其产品及相关信息与目标市场的顾客进行沟通，以更好地说服目标顾客接受自己的产品。因此，小张需要考虑并制订包括广告、推广以及公共关系等方式在内的传播沟通计划，来宣传、推介自己的素食产品（将在第 12 章"促销决策——制定整合营销传播策略"中详细介绍）。

1.3.2.3 实施

在营销企划制订之后，接下来企业必须组织营销资源实施营销企划。营销企划是在营销调研与分析的基础上制订的，营销企划的制订只是营销管理过程的开始，而要取得实际的成功，更重要的在于营销企划的实施与控制。

为了实施营销企划，必须设计、建立一个能够实施企划的营销组织，并保证营销组织与企业的规模和营销管理任务相适应，且应当根据客观需要随时调整。

1.3.2.4　控制

在营销企划实施的过程中，可能出现很多意想不到的问题，企业需要采用不同的手段和措施来消除企划实施时的偏差，保证营销目标的实现，即进行营销控制。营销控制主要有年度控制、赢利能力控制和战略控制。通过这些控制，企业可以及时发现企划执行中存在的问题或企划本身的问题，判断产生问题的原因并及时反馈给有关的决策者，以便采取适当的纠偏措施。

为了保证自己的营销目标的实现，小张必须建立队伍（服务员、前台经理等）来专门进行营销活动，制订并顺利地实现其营销企划。同时，为保证企划的有效实施，小张可能要亲自出马，认真监督企划的实施，并随时解决可能出现的问题（将在第 13 章"营销实现"中详细介绍）。

至此，总括性地介绍了企业营销管理的全过程，并揭示了本教材的核心框架（为了保证教材的完整性，在第 1 章介绍了营销及相关的基本概念与观念）。

企业营销管理过程及其影响因素可以用图 1-5 来表示。在图 1-5 中，目标顾客处于中心，表明企业必须识别总体市场并将其细分为较小的市场部分，在此基础上选择、确定自己的目标顾客。同时，企业必须与目标顾客建立牢固且可赢利的长久关系，并设计由其控制的四大因素：产品、价格、渠道（地点）和促销；为此，企业还要做好市场营销分析、企划、实施和控制。

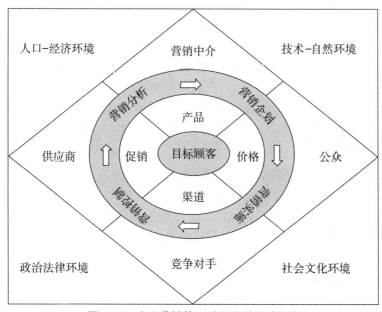

图 1-5　企业营销管理过程及其影响因素

1.3.3　营销管理过程的实质

企业营销管理的过程实质上体现了一种价值让渡的过程——因为任何一个企业均必须向其市场提供有益的价值。这一过程包含价值创造和价值传递，分为选择价值、提供价值和传播价值三个阶段，可以用图 1-6 来表示这三个阶段。

选择价值			提供价值					传播价值		
顾客细分	市场细分	市场定位	产品开发	服务开发	确定价格	制造产品	渠道服务	人员推销	营业推广	广告

图 1-6　营销管理过程——价值让渡过程的三个阶段

在图 1-6 中，可以看到：第一阶段：选择价值。营销在产品生产之前就已开始，企业必须在细分市场的前提下，确定自己的目标市场并进行有效的市场定位，这是战略营销的核心内容。第二阶段：提供价值。营销必须综合地为企业的产品在质量、性能、价格、渠道等方面进行决策，也就是进行所谓的战术营销。第三阶段：传播价值。营销要通过广告、推广等手段，传播和促销产品，完成整个战术营销过程。

1.3.4　企业战略与营销管理过程

如前所述，一方面，企业的营销管理是企业经营管理的重要职能。所以，营销管理将有助于企业战略的实现。而另一方面，营销管理显然又必须服从于企业战略。所以，要更好地进行营销管理，必须清楚地知道企业战略及其规划的过程，了解营销管理在企业战略中的地位及其相互关系。

1.3.4.1　企业战略规划过程与营销管理过程

一般而言，企业战略泛指企业为实现自己的总任务和目标所制定的全局性规划。企业战略一般分为企业总体战略、企业经营战略与企业职能战略三个基本层次。

（1）企业总体战略：企业总体的、最高层次的战略。

（2）企业经营战略：又称竞争战略。是指企业在选定的业务范围内或在选定的市场/产品区域（如战略业务单位）内，确定业务单位应在什么样的基础上进行竞争，以取得超过竞争对手的竞争优势。

（3）企业职能战略：是由职能管理部门（生产、市场营销、财会、研究与开发、人事等）制定的短期目标和规划。

所谓战略规划（strategic planning），是指企业在其目标、能力和不断变化的市场营销机会之间，发展和保持某种战略适应性的过程。[①] 也就是说，战略规划是企业为了使自己的资源和实力同营销环境相适应，以加强自己的应变能力和竞争能力而制定的长期性、全局性和方向性的规划。战略规划对一个企业的生存和发展，具有决定性的指导作用。

企业战略规划的制定过程通常包括三个层次：首先，确定企业总体战略；其次，根据企业总体战略的要求确定相应的企业经营战略；最后，设计、协调市场营销和其他各项职能计划（如财务计划、生产计划、人事劳动计划），具体过程如图 1-7 所示。

① 加里·阿姆斯特朗，等. 科特勒市场营销教程. 6版. 俞利军，译. 北京：华夏出版社，2004：51.

图 1-7 企业战略的制定过程一

站在营销管理的角度，我们可以更直观地将企业战略的制定过程用图 1-8 来表示。

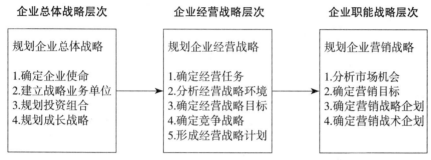

图 1-8 企业战略的制定过程二

1.3.4.2 企业战略规划与营销管理过程

如前所述，企业战略规划过程可以有三个层次：企业总体战略规划、企业经营战略规划和企业职能战略规划（参见图 1-7、图 1-8）。企业的营销管理过程属于职能战略层次规划的范畴。但仅局限于此去理解市场营销在企业战略规划中的地位，会犯原则性的错误。事实上，企业的市场营销战略与企业总体战略之间有许多重叠部分。而市场营销在企业总体战略规划中的重要作用可以表现在：

（1）市场营销观念为企业战略的制定提供非常有益的指导原则。它告诫企业，必须围绕着顾客特别是重点顾客群的需要来制定企业的战略。否则，企业的战略注定要失败。

（2）市场营销帮助企业在进行战略环境分析的过程中，找到有吸引力的市场机会，并估计企业利用、把握这些机会的能力，从而使战略规划作出合理、有效的选择。

（3）在战略业务单位经营战略规划之后，市场营销为达成业务单位目标而设计具体战略，其任务就是为实现目标并取得赢利。

❖**营销战例 1-3**

海尔的企业战略：做真正的互联网企业

海尔集团创立于 1984 年，是全球大型家电第一品牌，目前已从传统家电产品制造企业转型为开放的创业平台。在互联网时代，海尔致力于转型为真正的互联网企业，打造以社群经济为中心、以用户价值交互为基础、以诚信为核心竞争力的后电商时代共创共赢生态圈，成为物联网时代的引领者。

面对体验经济、共享经济兴起的时代大趋势，海尔以"诚信生态共享平台""人单合一小微引爆"作为新时代的海尔精神与作风，在战略、组织、制造三大方面进行了颠覆性探索，打造出一个动态循环体系。在战略上，建立以用户为中心的共创共赢生态圈，实现生态圈中各攸关方的共赢增值；在组织上，变传统的封闭科层体系为网络化节点组织，开放整合全球一流资源；在制造上，探索以互联工厂取代传统物理工厂，从大规模制造转为规模化定制。海尔的商业模式主线一直是"人的价值第一"，在转型过程中，员工从被雇佣者、执行者转变为创业者、动态合伙人。

资料来源：海尔集团官网．

学一下 1-3

本章小结

通过这一章的学习，我们掌握了有关市场营销的最基本的概念和观念，主要包括以下内容：

1. 市场营销的定义及核心概念

市场营销是个人和群体通过创造产品和价值，并同他人进行交换以获得所需所欲的一种社会及管理过程。

市场营销的核心概念包括：需要、欲望和需求；产品、服务和体验；价值、满意和质量；交换、交易和关系营销；市场营销者与营销对象。

2. 六种不同的营销观念

六种不同的企业经营指导思想在营销的范畴被解释为不同的营销观念。它们分别是：生产观念、产品观念、推销观念、市场营销观念、社会营销观念和全面营销观念。

3. 营销管理与营销管理过程

营销管理是企业对其市场营销活动的管理，是为了实现企业目标，建立和维持与目标顾客互利的交换关系，而进行的各种分析、企划、执行和控制活动。实际中，企业通过营销管理调整市场的需求水平、需求时间和需求性质，以有效实现企业与目标顾客之间供求关系的协调，从而实现互利的交换，最终达成企业目标。营销管理的实质是需求管理。由于需求性质的不同，因而有不同的营销任务，以及相应的不同的营销管理类型。

营销管理的过程又被称作营销程序，包括分析营销机会，研究与选择目标市场，制定营销战略，计划营销方案以及组织、执行和控制营销活动。营销管理过程包括分析、企划、实施和控制四项营销管理职能。

重要概念

市场　市场营销　营销管理　营销管理过程　需求　交换　交易　关系营销　顾客生涯价值　顾客浸入营销　顾客资产　企业战略　企业战略规划

复习与思考

帮记 1-2

1. 假定你是一个企业的营销人员，你所在的企业将以更加鲜明的市场导向指导自己的经营工作。请你为老板准备一个简短的发言，概括出企业作出如此改变的理由以及应该怎样改变。

2. 讨论顾客让渡价值、顾客生涯价值、顾客满意及提升企业顾客资产之间的相互联系。

3. 举例说明社交媒体上的顾客浸入营销。

4. 以你熟悉的企业为例，分析企业营销管理过程。

5. 你怎样理解企业战略规划过程及市场营销在其中的地位？

营销实战分析

放大镜 1-4

安踏：品牌向上的逻辑

三十而立的安踏，在 2021 年 3 月 24 日交出了一份不错的成绩单。当晚安踏集团发布 2020 年财报：收益同比上升 4.7%，至人民币 355.1 亿元，连续 7 年保持增长；报告期内集团最高市值突破 3 000 亿港元，成为首家纳入恒指的中国体育用品公司。2021 年 6 月 28 日，安踏总市值再创新高，达到 5 128 亿港元，成为全球第二大运动品牌。

专业为本：打好奥运牌

赞助奥运 16 年，服务了 28 支国家代表队，是安踏独有的资产。在安踏提出的未来 24 个月快速增长"赢领计划"中就特别强调，将一方面以比肩国际的研发创新能力助力国家级专业运动员的竞技表现，另一方面将奥运品质的科技与材料应用到大众商品中，给爱运动的每一个人提供更专业的选择。

2018 年 2 月，平昌冬奥短道速滑男子 500 米决赛，24 岁的武大靖一路领滑，最终以 39 秒 584 的成绩打破世界纪录，为中国队斩获该届冬奥首金。武大靖比赛时穿的是由安踏研发的专业短道速滑服装。

北京冬奥会，安踏不仅要为运动员们提供服装，还要为奥运会全体工作人员与志愿者提供制服与装备。最终呈现出羽绒服、功能外套、保暖内衣、高帮保暖靴、滑雪手套、雨衣等共计 17 个品类。

在各类运动商品中，跑鞋是典型的技术流派。跑步品类本身的定位就是做安踏的科技领头羊，同时跑步也是安踏品牌专业运动领域的标杆，鞋品科技比重将占到跑步事业部工作的一半以上。

硬核科技对普通受众来说，枯燥而遥远，安踏的破局之法是"活动赞助＋IP 合作"。2018 年北京马拉松，安踏为 2 000 名跑友提供搭载 A-FLASHFOAM 虫洞科技的北马定制款 C202 跑鞋，其中，超过 700 多人穿着这双跑鞋达到个人最好成绩。

在东京奥运会男子百米半决赛中，苏炳添跑出 9 秒 83 的成绩，打破亚洲纪录。安踏的目标是，在可预见的未来，为亚洲飞人研制出与之匹配的国产钉鞋。

品牌向上：拥抱 Z 世代

在运动消费品行业，最难的并不是击败竞争对手，而是如何持续地在一代又一代的年轻消费者心中占有一席之地。"Z 世代"（也称"互联网世代"，通常指 1995—2009 年出生的一代人），一直是当下安踏重点研究的顾客群体。

与 10 年前、20 年前的年轻人不同，这一批年轻人的生活水平更高，更有购买力，从小就开始接触互联网。咨询公司反馈给安踏的问题是："Z 世代"在运动服饰的穿着偏好上更容易受到自己喜欢的 KOL（意见领袖）的影响，安踏可以考虑和这些 KOL 开展各个层面的合作。

"Z世代"特别爱国，也愿意为之超前消费。或许是因为"Z世代"的成长伴随着中国的强大，所以不像"80后""90后"那样迷恋国际品牌，安踏的"国旗款"服装和"奥运同款科技"大众装备，刚好对上了"Z世代"的口味。

"Z世代"的一大特质，就是追求高品质生活，对产品科技有自己的见解。安踏篮球品类事业部从 2014 年开始，通过提升产品设计与科技，赢得了年轻人的心。2018 年，安踏篮球鞋销量超 400 万双，位居中国市场第一，KT 系列功不可没。如今 KT 已经出到第 7 代，加载了安踏最新中底技术"氮科技"，高达 82.6％ 的能量回弹让运动员在场中跑动的每一步都不会有泄力感。

安踏的成功，得益于它最早完成了从"鞋、服、配商品管理制"向"品类管理制"的转型。所谓"品类制"，就是根据运动场景，将商品划分为篮球、足球、跑步等类别，各品类独立运营。这样做可以有针对性地服务目标客群，增加用户黏度。

下一个引爆点

2021 年 7 月，身高 1 米 84 的杨舒予作为中国三人女篮国家队成员之一，出征东京奥运会，最终摘下铜牌。实力和颜值并存，网友纷纷被她可盐可甜的形象所折服。杨舒予的走红，也折射出中国女性参与运动的人群基数正在扩大。面对这样一个广阔市场，安踏的女鞋商品团队发现了新的机会。安踏在未来五年战略目标中提出，女子品类到 2025 年实现流水规模接近 200 亿元。

与安踏"大货"（成年鞋、服、配）相比，安踏儿童在主流商圈的能见度显然更高，它与潮流的密切关系超出了很多人的想象。到 2019 年 9 月走上纽约春夏时装周，安踏儿童已经成立了 11 年之久，它其实是国内儿童市场最早的入局者之一。安踏认为，儿童鞋服绝不是成人鞋服的缩小版。抓住儿童群体，等他们长大了，也会记住安踏。安踏儿童也是在为整个安踏大货（成人）输送潜在用户。

2020 年国庆节，闻名遐迩的上海南京东路步行街延长段开门迎客，安踏在这段通往外滩的商业街上占据了一个核心位置，开出了一家三层楼的"十代店"。在一二线城市的主流商圈，安踏的能见度正在逐步提高。安踏认为并不是所有安踏商品都必须打入一线城市，安踏计划用"冠军店"和符合都市年轻群体的新品类"滑板系列"打进一二线城市，与那里的年轻人交流。

安踏的品牌向上，是通过研发和设计打造多元化的产品，满足消费者在运动场景不同的需求。作为一个民族品牌，安踏希望助力每一个爱运动的人。

资料来源：李明子. 安踏：品牌向上的逻辑. 中国新闻周刊，2021-12-20，有删改.

思考与分析：

1. 你认为安踏如何通过自己的努力满足消费者的需求？
2. 你如何分析、评价安踏的市场营销？
3. 你对安踏的营销有何意见或建议？

素养提升 ▶▶

1. 举例说明你身边的哪家中国企业的何种举措是有效的市场营销并说明原因。

2. 举例说明关于中国企业的市场营销，并谈谈你的看法或建议。

营销实战训练

项目1 市场营销：认知与体验（一）

项目名称	市场营销：认知与体验（一）		项目类别	个人训练
目的	实际认知与体验市场营销			
项目方案	步骤	项目内容		时间
	1. 准备	复习课堂所学的关于市场营销的理论及其他相关内容。		与第1章教学时间同步，课外完成。
	2. 实际购物模拟体验	仔细浏览京东网站（www.jd.com）或京东App，并模拟体验购物（不实际下订单）。		
	3. 分析与思考	（1）描述你所看到的京东，尝试在京东上购物并描述这一过程。 （2）你看到市场营销的存在了吗？以实例支持你的说法。 （3）京东是怎样与顾客建立关系的？你认为京东重视顾客利益吗？请说明理由。 （4）你觉得京东怎样才能做得更好？		
	4. 报告	回答上述问题并提交报告。		
成绩测评	根据学生所交报告给定成绩。			

项目2 市场营销：认知与体验（二）

项目名称	市场营销：认知与体验（二）		项目类别	个人训练
目的	实际认知与体验市场营销			
项目方案	步骤	项目内容		时间
	1. 阅读	认真阅读商战小说《输赢》（全新修订版）（作者：付遥，中信出版社，2016年出版）。		与整个课程教学时间同步，课外完成。
	2. 分析与思考	（1）小说中的哪些内容与市场营销有关？ （2）选择合适的小说情节，站在市场营销的角度分析、评价小说人物的行为。		
	3. 讨论	根据课程相关教学内容组织学生进行讨论。		
成绩测评	根据学生讨论中的表现给定成绩。			

营销基本功必备之一

一切从沟通开始

一、消灭遁词

目的：

找出自己语言中的遁词，消除令人不快的说话方式。

规则与方式：

（1）学生每人从以下所给的话题中抽选一个，即兴发言1分钟，并进行录音。

● 描述你最近看过的一部电影或电视剧。

● 介绍你假期的经历。

● 介绍你最近一次的购物经历。

● 介绍你的人生理想。

● 介绍你喜欢的一首流行歌曲。

● 描述你的家庭情况。

（2）全部完毕后，根据老师发放的遁词标准，寻找自己录音中的遁词。

（3）由老师指定另一话题，自由发言1分钟，进行录音，并寻找自己录音中的遁词，与上次进行比较。

（4）在学生中评选出进步明显的前三名。

二、驾驭你的声音

目的：

把握与运用声音特性。

规则与方式：

（1）声音特性演示。将学生分成若干组，每组由老师指定表演两种声音特性（小组之间不准通气），每组均准备10分钟（同步进行），抽签决定顺序，每组表演2分钟，其他小组猜这一小组被指定表演的到底是哪种声音特性，并将结果填入记录表中。

小组	1	2	3	4	5	……
声音特性						

（2）认识自己的声音：将学生分成两组，同时进行录音练习。

第一步：（录音1）学生每人选择事先准备的公司或产品资料中一段较长的文字，朗读1分钟，并录音。要像与客户交谈一样朗读，尽量连贯而平缓。

第二步：对照录音1，记录每分钟朗读的字数，把结果填入记录表中。

小组	1	2
字/分钟		

第三步：（录音2）学生每人选择准备好的公司或产品资料中另一段较长的文字，朗读1分钟，并录音。要像与客户交谈一样朗读，尽量连贯而平缓。

第四步：对照录音2，评价自己的声音属性，并由其他同学点评。

第五步：回家重新录音，直到自己满意为止，并写出自己的声音改善计划。

提示1：声音的作用

● 面对面直接交流：肢体语言55%；语调38%；用词7%。

● 电话交流：语调82%；用词18%。

提示2：声音的特性

● 语调：表达感受或情绪。

● 重音：强调某些词语或音节，以强化信息。

● 音调：声音的高低。

● 语速：每分钟讲多少个字。

● 音量：声音的响亮或柔和程度。

提示 3：声音属性

快乐的/悲伤的 　非鼻音的/鼻音的 　缓慢的/快速的

柔和的/大声的 　中立的/发牢骚的 　中立的/嘲讽的

低沉的/尖声的 　单调的/煽情的

三、自我介绍与产品、公司介绍技巧

目的：

学会进行自我介绍及介绍公司或产品资料。

规则与方式：

（1）每人自我介绍一分半钟，并由其他人按照下面的"评价用表"中的评价项目对其进行评价。

（2）事先准备好公司或产品的有关资料，现场 10 分钟准备书面介绍提纲。每人介绍一分半钟，并由其他人按照"评价用表"中的评价项目对其进行评价。

评价用表

序号	姓名	重点	结构	特色	时间	声音	形体	仪态	综合
1									
2									
3									
4									
5									
6									
7									
8									
9									
10									

四、我努力，我自信！

目的：

提高学生自信心。

规则与方式：

（1）提前要求学生在课下准备，以自认为最得体的穿着打扮来上课。上课时，每一位学生作为表现者分别站在讲台上，面向大家，要求其他学生对表现者尽情地评头论足 2 分钟。在此过程中，表现者要保持微笑。全体学生就表现者的表现过程发表感想，并加以讨论。

（2）每位学生用 5 分钟时间到讲台上事先准备好的镜子（镜子可以方便地看到全身）前，认真地寻找并说出自己的 10 个优点，并要讲清楚理由。全体学生就表现者的表现过程发表感想，并加以讨论。

（3）寻找一个人多的地方（如学校课间的操场），让表现者在人群中尽可能大声地喊出以下内容：

我是×××；

我今年××岁啦！

（我最棒的 3 点理由），我最棒！

全体学生就表现者的表现过程发表感想，并加以讨论。

第 2 篇　营销环境

第2章

市场营销环境分析

 方向标

帮记 2－1

　　营销的序幕正徐徐拉开，让我们先奏响营销的前奏曲。正像航行前要收集有关风速、潮汐及水流的资料一样，聪明的营销人员在规划营销活动之前，也必须先收集、分析"营销气候"，即要了解营销环境。所以，这一章我们先要了解什么是市场营销环境，然后对微观营销环境及宏观营销环境因素逐一进行分析，最后通过 SWOT 分析法了解企业的优势与劣势、机会与威胁。掌握这些内容，会为我们取得营销的成功打下坚实的基础。

　　我们要达成的目标：

知识与能力目标

★ 回答什么是市场营销环境，市场营销环境的内容有哪些；

★ 了解并学会分析微观环境因素；

★ 了解并学会分析宏观环境因素；

★ 掌握 SWOT 分析法。

素养目标

★ 立足中国国情，了解中国的人口、经济、政治法律、社会文化等营销环境因素，把握其对企业营销的影响，树立符合我国客观实际的决策观。

▶ **导入案例**

方便面市场遇冷为哪般？

数据显示，2021年上半年方便面行业整体销量下滑接近8%。纵观整个市场，虽有网红新品方便面不断推出，可价格也卖得越来越贵，导致消费增长乏力。

一个不争的事实是，速食食品市场竞争日趋激烈。宅经济兴起后，"吃货"们更加青睐外卖。同时，以生鲜为代表的即时配送业务异军突起，与餐饮外卖相得益彰，让方便面市场陷入"四面楚歌"境地。外部市场环境的变化，给方便面市场带来了不小冲击。

在消费场景和消费习惯不断迭代的今天，消费者对产品提出了更高要求。其中，更便捷、更健康、更个性等都是基本的消费诉求。不少年轻消费者对老品类方便面已经兴趣不高。相反，螺蛳粉、酸辣粉等个性化新型速食品种风生水起，得到了不少年轻消费者的喜爱。

资料来源：郭存举．方便面市场遇冷为哪般？．经济日报，2022-02-18，有删减．

2.1 市场营销环境概述

学一下 2-1

看一看：市场营销环境及其意义

企业作为社会的经济细胞，它的生存和发展离不开企业的内外部环境。在现代市场经济条件下，企业必须建立适当的机构和机制，监测营销环境的发展变化；要善于分析和识别由于环境变化而带来的机会和威胁，并及时采取适当的对策；要注意协调企业的相关利益群体，促进企业营销目标的实现。

营销环境是指影响企业营销活动及其目标实现，而企业营销部门又难以控制的各种因素和动向。根据营销环境对企业营销活动发生影响的方式和程度的不同，可以将营销环境分为两大类，即营销的微观环境和营销的宏观环境。这里可以用图2-1来直观地反映企业与营销环境之间的关系。

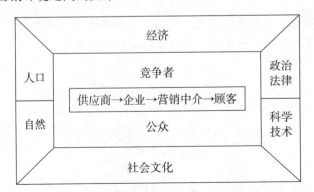

图 2-1　企业市场营销的微观环境因素与宏观环境因素

（1）微观环境因素，是指与企业紧密相连，直接影响其营销能力的各种参与者。这些参与者包括企业的供应商、营销中介、顾客、竞争者、公众和影响营销管理决策的企业内部各个部门。其中，供应商、企业、营销中介和顾客是企业的核心营销系统；而竞争者和公众也会对企业的营销活动产生重要的影响。

（2）宏观环境因素，即宏观环境力量，是影响企业微观环境的巨大社会力量。包括人口、经济、政治法律、科学技术、社会文化及自然等多方面的因素。微观环境直接影响和制约企业的市场营销活动，而宏观环境主要以微观环境为媒介间接影响和制约企业的市场营销活动。所以，前者可称为企业的直接营销环境，后者可称为间接营销环境。两者之间并非并列关系，而是主从关系，即直接营销环境受制于间接营销环境。

小思考

　什么是市场营销环境？列举一些你身边与企业市场营销环境有关的事实。例如，影响小张开店的因素。

2.2　微观环境因素分析

微观环境（micro environment）因素包括企业、供应商、营销中介、顾客、竞争者与公众。微观环境虽然与宏观环境一样都是企业营销活动外部因素的集合，但与宏观环境是有区别的：微观环境比宏观环境对企业市场营销的影响更为直接；企业经过努力可以控制微观环境中的一些因素。把市场营销环境分为微观环境与宏观环境，有利于掌握两类不同环境对市场营销的作用方式与程度。

每个企业的营销目标都包括在赢利的前提下为顾客服务，满足目标市场的特定需求。要实现这个目标，企业必须把自己与供应商和营销中介联系起来，以接近目标顾客。供应商—企业—营销中介—顾客，形成企业的核心营销系统。此外，企业营销的成败还要受另外两个因素的影响：一是竞争者；二是公众。企业的微观环境因素如图2-2所示。

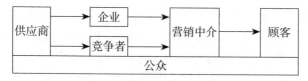

图 2-2　企业的微观环境因素

2.2.1　企业

企业的市场营销部门不是孤立的，它要与企业的高层管理者以及财务、研究与开发、采购、制造和会计等许多部门发生各种联系。营销部门在营销管理过程中必须兼顾其他部门，处理好同其他部门的关系。

高层管理者是企业的最高领导核心，负责规划企业的任务、目标、战略和政策，重要的营销决策必须得到高层管理者的批准。

企业的营销部门还必须同其他职能部门发生各种联系，如在完成营销过程中资金的有效运用、资金在制造和营销之间的合理分配、可能实现的投资回收率、销售预测和投资风险等，都同财务部门有关；新产品的设计和生产方法是研究与开发部门负责的；制造部门负责生产指标的完成；会计部门则通过对收入和支出的计算，协助营销部门了解其计划目标的实现程度。所有这些部门，都影响着企业的营销活动。

在实际工作中，这些部门与营销部门都可能产生或大或小的矛盾与冲突。这就需要企业内部各部门之间在决策层的统一领导与指挥下，进行必要的协调，能够互相配合，使企业的整个营销活动得以正常、高效运转。

2.2.2　供应商

供应商是向企业提供所需资源的企业或个人。供应商所提供的资源主要包括原材料、设备、能源、劳务、资金等。如果没有这些资源作为保障，企业就无法正常运转，也就无法向市场提供其所需要的产品。因此，社会生产活动的需要，形成了企业与供应商之间的紧密联系。这种联系使得企业的所有供应商构成了对企业营销活动最直接的影响和制约力量。供应商这一环境因素对企业的影响极大，它所提供资源的价格、质量和数量，直接影响企业产品的价格、销量和利润。因此，企业在寻找和选择供应商时，应特别注意以下两点：

（1）企业必须充分考虑供应商的资信状况。要选择那些能够提供品质优良、价格合理的资源，且交货及时、有良好信用，在质量和效率方面都信得过的供应商；并且要与主要供应商建立长期稳定的合作关系，保证企业生产资源供应的稳定性。

（2）企业必须使自己的供应商多样化。企业如果过分依赖一家或少数几家供应商，受供应商变化的影响和打击的可能性就大。为了减少供应商对企业的不利影响和制约，企业要尽可能向多个供应商采购，尽量注意避免过于依靠单一的供应商，以免当与供应商的关系发生变化时，使企业陷入困境。

2.2.3　营销中介

看一看：营销中介与公众

营销中介是指在营销过程中给企业以帮助的有关机构、个人或组织，通常包括中间商、实体分配机构、营销服务机构（调研公司、广告公司、咨询公司、传播媒体等）、金融中介（银行、信托公司、保险公司等）。这些营销中介都是企业市场营销过程中不可或缺的，企业的营销活动需要它们的协助才能顺利进行。例如，生产集中和消费分散的矛盾，必须通过中间商的分销来解决；资金周转不灵，则可能需要求助于银行或信托公司。市场经济愈发达，社会分工愈细，这些营销中介的作用就愈大。企业在营销过程中，必须处理好同这些营销中介的合作关系。

2.2.4　顾客

顾客是企业服务的对象，是企业经营活动的出发点和归宿。顾客是影响企业营销活动的最基本的因素。现代营销学通常用市场这个术语来指代各种顾客，并且按顾客购买的最终用途来划分市场，这样可具体、深入地了解不同市场的特点，更好地贯彻以顾客为中心的经营思想。

根据顾客购买的最终用途的不同，可以将市场分为以下几种类型：第一，以满足生活性消费为直接目的而购买的顾客集合称为消费者市场。第二，以为满足非生活性消费而购买的顾客集合称为组织市场。在组织市场中，生产者市场是为加工生产其他产品获得利润而购买的顾客集合；中间商市场是为转卖商品获得商业利润而购买的顾客集合。第三，非营利性组织和政府市场是为实现非营利性组织目的或为实现政府职能而购买的顾客集合。第四，国外的消费者、生产商、经销商和政府等其他国家的顾客构成企业的国际市场。本教材将主要涉及消费者市场以及组织市场。

由于每个市场均有自己不同的特点，针对不同市场类型，企业必须认真分析、把握市场需求的不同特点，制定不同的营销对策。

2.2.5　竞争者

在现代经济社会中，竞争是市场经济的普遍规律，每个企业都处在不同的竞争环境中，企业的营销活动肯定会受到不同竞争对手的影响。因此，企业必须清楚把握竞争对手的竞争目标与竞争策略，力求知己知彼。随着市场竞争的日趋激烈，企业的竞争对手除了本行业的现有竞争者外，还有代用品生产者、潜在加入者、原材料供应者和购买者等多种竞争力量。例如，原材料供应者可以通过抬高价格或降低产品和劳务质量，对企业进行威胁；潜在的加入者随时准备跻身于现有的竞争行列，从企业手中夺走一部分顾客；购买者作为一个集团与企业讨价还价，加剧生产者之间的竞争。在这种情况下，企业往往很难确定对本企业经营造成威胁的主要竞争对手究竟是谁。所以，企业要加强对竞争对手的研究，寻求增大本企业产品吸引力的各种方法，使自己在竞争中立于不败之地。

2.2.6　公众

公众是指对企业实现其营销目标的能力感兴趣或产生影响的任何团体或个人。一个企业的公众主要有以下几种：

（1）金融公众。指那些关心和影响企业取得资金能力的集团。包括银行、投资公司、证券公司、保险公司等。

（2）媒介公众。指联系企业和外界的各种媒介。包括报纸、杂志、电视台、电台等大众媒介，及其他类型的媒介。

（3）政府公众。指与企业的业务、经营活动有关的政府机构和企业的主管部门。如主管有关经济立法及经济政策的政府机构，包括市场监督管理局、税务局、发改委等。

（4）社会团体公众。是指有权监督企业，并对企业经营活动进行评论、指正的相关团体和组织。它们可以指责企业经营活动破坏环境质量、企业生产的产品损害消费者利益、企业经营的产品不符合消费者需求特点，等等。社会团体公众通常包括消费者协会、环境保护组织等。

（5）地方公众。主要指企业周围的居民和团体组织，它们对企业的态度也会影响企业的营销活动。

（6）一般公众。是指并不购买企业产品，但深刻地影响着顾客对企业及其产品的看法的个人。实际上，一般公众是上述各种关系公众之外的社会公众。

（7）内部公众。指企业内部全体员工。包括董事长、经理、管理人员和职工。通常，处理好内部公众关系是搞好外部公众关系的重要前提。

2.3　宏观环境因素分析

宏观环境因素包括人口、经济、自然、科学技术、政治法律和社会文化环境六大要素。一切营销组织都处于这些宏观环境因素的影响之中，不可避免地受其制约。显然，这些宏观环境因素一般都是企业营销过程中不可控制的因素。企业及其微观环境，都在这些宏观环境的控制下。这些宏观环境及其发展趋势可能给企业的市场营销提供机会，也有可能造成威胁。

2.3.1　人口环境

人口是构成市场的第一位要素，因为市场是由那些想购买商品同时又具有购买力的人构成的。因此，人口的多少直接决定市场的潜在容量，人口越多，市场规模越大。而人口的年龄结构、地理分布、婚姻状况、出生率、死亡率、人口密度、人口流动性及受教育程度等人口特性，会对市场格局产生深刻影响，并直接影响企业的营销活动和经营管理。所以，企业必须重视对人口环境的研究，密切关注人口特性及其发展动向，不失时机地抓住市场机会；当出现威胁时，应及时、果断地调整营销策略以适应人口环境的变化。

看一看：人口、经济、科学技术与社会文化

◇◇营销资料 2-1

用数据说话：中国的人口

中国力量

	2021 年	2020 年	2019 年	2018 年	2017 年
年末总人口（万人）	141 260	141 212	141 008	140 541	140 011
男性人口（万人）	72 311	72 357	72 039	71 864	71 650
女性人口（万人）	68 949	68 855	68 969	68 677	68 361
城镇人口（万人）	91 425	90 220	88 426	86 433	84 343
乡村人口（万人）	49 835	50 992	52 582	54 108	55 668
0～14 岁人口（万人）		25 277	23 689	23 751	23 522
15～64 岁人口（万人）		96 871	99 552	100 065	100 528
65 岁及以上人口（万人）	20 056	19 064	17 767	16 724	15 961

资料来源：国家统计局．

2.3.1.1　人口数量与增长速度

人口数量与增长速度对市场的规模和潜力有直接的影响。众多的人口及人口的进一步增长，给企业带来了市场机会，也带来了威胁。一方面，人口越多，如果收入水平不变或增加，相关市场需求也可能变大。因此，按人口数量可大略推算出市场规模。我国人口众多，无疑是一个巨大的市场。人口的迅速增长促进了市场规模的扩大。但是，另一方面，人口的迅速增长，也会给企业营销带来不利的影响。比如，人口增长可能导致人均收入下降，限制经济发展，从而使市场吸引力降低。

2.3.1.2　人口结构

人口结构主要包括人口的年龄结构、性别结构、家庭结构、社会结构及民族结构。

（1）年龄结构。不同年龄的消费者对商品的需求不一样。同世界整体趋势相仿，我国不同地区逐渐出现人口老龄化现象，反映到市场上，将使老年人的需求呈现增长的趋势。这样，诸如保健用品、营养品、老年人生活必需品等市场将会兴旺。

（2）性别结构。人口的性别不同，其市场需求也有明显的差异，反映到市场上，就会出现男性用品市场和女性用品市场。

（3）家庭结构。家庭是购买、消费的基本单位。家庭的数量直接影响到某些商品的数量。在我国，"四代同堂"现象已不多见，家庭规模小型化，并逐步由城市向乡镇发展。家庭数量的剧增必然会引起对灶具、家具、家用电器和住房等需求的迅速增长。

（4）社会结构。我国的人口绝大部分在农村，因此，农村是个广阔的市场，有着巨大的潜力。

（5）民族结构。我国有 56 个民族，各民族的生活习性、文化传统也不相同，反映到市场上，就是各民族的市场需求存在着很大的差异，给企业带来不同的营销机会。

2.3.1.3　人口的地理分布及区间流动

地理分布是指人口在不同地区的密集程度。由于自然地理条件以及经济发展程度等多方面因素的影响，人口的分布绝不会是均匀的。从我国来看，人口主要集中在东南沿海一带，而且人口密度逐渐由东南向西北递减。另外，城市的人口比较集中，尤其是大城市人口密度很大。在我国，上海、北京、重庆、成都等几个城市的人口超过了 2 000 万，而农村人口则相对分散。人口的这种地理分布表现在市场上，就是人口的集中程度不同，则市场大小不同；人口的消费习惯不同，则市场需求特性不同。

随着经济的发展，人口的区间流动性也越来越大。在我国，人口的流动主要表现在农村人口向城市或工矿地区流动；内地人口向沿海经济开放地区流动。另外，经商、观光旅游、学习等也使人口流动加速。对于人口流入较多的地区而言，一方面由于劳动力增多，就业问题突出，从而加剧行业竞争；另一方面，人口增多使当地基本需求量增加，消费结构也发生一定的变化，给当地企业带来较多的市场份额和营销机会。

❖营销资料2-2

2021 年十一假期主要城市人口流动情况

排名	城市	人口流入	人口流出	净流入	人口活力
1	成都	1.51%	3.67%	−2.16%	5.17%
2	广州	1.56%	3.35%	−1.79%	4.90%
3	深圳	1.20%	3.48%	−2.28%	4.68%
4	北京	1.17%	3.31%	−2.14%	4.48%
5	上海	0.97%	2.80%	−1.83%	3.77%
6	东莞	1.09%	2.42%	−1.33%	3.51%
7	西安	1.14%	2.36%	−1.22%	3.49%
8	杭州	1.13%	2.05%	−0.93%	3.18%
9	武汉	0.88%	2.21%	−1.34%	3.09%
10	长沙	0.94%	2.01%	−1.07%	2.94%

注：表中数据为占全国总数据的百分比，如成都人口流入（出）1.51%（3.67%），即2021年10月1日—2日两天成都的流入人口占全国总流入人口的 1.51%（3.67%）。人口活力则为人口流动量（流入＋流出）占全国总流动量之比。

显然，人口流入数据能很直观地反映一座城市的吸引力，特别是旅游吸引力和商业吸引力；而这里的人口流出和传统意义上的人口流出概念不同，理解为"消费输出"更恰当。因为此处"人口流出"并非"流失"，而是出城游玩、探亲。所以，人口流出越多，说明城市的经济能量越强，中心度越强，辐射力越强，影响力越强。人口活力反映了城市人口的流动性，对于城市来说，人口的流动性是城市活力最核心的表现。

资料来源：猴军集. 从十一人口流动看城市格局：成都、广州、西安、长沙出人意料的强！. 城市帝国（微信公众号），2021-10-03.

2.3.2 经济环境

经济环境是指企业营销活动所面临的外部宏观经济因素，如消费者收入与支出状况、经济发展状况等。

2.3.2.1 消费者收入水平的变化

消费者的购买力来自消费者的收入，但消费者并不是把全部收入都用来购买商品或劳务，购买力只是收入的一部分。因此，在研究消费者收入时，要注意以下几点：

（1）国民生产总值。它是衡量一个国家经济实力与购买力的重要指标。从国民生产总值的增长幅度，可以了解一个国家经济发展的状况和速度。一般来说，工业品的营销与这个指标有非常密切的关系。国民生产总值增长越快，对工业品的需求和购买力就越大，反之就越小。

（2）人均国民收入。就是用国民收入总量除以总人口的比值。这个指标大体反映了一个国家人民生活水平的高低，也在一定程度上决定商品需求的构成。一般来说，人均收入增长，对消费品的需求和购买力就大，反之就小。

（3）个人可支配收入。就是在个人收入中扣除税款和非税性负担后所得余额，它是个人收入中可以用于消费支出或储蓄的部分，构成实际的购买力。

（4）个人可任意支配收入。即在个人可支配收入中减去用于维持个人与家庭生存不可缺少的费用（如房租、水电、食物、燃料、衣物等项开支）后剩余的部分。这部分收入是消费需求变化中最活跃的因素，也是企业开展营销活动时所要考虑的主要对象。因为这部分收入主要用于满足人们基本生活需要之外的开支，一般用于购买高档耐用消费品、旅游、储蓄等，它是影响非生活必需品营销和劳务营销的主要因素。

（5）家庭收入。很多产品是以家庭为基本消费单位的，如冰箱、抽油烟机、空调等。因此，家庭收入的高低会影响很多产品的市场需求。一般来讲，家庭收入高，对消费品需求大，购买力也强；反之，需求小，购买力也弱。

需要注意的是，企业营销人员在分析消费者收入时，还要区分货币收入和实际收入。实际收入是扣除物价变动因素后实际购买力的反映。实际收入和货币收入并不完全一致，由于通货膨胀、失业、税收等因素的影响，有时货币收入增加，而实际收入却可能下降。只有实际收入才会影响实际购买力。

2.3.2.2　消费者支出模式和消费结构的变化

随着消费者收入的变化，消费者支出模式会发生相应变化，继而使一个国家或地区的消费结构也发生变化。

消费结构是消费过程中人们所消耗的各种消费资料（包括劳务）的构成，即各种消费支出占总支出的比例关系。优化的消费结构是优化的产业结构和产品结构的客观依据，也是企业开展营销活动的基本立足点。在我国，社会消费品零售总额保持较快增长，消费已经成为经济发展的主要驱动力。同时，消费结构持续优化，日趋合理。这些年来，我国居民的粮油食品类、服装、日用品类等基本生活类商品消费保持平稳增长；随着居民收入水平的持续提高以及消费观念的转变，居民消费从注重量的满足转向追求质的提升，家用电器、通信器材和化妆品类商品消费增速加快；而部分与消费升级相关的商品如运动型多用途汽车（SUV）消费增长加快；随着居民出游方式多样性不断提高和旅游市场环境日趋改善，旅游需求较为旺盛，相关消费持续增长。即使是新冠肺炎疫情肆虐，文化和旅游部数据中心的统计数据显示，2021 年五一假期，全国国内旅行出游 2.3 亿人次，旅游人数同比增长 119.7%；实现国内旅游收入 1 132.3 亿元，同比增长 139.1%。在人民生活水平不断提高和市场供给体系日益完善的带动下，我国文化类商品和服务消费也增长较快。例如，国家电影局 2021 年 2 月 18 日中午发布的数据显示，2021 年 2 月 11 日除夕至 17 日正月初六，全国电影票房达 78.22 亿元，继 2019 年 59.05 亿元后，再次刷新春节档全国电影票房纪录，增长 32.47%，同时创造了全球单一市场单日票房、全球单一市场周末票房等多项世界纪录。

企业应该高度重视这些变化，尤其应该掌握拟进入目标市场中消费者支出模式和消费结构的情况，从而创造价值，提供消费者满意的商品与服务。

2.3.2.3　消费者储蓄和信贷情况的变化

消费者的购买力还要受储蓄和信贷的直接影响。消费者个人收入不可能全部花掉，总有一部分以各种形式储蓄起来，这是一种推迟了的、潜在的购买力。当收入一定时，储蓄越多，现实消费量就越小，但潜在消费量越大；反之，储蓄越少，现实消费量就越大，但潜在消费量越小。企业营销人员应当全面了解消费者的储蓄情况，尤其是要了解消费者储蓄目的的差异。储蓄目的的不同，往往影响到潜在需求量、消费模式、消费内容和消费发展方向。这就要求企业营销人员在调查、了解储蓄动机与目的的基础上，制定不同的营销策略，为消费者提供有效的产品。

消费者信贷对购买力的影响也很大。所谓消费者信贷，就是消费者凭信用先取得商品使用权，然后按期归还贷款，以购买商品。这实际上就是消费者提前支取未来的收入，提前消费。信贷消费允许人们购买超过自己现实购买力的商品，从而创造了更多的就业机会、更多的收入以及更多的需求。同时，消费者信贷还是一种经济杠杆，它可以调节积累与消费、供给与需求的矛盾。当市场供大于求时，可以发放消费者信贷，刺激需求；当市场供不应求时，必须收缩消费者信贷，适当抑制、减少需求。消费者信贷把资金投向需要发展的产业，刺激这些产业的生产，带动相关产业和产品的发展。

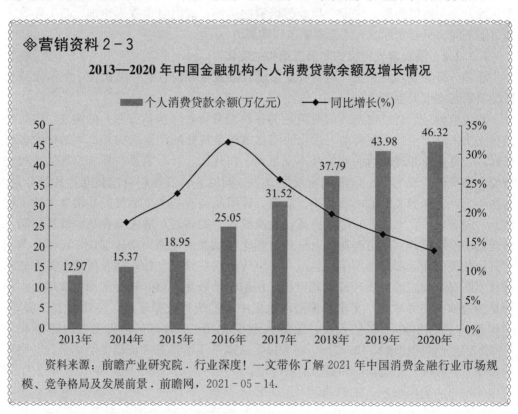

❖营销资料2-3

2013—2020年中国金融机构个人消费贷款余额及增长情况

资料来源：前瞻产业研究院·行业深度！一文带你了解2021年中国消费金融行业市场规模、竞争格局及发展前景·前瞻网，2021-05-14.

2.3.2.4 经济发展水平

企业的市场营销活动要受到一个国家或地区的整个经济发展水平的制约。经济发展阶段不同，居民的收入不同，消费者对产品的需求也不一样，从而会在一定程度上影响企业的营销。例如，以消费者市场来看，经济发展水平比较高的地区，在市场营销方面强调产品款式、性能及特色，品质竞争多于价格竞争。而在经济发展水平低的地区，则较侧重于产品的功能及实用性，价格因素比产品品质更为重要。在生产者市场方面，经济发展水平高的地区着重投资较大而能节省劳动力的先进、精密、自动化程度高、性能好的生产设备。在经济发展水平低的地区，其机器设备大多是一些投资少而耗费劳动力多、简单、易操作、较为落后的设备。因此，对于不同经济发展水平的地区，企业应采取不同的市场营销策略。

◈营销资料2-4

用数据说话：中国的经济与人民生活

	2021 年	2020 年	2019 年	2018 年	2017 年
国民总收入（亿元）	1 133 518.0	1 006 363.3	983 751.2	915 243.5	830 945.7
国内生产总值（亿元）	1 143 669.7	1 013 567.0	986 515.2	919 281.1	832 035.9
人均国内生产总值（元）	80 976	71 828	70 078	65 534	59 592
国民总收入指数（上年＝100）	107.9	101.8	106.1	106.4	107.3
国内生产总值指数（上年＝100）	108.1	102.2	106.0	106.7	106.9
人均国内生产总值指数（上年＝100）	108.0	102.0	105.6	106.3	106.3
居民人均可支配收入（元）	35 128	32 189	30 733	28 228	25 974
居民人均可支配收入比上年增长（%）	8.1	2.1	5.8	6.5	7.3
居民人均消费支出（元）	24 100	21 210	21 559	19 853	18 322
农村居民人均消费支出（元）	15 916	13 713	13 328	12 124	10 955
居民恩格尔系数（%）	29.8	30.2	28.2	28.4	29.3
社会消费品零售总额（亿元）	440 823.0	391 980.6	408 017.2	377 783.1	347 326.7

资料来源：国家统计局.

2.3.2.5　地区与行业发展状况

我国地区经济发展很不平衡，逐步形成了东部、中部、西部三大地带和东高西低的发展格局，同时在各个地区的不同省市还呈现出多极化发展趋势。这种地区经济发展的不平衡，对企业的投资方向、目标市场以及营销战略的制定等都会带来巨大影响。

我国行业与部门的发展也有差异。农业、信息技术和新能源等基础产业的发展必将带动商业、交通、通信、金融等行业和部门的相应发展，也给企业的市场营销带来一系列影响。因此，一方面，企业要处理好与有关部门的关系，加强联系；另一方面，则要根据与本企业联系紧密的行业或部门的发展状况，制定切实可行的营销规划。

2.3.2.6　城市化程度

城市化程度是指城市人口占全国总人口的比例，它是一个国家或地区经济活动的重要特征之一。城市化程度是影响营销的环境因素之一，这是因为，城乡居民之间存在着某种程度的经济和文化上的差别，进而导致不同的消费行为。例如，我国大多数农村居民消费的自给自足程度相对较高，而城市居民则主要通过货币交换来满足需求。此外，城市居民一般受教育程度较高，思想较开放，容易接受新生事物，而农村相对闭塞，农民的消费观念较为保守，故而一些新产品、新技术往往首先被城市所接受。企业在开展营销活动时，要充分注意到这些消费行为方面的城乡差别，相应地调整营销策略。

党的二十大报告指出，我国坚持精准扶贫、尽锐出战，打赢了人类历史上规模最大的脱贫攻坚战，全国八百三十二个贫困县全部摘帽，近一亿农村贫困人口实现脱贫，九百六十多万贫困人口实现易地搬迁，历史性地解决了绝对贫困问题。脱贫人口的市场需求巨大且有自己的特点，企业需要深入调研，有效满足。

2.3.3 政治法律环境

企业的市场营销活动还要受政治和法律环境的制约和影响。在这方面，能够施加影响的主要是法律、政府机构和压力集团等。这里只着重阐述与企业市场营销有关的经济立法和公众利益团体两个方面的内容。

2.3.3.1 与企业市场营销有关的经济立法

企业只有懂得并遵守本国和有关国家的法律与法规，才能做好营销工作，否则就会因为违法受到法律制裁。我国的经济立法尤其是涉外经济立法从总体上看还不完备。为了健全法制，适应经济发展的需要，我国陆续制定和颁布了一些经济法律与法规，这些法律与法规对我国企业的市场营销活动有着非常重要的影响，包括《中华人民共和国产品质量法》《中华人民共和国食品安全法》《中华人民共和国商标法》《中华人民共和国价格法》《中华人民共和国反不正当竞争法》《中华人民共和国广告法》《中华人民共和国消费者权益保护法》《中华人民共和国专利法》等。2016 年 7 月 8 日，国家工商总局正式发布《互联网广告管理暂行办法》，并于同年 9 月 1 日正式实施，以监管各类互联网广告（含付费搜索、电商平台推广、自媒体广告及 App 广告）；2022 年 3 月 1 日，国家网信办等四部门联合发布的《互联网信息服务算法推荐管理规定》正式实施；2022 年 3 月 15 日，《最高人民法院关于审理网络消费纠纷案件适用若干问题的规定（一）》实施；等等。

2.3.3.2 公众利益团体

影响企业市场营销决策的公众利益团体主要是保护消费者利益的群众团体以及保护环境的群众团体等。公众利益团体是一种压力集团，能够给企业施加压力，使消费者利益和社会利益等得到保护。在我国，经国务院批准，"中国消费者协会"于 1985 年 1 月在北京成立。其任务是：宣传国家的经济（特别是有关消费方面的）方针政策；协助政府主管部门研究和制定保护消费者权益的立法；调查消费者对商品和服务的意见与要求；接受消费者对商品和服务的质量、价格、卫生、安全、规格、计量、说明、包装、商标、广告等方面的投诉。我国的消费者运动正在发挥着日益重要的作用，企业进行市场营销决策时必须认真考虑这种动向。

2.3.4 自然环境

一个国家、一个地区的自然环境包括相关的自然资源、地形地貌和气候条件，这些因素都会不同程度地影响企业的营销活动。有时，这种影响对企业的生存和发展起决定作用。企业要避免由自然环境带来的威胁，最大限度地利用环境变化可能带来的市场营销机会，就应不断地分析和认识自然环境变化的趋势，根据不同的环境情况来设计、生产和销售产品。

2.3.4.1　自然资源

自然资源是指自然界提供给人类的各种形式的物质财富，如矿产资源、森林资源、土地资源、水力资源等。这些资源分为三类：一是"无限"资源，如空气、水等；二是有限但可以再生的资源，如森林、粮食等；三是有限但不可再生资源，如石油、锡、煤、锌等矿产。自然资源是进行商品生产和实现经济繁荣的基础，和人类社会的经济活动息息相关。由于自然资源的分布具有地理的偶然性，分布很不均衡。因此，企业到某地投资或从事营销必须了解该地的自然资源情况。如果该地对本企业产品需求大，但缺乏必要的生产资源，那么，企业就可以向该地销售产品。但是如果该地有丰富的生产资源，企业就可以在该地投资建厂，并当地生产、就地销售。

自然资源对企业市场营销的影响主要表现在以下两个方面：

（1）自然资源短缺促使企业降低原材料消耗。随着工业的发展，我国的自然资源逐渐呈现出短缺局面。我国资源从总体上看是丰富的，但从人均占有量看又是短缺的。近年来，资源紧张使一些企业陷入困境，但又促使企业寻找替代品，降低原材料消耗。

（2）环境污染与保护为企业带来新的营销机会或威胁。环境污染已成为世界性的问题。我国虽属发展中国家，但工业"三废"（废渣、废水、废气）对环境也造成严重污染，其中煤烟型污染最为突出。前些年，在全国多地常发的"雾霾"天气，已经极大程度地影响了人们的身体健康和日常生活。面对环境问题，各个国家（包括我国）的政府都采取了一系列措施，进行治理后改善。这样，一方面限制了某些行业的发展，另一方面也为企业创造了两种新的营销机会：一是为治理污染的技术和设备提供了一个大市场；二是为不破坏生态环境的、新的生产技术和包装方法创造了营销机会。因此，企业经营者要了解政府对资源使用的限制和对污染治理的措施，力争做到既能减少环境污染，又能保证企业发展，提高经济效益。

同时，人们出于保护环境及消费者长远利益的考虑，呼唤"绿色产品"的出现。这对企业提出了更高的要求，也为企业提供了实施"绿色营销"的绝好机会。

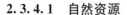

营销资料 2-5

绿色产品的四个细分市场

	趋势创造者	价值寻求者	标准追求者	多疑型购买者
购买者描述	环保主义者或有远见的环保热心人士；使用绿色产品可带来情绪和精神激励；希望通过绿色革新形成竞争优势。	环境实用主义者；对使用绿色产品持理性看法的人；利用绿色产品提升效率，节约成本。	环境保守主义者；静待绿色产品成为主流市场产品；等绿色产品成为行业标准时才使用。	环境怀疑主义者；不信任绿色产品。
市场定位	生态优势 推出具有竞争优势的创新产品	生态效率 为其创造更多价值	生态标准 提供可供大众使用的一致性产品	不值得开发

资料来源：菲利普·科特勒，等.营销革命3.0：从产品到顾客，再到人文精神.毕崇毅，译.北京：机械工业出版社，2011：163，有删改.

❖ 营销战例 2-1

冬奥运动员如何"方便"？

2022 年北京冬奥会在多个冬奥会比赛场馆、志愿者服务区、机场、主物流及公共区使用了 300 多座无水免冲智慧生态厕所。

"冬奥比赛场馆都非常冷，室外场地的温度大概－20℃，水管很容易被冻住，而且高山地区清理运输排泄物也是一个大工程。所以我们干脆把这些障碍都去除，全程不用水、不见粪。"无水免冲智慧生态厕所的研发企业——甘肃张掖兰标生物科技有限公司董事长田兰说。

田兰指出，厕所外形与街头、景区的移动厕所相似，但仔细打量就会发现，厕所里没有上下水管，马桶下方是个"方格子"。那排泄物是怎么冲走的呢？田兰介绍，之所以不用水冲，是因为厕所使用了微生物降解技术，既可以实现粪污"隐身"，无臭无味，还可以随意移动；一年仅需更换一次生物菌，就能将废料变成有机肥。

运动员们如厕时，全程"人粪不见面"——排泄物会顺着马桶内部的机械装置进入生物仓，生物仓内遍布的是一种高效降解微生物菌群，这种菌群是专门针对排泄物的组成部分培养的，可以将排泄物有效分解。100 个人的排泄物，经过菌群分解，最后只剩下一个人的量。经过降解的排泄物最终会变成有机肥料被运走，实现资源再利用。生物仓内设计了特殊的高温处理工艺，能快速升温到 60℃～70℃甚至以上，不仅能加快分解速度，提高处理效率，同时还能杀死病原微生物，防止病原扩散。针对臭气，则设计和构建了生物除臭菌剂，利用生物转化技术实现除臭效果，所以使用者闻不到一点臭味。厕所里安装了空调，而且马桶圈还设置了加热功能，让如厕更加舒适。

资料来源：解丽. 冬奥运动员怎么上厕所？使用微生物降解技术 全程不见一滴水. 北京青年报，2022－02－12，有删改.

党的二十大报告指出，尊重自然、顺应自然、保护自然，是全面建设社会主义现代化国家的内在要求。必须牢固树立和践行绿水青山就是金山银山的理念，站在人与自然和谐共生的高度谋划发展。因此，我们在经济建设与社会发展中，必须统筹产业结构调整、污染治理、生态保护、应对气候变化，协同推进降碳、减污、扩绿、增长，推进生态优先、节约集约、绿色低碳发展。

2.3.4.2 地理环境

一个国家或地区的地形地貌和气候等地理特征对企业市场营销也有一系列的影响，是企业开展市场营销所必须考虑的自然环境因素。气候（温度、湿度等）与地形地貌（山地、丘陵等），都会影响产品和设备的性能与使用。例如，在沿海地区运转良好的设备到了内陆沙漠地区就有可能发生性能的急剧变化。气候与地形地貌不仅直接影响企业的经营、运输、通信、分销等活动，而且会影响一个地区的经济、文化和人口分布状况。因此，企业开展营销活动，必须考虑当地的气候与地形地貌，使其营销策略能适应当地的地理环境。

2.3.5 科学技术环境

企业的营销人员还要密切注意科学技术环境的发展变化，了解科学技术环境和知识经济的发展变化对企业市场营销的影响，以便及时采取适当的对策。

2.3.5.1 科学技术是一种"创造性的毁灭力量"

每一种新技术都会给某些企业创造新的市场机会，甚至会产生新的行业；同时，也会给某个行业的企业造成环境威胁，使这个旧行业受到冲击甚至被淘汰。例如，激光唱盘技术的出现，夺走了磁带的市场，给磁带制造商以"毁灭性的打击"。据美国《设计新闻》杂志报道，由于大量起用自动化设备和采用新技术，会出现许多新行业，包括新技术培训、新工具维修、电脑教育、信息处理、自动化控制、光纤通信、遗传工程、海洋技术等。如果企业能及时采用新技术，并适应由此带来的变化，就能求得更好的生存和发展。

放大镜 2-1

❖营销资料2-6

2020—2021 年中国市场黑科技 TOP10

（1）中国三峡集团：白鹤滩水电站。

（2）中国航天：空间站核心舱机械臂。

（3）中国中车：时速 400 公里跨国互联互通高速动车组。

（4）华为：华为云盘古大模型。

（5）龙芯中科：龙芯 3A5000 处理器。

（6）高烯科技：单层氧化石墨烯厚度达到 1.1nm。

（7）犀牛智造：新一代工业互联网＋C2M 服务。

（8）鲲云科技：数据流 AI 芯片 CAISA。

（9）东风柳汽：无人驾驶商用车。

（10）蔚来：150kWh 电池包。

资料来源：eNet&Ciweek/容见. 2020—2021 中国市场黑科技 TOP50. eNet 硅谷动力，2021-07-19，有删改.

2.3.5.2 新技术革命有利于企业改善经营管理

新技术的不断出现，使企业的经营管理手段与方式不断得到改善和提升。例如，许多企业在经营管理中都使用电脑、人工智能设备，对于改善企业经营管理、提高经营效益起了很大的作用。

2.3.5.3 科学技术的发展改变着零售商业结构和消费者的购物习惯

近年来，由于互联网技术的不断发展，我国的零售商业结构正在发生巨大的变化。同时，众多消费者的购物习惯也发生了变化。越来越多的消费者可以通过轻点鼠标或者轻触手机屏幕，简单、迅捷地完成购物及支付过程，然后自在地"宅"在家中，静候快递将所购物品送到手中。网络上不仅出现了"京东""淘宝""天猫"等"电商"，众多的传统零售企业、制造商也纷纷落户网络，提供线上销售与服务。

放大镜 2-2

❖营销资料 2-7

用数据说话：中国的网络生活

● 截至 2021 年 12 月，我国网民规模达 10.32 亿，较 2020 年 12 月增长 4 296 万，互联网普及率达 73.0%，较 2020 年 12 月提升 2.6 个百分点。

● 截至 2021 年 12 月，我国手机网民规模达 10.29 亿，较 2020 年 12 月增长 4 373 万，网民使用手机上网的比例为 99.7%。

● 截至 2021 年 12 月，我国网络支付用户规模达 9.04 亿，较 2020 年 12 月增长 4 929 万，占网民整体的 87.6%。

● 截至 2021 年 12 月，我国网络购物用户规模达 8.42 亿，较 2020 年 12 月增长 5 969 万，占网民整体的 81.6%。

● 截至 2021 年 12 月，我国网上外卖用户规模达 5.44 亿，较 2020 年 12 月增长 1.25 亿，占网民整体的 52.7%。

资料来源：中国互联网络信息中心（CNNIC）. 第 49 次中国互联网络发展状况统计报告，2022-02-25，有删改.

2.3.6 社会文化环境

这里所说的文化主要是指一个国家、地区或民族的传统文化，如风俗习惯、伦理道德观念、价值观念等。人们在不同的社会文化背景下成长和生活，会形成不同的观念和信仰，而这些观念和信仰又会不知不觉地影响着人们的好恶与选择。一个社会的核心文化和价值观念具有高度的延续性，它是人们世代沿袭下来的，并且不断得到丰富和发展，深深影响和制约着人们的行为，包括消费行为。企业的营销人员在产品和品牌的设计、提供广告和服务等方面，要充分考虑当地的传统文化，充分了解和尊重传统文化，在创新的时候也不要同核心文化和价值观念相抵触。否则，会遭受不必要的损失。

除了核心文化以外，在一个社会中还有亚文化。例如，一个社会中的移民、外侨和特殊阶层，由于他们的生活经历不同，会表现出不同的信念和价值观，从而有不同的需要和行为。即使在同一文化范围内，不同受教育程度、不同职业、不同年龄的人，仍然会有许多不同的观念和习惯。现代社会发展很快，人们的观念也在不断发生变化，不同年代的人在观念和生活方式上往往有很大差距，即有所谓的"代沟"。这些也都是企业必须进行具体研究的，特别是到外地或外国开辟新的市场时，企业对当地的文化环境必须认真调查研究，以免触犯禁忌。

市场营销的宏观环境力量主要包括以上六个方面。对企业来说，这些都是基本不可控制的因素，企业只有设法适应这些环境，而不能改变它们，这是营销学的传统观点。但是，也有人提出了不同的见解，修正和发展了营销学的传统观点。有人认为，企业的营销活动不仅受外部环境的影响和制约，同时，企业通过向外提供产品和服务、传播信息及开展公共关系活动（如通过游说影响立法，利用宣传报道形成公众舆论）

等，也可影响外部环境，使之变得有利于企业达到自己的目标。看来似乎不可控制的环境障碍，经过营销人员的不懈努力，有些也可克服。

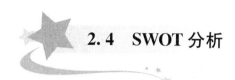

2.4 SWOT 分析

营销环境的不断发展和变化给企业经营带来了极大的不确定性，企业只有对环境变化做出积极的反应才能够求得自身的生存和发展，因此，环境分析是企业制定经营战略和营销策略的先决条件。

企业进行环境分析时，为了保证分析结论条理清晰，可以采用的一种简便易行的方法就是 SWOT 分析法。SWOT 所代表的含义是 Strengths（优势）、Weaknesses（劣势）、Opportunities（机会）、Threats（威胁）。所谓 SWOT 分析法，就是将企业面临的外部机会、威胁及自身的优劣势等各方面因素相结合进行的综合分析。其中，优劣势的分析主要是着眼于企业自身的实力及与竞争对手的比较，而机会和威胁分析将注意力放在外部环境变化对企业的可能影响上面。SWOT 分析是营销环境分析的常用方法，其基本的分析思路和内容如下。

学一下 2-2

看一看：
SWOT 分析

2.4.1 辨析外部环境机会和威胁

环境机会，具体地讲就是企业从宏观环境和微观环境中可能获得的重大的有利形势，如市场的较快增长、出现较多的新增顾客、竞争对手出现重大决策失误、与供应商关系改善等；而环境威胁则指环境存在重大不利因素，构成对企业经营发展的约束和障碍。

各种宏观、微观环境因素的变化对不同的企业所产生的影响是不同的。同一个环境因素的变化对某些企业可能是机会，而对另外一些企业则可能是威胁。在进行环境分析时，应具体问题具体分析，深入比较分析各种机会和威胁，并分析其现实可能性大小及对企业的影响程度，从而找出那些对本企业影响最重要的环境机会和威胁，按轻重缓急或影响程度等排序。通常要将那些对企业发展有直接、重要、迫切、长远影响的因素排在前面，优先考虑。

2.4.2 分析企业内部优劣势

企业的优势和劣势，通常是指消费者眼中一个企业或它的产品优于或者劣于其竞争对手的因素，它可以是产品的质量、可靠性、适用性、风格和形象、价格的竞争性、渠道便利性、服务的及时性等。

决定企业竞争优劣势的内部因素主要涉及企业的生产、技术、资金、人员、营销、管理等方面，具体可从生产成本、设备状况、产品的竞争地位、员工素质、研发能力、财务状况、营销能力、组织管理能力等方面进行分析。需要特别注意的是，衡量一个企业是否具有竞争优势，只能站在现有潜在用户角度上，而不是站在企业的角度上。企业 SWOT 分析的内外因素如表 2-1 所示。

表 2-1 企业 SWOT 分析的内外因素

	潜在外部威胁（T）	潜在外部机会（O）
外部环境	市场增长较慢 竞争压力增大 不利的政府政策 新的竞争者进入行业 替代产品销售额正在逐步上升 用户讨价还价的能力增强 用户需要与爱好逐步转变 通货膨胀递增 其他	纵向一体化 市场增长迅速 可以增加互补产品 能争取到新的用户群 有进入新市场或市场面的可能 有能力进入更好的企业集团 在同行业中竞争业绩优良 扩展产品线满足用户需要 其他
	潜在内部优势（S）	潜在内部劣势（W）
内部条件	产权技术 成本优势 竞争优势 特殊能力 产品创新 具有规模经济 良好的财务资源 高素质的管理人员 公认的行业领先者 用户的良好印象 适应力强的经营战略 其他	竞争劣势 设备老化 战略方向不同 产品线范围太窄 技术开发滞后 营销水平低于同行业其他企业 管理不善 战略实施的历史记录不佳 不明原因导致的利润率下降 资金短缺 相对于竞争对手的高成本 其他

小思考

小张在北京开饮食店和在广州开饮食店有什么不同？请帮小张分析一下，并告诉他如何着手进行市场营销环境分析。

学一下 2-3

本章小结

通过这一章的学习，我们对营销环境有了一个较为全面的了解，主要内容包括以下几个方面：

1. 市场营销环境的概念

市场营销环境是指与企业营销活动有潜在关系的所有外部力量和相关因素的集合，它是影响企业营销活动的各种外部条件。具体地说，营销环境是影响企业的市场营销管理能力，使其能否卓有成效地发展和维持与其目标顾客交易及关系的外在参与者和影响力。企业的营销环境包括微观环境因素与宏观环境因素。

2. 微观环境因素

微观环境是与企业营销活动紧密相连、直接影响其营销能力的各种参与者，这些参与者包括企业的供应商、营销中介、顾客、竞争者、公众和影响营销管理决策的企业内部各个部门。

3. 宏观环境因素

为了应对迅速变化的宏观环境形势，营销者必须研究六个主要的宏观环境因素：人口、经济、自然、科学技术、政治法律与社会文化。

4. SWOT分析

SWOT分析是进行企业外部环境和内部条件分析，从而寻找最佳营销战略策略组合的一种分析工具。S代表企业的"长处"或"优势"；W是企业的"弱点"或"劣势"；O代表外部环境中存在的"机会"；T为外部环境所构成的"威胁"。

重要概念

市场营销环境　宏观环境因素　微观环境因素　营销中介　自然环境　科学技术环境　社会文化环境　个人可支配收入

 **复习与思考**

1. 小张若要在北京开店，会受到哪些营销环境因素的影响？

2. 环保问题已逐渐成为举世瞩目的焦点问题，而自然环境对企业市场营销的影响也不容忽视。请简述目前自然环境发展的趋势。在这些趋势下，国内企业所面临的市场机会有哪些？

3. 以你熟悉的企业为例，分析该企业的微观环境。

4. 如何进行SWOT分析？

营销实战分析

帮记2-2

"嘿，尔滨!"

2024年元旦假期，一贯低调的哈尔滨出人意料地成了新年首个"网红"城市。中国旅游研究院1月5日发布的"2024年冰雪旅游十佳城市"中，哈尔滨位列榜首。据哈尔滨市文旅局测算，元旦期间，全市累计接待游客304.79万人次，同比增长441.4%；实现旅游总收入59.14亿元，同比增长791.92%。游客接待量与旅游总收入达到历史峰值。元旦期间，哈尔滨市餐饮堂食同比增长225.7%，酒店住宿同比增长512.9%，旅游消费同比增长344.6%，文娱休闲消费同比增长297.5%……

哈尔滨的旅游热潮，始于一场"退票"风波，当地一连串的应对措施，让游客们感受到满满诚意，由此哈尔滨冰雪季实现了"开门红"。此后，为了招待游客，哈尔滨更是频出"花活儿"，火爆全网。

大家想在冰面上上演"速度与激情"，他们搬出气垫船；大家想感受火热氛围，他们将冰雪大世界变成了"蹦迪"现场；大家想要回家前滑一次冰滑梯，他们一口气弄出三个；大家喜欢吃吃逛逛，哈尔滨红肠、大列巴、油炸糕让游客尝过瘾；大家想在索菲亚大教堂拍带月亮的雪景，他们就直接搞了个人造月亮用无人机挂上去，让浪漫梦幻照进现实；大家想近距离接触"网红"，极地公园的"淘学企鹅"集体出动，上演溜达"小碎步"；大家爱看大雪人，一夜之间松花江上就蹦出许多大雪人；看到网友留言"就差把黑龙从江里请出来了"，结果"黑龙"也被安排上，"黑龙公主"也来了；

对于没有吃过冻梨的南方人来说，看见黑黝黝的果子，不知道怎么下口，于是，摆盘冻梨上线……

哈尔滨的待客之道还体现在公共服务上。一名哈尔滨的网友发布视频称，某公交站站牌破旧影响市容，有的外地游客都看不清字。第二天，旧的站牌已被取下。不到一周的时间，整个公交站站牌焕然一新。怕游客摔倒，在中央大街的地下通道铺上了防滑地毯；考虑到南北温差较大，在机场行李提取区域又增加了12个更衣室；为方便游客休息取暖，在索菲亚教堂广场上增设游客温暖驿站……

生怕怠慢了游客的还有当地热情的市民。出租车司机、服务员、摊贩面对南方来的游客，不自觉地用"夹子音"说话（指夹着嗓子说话）；市民自发让远道而来的游客搭免费顺风车；冰雕师傅现场用冰给小朋友雕玩具；怕游客感冒，景区工作人员特地准备了红糖水……

在市政府的要求下，哈尔滨的宾馆酒店加强行业自律，提升服务质量，坚持明码标价，全力展示了哈尔滨宾馆酒店业的良好形象。他们还推出很多增值服务，让住客的体验感提升了一个档次，让住客住得安心舒心。

哈尔滨工业大学发文为游客总结了一份参观攻略，推荐游客前往哈工大博物馆感受学校的文化底蕴和辉煌成就，前往哈工大航天馆参观模型展品、学习航天知识、了解中国航天事业发展历程。

银行也用暖心服务加入这支"游客接待大军"。农行哈尔滨汇金支行地处哈尔滨中央大街核心地段，为了服务好来自各地的游客，在原有"农情暖域"专区的基础上，升级打造"滨至如归、农情相伴"农业银行游客温暖驿站。

自冰雪季来临，黑龙江省主要领导齐上阵，到各景点调研，与群众交流，积极回应游客需求。此外，官方还连开两场座谈会，"保价格""促服务""送温暖"，大力保障游客利益；同时，当地政府号召市民让路、让景、让利给远道而来的朋友，倡导"人人都是城市温度传递者，人人都是城市荣誉守护者，人人都是城市形象代言人，人人都是城市美景推荐官"，有效引导了关爱游客、传递温暖的社会氛围。

市场监管、文旅、公安等部门加大了客房价格、食品安全、消防安全、社会治安、服务质量等方面的监管力度，坚决打击侵害旅游者合法权益的不法行为，全力维护广大游客的合法权益和哈尔滨市的良好形象。各部门还提供了很多便利服务，比如为游客提供免费的旅游地图、导游手册、旅游咨询等，让游客的出行更加方便和安全。

为了迎接冬季旅游旺季，哈尔滨文旅局从2023年10月就开始对冰雪大世界、哈药六厂、淘学企鹅、音乐长廊大雪人等进行密集宣传，并接受网友的建议，不断调整宣传方向。《欢迎来到北境》《霍格沃茨哈尔滨分校》等符合年轻人喜好的短视频密集发布，为冬季旅游积累了人气。随着冰雪大世界和网红雪人的开工建设，哈尔滨在网络上的热度进一步飙升，每天都有全国各地的网友"云监工"，督促景点的修建。

哈尔滨不仅为到访的游客提供了美景、美食和良好的游玩体验，其间不断爆出来的"梗"也娱乐了全国甚至海外的网民。网友们每天趴在网上，观看游客们在冰滑梯上风驰电掣，远处的晚霞染红天空；美慕"马铃薯公主们"和"女王们"在索菲亚大教堂外拍出电影般的美照；操心地数着来自广西的"小砂糖橘"的个数；身体还不自

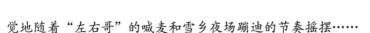

觉地随着"左右哥"的喊麦和雪乡夜场蹦迪的节奏摇摆……

　　资料来源：根据央视财经频道、上海市消保委（微信公众号）、营销兵法（微信公众号）、新华社、中国旅游报、北京青年报、同勉伴读（微信公众号）、读城记工作室（微信公众号）、澎湃新闻、赤焰新闻、中国旅游研究院（微信公众号）、叶檀财经（微信公众号）、中国商报、中国城乡金融报、中国经济时报等媒体的相关报道整理而成。

　　思考与分析：

　　1. 你认为哈尔滨为什么会在 2024 年开年爆红？

　　2. 如果你是在哈尔滨开店的小张，应该如何分析环境因素对自己的影响？

　　3. 小张应该如何根据上述影响，制定更为有效的营销对策？

素养提升

　　1. 结合实际，列举直接影响国内企业营销的主要相关法律法规，并举例说明相关法律法规可能会怎样影响企业营销。

　　2. 站在企业营销的角度，举例分析应该如何有效应对新冠肺炎疫情及类似的重大社会性事件。

营销实战训练

营销环境：市场营销不能不承受的"轻"

项目名称	市场营销环境分析		项目类别	团队训练
目的	实际了解并分析市场营销环境对企业营销活动的影响			
项目方案	步骤	项目内容		时间
	1. 准备	（1）3～5 人组成一个实战团队，以团队为单位进行训练。 （2）仔细地阅读本营销实战训练所附资料，并通过各种途径进一步搜寻相关资料。		与第 2 章教学时间同步，课外完成。
	2. 分析与思考	可口可乐公司在中国市场的营销环境。		
	3. 制作 PPT	将本团队的分析结果制作成 PPT。		
	4. 展示报告	回答问题并展示报告。		10 分钟/团队
成绩测评	根据各团队的报告及报告展示情况给定成绩。			

　　营销实战训练资料：

可口可乐在中国

　　可口可乐是全球最大的饮料公司，在中国市场妇孺皆知。当在"5·12"汶川地震的废墟中刚苏醒过来的小男孩呻吟着说"我要可乐，冰镇的"的时候，我们强烈地感受到跨国巨头可口可乐公司在中国市场强大的冲击力。

　　可口可乐从 1886 年创立以来，历经 130 多年长盛不衰。早在 1927 年，可口可乐就已经进入中国当时的经济中心上海。到 1948 年，中国成了可口可乐在美国境外第一个销售量超过 100 万箱的市场。新中国成立后，由于众所周知的原因，可口可乐在中国沉寂了数十年之久。1979 年，可口可乐重新敲开中国市场的大门，成为改革开放后第一家进入中国的美国企业。然而，可口可乐也曾走过一段弯路。20世纪80年代，面临巨大竞争压力的可口可乐为了寻找新的利润增长点，踏上了多元化经营之旅。

　　可口可乐在重返中国市场之初，摸着石头过河，携手中粮、太古、嘉里三大集团合资建立瓶装厂。最初，可口可乐似乎没有估计到非碳酸饮料在中国市场的发展速度，所以将主要精力一直放在碳酸饮料的推广上。

　　2000年后，在美国本土市场和碳酸类饮料双双增长放缓的背景下，为寻求增长动力，可口可乐开始在饮料主业内实施有限多元化策略。此时，中国本土饮料企业在非碳酸饮料领域里异军突起，攻城拔寨。"康师傅"和"统一"在茶饮料、果汁饮料上平分秋色，各领风骚。这让可口可乐羡慕不已。2001年，可口可乐提出"全方位饮料公司"的战略目标，开始将精力慢慢转向非碳酸饮料领域，并把中国作为其非碳酸饮料战略扩张的目标市场。

　　自2002年推出第一款非碳酸饮料"冰露"水之后，可口可乐先后推出了"酷儿""天与地""水森活""美汁源果粒橙""茶研工坊""健康工坊"等一系列非碳酸甚至是本土特色的饮料。至2007年，可口可乐在中国提供超过50种品类的产品，涵盖了从碳酸饮料到果汁、茶、水、咖啡、功能饮料等几乎所有的饮料品类，满足了消费者的不同需求。而中国人年均饮用可口可乐公司产品数量达到24杯，可口可乐以15.5%的销售份额仅次于达能，位居中国市场第二。作为国际饮料行业老大的可口可乐在中国市场屈居老二，心有不甘。经过一番窥探，它瞄准了汇源果汁，要将其一口"喝"下去。

　　然而，可口可乐的如意算盘未能得逞。中国商务部于2008年11月对可口可乐收购汇源案立案后，经审查认定，这项收购案将对竞争产生不利影响。因此，商务部依法作出禁止此项收购的决定。商务部的裁决使得可口可乐"喝"下汇源后旋即成为果汁市场老大的梦想化为泡影。

　　作为2008年北京奥运会全球合作伙伴，可口可乐通过深度的推广活动联结了中国5亿多消费者。可口可乐的两位粉丝在Facebook上创建了可口可乐的页面，截至2011年1月，这一站点在世界各地拥有2 200多万名粉丝，且人数还在持续增加中。

　　2010年，可口可乐成为上海世博会的全球合作伙伴，企业馆"「可口可乐」快乐工坊"吸引超过100万热情游客的参与。

　　2011年，可口可乐公司在全球范围内欢庆125周年。

　　2013年10月24日，可口可乐公司董事长兼首席执行官穆泰康出席了河北省石家庄新厂的开业仪式，正式宣布可口可乐中国第43家工厂的建成投产。该厂是可口可乐在河北省投建的首家工厂，总投资达1.06亿美元（约合6.5亿元人民币），是可口可乐2012—2014年三年内在华投资40亿美元计划的一部分。河北厂的建成进一步体现了可口可乐对中国市场持续的信心和长期承诺。

　　2016年11月19日，可口可乐公司与其在华三大装瓶集团——可口可乐装瓶投资集团中国公司、中粮集团旗下中粮可口可乐饮料有限公司（以下简称"中粮"）以及太古饮料控股有限公司（以下简称"太古"）就可口可乐在华装瓶业务特许经营权的重组达成最终协议并举行签约仪式。重组后，可口可乐在中国的装瓶业务将分别由中粮和太古两家特许经营合作伙伴运营。

为响应国家京津冀一体化发展战略，可口可乐在中国的第 45 家生产厂——中粮可口可乐华北饮料有限公司于 2017 年 11 月正式宣布投产。作为华北地区规模最大的可口可乐装瓶厂，华北厂按照世界级标准建设，将助力京津冀饮料业务的健康发展，为满足本地区消费者日益增长的饮料需求提供充足的产能支持。

2018 年 6 月 15 日，云南太古可口可乐饮料有限公司新厂在昆明新城高新技术产业基地正式开业。这座长江以南最大的可口可乐世界级新工厂，已获得"美国能源与环境设计先锋（LEED)"金奖认证。此项投资彰显了可口可乐系统投资和发展中国业务的承诺。

2018 年，为了回馈同可口可乐一起参与、见证、成长的中国消费者，可口可乐推出了限量 mini 罐礼盒，纪念 40 年来大家用可口可乐分享欢乐的所有瞬间。此外，可口可乐更和《人民日报》合作设置时光博物馆，众多可口可乐旧物件勾起了大家的满满回忆。

2019 年 12 月 9 日，可口可乐公司上市 100 周年。

2021 年，中粮可口可乐"可乐 Go"平台实现了订单全流程数字化，该平台以客户为中心，完善了"中粮可口可乐—合作伙伴客户—终端客户—消费者"的闭环生态圈建设。

2022 年，可口可乐中国助力北京冬奥会和冬残奥会，打造"可持续发展新典范"。

资料来源：根据可口可乐（中国）官方网站及相关资料编写.

第3章

消费者市场及其购买者行为分析

方向标

为什么有些人喜欢四处旅游，有些人则喜欢钓鱼、打牌？为什么有的人买衣服一定要看牌子，而有的人则更看重时尚？企业面对的消费者到底对产品有怎样的需求？诱发消费者购买的动机又是什么？大部分的消费者是如何进行购买决策的？消费者为什么会选择你的产品而不选择其他厂家的产品？消费者的购买行为有没有一定的规律？这些都是我们在这一章中要解开的疑惑。消费者市场是最基本的市场类型，这一章的内容由此显得特别重要。准备好了吗？让我们先去看看预制菜是如何占领中国人春节餐桌的吧！

我们要达成的目标：

知识与能力目标

★ 回答什么是消费者市场，消费者市场的特点是什么；

★ 了解消费者购买行为的影响因素；

★ 了解消费者购买决策过程与类型。

素养目标

★ 洞察中国消费者的需求特点及其变化，分析其对企业营销的影响；

★ 弘扬我国传统文化，深入了解我国社会风情及民情。

导入案例

预制菜占领中国人春节餐桌

按照习俗，中国人在最重要的传统节日春节的除夕当天，会在家里做一桌子菜或是去饭店，一家人团聚在一起吃团圆饭，辞旧迎新。

2022 年春节，局部散发疫情让中国民众对防疫仍不敢掉以轻心，减少了去饭店就餐。许多中国人，尤其是生活在城市里的年轻人，选择购买饭店或超市已经做好的预制菜，带回家加热几分钟，作为年夜饭。"去年准备年夜饭花了我好几天时间"，32 岁的教师李薇（音）在接受采访时说，"预制菜对我这种不擅长做饭的人来说，真是救星"。

报道称，超市和饭店纷纷推出预制菜，满足火爆的市场需求。东坡肘子、佛跳墙等复杂难做的中国传统菜肴尤其受欢迎。阿里巴巴旗下的盒马鲜生推出了 3 种预制团圆饭套餐，价格分别为 688 元、1 288 元和 3 888 元。另有行业数据显示，2021 年中国预制菜市场规模超过 3 000 亿元。

资料来源：邵一佳. 外媒关注：预制菜占领中国人春节餐桌. 环球时报，2022 - 02 - 01.

3.1 消费者市场

企业在市场营销过程中，不仅要认真研究微观环境和宏观环境，而且要具体研究各类市场的特点及购买者行为，首先应研究消费者市场及其购买者行为。

3.1.1 消费者市场的概念

消费者市场又称最终消费者市场、消费品市场或生活资料市场，消费者市场是指为满足生活需要而购买产品和服务的一切个人和家庭。由于消费者市场是商品的最终归宿，因而消费者市场是基础性市场，别的市场类型和它有极强的关联性。因此，一切企业，无论是生产企业还是商业、服务企业，也无论其是否直接为消费者服务，都必须研究消费者市场。其他市场，如生产者市场、中间商市场等，虽然交易量超过了消费者市场，但其最终服务对象还是消费者，仍然要以最终消费者的需求和偏好为转移。在这个意义上，可以说消费者市场是一切市场的基础，是最终起决定作用的市场。

看一看：消费者市场与组织市场

3.1.2 消费者市场的特点

消费者需求由于受多种主观和客观因素的影响呈现出多样性。因此，消费者市场具有以下特点：

（1）从交易的规模和方式看：消费者市场购买者众多，市场分散，成交次数频繁，但交易数量少。因此，绝大部分产品都是通过中间商销售，以方便消费者购买。

（2）从交易的产品看：由于消费者市场提供人们最终消费的产品，而购买者是个人或家庭，因而它更多地受到消费者个人文化修养、欣赏习惯、收入水平等方面的影响。在消费者市场中，通常产品的花色多样、品种复杂，许多产品的寿命周期短。同时，由于替代品较多，产品的价格需求弹性充足，即价格变动对需求量的影响较大。

（3）从市场动态看：由于消费者的需求复杂，供求矛盾频繁，加之随着城乡交往、地区间往来的日益频繁，旅游事业的发展，国际交往的增多，人口的流动性越来越大，购买力的流动性也逐渐加强。因此，企业要密切注视市场动态，提供适销对路的产品，同时要注意增设购物网点和在交通枢纽地区建立规模较大的购物中心，以适应流动购买力的需求。

（4）从购买行为看：消费者的购买行为具有很大程度的可诱导性。首先，消费者市场的购买行为时，不像生产者市场的购买行为那样，常常受到生产特征的限制及国家政策和计划的影响，而是具有自发性和感情冲动性；其次，消费者市场的购买者大多缺乏相应的商品知识和市场知识，其购买行为属非专业性购买，消费者对产品的选择受广告、推销等的影响较大。由于消费者购买行为的可诱导性，生产和经营部门应注意做好商品的广告宣传和指导消费工作，一方面当好消费者的参谋，另一方面也能有效地引导消费者的购买行为。

研究消费者市场的这些特点，对企业营销十分必要和有益。只有了解它、适应它，企业才能把握好消费者的需求，并制定有效的营销对策。

放大镜 3-1

◈营销资料 3-1

2022 年中国十大消费趋势

中国
力量

趋势一：内在绽放

中国消费者愈加倾向于向内思考探索，追求有深度、有内涵的生活方式，越来越注重健康的深层次觉醒、内在的精神舒适度探索、"尽享自我"的体验感、成长的精神富足，"内在绽放"成为共同追求。

趋势二：感官滋养

人们通过不同的方式来解压，运动健身、睡觉、刷短视频/社交朋友圈和外出旅游等，强身健体、放松身心、视觉盛宴、感官愉悦、情感交互、听觉陶醉都成为让人们感官得到放松的方式。

趋势三：驭感消费

中国消费者正在适应新的"不确定性"，在消费中追求更稳妥的"安全感"成为重要的改变，他们希望在各个环节中，获得确定性的"掌控感"，让"驭感消费"成为选择。

趋势四：品牌心域

互联网红海竞争时代，用户注意力的获取变得越来越难，更多品牌会把目光转向私域，然而，私域流量的价值点也是有限的，私域虽然缩短了品牌与用户的触达渠道，但是，想要打动消费者最终依靠的还是产品的品质和品牌与消费者的关系。流量只是起点，品牌塑造的终极追求是构建可以与消费者共鸣共振的"心流体验"，将公域流量、私域流量转化为"心域流量"。

趋势五：国货进化

伴随中国经济崛起，消费者的民族自豪感和文化自信心提升，对国货的热情也逐渐高涨。

趋势六：质懒生活

"懒人经济"走入大众视野，但伴随着消费升级，人们对生活品质的要求越来越高，懒人经济也从过去单纯为了赶时间吃泡面的"效率懒"，升级为如今为了更好享受生活的"品质懒"。

趋势七：极致低减

在疫情的影响下，健康经济全面扩容，从医疗保健到日常快消，求低量、求天然、求轻装，求新奇，消费者越来越注重硬核的健康。

趋势八：闲品新生

人们对自我的一些不太良好的习惯有了更多的反思，并开始深度践行"断舍离"，"舍弃多余物品"成为更多人断舍离的方式。而在互联网的助推下，"闲置交易"浪潮再起。

趋势九：内容破茧

在使用移动互联网时，有八成的用户感觉每天有看不完的内容，感到信息过载，但"信息越多获取越少"。"获取实用技能"是互联网用户最能提高满足感的内容，其次是"学习知识"以及"放松解压"。

趋势十：虚实相生

随着5G高速覆盖，虚拟世界与现实世界的融合与协同随之"启程"。而随着2021年元宇宙的走俏，虚拟与现实的交融时代全面到来。

资料来源：肖明超趋势观察．万字必读！2022中国10大消费趋势重磅发布．腾讯内容开放平台，2022－01－14，有删改．

3.2　消费者行为模式和影响消费者购买行为的因素

3.2.1　消费者行为模式

人的行为是受其心理活动支配的，消费者的行为受消费者心理活动支配。按照刺激-反应模式的观点，人们行为的动机是一种内在的心理活动过程，像一只"黑箱"，是一个不可捉摸的神秘过程。客观的刺激，经过"黑箱（心理活动过程）"产生反应，引起行为。只有通过对行为的研究，才能了解心理活动过程。在营销学的范畴中，我们非常关注消费者对营销刺激和其他刺激的反应，关注消费者的购买行为。消费者购买行为的基本模式如图3-1所示。

图3-1　消费者购买行为的基本模式

具体来说，消费者受外界的刺激主要有两个方面：一是企业作为营销者所提供的营销刺激，对企业而言这些因素均是可控制的，它们对消费者的"黑箱"产生直接而具体的影响；二是其他刺激，即经济、技术、政治、文化、人口、自然等其他因素。它们是影响消费者"黑箱"的宏观环境，制约着整个消费需求。

消费者"黑箱"处于外部刺激和消费者反应之间，它虽然神秘莫测，但至少包括两个方面：一是消费者特性；二是消费者购买决策过程。

消费者反应则是外部刺激进入消费者"黑箱"后，在内在因素作用下，消费者对产品、品牌、经销商、购买时机、购买数量的选择，这些选择可以满足其消费的需要和欲望。消费者购买行为的详细模式如图3-2所示。其间，消费者应回答购买什么、为何购买、由谁购买、如何购买、何时购买、何地购买等问题，这就是所谓的消费者购买行为的7O模式，如表3-1所示。

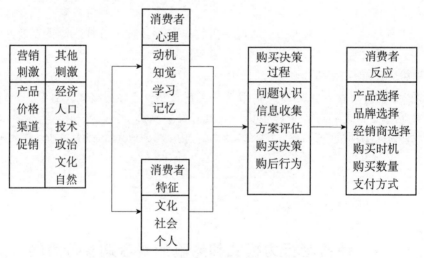

图3-2　消费者购买行为的详细模式

表3-1　消费者购买行为的7O模式

消费者市场由谁构成？（Who）	购买者（Occupants）
消费者市场购买什么？（What）	购买对象（Objects）
消费者市场为何购买？（Why）	购买目的（Objectives）
消费者市场的购买活动有谁参与？（Who）	购买组织（Organizations）

续表

消费者市场怎样购买？（How）	购买方式（Operations）
消费者市场何时购买？（When）	购买时间（Occasions）
消费者市场何地购买？（Where）	购买地点（Outlets）

按照消费者购买行为的 7O 模式，分析消费者购买皮鞋的购买行为变量，如表 3-2 所示。

表 3-2　消费者购买皮鞋的购买行为变量

购买什么	品牌？档次？质地（牛皮、猪皮……）？类型（正装鞋、便鞋、休闲鞋、运动鞋……）？款式？颜色？
购买原因	冬天保暖？春秋便鞋？与西服配套？防雨水？休闲？体育锻炼？保健？
购买方式	亲自购买？托人购买？专门选购？顺带购买？
购买地点	专业鞋店？百货公司？个体鞋摊？自选超市？电商平台？
购买时间	周末？节假日？夜晚？白天？
购买频率	每年一次？每季度一次？每月一次？不定时？需要时购买？

小思考

在我们对消费者市场做进一步分析之前，思考一下，小张的饮食店的产品将要卖给谁？产品的购买者是谁？产品的最终使用者又是谁？

3.2.2　影响消费者购买行为的因素

消费者行为取决于他们的需要和欲望，而人们的需要和欲望乃至消费习惯和行为，是在许多因素的影响下形成的。这些因素主要包括文化因素、社会因素、个人特性因素和心理因素四大类。这四类因素属于不同的层次，对消费者购买行为的影响程度不同，影响最深的是文化因素，它影响到社会的各个阶层和家庭，进而影响到每个人的心理乃至行为。影响消费者购买行为最直接的、决定性的因素，是个人特性因素。下面分别对影响消费者购买行为的四类因素进行分析。

3.2.2.1　文化因素

文化、亚文化和社会阶层等文化因素，对消费者购买行为具有最广泛和最深远的影响。文化是人类欲望和行为最基本的决定因素，低级动物的行为主要受其本能的控制，而人类行为大部分是学习而来的，在社会中成长的人通过其家庭和其他机构的社会化过程，学到了一系列基本的价值、直觉、偏好和行为的整体观念。每一种文化群体都包含着能为其成员提供更为具体的认同感和社会化的、较小的亚文化群体，如民族群体、宗教群体、种族群体、地理区域群体等。

在一切人类社会中，都存在着社会阶层。社会阶层是社会学家根据职业、收入、教育水平、价值观和居住区域对人们进行社会分类，按层次排列的具有相对同质性和持久性的群体。每一阶层的成员具有类似的价值观、兴趣爱好和行为方式。由于社会阶层的不同，人们的收入、教育水平及价值观念都会有所不同，因而必然会影响其消费观念与消费选择。

按照中国社会科学院"当代中国社会阶层研究"课题的成果，中国社会可分为十大社会阶层，依次是：国家与社会管理者阶层（拥有组织资源）；经理人员阶层（拥有文化资源和组织资源）；私营企业主阶层（拥有经济资源）；专业技术人员阶层（拥有文化资源）；办事人员阶层（拥有少量文化资源或组织资源）；个体工商户阶层（拥有少量经济资源）；商业服务业员工阶层（拥有很少量上述三种资源）；产业工人阶层（拥有很少量上述三种资源）；农业劳动者阶层（拥有很少量上述三种资源）；城乡无业、失业、半失业者阶层（基本没有上述三种资源）。

3.2.2.2 社会因素

消费者购买行为也受到诸如参照群体、家庭、社会角色与社会地位等一系列社会因素的影响。

3.2.2.2.1 参照群体

参照群体是指那些直接或间接影响人的看法和行为的群体。参照群体可以分为直接参照群体和间接参照群体。

（1）直接参照群体。又称为成员群体，即某人所属的群体或与其有直接关系的群体。成员群体又分为首要群体和次要群体：首要群体是指与某人直接、经常接触的一群人，一般都是非正式群体，如家庭成员、亲戚朋友、同事、邻居等；次要群体是对其成员并不经常发生影响，但一般都较为正式的群体，如行业协会等。

（2）间接参照群体。是指某人的非成员群体，即此人不是其中的成员，但又受其影响的一群人。间接参照群体又分为向往群体和厌恶群体：向往群体是指某人推崇的一些人或希望加入的集团，如知名运动员、演艺人员就是其粉丝的向往群体；厌恶群体是指某人讨厌或反对的一群人。一个人总是不愿意与厌恶群体发生任何联系，在各方面都希望与其保持一定的距离，甚至经常反其道而行之。

参照群体对消费者购买行为的影响，表现在三个方面：参照群体为消费者展示新的行为模式和生活方式；由于消费者有效仿其参照群体的愿望，因而消费者对某些事物的看法和对某些产品的态度也会受到参照群体的影响；参照群体促使人们的行为趋于"一致化"，从而影响消费者对某些产品和品牌的选择。企业应善于运用参照群体对消费者施加影响，扩大产品销售。

3.2.2.2.2 家庭

家庭是社会组织的一个基本单位，也是消费者的首要参照群体之一，对消费者购买行为有着重要影响。一个人在其一生中一般要经历两个家庭。第一个是父母的家庭，在父母的养育下逐渐长大成人；然后又组建自己的家庭，即第二个家庭。当消费者作出购买决策时，必然要受到这两个家庭的影响。其中，受原有家庭的影响比较间接，受现在家庭的影响比较直接。家庭购买决策大致可分为三种类型：一人独自做主；全家参与意见，一人做主；全家共同决定。这里的"全家"虽然包括子女，但主要还是夫妻二人。夫妻二人购买决策权的大小取决于多种因素，如各地的生活习惯、妇女就业情况、双方工资及教育水平、家庭内部的劳动分工等。孩子在家庭购买决策中的影响力不容忽视，尤其是中国的孩子在家庭中受重视的程度越来越高，随着孩子的成长、知识的增加和经济上的独立，他们在家庭购买决策中的权力逐渐加大。

3.2.2.2.3　社会角色与社会地位

一个人在一生中会参加许多群体，如家庭、俱乐部及其他各种组织。每个人在各个群体中的位置可用角色和地位来确定。每一个角色都将在某种程度上影响其购买行为，每一个角色都伴随着一种地位，这一地位反映了社会对这个人的总体评价。

文化因素和社会因素都是影响消费者购买行为的外在因素，而影响消费者购买行为的内在因素主要包括消费者的个人特性因素与心理因素。

3.2.2.3　个人特性因素

消费者购买行为也受其个人特性的影响，特别是受其所处的人生阶段、职业、经济状况、生活方式、个性及自我观念的影响。这其中，生活方式是一个人的生活模式，消费者生活方式的衡量包括衡量其主要的活动、兴趣及观念。个性是一个人所特有的心理特征，它导致一个人对其所处环境的相对一致和持续不断的反应。个性经常可以用性格属性来描述，例如这个人是自信的、适应性强的，等等。人的自我观念也称为人的自我形象，自我观念反映了消费者的自我形象与其拥有物之间的关系。例如，人们对某一特定物品的消费，可能是为了印证自己的品位、教养和时尚。

3.2.2.4　心理因素

从本质上来讲，消费者的购买行为还要受动机、知觉、学习及信念和态度等主要心理因素的影响。

看一看：影响消费者购买的心理因素

3.2.2.4.1　动机

动机是一种能够升华到足够强度的需要，它能够及时引导人们去探求满足需要的目标。美国心理学家亚伯拉罕·马斯洛（A. H. Maslow）认为，人是有欲望的动物，需要什么取决于已经有了什么，只有尚未被满足的需要才能影响人的行为。人的基本需要按其重要程度的大小，依次为生理需要、安全需要、社会需要、尊重需要和自我实现需要，如图 3-3 所示。只有低层次需要被满足后，较高层次的需要才会出现并要求得到满足。马斯洛的需要层次论，对企业分析、把握消费者的购买行为动机有着非常重要的实用价值。

图 3-3　马斯洛的需要层次

动机是推动人从事某项活动的内在机能。购买动机则是促使消费者采取购买行为的内在机能，是消费者购买行为的基础。同消费者需求一样，购买动机也是多种多样的，大致有以下几种：

（1）求实动机。在这种动机的驱动下，消费者在购买商品时，注重商品的使用价值，讲究实惠、使用方便，不大强调商品的外观、花色和款式。具有这种购买动机的人大多是收入较低、支付能力有限或注重传统习惯和购买经验的消费者。

（2）求美动机。这类消费者在购买商品时，注重商品的式样、色调和造型，重视商品对环境的装饰作用和对人体的美化作用。具有这种购买动机者多为青年和妇女，而易被消费者从"美"的角度加以审视的商品则多为家具、服装等。

（3）求廉动机。具有求廉动机的消费者，在选购商品时，特别注重商品的价格，对便宜、降价和处理的商品具有浓厚的兴趣，而对商品的花色、款式等"外在形象"不太注意。

（4）求名动机。具有这种购买动机的消费者，对名牌产品具有特殊的偏好，而对非名牌产品缺乏信任感。他们在选购产品时，很注重产品的名称、产地和销售地点。

（5）求新动机。具有这种购买动机的消费者在购买商品时，不大计较商品的价格，而是把注意力集中在商品的外在形式上，他们总是期望自己领导消费新潮流。

（6）求安全动机。具有这种购买动机的消费者在购买商品时，十分注意商品的安全可靠、干净卫生、不损害人体健康。在购买医药、食品、卫生用品和灶具等商品时，这种动机显得尤为突出。

此外，购买动机还有"求奇动机""求同动机"等。这些购买动机，是引起消费者购买行为的关键性因素，企业应高度重视对消费者购买动机的研究。

❀营销资料 3-2

"懒人"撑起大市场

2021 年我国居民人均消费支出比上年实际增长 12.6%，升级类消费需求持续释放，到底哪些升级类消费引领潮流？

扫拖地一体机器人不仅可以通过声控实现精准的扫地拖地，它甚至能自己洗拖布、自己倒垃圾、自动除菌。2021 年，这种越来越能满足"偷懒"需求的扫拖地一体机器人销量增长明显，消费者在智能小家电上的消费支出不断增加。

北京某门店负责人告诉记者，扫拖地一体机器人整体销售同比增长 160%。蒸烤涮一体的家电，也是销售增量比较大的产品。

此外，"低碳节能、健康养生"也是一种新的消费理念。去年刚刚工作的小马就在过去一年陆续添置了智能破壁机、节能无叶风扇、养生壶、空气炸锅等家电。

数据显示，2021 年以来，家电市场向智能化转型趋势持续。2020 年 1 月—

11月，清洁电器、扫地机器人以及集成灶等智能生活家电品类，销售额同比增长均在30％左右，远远高于行业平均水平。

　　资料来源：卖爆了！"懒人"撑起大市场　有产品销量暴增160％　你家有吗?. 央视财经（微信公众号），2022‐01‐17，有删改.

3.2.2.4.2　知觉

知觉是人们对外部世界主观的、概念化的反映。一个被激励的人随时准备行动，然而，他如何行动受其对外界情况的知觉程度的影响。处于相同的激励状态和目标情况下的两个人，其行为可能大不一样，这是由于他们对情况的知觉各异。人的行为源于其知觉世界，由于人的知觉世界的不同，不同的人可以有千差万别的行为。而人们之所以对同一刺激物产生不同的知觉，是因为人们要经历三种知觉过程，这种"有选择性的心理过程"主要包括三个方面：

（1）选择性注意。指人在同一时间内只能感知周围的少数对象，其他的对象则被忽略了。比如一个想买电视机的消费者，走进琳琅满目的大商场，尽管呈现在他面前的有电冰箱、洗衣机，但他真正关心、注意的只有电视机的广告和展销的电视机产品，而其他产品的广告和样品不会给他留下太深的印象。

（2）选择性曲解。又称选择性知觉，指人们对感觉到的事物，并不是按照相似的反映出来，而往往是根据自己的先入之见或自己的兴趣、爱好（即按个人意愿）来说明、解释。

（3）选择性记忆。是指人们只是记住那些与自己的看法、信念相一致的东西。对于购买者来说，他们往往记住自己喜爱品牌商品的优点，而忘掉其他竞争品牌商品的优点，这就是选择性记忆。

◈营销资料3‐3

第六感

　　你可以自己试试看：在你面前放一个水杯，睁着眼睛重复碰几次它的顶端，然后闭上眼睛，试着去找找它的位置。你可能依然可以碰到它。

　　闭上眼睛时，我们对世界和自己身体所处位置的感知并没有消失，一种非视觉的印象依然存在。这种感觉被称为本体感觉（proprioception）：一种对四肢相对位置和身体空间位置的意识。本体感觉和其他感觉（如视觉、听觉等）一样，它是我们的大脑在这个世界里的导航助力。

　　科学家们有时把它称为"第六感"，但它又和其他感觉有着关键的不同之处。我们知道捂住耳朵感觉到的是静默，也知道闭上眼睛看到的是黑暗。可除了极少数的情况之外，本体感觉从不关闭。

　　资料来源：Resnick. 今年的诺奖发现，与你身体的第六感息息相关. 神经现实（微信公众号），2021‐10‐05，有删改.

3.2.2.4.3　学习

学习是指由于经验而引起的个人行为的改变。人类行为大都来源于学习。一个人的学习是通过驱使力、刺激物、诱因、反应的相互影响而产生的，其模式如图3-4所示。由于市场营销环境不断变化，新产品、新品牌不断涌现，消费者必须经过多方收集有关信息之后，才能作出购买决策，这本身就是一个学习过程。同时，消费者的消费经历也是消费者学习的重要方式。

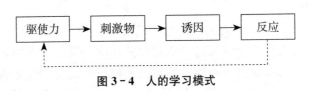

图3-4　人的学习模式

3.2.2.4.4　信念和态度

信念是指一个人对某些事物所持有的白描化的看法，而态度是指一个人对某些事物或观念长期持有的好与坏的认识上的评价、情感上的感受和行动倾向。通过行为和学习，人们获得了自己的信念和态度，而信念和态度又反过来影响人们的购买行为。营销者应关注人们头脑中对本企业产品或服务所持有的信念，即在购买者心目中本企业产品和品牌的形象。通常，购买者对企业及其产品的信念，会根本性地决定其对企业及其产品的态度。而购买者往往根据自己的态度作出购买行为决策。所以，如果购买者对企业及其产品的信念不完整甚至有失偏颇，会形成不利于企业的负面态度，有可能影响企业营销活动的效果。这时，企业就要运用自己的营销努力去纠正这些不利于自己的购买者的态度。但是，一个人的态度往往呈现稳定一致的模式，改变一种态度需要作出巨大的努力。例如，日本的本田摩托进入美国市场时，面对的是公众普遍的负面态度——大多数美国人将摩托车与流氓犯罪活动联系在一起。为了占领美国市场，本田公司（Honda）必须改变公众的态度。于是，本田公司竭尽所能，进行了包括广告在内的大量的促销活动。在本田摩托的广告中，无一例外地以教授、美女等正面公众人物为广告主角，并告诉公众"骑上本田摩托，拥抱美好生活"。本田公司逐渐改变了公众对摩托车的负面态度，打开了美国摩托车市场。

> ❖ **营销战例 3-1**
>
> ## 啤酒不是舶来品
>
> 　华润雪花啤酒推出了一个999元两瓶啤酒的套装，销售火爆，厂里货源已经紧缺，一些客户只能计划性供货。
>
> 　这就是"醴"酒。
>
> 　在大众的认知当中，啤酒是舶来品，其实中国的"醴"酒酿造，已经有4 000～5 000年的历史。在《天工开物》中有描述：古来曲造酒，蘖造醴。蘖，谷芽、芽米也，以蘖酿醴。在古代中国，醴就是类似啤酒的酒精饮料。
>
> 　所以"醴"就是中华民族相较于西方啤酒的可能更古老的类似啤酒的酒精饮料。雪花啤酒这次的酒命名为"醴"酒，是将千年以前的"醴"酒，用传统的古

法结合新时代工艺开发出来，试图要通过一个载体来告诉人们，我们有着最深厚的"醴"酒（即西方啤酒）酿造文化历史。

　　资料来源：谭长春．醴酒告诉中国，啤酒不是舶来品！．销售与管理，2021－08－03，有删改．

　　综上所述，一个人的购买行为是文化因素、社会因素、个人特性因素和心理因素之间相互影响和作用的结果。这其中，有些因素是营销人员无法改变的，但这些因素对于营销人员识别那些对产品有兴趣的购买者很有用处；有些因素则受到营销人员的影响，营销人员借助有效的产品、价格、渠道和促销策略，可以诱发消费者的购买行为。

3.3　消费者购买决策过程

　　仅仅了解影响消费者购买行为的主要因素对于营销人员来说并不够，营销人员还需要了解目标购买者是谁，他们面临着什么样的决策，哪些人参与决策，消费者购买决策过程的主要步骤是什么，等等。

3.3.1　消费者购买决策的参与者

　　消费者购买决策过程的参与者有以下五种：

　　（1）发起者。首先想到或提议购买某种产品或劳务的人。

　　（2）影响者。其看法或意见对最终决策具有直接或间接影响的人。

　　（3）决定者。能够对买不买、买什么、买多少、何时买、何处买等问题作出全部或部分决策的人。

　　（4）购买者。实际采购的人。

　　（5）使用者。直接消费或者使用所购商品或劳务的人。

　　通常，消费者以个人为单位购买商品时，这五种不同角色可能由其一人担任；但当消费者以家庭为单位购买商品时，可能会由不同的家庭成员来担任不同的角色。营销人员了解每一购买者在购买决策中扮演的角色，并针对其角色地位与特性，采取有针对性的营销策略，就能较好地实现营销目标。

学一下 3-1

3.3.2　消费者购买行为的类型

　　消费者在购买商品时，会因商品价格、购买频率的不同，导致介入程度不同。根据消费者在购买过程中的介入程度和品牌差异程度，可以将消费者的购买行为分为四种类型，如图 3-5 所示。

看一看：消费者购买决策的类型

购买者的介入程度

		高	低
品牌差异程度	大	（1）复杂的购买行为	（3）习惯性的购买行为
	小	（2）减少失调感的购买行为	（4）多样化的购买行为

图 3-5　消费者购买行为的四种类型

（1）复杂的购买行为。当消费者选购价格昂贵并对其性能缺乏了解的商品时，为慎重起见，他们往往需要广泛地收集有关信息，经过认真学习，产生对这一产品的信念，形成对品牌的态度，并慎重地作出购买决策。

对这种类型的购买行为，企业应帮助消费者了解与该产品有关的知识，让他们知道和确信本产品在比较重要的性能方面的特征及优势，使他们产生对本产品的信任感。这期间，企业要特别注意针对购买决策者做介绍本产品特性的多种形式的广告。

（2）减少失调感的购买行为。当消费者高度介入某项产品的购买，但又判断不出各品牌有何差异时，对所购产品往往容易产生失调感。为了改变这样的心理，追求心理的平衡，消费者广泛地收集各种对已购产品有利的信息，以证明自己购买决策的正确。为此，企业应通过调整价格和选择售货网点，向消费者提供有利的信息，帮助消费者消除不平衡心理，坚定其对所购产品的信心。

（3）习惯性的购买行为。消费者有时购买某一产品，并不是因为特别偏爱某一品牌，而是出于习惯。针对这种购买行为，企业要特别注意给消费者留下深刻印象，企业的广告要强调本产品的主要特点，要以鲜明的视觉标志、巧妙的形象构思赢得消费者对本企业产品的青睐。为此，企业的广告要不断反复，以加深消费者对产品的熟悉程度。

（4）多样化的购买行为。如果消费者购买的产品品牌差异虽大，但可供选择的品牌很多时，他们并不花太多的时间选择品牌，且不专注于某一产品，而是经常变换品种。这种品种的更换并非对自己之前购买的产品不满意，只是想换换口味。

面对这种购买行为，当企业处于市场优势地位时，应注意以充足的货源占据货架的有利位置，并通过提醒性的广告促使消费者形成习惯性购买行为；而当企业处于非市场优势地位时，则应以降低产品价格、免费试用、介绍新产品的独特优势等方式，鼓励消费者进行多种品种的选择和新产品的试用。

3.3.3　消费者购买决策的过程

不同的购买行为类型，说明消费者消费决策过程的差异性或特殊性，但消费者的消费决策过程也有其共性。通常，消费者在购买某一产品时，会有一个决策过程，该过程会因所购产品类型、购买者类型的不同而有所区别，但典型的购买决策过程一般包括认识需求、收集信息、选择判断、购买决策及购后行为五个不同的阶段，如图3-6所示。

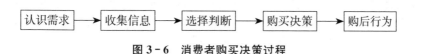

图 3 - 6　消费者购买决策过程

3.3.3.1　认识需求

认识需求是消费者购买决策过程的起点。当消费者在现实生活中感觉到或意识到实际与其需求之间有一定差距并产生了要通过消费解决这一问题的要求时，购买的决策过程便开始了。

3.3.3.2　收集信息

当消费者产生了购买动机之后，便会开始进行与购买动机相关联的活动。如果他想购买的商品就在附近，他便会实施购买活动，从而满足需求。但是当消费者所需的商品不易买到，或者说其需求不能马上得到满足时，他便会把这种需求存入记忆中，并注意收集与需求相关和联系密切的信息，以便进行决策。消费者信息的来源主要有四个方面：

（1）个人来源：指通过家庭成员、朋友、同学或同事等个人关系获得信息。

（2）商业来源：指通过企业的广告、展销会、推销员介绍等途径获得信息。

（3）公共来源：指通过社会公众传播得到信息，如消费者协会、政府有关部门提供的信息。

（4）经验来源：指消费者通过直接使用商品得到信息。

3.3.3.3　选择判断

当消费者从不同的渠道获取有关信息后，便对可供选择的品牌及产品进行分析和比较，并对各种品牌的产品作出评价，在此基础上决定购买。

3.3.3.4　购买决策

消费者真正将其购买意向转为购买行动，即作出购买决策，其间还会受到两个方面的影响：

（1）他人的态度。消费者的购买意向，会因他人的态度而增强或减弱。他人态度对消费者购买意向影响力的强度，取决于他人态度的强弱及他人与消费者的关系。一般来说，他人的态度越强硬、他人与消费者的关系越密切，他人对消费者的影响就越大。例如丈夫想买一台大屏幕的彩色电视机，而妻子坚决反对，丈夫就极有可能改变或放弃购买意向。

（2）意外情况。消费者购买意向的形成，总是与预期收入、预期价格和期望从产品中得到的好处等因素密切相关。但是当他欲采取购买行动时，发生了一些意外情况，如因失业而收入减少，因产品涨价而无力购买，或者有其他更需要购买的东西，等等，这一切都将会使他改变或放弃原有的购买意向。

3.3.3.5　购后行为

消费者购买产品之后，就进入了购后阶段，此时，营销人员的工作并没有结束。消费者购买产品后，通过自己的使用和他人的评价，会对自己购买的产品产生某种程度的满意或不满意。

当消费者感到十分不满意时，肯定不会再买这种产品，甚至有可能退货，或劝阻他人购买这种产品。所以，营销人员应使产品真正体现出可觉察的性能，从而使消费者感到满意。事实上，那些有保留地宣传其产品优点的企业，反倒使消费者产生了高于期望的满意感，有助于企业树立良好的产品形象和企业形象。

研究和了解消费者的需要及其购买过程，是市场营销成功的基础。营销人员通过了解消费者如何作出购买决策的全过程，可以获得许多有助于满足消费者需要的有用信息；同时，营销人员通过了解购买过程的各种参与者及其对购买行为的影响，可以为目标市场设计有效的市场营销规划。

本章小结

学一下 3-2

通过这一章的学习，我们掌握了市场营销非常基本而重要的内容——分析、把握消费者，了解消费者的购买行为——这是一切市场营销活动取得成功不可或缺的要素。这一章的主要内容包括以下几个方面：

1. 消费者市场的概念及特点

消费者市场是指为满足生活需要而购买产品和服务的一切个人和家庭。消费者市场具有购买者众多、市场分散、成交次数频繁，但交易数量少；商品的价格需求弹性较大；购买行为具有自发性和感情冲动性；供求矛盾频繁；购买力的流动性强等诸多特点。

2. 消费者购买行为的影响因素

消费者购买行为受到四种主要因素的影响：文化因素（文化、亚文化和社会阶层），社会因素（参照群体、家庭、社会角色和社会地位）；个人特性因素（人生阶段、职业、经济状况、生活方式、个性和自我观念）；心理因素（动机、知觉、学习、信念和态度）。所有这些因素都为营销人员如何更有效地赢得消费者和为消费者服务提供了重要的线索与依据。

3. 消费者购买决策的参与者及购买行为的类型

为了了解消费者是怎样作出购买决策的，营销人员必须识别出由谁作出购买决策、影响购买决策的因素及消费者购买决策的参与者（包括发起者、影响者、决定者、购买者和使用者）。对不同的消费者要开展不同的、有目标的营销活动。营销人员还必须了解购买者在购买过程中的介入程度和品牌差异程度，以确定消费者的购买行为属于哪一种类型。通常，消费者的购买行为类型包括：复杂的购买行为、减少失调感的购买行为、习惯性的购买行为和多样化的购买行为。

4. 消费者购买决策的过程

典型的消费者购买决策过程一般包括认识需求、收集信息、选择判断、购买决策和购后行为五个不同的阶段。营销人员的工作就是要了解消费者在每一阶段的行为及其对购买的影响。

重要概念

消费者市场　消费者购买行为　复杂的购买行为　减少失调的购买行为　习惯性的购买行为　多样化的购买行为

复习与思考

1. 什么是马斯洛的五个需要层次？

2. 举例说明文化因素对消费者行为的影响，并说明我国现阶段传统文化有哪些变化趋势。

3. 人们受参照群体影响的方式有哪几种？以你自己的实际购物经历进行相应的分析。

4. 如果将你进入大学学习也视为一种消费，以你自己的实际经历，根据购买决策过程的五个阶段，分析你的购买决策过程，并分析影响该购买决策的主要社会影响因素。

5. 知觉可以怎样影响企业的营销活动？

帮记 3 - 2

营销实战分析

她经济

当前中国女性约有 6.8 亿人，其中 25～45 岁的女性约有 2.7 亿人，占全国总人口的近 1/5，年轻女性拥有强烈的消费意愿。

"她经济"，是指围绕着"女性"来造就的经济模式。新时代女性独立自主，社会、经济地位不断提升，消费需求蓬勃发展，"她经济"的影响力日益增长。据第一财经商业数据中心（CBNData）数据显示，2020 年中国 97％的女性都是家中"买买买"的主力军，中国女性消费市场超过了 10 万亿。

女性掌管着家庭消费的主要决策权。除了数码产品、家用电器、机票和酒店预订这三大品类依然由男性掌握较大决策权外，其余消费品类——包括食品和生鲜、服装鞋帽、家居用品、母婴、化妆和美容产品等，女性是主要决策方；旅游出行等家庭休闲活动，女性也占据更多主动权。

女性消费品类多，消费需求多样化。女性人群特征关键词为"经济独立""追求品质""讲究仪式"等。消费特征包括自我娱乐、自我提升和照顾家庭三部分。女性不仅宠爱自己、懂得内外提升自己，也愿意为孩子的教育、父母的养老消费。

当代女性注重由内而外提升自己。内在提升自己的方式包括学历提升、技能提升、品位提升；外在提升则包括穿搭技巧、健身减肥、化妆医美等方面。

随着年龄的增加，女性消费偏好从悦己向家庭转变。女性用户兴趣多元，不同人生阶段关注重心差异明显。其中，24 岁及以下女性更加关注美妆、食品，25～35 岁女性是宝妈主流人群，对母婴类商品消费偏好显著；36 岁及以上女性顾家属性更强，对饰品、洗护等品类表现出较高消费偏好。

在消费升级的背景下，女性在看重性价比的同时，更愿为优质、符合自我表达的产品支付溢价。44％的女性更重视个人体验型消费，31％的女性追求品牌商品性消费。

女性消费者大致可以按照可支配收入与所在城市类型划分为四类。月均可支配收入较高的女性大多为公司职员背景，有一定的工作经历，进入稳定收入阶段。月均可

放大镜 3 - 2

支配收入较低的女性主要是初入职场的公司职员和在校学生。

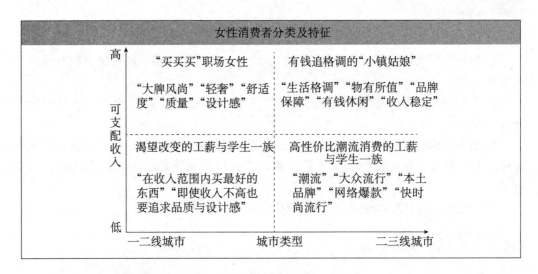

女性经济实力持续增强，学历、收入提升促使女性消费更加个性及独立。受过高等教育的女性占比超过一半。2020年女研究生人数为159.9万人，占比约50.9%。受教育水平的提升为女性长期职业发展带来了更多的空间。

女性平均收入不断提升。智联招聘2021年调研数据显示，当前中国职场女性整体收入较男性的差距同比收窄，且分化程度连续两年下降。

女性网购规模已达5.47亿元，互联网有效助力女性消费。女性网络用户主要集中在三个年龄段："75后""85后""95后"。其中"85后"女性占比最多，达到42.9%。女性网购产品中，服饰鞋靴与日用百货占比最多。

网络成为女性获取信息和关注时尚潮流的主要渠道，而各种信息在网上传播的及时性，又能让女性紧跟潮流不落伍。其中，综合电商平台仍是女性人群主流购物渠道，直播带货等购物形式助推电商平台加深对女性用户的吸引力。

内容日渐丰富的短视频俘获各年龄段女性用户，且25～35岁女性对短视频使用程度最突出，这一年龄段女性需要顾及工作与家庭，更倾向于用碎片化时间刷短视频。24岁以下年轻女性相比于其他年龄段女性花费更多时间在社交和在线视频领域。

资料来源：卢国昆.洞察"女人心"，拥抱"她经济".招商证券（微信公众号），2022-03-07，有删改.

思考与分析：

1. 什么是"她经济"？"她经济"会怎样影响企业的营销？

2. 举例说明企业营销应该如何更好地满足女性消费者需求，应该怎样更好地迎合"她经济"。

素养提升

你认为目前的中国市场有什么值得关注的消费趋势变化？对此你有何营销建议？

营销实战训练

市场营销的根本：认清消费者

项目名称	消费者分析		项目类别	个人训练
目的	实际体验与认知如何分析消费者			
	步骤	项目内容		时间
项目方案	1. 准备	仔细阅读本营销实战训练所附资料，并通过各种途径进一步搜寻相关资料。		
	2. 分析与思考	（1）请列举三种林梅购买笔记本电脑的可能动机。 （2）林梅收集笔记本电脑信息的来源可能有哪些？请列举三种以上，并说出哪种信息来源对她作出购买决策影响最大。 （3）林梅的购买决策如何受到她的文化因素的影响？ （4）林梅所处的社会阶层如何影响她的购买决策？ （5）林梅所处的社会群体（包括家庭等）如何影响她的购买决策？ （6）林梅的年龄、职业、经济环境和生活方式如何影响她的购买决策？ （7）林梅购买笔记本电脑的行为属于哪种购买行为？请说明理由。 （8）林梅是购买决策参与者中的哪一种角色？还有哪些可能的角色会参与她的购买行为？如何参与？ （9）请根据你对林梅这类人群的了解，指出她对笔记本电脑评价的属性有哪些（比如价格、外观等），将这些属性按照对她的重要程度排列，并说明理由。		与第 3 章教学时间同步，课外完成。
	3. 形成报告	将上述分析与思考形成文字报告。		
成绩测评	根据学生提交的报告给定成绩。			

营销实战训练资料：

林梅买电脑

林梅，女，35 岁，已婚，研究生学历。林梅在北京市一家规模很大的科技公司担任地区销售经理，收入较高，拥有一套位于高档社区的大面积公寓和一部价值 160 多万元的汽车，属于典型的白领一族。林梅现在想购买一台笔记本电脑，她面临多种品牌的选择。

营销基本功必备之二

一切从沟通开始（提高级）

一、察言观色

目的：

学会根据客户的面部表情及形体语言等因素把握特定信息。

规则与方式：

1. 变脸对抗赛

（1）学生共分两大组、四小组。一大组表现时，另一大组进行计时、评定。每一大组均分为甲、乙两个小组，甲组表现、乙组猜，完成后角色互换。

（2）分组后，所有学生同时准备5分钟，"表现小组"根据下面提示1中的面部表情确定由谁表现及通过有情节的场景表现形式进行表现，每一小组表现完毕，"猜小组"有30秒时间讨论，决定答案。

提示1：面部表情

快乐/悲伤　令人高兴的惊奇/令人不高兴的惊奇

担忧/愤怒　关切/无聊　匆忙/有兴趣

（3）在学生中评选最佳表现一名。

2. 最"酷"的动作

（1）学生共分两大组、四小组。一大组表现时，另一大组进行计时、评定。每一大组均分为甲、乙两个小组，甲组表现、乙组猜，完成后角色互换。

（2）分组后，所有学生同时准备5分钟，"表现小组"自由确定由谁表现及通过有情节的场景如何表现三种形体语言，每一小组表现完毕，"猜小组"有30秒时间讨论，决定答案。

提示2：形体语言

如果你保持一个开放的姿态，并且稍微向后靠以示放松，或者稍微向前靠，以示对交流感兴趣，对方会认为你十分友好、自信、对他很感兴趣；如果你保持封闭的姿态，双手抱在胸前，对方会认为你是防御型的；如果你保持正面的、硬邦邦的姿态，会让人感到你十分生气或沮丧。

二、五种重要的面对面沟通技巧

目的：

提高与客户面对面沟通的技巧。

规则与方式：

（1）由老师指定的提前准备的学生表演场景1，看完表演后，其他学生分析客户服务代表（CSR）存在的问题。接着，继续表演场景2。

场景1（旅行社）

客户：你好！

CSR：（看着客户走近，没有表情，也不说话）

客户：你好，我想知道三峡旅游的情况。

CSR：（使用一种友善的声音，但双手交叉抱在胸前，没有直接看着顾客）可以的，我们可以为您提供几种选择。这里有相关的资料，您需要吗？或是您想知道有关的价格信息？

客户：哦，我现在只是想带些资料回家看看。我们现在还没有打算去。

CSR：没问题。这里有一些您想要的资料（将资料单手递给客户）。您可以看一看，有问题欢迎给我打电话。

客户：好的。谢谢你。

CSR：没关系。

（客户转身离开）

场景 2（旅行社）

CSR：（看着客户走近，面带微笑）早上好！

客户：你好。

CSR：（直面顾客，作眼神交流）我能为您做些什么吗？

客户：我想知道三峡旅游的情况。

CSR：可以的，我们可以为您提供几种选择。这里有相关的资料，您需要吗？或是您想知道有关的价格信息？

客户：哦，我现在只是想带些资料回家看看。我们到目前为止还没有打算去。

CSR：没问题。这里有一些您想要的资料（将资料双手递给客户）。您可以看一看，有问题欢迎给我打电话。

客户：好的。谢谢你。

CSR：谢谢您的来访。

（客户转身离开）

（2）全体学生用 5～10 分钟的时间讨论以下问题：

● 为什么要问候客户？

● 为什么要与客户进行眼神交流？

● 为什么要微笑？

● 为什么要用开放的肢体语言？

● 为什么要向客户致谢？

三、电话沟通

目的：

学会利用电话与客户进行有效的沟通。

规则与方式：

1. 打电话

学生共分两大组，由老师指定分别由谁表演场景 1 和场景 2，每组同时准备 5 分钟。学生就上述表演的场景分组讨论 5 分钟，寻找打电话时促进和妨碍电话沟通的因素，并写在黑板上。

场景 1

小张是北京联通朝阳区的客户代表。同事在他的办公桌上留了一张便条，上面写着："李民 11:30 给你打过电话，他认为你应该在 10 点给他回电话，解释他第一笔账单上的费用"。于是，小张有了以下与李民的通话。

小张：嗨，我是小张。有什么问题吗？

李民：（迷茫地）小张？

小张：是啊，联通的小张。我是不是应该早一点给你打电话？

李民：是的。你应该调查一下，然后向我解释我的账单上的费用。在我与你们签约时，你们曾经有一个承诺，现在账单上的费用与你们的承诺不符。

小张：（大声地叹气）好的，我真的很忙，没有时间调查。真对不起，你的账号是多少？

李民：小张，我正在开会，你可以下午再给我来个电话吗？

小张：当然，我一会儿再给你电话。

（小张挂断电话，李民怀疑地盯着听筒）

场景2

小张是北京联通朝阳区的客户代表。光明公司的李民打电话询问为什么上个月光明公司账单上的费用比平时高许多。小张说他会审查账户，并在第二天上午9点给李民打电话。于是，第二天小张有了以下与李民的通话。

小张：早上好，李民。我是联通的小张。关于你们公司的电话账户，我有些情况要告诉你，你看现在合适吗？

李民：早上好，小张。你真准时，我一直在等你的电话。你查到了些什么？

小张：我这儿有你们公司账单的复印件。你手边有账单吗？

李民：有。这个月为什么费用这么高？

小张：我认真查了一下，请你翻到账单的第四页。我们犯了一个错误，多算了一些我们不应该计算的接入费用。我真诚地为我们的错误道歉。为弥补这一错误，我们给你们减免468.23元，这样你们这个月只需要付823.46元。这样解决问题，你看可以吗？

李民：可以。小张，谢谢你帮我们查账。

小张：不用谢。减免额将在下个月的账单上列出来。如果你还有别的问题，请给我来电话。我的电话是6574××××。再见。

2. 接电话1

学生共分两大组，分别由第一组表演场景1，第二组表演场景2，每组同时准备5分钟。学生就上述表演的场景分组讨论5分钟，寻找接电话时促进和妨碍沟通的因素，并写在黑板上。

场景1

来电者：（模拟电话铃声，持续四次）

员工：（很仓促、心不在焉地）东方电脑培训公司，我是黎明。

来电者：你好！我想问一些有关你们计算机课程的事。

员工：（匆忙地）好！你的地址是什么？哦，等一下，我找不到可以写的东西。好了，我准备好啦，请说。

来电者：地址是管庄北一里，邮政编码100024。

员工：好的，我知道啦，谢谢！（挂断电话）

场景2

来电者：（模拟电话铃声）

员工：（很愉快、很高兴地）这里是APP纸品公司，我是仓库的黎明。

来电者：你好！我是城市广告印刷公司的张洪，我为一个广告项目订了27卷纸，这些纸应该在两天前收到，但现在我还没有收到。

员工：（不确定地）是吗？

来电者：我必须马上印制这个广告，否则我的项目就不能及时完成。而且，这些纸我也无法在短时间内通过别的方式买到。

员工：（自卫地）但是，我并不知道什么地方出了问题。那份订单并不是由我负责的。你确定在你需要这些纸时提前通知过我们吗？

来电者：什么意思？有没有搞错！（挂断电话）

3．接电话 2

作为营销人员，在日常工作中可能遇到因为各种原因要让来电者等待，或由于自己不能解决来电者问题需要转出电话由他人解决的场合。学生共分两大组，准备 5 分钟，分别由第一组表演如何让来电者等待，第二组表演如何转接电话。就上述表演的场景，学生分组讨论 5 分钟，寻找并分别在黑板上写出本组找出的让来电者等待及转接电话的合理做法。

四、基本商务礼仪

目的：

掌握基本的商务礼仪。

规则与方式：

利用老师发给的"基本的商务礼仪"资料（见本教材网上资源），学生分为四组，回家准备 3 分钟的小品，表现正确或不正确的商务礼仪。每表演完一组，学生进行 5 分钟的讨论。

五、转移话题

目的：

学会利用合理的理由转移话题，避免在与客户沟通时出现长时间令人尴尬的冷场。

规则与方式：

就下面所示话题，用 5 分钟准备。所有参与者站成一圈，以互相投掷小球（小玩具）决定由谁表现。接球者必须用一句话迅速转移话题，然后将球投给别人。

话题：对不起！张先生，我需要 2 分钟从我的电脑资料中找到那条信息……

六、倾听与交流

目的：

学会坚持自己的意见；同时，学会倾听和尊重别人的意见。

规则与方式：

（1）每人准备三张小纸片，及一张大一些的纸。

（2）每人想出三件自己最喜欢做的事情，分别写在三张小纸片上（一定要具体，如不可以是"希望吃东西"，而应该是"喜欢吃川菜"）。

（3）在大纸上列出自己喜欢做这三件事的所有理由。

（4）学生每两人一组：A 为巫师，B 选择任一小纸片，说明自己喜欢做的事情。A（巫师）立即说"你当然喜欢"，并提供一个"不寻常、合理的解释"（如"吃川菜可以交到好的男朋友"）。无论巫师说得多么奇特，B 必须同意并用相应的话确认（如"是的，川菜馆的服务员都很友好"）。A 顺着 B 的解释继续。如此，继续谈话。B 可以选择另一话题。每组 3 分钟时间表现，然后 A、B 交换角色。

第4章

组织市场及其购买者行为分析

帮记 4-1

 方向标

这一章我们要学习如何面对一些企业、机构等大客户销售自己的产品。因此，我们要在了解由这些顾客组成的组织市场基本特点的基础上，去分析它们不同的市场需求状况、不同的购买者行为影响因素。同时，应了解不同的组织市场购买者的决策类型与决策过程。

我们要达成的目标：

知识与能力目标

★ 了解组织市场的概念及特点；

★ 分析生产者市场购买者行为；

★ 分析中间商市场购买者行为。

素养目标

★ 扩展学习，了解我国的政府采购，探究其实际意义，增强公平、公开及竞争意识。

导入案例

> **To B 业务正在成为新的增长点，腾讯优化 To B 发展模式**
>
> 　　对于腾讯来说，2022 年或又是一个重要节点。
>
> 　　在刚刚发布的财报中，腾讯明确提及鉴于市场环境的变化，正重定 IaaS 及 PaaS 的发展重心，从单纯追求收入增长，转向以为客户创造价值及实现高质量的增长为目标。这是往年财报中，腾讯没有提及过的内容。
>
> 　　此次"重定 IaaS 及 PaaS，从单纯追求收入，转向为客户创造价值"战略对腾讯的 To B 业务而言一个重要的变化就是，腾讯 To B 业务的发展模式，正在以 SaaS 这种方式为客户提供更为直接的服务，即以 SaaS 业务为前锋，然后不断夯实 IaaS 及 PaaS 的业务基础，在消费互联网逐渐式微的情况下，培育腾讯的第二增长引擎。
>
> 　　整体来看，金融科技与企业服务板块的营收情况一定程度上显示出 To B 业务正在成为新的增长点。财报数据显示，2021 年全年，腾讯金融科技与企业服务板块收入 1 721.95 亿元，同比增长 34%，增速上远超以游戏为主要业务的增值服务和网络广告服务板块。而在去年，增值服务和网络广告板块的收入增速分别是 32% 和 20%。
>
> 　　金融科技与企业服务板块近四年来在总收入中的占比也在不断提升，较 2018 年这一板块首次单独披露业绩，其在总收入中的占比已经提升了 8 个百分点，并且其成本占比也在逐年减少，净利润率有微幅上升态势。
>
> 　　注："云服务"包括不同类型，其中，IaaS（Infrastructure as a Service）指基础设施即服务，PaaS（Platform as a Service）指平台即服务，SaaS（Software as a Service）指软件即服务。
>
> 资料来源：秦聪慧. 腾讯 To B 转向：重定 IaaS 及 PaaS 发展重心，完善自研生态. 钛媒体，2022-03-26，有删改.

⭐ 4.1　组织市场及其特点

看一看：组织市场及其特点

4.1.1　组织市场及其类型

　　组织市场是各种为了实现组织目标而进行产品和劳务购买的购买者的集合。站在买方的角度，消费者市场是个人市场，而组织市场是法人市场。一般，组织市场包括生产者市场与中间商市场。

4.1.1.1　生产者市场

　　生产者市场又称工业品市场或生产资料市场，是为满足工业企业生产其他产品实现其工业利润的需求而购买劳务和产品的购买者的集合。组成生产者市场的购买者，其主要行业来源是农业、林业、渔业、采矿业、制造业、建筑业、运输业、通信业、公共事业、金融业及服务业。

4.1.1.2　中间商市场

中间商市场有时被称为转卖者市场，是指那些通过购买商品和服务用于转售或出租给他人，以获取商业利润为目的的购买者的集合。中间商市场的购买者主要包括批发商和零售商。中间商不提供形式效用，只提供时间效用、地点效用和占用效用。

4.1.2　组织市场的特点

与消费者市场相比较，组织市场具有自己的特点。

4.1.2.1　派生性需求

组织市场的需求具有派生性，它取决于消费者市场的相应需求。也就是说，没有消费者市场的相应需求，就不会有组织市场的需求。而且，组织市场的需求随消费者市场相应需求的变化而变化。组织市场需求的派生性，是多层次链状递进的，消费者市场的相应需求是这一链条的起点，是组织市场需求的动力与源泉。例如，消费者市场的皮鞋需求带来皮鞋制造商对皮革、制鞋设备等的需求，而这些需求又引发对养殖业、钢铁业等相关行业产品的需求。

4.1.2.2　较小的价格弹性

组织市场需求的派生性，决定了它的需求缺乏价格弹性。也就是说，除非原材料成本成为影响企业经营的极重要的因素，企业需要考虑成本控制，因而在意价格的变动。一般情况下，组织市场需求对价格的敏感程度较弱，这是因为决定组织市场需求量变化的主要因素是消费者市场上相应需求的变化。

4.1.2.3　波动性需求

由于组织市场与消费者市场的时空差异，组织市场上的需求变化要滞后于消费者市场相应需求的变化。并且，组织市场需求的变动幅度要大于消费者市场相应需求的变动幅度。因为消费者市场相应需求的变动幅度，是要通过组织市场更大的需求变动来追加满足的，这就是所谓的加速原理。有资料表明，消费者市场相应需求 10% 的升幅，有可能使下一阶段组织市场的需求增加 200%。

4.1.2.4　购买者数量少、比较集中，但购买规模大

组织市场购买者的数量比消费者市场的购买者少很多。并且，由于工业布局导向的影响，同类组织市场的购买者，其地理集中程度也明显高于消费者市场。但是，组织市场购买者的购买规模要远远大于消费者市场的购买者。

4.1.2.5　专业人员购买

与消费者市场的消费者不同，组织市场的购买通常由专业人员完成。由于专业采购人员经过专门的专业训练，具有丰富的产品及购买知识。因此，组织市场的购买是专业性的。

4.1.2.6　直接购买

由于购买规模大，组织市场的购买往往是直接购买，而不经过其他的中间环节。在购买一些高价值、高技术新产品或项目时更是如此。

4.1.2.7　供需双方密切的合作关系

由于组织市场购买者的上述特性，以及组织市场购买的连续性，要求组织市场的买卖双方建立密切的合作关系。买卖双方通过有效的合作，满足各自的需要，实现各自的目标。

4.1.2.8　以租代买

组织市场的许多产品，有可能通过租赁方式取得。例如，组织市场的购买者在需要一些价格昂贵的机械设备、设施时，为了节约成本而常常采用租赁的方式。

组织市场与消费者市场有许多不同。在组织市场的这些特点中，哪些特点比较重要？

4.1.3　组织市场采购的智能化发展

根据相关研究，组织市场中企业采购的智能化发展分为四个阶段：

企业采购 1.0：传统采购阶段。在传统的制造企业中，采购活动以线下为主，而随着互联网的普及与发展，一些标准部件开始采用线上采购方式。

企业采购 2.0：电商化采购阶段。企业采购从线下转向线上，采购过程实现信息化、电子化，企业采购主要通过 ERP（Enterprise Resource Planning，企业资源计划）系统以及电子商务平台进行。

企业采购 3.0：数字化采购阶段。企业实现了采购过程的数字化。在信息化的基础上，企业利用大数据、物联网、移动互联网等数字化技术，不仅要实现采购流程信息化，而且要形成数字化、网络化的采购管理模式。

企业采购 4.0：智能化采购阶段。在数字化采购的基础上，企业进一步运用新技术，构建智能化、生态化的采购管理模式，全面实现供应链全过程的数字化、智能化、生态化，将采购部门建成企业价值创造中心。

4.2　生产者市场购买行为分析

4.2.1　生产者市场购买行为的主要类型

生产者市场购买行为的主要类型按照购买者购买决策的难易程度，可分为三种：直接重购、修正重购和新购。

4.2.1.1　直接重购

这是一种在供应商、购买对象、购买方式都不变的情况下，购买以前曾经购买过的产品的购买类型。在这种购买类型中，购买者所购买的多是低值易耗品，花费的人力较少，无须联合购买。对这种类型的购买，原有的供应商不必重复推销，而应努力使产品的质量和服务保持原有的水平，争取同购买者稳定的关系。而对于没有合作关系的供应名单以外的供应商来说，获得销售机会的可能性极小，但可以通过自己的营销活动，努力促使购买者转移或部分转移购买，如先获得少量产品订单，再逐渐扩大产品供应规模。

4.2.1.2　修正重购

指购买者由于想改变产品的规格、价格、交货条件等购买要素，需要调整或修订采购方案的购买类型。对于这样的购买类型，原有的供应商要清醒地认识自己所面临的挑战，积极调整、改进产品规格和提高服务质量，大力提高生产率，降低成本，以维护现有的客户。新的供应商则要抓住机遇，积极开拓市场，获得更多的业务。

4.2.1.3　新购

指购买者首次购买某种产品或服务。由于是第一次购买，购买者对新购产品没有把握，因此在购买决策前，购买者要收集大量的信息。新购花费的成本越高，风险就越大。新购是所有企业的机会，因此，企业要采取措施，影响能够作出新购决策的中心人物，争取获得新购订单。

4.2.2　生产者市场购买决策的参与者

生产者市场购买行为的类型不同，购买决策的参与者也不一样。供应商不仅要了解影响生产者市场购买的因素及购买类型，而且应知道哪些人参与了购买决策，他们在其中充当什么角色、起什么作用。

看一看：组织市场的"采购中心"

如前所述，生产者市场的购买属于专业性购买，一般都由专职的采购人员和相关人员组成"采购中心"来作出购买决策。企业的"采购中心"一般由下列五种角色组成：

（1）使用者。具体使用所购产品或服务的人。他们往往是相应产品或服务购买的提议者，并在确定产品的规格上有较大的影响力。

（2）影响者。这是在企业内部和外部直接或间接影响购买决策的人。他们常协助企业确定产品规格。在众多的影响者中，企业外部的咨询机构和企业内部的技术人员影响最大。

（3）采购者。指企业中具体执行采购决定的人。他们的主要任务是进行交易谈判和选择供应者。在较复杂的采购工作中，采购者还包括企业的高层管理人员。

（4）决定者。指企业里有权决定购买产品或服务的人。在简单的采购中，采购者就是决定者；而在复杂的采购中，决定者通常是企业的主管。

（5）控制者。指控制企业与外界进行相关信息沟通的人，如采购代理商、企业的技术人员、办公室工作人员等，他们甚至可以阻止供应商的营销人员与使用者和决定者见面等。

应该指出的是，并不是所有的企业采购任何产品都需要上述五种人员全部参与决策。企业采购中心的规模和参与购买决策的人员，会因所购产品种类的不同和企业自身规模的大小及企业组织结构不同而有所区别。对生产者市场供应商的营销人员来说，关键是了解企业采购中心的组成人员，以及他们各自所具有的相对决定权和采购中心的决策方式，以便采取有针对性的营销措施。比如对采购中心成员较多的企业，营销人员可以只针对几个主要成员做工作，如果本企业的实力较强，则可采取分层次、分轻重、层层推进、步步深入的营销策略。

4.2.3　生产者市场购买行为的影响因素

同消费者市场购买行为一样，生产者市场的购买行为也同样受到各种因素的影响。美国的韦伯斯特（Webster）和温德（Wind）将影响生产者市场购买行为的主要因素概括为环境因素、组织因素、人际因素和个人因素，如图4-1所示。

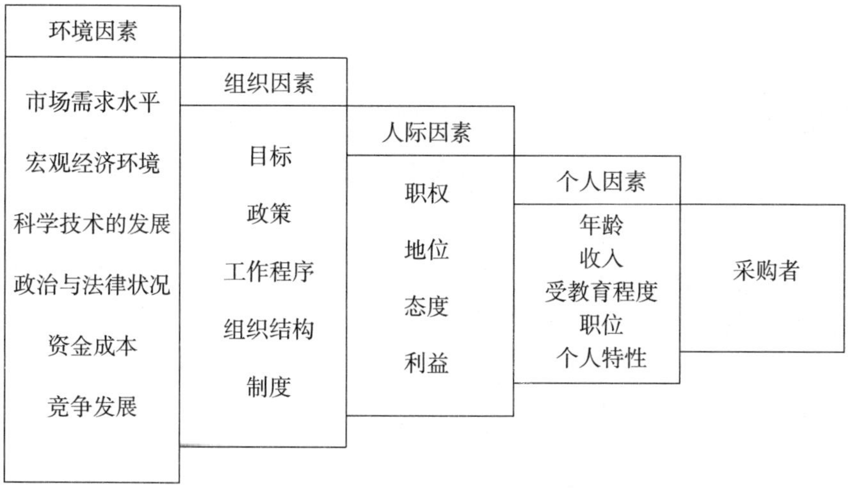

图 4-1　生产者市场购买行为的影响因素

4.2.3.1　环境因素

这主要是指一些可能影响营销的环境因素，包括市场需求水平、宏观经济环境、科学技术的发展及政治与法律状况等。在影响生产者市场购买行为的诸多因素中，宏观经济环境是最主要的。生产者市场的购买者受当前经济状况和预期经济状况的严重影响，当经济不景气或前景不佳时，他们就会缩减投资，减少采购，压缩原材料的库存和采购。

4.2.3.2　组织因素

每个企业的采购部门都会有自己的目标、政策、工作程序和组织结构。生产者市场供应商的营销人员应了解购买者企业内部的采购部门在它的企业里处于什么地位——是一般的参谋部门还是专业职能部门；其购买决策权是集中决定还是分散决定；在决定购买的过程中，哪些人参与最后的决策；等等。这些组织因素都将不同程度地影响生产者市场的购买行为，营销人员只有对这些问题做到心中有数，才能使自己的营销工作有的放矢，达到应有的效果。

4.2.3.3　人际因素

这是指企业内部的人际关系因素，包括生产者采购中心不同角色的职权、地位、态度、利益以及他们相互之间的关系对购买决策的影响。生产者的购买决策，是由生产者内部各个部门和各个不同层次的人员组成的采购中心作出的。采购中心的成员由质量管理者、采购申请者、财务主管者、工程技术人员等组成。这些成员的地位不同、职权不同，说服力有区别，他们之间的关系也就有所不同，而且对生产资料的采购决策所起的作用也不同。营销人员必须了解购买决策主要由谁作出、他们的决策方式和评价标准如何以及采购中心成员间相互影响的程度等，以便采取有效的营销措施，促使用户作出购买决策。

4.2.3.4 个人因素

生产者市场的购买行为虽是理性活动，但作出购买决策的仍然是具体的人，而每个人在作出决策和采取行动时，都不可避免地受其年龄、收入、受教育程度、职位和个人特性等的影响。因此，市场营销人员应了解生产者市场采购中心人员的个人情况，以便采取因人而异的营销措施。

大师在说 4 - 1

生产者市场营销的技巧

- 了解你的顾客如何经营他们的业务；
- 展示你的物品和服务怎样适合顾客的业务；
- 确认你的销售会马上获益；
- 了解顾客如何采购，使你的销售工作与他们的采购过程相适合；
- 在销售过程中，应同顾客一方中参与采购决策的每个人进行接触；
- 同每个决策者就其最关心的信息进行交流；
- 成为你的顾客愿意与你建立关系的人或公司；
- 确保你所做的每件事情都与你所选定产品的质量、服务、价格和性能相一致；
- 了解竞争对手的优势和劣势；
- 努力发挥自身的优势；
- 训练你的工作人员，使他们了解公司以及客户各方面的业务情况；
- 掌握一个既符合你又符合顾客要求的分销系统；
- 为你已有的产品开辟新的市场及新的用途；
- 用客户服务强化你的产品；
- 心中明确牢记你的目标。

资料来源：乔尔·埃文斯，等.市场营销教程（上）.张智勇，等译.北京：华夏出版社，2001：259-260.

学一下 4 - 1

看一看：生产者市场购买决策的类型与过程

4.2.4 生产者市场购买过程

生产者市场的购买过程分为八个阶段，但这八个阶段并非适用于所有购买类型。其中，直接重购通常只需经过绩效评价阶段，修正重购可能经过提出需要、确定总需要、确定产品规格等阶段，而新购则要经过完整的八个阶段，如表 4 - 1 所示。

表 4-1　生产者市场的购买过程

购买阶段	购买类型		
	新购	修正重购	直接重购
1. 提出需要	需要	可能需要	不需要
2. 确定总需要	需要	可能需要	不需要
3. 确定产品规格	需要	需要	不需要
4. 寻找供应商	需要	可能需要	不需要
5. 征求供应建议书	需要	可能需要	不需要
6. 选择供应商	需要	可能需要	不需要
7. 签订合约	需要	可能需要	不需要
8. 绩效评价	需要	需要	需要

4.2.4.1　提出需要

提出需要是生产者市场购买过程的起点。需要的提出，既可以是购买者内部的刺激引起，也可以是其外部的刺激引起。内部的刺激包括：企业决定生产新产品，需要新的设备和原材料；企业存货水平开始下降，需要购进生产资料；企业发现过去采购的原材料质量不好，需要更换供应商。外部刺激包括商品广告、营销人员上门推销等。

4.2.4.2　确定总需要

指购买者确定所需产品的数量和规格。在简单的采购中，总需要由采购人员直接决定；而复杂的采购，则须由企业内部的使用者和工程技术人员共同决定。

4.2.4.3　确定产品规格

即由专业技术人员对所需产品的规格、型号、功能等技术指标作具体分析，并作出详细的说明，供采购人员参考。在对产品进行分析时，一般采用价值分析法，即购买者根据所购产品的功能及成本决定的价值的高低来选购产品。

4.2.4.4　寻找供应商

为了选购满意的产品，采购人员要通过各种途径，物色服务周到、产品质量高、声誉好的供应商。为此，供应商应通过广告等方式，努力提高企业在市场上的知名度，以争取进入采购人员的备选范围。

4.2.4.5　征求供应建议书

对已物色到的多个候选供应商，购买者会请他们提交供应建议书，尤其是对价值高、价格贵的产品，还要求供应商写出详细的产品说明，对经过筛选后留下的供应商，购买者会要求他们写出正式的产品说明。因此，供应商的营销人员应根据市场情况，写出实事求是而又别出心裁、能打动人心的产品说明，力求全面而形象地表达所推销产品的优点和特性，力争在众多的竞争者中获胜。

4.2.4.6　选择供应商

在收到多个供应商的有关资料后，购买者将根据资料选择比较满意的供应商。在选择供应商时，购买者将不仅考虑其技术能力，还要考虑其能否及时供货，能否提供必要的服务。在最后确定供应商之前，购买者有时还要和供应商面谈，争取更优惠的条件。在选择供应商时，购买者考虑的主要因素包括：交货能力；产品质量、品种与规格；产品价格；企业信誉与历史背景；维修服务能力；技术能力与生产设备；付款结算方式；企业财务状况；对顾客的态度以及企业的地理位置；等等。

4.2.4.7 签订合约

当供应商选定后，购买者便向他们发出写有所需产品规格、数量、交货日期、退货条件、保修等内容的正式订货单。目前，很多购买者愿意采用"一揽子合同"的方式，并有可能要求供应商提供"零库存采购计划"。

4.2.4.8 绩效评价

产品购进后，采购者还会及时向使用者了解其对产品的评价，考察各个供应商的履约情况，并根据了解和考察的结果，决定今后是否继续采购某供应商的产品。为此，供应商在产品销售出去以后，要加强追踪调查和售后服务，以赢得采购者的信任，保持长久的供求关系。

❖**营销战例 4 - 1**

东软医疗收到国务院和国家卫生健康委感谢信

东软医疗分别收到来自国务院和国家卫生健康委的感谢信，对其在抗击新冠肺炎疫情中所做的工作表示感谢，高度评价了东软医疗为疫情防控作出的突出贡献。

国务院在致东软医疗的感谢信中表示：在医疗装备保供工作中，东软医疗积极组织全体员工加班加点、争分夺秒、不辞辛劳、夜以继日地奋勇投身疫情防控第一线，始终把人民群众生命安全和身体健康放在第一位，为疫情防控作出了突出贡献。同时，希望东软医疗继续慎终如始、再接再厉，为全球抗击疫情作出新的更大贡献。

国家卫生健康委在致东软医疗的感谢信中表示：在疫情防控期间，东软医疗以"战时状态"，迅速反应、快速支援、不讲条件、不打折扣，克服一切困难为疫情防控形势向好发展作出重要贡献。目前任务依然艰巨，希望东软医疗再接再厉，继续为打赢疫情防控人民战争、总体战、阻击战作出更大贡献。

在疫情暴发后，从 18 小时极速装机，到捐赠价值 2 700 万元的高端 CT 设备及软件，再到 7 天火速研发出"雷神"方舱 CT，东软医疗不断刷新着自己的速度，忠实履行着企业应尽的社会责任和使命。在国内疫情稳定后，东软医疗旋即又投入驰援国际抗疫的征程中。目前已向数十个国家发运了上百台高端医学影像设备，用实际行动践行着人类命运共同体理念。

资料来源：韩远飞.东软医疗收到国务院和国家卫生健康委感谢信.上海证券报·中国证券网，2020 - 05 - 19，有删改.

4.3 中间商市场购买行为分析

中间商市场的购买行为与生产者市场的购买行为在很多方面相似，如中间商采购组织也有若干人参与采购决策；他们的购买过程也是从提出需要开始，而以决定向哪家供应商采购结束；其购买行为同样受环境、组织等因素的影响。但二者之间还有一些区别。中间商市场的购买行为在采购业务的类型、采购决策的参与者，以及怎样制定采购决策等方面，都有自己的特点。

4.3.1　中间商市场购买决策的基本内容与类型

中间商采购商品的目的是将所购商品转卖给它的顾客（个人或组织）。因此，中间商必须按照自己顾客的要求来制订采购计划。中间商市场购买决策的基本内容包括三个方面：一是决定经营范围和商品搭配选择；二是决定选择什么样的供应商；三是决定以什么样的价格和条件进行采购。其中，商品搭配选择是最主要的决策，它可以决定中间商的市场地位。

中间商市场的购买决策因采购业务的不同及购买决策的难易程度而不同，一般来说，主要包括以下三种不同的购买决策类型。

4.3.1.1　新产品采购

这与前述生产者市场的新购不同，生产者对某种新产品如有需要，非买不可，只能选择供应商；而中间商对某种新产品会根据其销路好坏，来决定是否进货以及如何进货。

4.3.1.2　最佳供应商选择

如果中间商需要经营的产品已经确定，有可能经常要进行最佳供应商的重新选择。导致中间商作出此类购买决策的原因是：

（1）中间商限于条件，不能经营目前所有供应商的产品，而只能从中选择一部分；

（2）中间商准备为顾客提供自有品牌商品，而必须寻找有一定水准同时又愿意合作的供应商，如屈臣氏集团（Watsons）、永辉超市经营了大量的自有品牌商品，其大量的采购就是为自有品牌选择供应商。

4.3.1.3　寻求较好的供应条件

对于此类决策，中间商不需要更换供应商，只是希望从原供应商处获得更有利的供货条件及其他的服务支持。例如，中间商可能要求其供应商提供更多的服务，以及更为合适的信贷条件、更加优惠的价格折扣等。

4.3.2　中间商市场购买决策过程的参与者

中间商市场购买决策过程的参与者的多少取决于中间商的经营规模和采购项目的规模与重要程度。很多大型的中间商，也有一个像生产商一样的采购中心，并通过采购中心完成购买决策。但事实上，不同类型的中间商有不同的购买决策方式及决策参与者。以连锁超市为例，中间商市场参与购买决策的人员或机构主要有下述三种。

4.3.2.1　专职采购员

专职采购员（或称"商品经理"）负责决定商品搭配，接待推出新品牌的企业的推销人员，并有权决定是否接受新品牌产品。大多数公司的做法是，授权专职采购员对那些明显不能接受或明显可以接受的项目作出决定，而一些重要项目则需要提交采购委员会审议，并由采购委员会作出决定。

4.3.2.2　采购委员会

采购委员会通常由公司总部的各部门经理和商品经理组成，采购委员会负责审查商品经理提出的新产品采购建议，作出是否购买的决策。

4.3.2.3　分店经理

分店经理是连锁超市下属各分店的负责人，通常负责分店一级的采购决策。

在实际中，如果以 3 分为标准衡量影响分店经理采购决策的因素，其重要性程度依次如表 4-2 所示。

表 4-2　影响分店经理采购决策因素的重要性程度

消费者对该产品的接受程度（即是否适销对路）	2.5
制造商的广告和促销的作用	2.2
新产品介绍期给商店的补贴	2.0
新产品开发的原因	1.9
卖方推荐	1.8

4.3.3　中间商市场的购买过程和影响购买行为的因素

中间商市场的购买过程与生产者市场类似，也包括八个不同的阶段，即提出需要、确定总需要、确定产品规格、寻找供应商、征求供应建议书、选择供应商、签订合约和绩效评价。相关内容在此不再赘述。由于科技的发展，当代商业企业大量采用电脑和电子通信设备来处理采购业务，如控制库存量、计算合理的订购量、处理订单、要求卖方报价等，有些产品还实行零库存采购。采购者通过电脑系统向供应商发出要货通知，供应商根据要货通知随时供货。这样，中间商特别是零售商不用建立自己的仓库即可及时得到供货，从而可以加速资金周转和降低经营费用。

中间商市场同生产者市场一样，其购买行为也受到环境因素、组织因素、人际因素和个人因素的影响。此外，中间商市场购买者的购买风格也发挥着一定的作用。美国学者狄克森（Roger A. Dickinson）把购买者个人的购买风格分为下述七类：

（1）忠实型购买者。这类购买者忠于同一供应商，不轻易更换供货来源。

（2）随机型购买者。这类购买者通常与几个可满足其长期发展需求的供应商保持合作关系，并随时选择对自己最有利的供应商，而不固定于其中的任何一个。

（3）最佳交易条件型购买者。这类购买者专门选择一定时间内能给予自己最佳交易条件的供应商成交。

（4）主观型购买者。这类购买者向卖方提出自己所要求的产品、服务和价格，并希望以他提出的条件成交。

（5）广告型购买者。这类购买者在每一笔交易中都要求供应商补贴广告费。

（6）斤斤计较型购买者。这类购买者在交易中特别注重供应商给予多少价格折扣，且只与提供折扣的供应商成交。

（7）精明型购买者。这类购买者选择的货源都是最物美价廉、最适销的商品。

中间商市场供应商的营销人员如果深入了解了购买者的特点，就可因人制宜，促成交易。

另外，中间商在购买产品时一般对价格特别重视，营销人员在营销过程中必须非常注意，尤其是当中间商的经营成本或消费者需求突然下降导致其边际利润减少时，中间商会更注意进货价格。

❖营销战例4-2

京东生鲜农场

京东生鲜农场是由京东生鲜定向输出智能化、标准化，深度结合京东生鲜供应链的创新型全球原产地农场品牌。授牌后的京东生鲜农场将成为优先供应京东用户的专属产地，并在每个年度周期进行复审。

目前，京东生鲜农场已经认证授牌了大闸蟹、金鲳鱼、有机海参等多个品质生鲜养殖基地，为京东用户持续输出高品质生鲜产品。

截至2018年9月28日，京东生鲜农场的认证足迹遍布全国16个省份，而且在不远的将来，还将继续大力推进海外农场的认证工作。随着京东生鲜"全球农场计划"的推进，京东生鲜将通过区块链溯源和个性化品质资质认证等领先技术，和各大产区一起严格把控生鲜的品质与安全。从有机猕猴桃指定种植基地到有机蔬菜指定种植基地，京东生鲜深入原产地，为京东用户的购物车提供更多高品质生鲜。未来，京东生鲜将持续发力生鲜农场计划，坚持在产地源头做好品质管理和标准化的认证，升级农产品品质；从种植养殖到包装加工、物流仓储到厨房餐桌，推动合作伙伴在全产业链的各环节均严格执行业界领先的京东生鲜标准，为京东用户提供由标准体系全流程管控的鲜活养、种植农产品。从田间地头到餐桌厨房，京东生鲜采用"天罗地网"式布局，在原产地直接采购或者养殖、家门口建仓配送，确保以最快的速度，将生鲜佳品奉上百姓餐桌。

资料来源：京东生鲜遍寻天下鲜 超强供应链刷新11·11美食体验.中国食品网，2018-10-18，有删改.

本章小结

学一下4-2

通过这一章的学习，我们对组织市场及其购买行为有了进一步了解，主要内容包括以下几个方面：

1. 组织市场的概念及特点

组织市场与消费者市场相比，具有一些显著的不同特点：派生性需求；较小的价格弹性；波动性需求；购买者数量少、比较集中，但购买规模大；专业人员购买；直接购买；供需双方密切的合作关系以及以租代买。

2. 生产者市场购买行为分析

影响生产者市场购买者的因素主要有环境、组织、人际、个人四类。而生产者市场的购买行为通常可分为直接重购、修正重购和新购三种类型。生产者市场购买决策过程的参与者包括采购中心的成员，即使用者、影响者、采购者、决定者与控制者。而生产者市场购买过程一般要经过八个阶段，即提出需要、确定总需要、确定产品规格、寻找供应商、征求供应建议书、选择供应商、签订合约和绩效评价。

3. 中间商市场购买行为分析

中间商采购商品的目的是将所购商品转卖给自己的顾客。因此，中间商必须按照自己顾客的要求来制订采购计划。中间商市场购买决策主要包括三方面内容：一是决定经营范围和商品搭配选择；二是决定选择什么样的供应商；三是决定以什么样的价格和条件进行采购。中间商市场的购买行为同生产者市场一样，也受到环境因素、组织因素、人际因素和个人因素的影响。中间商市场的购买决策一般有新产品采购、最佳供应商选择以及寻求较好的供应条件三种不同的购买决策类型。

重要概念

组织市场　派生性需求　波动性需求　直接重购　修正重购　新购　生产者市场
中间商市场　零库存采购　采购中心

复习与思考

1. 组织市场与消费者市场有何区别？
2. 生产者市场购买决策有哪几种类型？购买过程一般要经历哪几个阶段？
3. 影响生产者市场购买决策的因素有哪些？
4. 你认为向组织市场推销产品或服务时，最重要的卖点是哪些？

营销实战分析

中国榜样

钉钉变了

在度过了早期几年野蛮生长的时期之后，已经扎稳脚跟的钉钉开始变得越来越开放，从一个功能性软件向平台型应用过渡。

钉钉一变：从无招到不穷

钉钉的变化最先在组织层面发生：2019年6月，成立5年、一直独立运作的钉钉并入阿里云；2020年9月，阿里云宣布"云钉一体"战略。

钉钉二变：从中小客户到中大客户

一开始，钉钉服务的都是中小企业客户。钉钉认为服务中小企业就是普惠，因为中小企业没有IT部门，没有充足的资金投到数字化建设，所以通过钉钉这样一个工具平台，让它OA能够在线，沟通在线，进行数字化的协作。但是最近几年钉钉发现，大企业也需要被普惠，因为大企业里面的IT部门非常辛苦，公司从高层到一线员工都会对IT部门提需求。特别是这几年营销也数字化了，ERP产供销、库存管理、财务全都数字化了，IT部门的成本与工作压力非常大。

2020年，钉钉迎来了一个转折点——为浙江省政府开发"浙政钉"。由于疫情的原因导致移动办公成为刚需，浙政钉很快带来了连锁反应：浙江全省有140万公务人员都用钉钉办公，同时，因为很多企业都要跟政务进行协同，教育系统、医疗系统、制造行业等企事业部门都纷纷用了钉钉。

钉钉三变：从软件到平台

要做中大客户，不仅要投入大量人力，在商业模式上也要有所改变，这倒逼钉钉做了一个选择：从一个功能性软件转型为平台型应用。

钉钉在做阿里信息化过程中发现，每个企业都有自己定制化的需求，越大的企业越明显，甚至每个部门都不一样，很难用一个标准模式来实现。钉钉意识到，做 to B，一定要让用户的企业能够自运营，这就需要钉钉成为一个更开放的平台。

自从云钉一体战略之后，钉钉逐渐加大了平台的开放力度，取消了钉钉云部署和钉钉指数的限制规定，还将 ISV（Independent Software Vendors，独立软件开发商）的佣金降低到 15% 甚至更低。更重要的是，钉钉采取了一系列开放政策。

首先，钉钉已累计开放了 1 300 多个 API 接口（Application Program Interface，是操作系统留给应用程序的一个调用接口），钉钉群聊、智能人事、客户管理等基础能力接口全部对外开放，合作伙伴与客户能将自身业务应用更深度融合到钉钉群、工作台等主要信息分发场景中。其次是加大对行业生态的开放，ISV 加速入驻。除了在钉峰会上成立的业财一体联盟之外，携程商旅、高德打车个人版宣布在钉钉应用市场正式上线。最后是低代码能力的开放：钉钉全量上线首个低代码应用市场"钉钉搭"。钉钉将此前 PC 端首页左侧任务栏的"宜搭"入口升级为"钉钉搭"入口，包括宜搭在内，氚云、简道云、易鲸云等国内头部低代码厂商已完成入驻，用户可以自由选择。

做平台是钉钉的重要变化之一，除此之外，变化还发生在用户体验上。

钉钉四变：从老板到员工

如今，钉钉已经成长为覆盖 1 700 万组织、4 亿用户的准国民级应用。越来越多不同的角色来用，必须考虑员工的诉求。实际上，这也是最近半年多以来，钉钉产品更新的主要出发点。

比如，方便员工的钉工牌，给群聊降噪的"消息聚合"功能，可以多人实时在线编辑一张图片的"一起标注"功能，等等。这些功能并不复杂，甚至算是"边边角角"的微创新，但却是钉钉注重用户体验的重要一步。

低代码开发工具"宜搭"的诞生，使每一个业务人员都能够按需 DIY 搭建产品，将 IT 能力让渡给每一个需要 IT 的业务人员。2020 年，诞生于企业智能事业部的"宜搭"被并入钉钉。

同时，钉钉认为产品还要足够"好用"，让 to B 产品具备和 to C 产品一样的体验。

如今，钉钉已经是一个极度复杂的平台，各行各业的人员、业务、生产能力汇聚在钉钉，要想满足所有需求，就需要把行业认知尽可能地"再深一点"。比如，除了日常办公的通用功能，钉钉也将自己的能力普惠到一些垂直行业。如基于钉钉的 IM（即时通信）和达摩院 AI（人工智能）技术，钉钉开放了机器人能力，可以实现机器人助力，并可以连接 IoT（Internet of Things，物联网）、生产系统、工单等各类业务系统，重要信息自动同步到人，替代人工排查、录入的工作，让机器替人跑腿，解放人的精力与生产力。既有 to C 的体验，又有 to B 的功能，这是钉钉在用户体验方面一步步构建的护城河。

2015 年，是钉钉成立的第二年，这一年也被称为中国的"企业服务元年"。2020 年的云钉一体战略，钉钉被定义为数字经济时代的操作系统。钉钉的变化既是中国 to B 市场过去几年的一个注脚，也是未来 to B 发展一个不可忽视的风向标。

资料来源：王振.钉钉变了.虎嗅 App（微信公众号），2021-08-24，有删改.

思考与分析：

1. 你如何看待钉钉的变化？
2. 你认为钉钉未来的发展会遇到什么问题？应该怎样不断完善自己？

素养提升

通过收集、阅读资料，了解中国的政府采购制度，并分析它对企业营销的影响。

营销实战训练

组织市场：不一样的市场

项目名称	组织市场分析		项目类别	个人训练
目的	了解如何分析组织市场			
项目方案	步骤	项目内容		时间
	1. 准备	仔细阅读本营销实战训练所附资料，并通过各种途径进一步搜寻相关资料。		与第4章教学时间同步，课外完成。
	2. 分析与思考	(1) 通过资料1，你认为谈判一开始为什么会陷入僵局？美国电报电话公司的首席业务代表在什么地方有失误？假如你是该公司的代表，将做哪些努力使谈判回到正轨？ (2) 通过资料2，试分析王军推销失败的原因。		
	3. 形成报告	将上述分析与思考形成文字报告。		
成绩测评	根据学生提交的报告给定成绩。			

营销实战训练资料：

资料1　陷入僵局的谈判

有一次，美国电报电话公司的业务小组将一套价值1.5亿美元的电信系统推荐给波音公司。该业务小组承诺在售后服务与协助问题的处理以及快速维护方面，一定会令波音公司满意。

在听完一大堆的保证之后，波音公司的采购主任说："好，现在请将你刚刚所作的承诺一一写下来。同时，我们希望你做出保证，如果这一套系统不能按时安装好的话，你们愿意赔偿损失。"

"我们将尽最大的努力，"美国电报电话公司的首席业务代表回答说，"但我们并不能保证绝不会出问题，有时候……"

"你在欺骗我们……"波音公司的代表生气地打断对方，"一开始，你说你们很乐于服务。现在，又不愿承诺……"

"我不是这个意思！"首席业务代表开始有点慌了，于是连忙解释："让我想想，应该怎么解释……"

首席业务代表极力想挽回局面："让我们好好研究一下，也许有一些问题我们可以答应。"不过太迟了，波音公司的采购主任已经下定决心，他带着随员气冲冲地走出了大门。

到底发生了什么问题？美国电报电话公司拒绝波音公司的要求，波音公司的代表一听马上就生气了，并展开攻击。美国电报电话公司的代表马上采取守势，他的这种

做法更把买方给惹火了。当这一位首席业务代表回过头来想要解释一番的时候，对方已经没有耐心了。谈判陷入僵局，好像一点办法都没有了。

资料来源：刘园．国际商务谈判．北京：首都经济贸易大学出版社，2004：254.

资料 2　失败的推销经历

推销员王军向中间商销售一种家庭用的食品加工机，他工作很努力却收效甚微。

（1）王军连续数次去一家百货商场推销，采购经理每次都详细了解产品的性能、质量、价格、维修和各项保证，但是拖了一个多月都没有表态，总是说再等等、再等等。王军认为该采购经理无购买诚意，就放弃了努力。

（2）王军经过事先调查，了解到某超级市场的购买决策者是采购经理和商品经理。他先找到采购经理做工作，采购经理详细了解了产品的性能、质量、价格和服务后同意购买。轻松地过了这一关，王军很高兴，于是又找到商品经理介绍产品。商品经理听后沉吟未决。王军为了尽快促成交易，就告诉他采购经理已经同意购买。不料商品经理一听这话就说："既然采购经理已经同意，就不用再找我了。"这笔眼看就要成功的生意又泡汤了。

（3）某大型商场采购部经理张先生从事采购工作多年，业务精通，擅长计算，头脑清楚，反应敏锐，总是从公司利益出发去考虑问题，多次受到商场领导的表扬，有望升为商场副总经理。王军通过耐心地介绍产品和谈判交易条件，终于使张先生成为自己的客户，并保持了数年的关系。在这数年间，王军在征得公司同意的情况下满足了张先生提出的许多要求，如保证交货时间、次品退换、延长保修期、指导营业员掌握产品使用方法和销售技巧等；他还注意加强感情投资，经常与张先生交流沟通，并在张先生及其妻子、孩子生日时送上鲜花和礼品，双方的关系日益密切。可是有一天，张先生突然通知王军，停止购买他的产品，因为另一家企业提供了性能更加优异的改进型同类产品。王军听了十分生气，认为张先生一点都不讲感情，办事不留余地，是个不可交的人，从此断绝了与张先生的联系，也断绝了与该商场的生意关系。

第5章

竞争者分析

帮记 5-1

方向标

　　商场如战场，兵战中的用兵策略与商战中的竞争策略形神皆似。兵战中讲"知己知彼，百战不殆"；商战中讲了解自己与对手，才能有成功的把握。本章我们首先要学会识别竞争对手，然后对竞争者进行最基本的分析。了解对手，未必是一定要打败对手，所以我们还要掌握平衡性竞争的情况。这一章将从 ATM 机面临的竞争开始。

　　我们要达成的目标：

知识与能力目标

★ 识别竞争者；

★ 了解如何对竞争者进行基本分析；

★ 掌握合作竞争。

素养目标

★ 结合中国市场营销实践，分析合作竞争的意义，培养"共赢"意识。

▶ **导入案例**

ATM 机面临的竞争

根据央行发布的数据，全国 ATM 机数量在 2018 年末达到顶峰 111.08 万台，2019 年首次出现减少，当年减少了 1.31 万台至 109.77 万台；2020 年下滑趋势更明显，全年减少 8.39 万台。

ATM 机数量减少的背后，是非现金支付特别是移动支付的全面普及。随着微信和支付宝等的兴起，人们的支付习惯已经改变，不带现金也能方便生活。在这种背景下，ATM 机的重要性大大下降。

央行公布的数据显示，移动支付近年来一直保持稳步增长。2021 年二季度，银行共处理电子支付业务 673.92 亿笔，金额 745.74 万亿元。其中，网上支付业务 251.90 亿笔，金额 605.19 万亿元，同比分别增长 16.42% 和 11.80%；移动支付业务 370.11 亿笔，金额 117.13 万亿元，同比分别增长 22.79% 和 0.32%。非银行支付机构处理网络支付业务 132 608.30 亿笔，金额 87.32 万亿元，同比分别增长 28.17% 和 24.37%。

不过，业内人士普遍认为，尽管 ATM 机市场保有量逐年萎缩，但在很长一段时间内仍不会退出历史舞台，现金支付和移动支付二者会长期处于互为依存、互为发展的状态。调查显示，年龄段越大、学历越低的消费者使用现金支付的比例相对越高。

ATM 机的衰落让各大金融机具厂商面临压力，但智慧银行的兴起也给它们带来新的机遇。全拓数据认为，在互联网金融的冲击下，银行网点智能化升级已成大趋势。当各大银行积极拥抱新科技、向智慧银行转型升级时，ATM 行业也迎来新的发展契机。ATM 生产厂商已经逐渐感受到市场带来的压力，积极寻求转型，单一功能的 ATM 机会锐减，但更为智能的 VTM（远程视频柜员机）或者 ITM（互动交易模式）将兴起。同时，具备先进理念、先发经验、自主研发能力的智慧银行综合解决方案的提供商将逐步主导市场。除了制造硬件设备，银行数字化咨询服务也成为 ATM 厂商的新业务。

资料来源：程婕，余美英. 中国 ATM 机数量已不足百万台　ATM 机会消失吗?. 北京青年报，2021-09-09，有删改.

竞争是商品经济的基本特性，只要存在商品生产和商品交换，就必然存在竞争。企业在目标市场进行营销活动的过程中，不可避免地会遇到竞争对手的挑战，只有一个企业垄断整个目标市场的情况是很少出现的，即使一个企业已经垄断了整个目标市场，竞争对手仍然有可能想参与进来。只要存在需求向替代品转移的可能性，潜在的竞争对手就会出现。竞争者的营销战略以及营销活动的变化，会直接影响企业自身的营销活动。例如，竞争对手的价格、广告宣传、促销手段的变化，新产品的开发，售前售后服务的加强等，都将直接对企业的营销造成威胁。因而，企业必须密切注视竞争者的任何细微变化，并采取相应的对策。

看一看：竞争者分析的基本框架

5.1 竞争者分析的基本框架

对特定的动态市场的投资决策是任何企业都面临着的问题，因此企业必须了解行业的吸引力。行业吸引力在很大程度上取决于市场上竞争的性质和强度，竞争状况是决定行业吸引力的一个重要因素。迈克尔·波特从竞争的角度，指出五种力量决定了一个市场或细分市场的长期内在吸引力。这五种力量是：同行业竞争者、进入退出壁垒、替代产品、购买者和供应商，具体表现在以下几个方面：

（1）细分市场内竞争的激烈程度。如果某个细分市场已经有了众多的、强大的或者竞争意识强烈的竞争者，那么该细分市场就会失去吸引力。如果该细分市场处于稳定或者衰退的状态，其生产能力不断大幅度扩大，导致固定成本过高，退出市场的壁垒过高，而竞争者原来的投资很大，那么情况就会更糟。这些情况常常会导致该细分市场内爆发价格战、广告争夺战和推出新产品，并使参与竞争者付出高昂的代价。

（2）进入退出壁垒。某个细分市场的吸引力随其进退的难易程度而有所区别。通常，最有吸引力的细分市场应该是进入壁垒高，而退出壁垒低的市场。在这样的细分市场里，新的企业很难打入，但经营不善的企业可以安然撤退。如果某个细分市场进入和退出的壁垒都高，则该细分市场的利润潜力就大，但也往往伴随较大的风险，因为经营不善的企业难以撤退，必须坚持到底。如果某个细分市场进入和退出的壁垒都较低，企业便可以进退自如，企业因此而获得的回报虽然稳定，但并不高。最坏的情况是进入细分市场的壁垒较低，而退出的壁垒却很高。这种情况导致在经济良好时，企业蜂拥而入，但在经济萧条时，却很难退出。其结果是企业生产能力过剩，收入下降。

（3）替代产品。如果某个细分市场存在替代产品或者有潜在替代产品，那么该细分市场就有可能失去吸引力。替代产品会限制细分市场内价格和利润的增长。如果在这些替代产品行业中技术有所发展，或者竞争日趋激烈，这个细分市场的价格和利润就可能会下降。

（4）购买者的讨价还价能力。如果某个细分市场中购买者的讨价还价能力很强或正在加强，该细分市场就可能会失去吸引力。在这种细分市场中，购买者会设法压低价格，对产品质量和服务提出更多要求，并且使竞争者互相争斗，所有这些都会使销售商的利润遭受损失。购买者的讨价还价能力加强的原因包括：购买者形成组织；该产品在购买者的成本中占较大比重；产品无法实行差别化；购买者的转换成本较低；购买者的利益较少而对价格敏感。销售商为了保护自己，会选择议价能力最弱或者转换销售商能力最弱的购买者。

（5）供应商的讨价还价能力。如果企业的供应商——原材料和设备供应商等，能够提价或者降低产品和服务的质量，或减少供应数量，那么该企业所在的细分市场就没有吸引力。供应商的讨价还价能力较强的原因包括：供应商集中或有组织；细分市场中的替代产品少；供应商提供的产品是重要的投入要素；企业转换成本高；供应商可以向前实行联合。因此，与供应商建立良好关系和开拓多种供应渠道才是企业的防御上策。

显然，波特的五种力量的前三种为我们清晰地勾勒了企业竞争者的状况。在今天，市场竞争如此激烈，企业只了解顾客是不行的，还必须十分注意自己的竞争对手。成功的企业往往拥有一个能连续收集竞争者信息的情报系统。它必须经常将自身的产品、价格、渠道和促销策略与其接近的竞争对手进行比较。用这种方法，就能确定竞争者的优势与劣势地位，从而使企业能据此采取更为有效和准确的营销措施，并在受到竞争者攻击时进行强有力的反击。

5.2 识别竞争者

谁是竞争者？这是企业首先必须弄清楚的问题。我们可以运用行业竞争观念与市场竞争观念去达到识别竞争者的目的。

5.2.1 行业竞争观念与竞争者识别

行业是指一组提供同一种产品或相互可以完全替代的一类产品的企业。我们可以用图 5-1 所示的模式来分析行业结构，这种分析以对行业需求与供给等基本条件的了解为基础。这些基本条件将影响行业结构的情况，行业结构又会进一步影响行业行为，如产品开发、定价和广告等，而行业行为又最终决定了行业绩效。例如，生产与分配效率、技术进步、赢利性和就业。

这里我们将集中分析决定行业结构的主要因素。

5.2.1.1 销售商数量及产品差别程度

分析一个行业的出发点就是要确定该行业中有多少销售商在销售同类产品，以及产品是否是同质的或是高度差异的。在不同的行业中，销售商的数量及产品差别程度呈现出不同的特点。

（1）完全竞争。完全竞争的行业由许多提供相同产品或服务的企业所构成，因为各销售商提供的产品没有差别，所以各竞争者的价格将是相同的。在这种情况下，销售商要获得不同的利润率，只有通过低成本生产或分销来实现。

（2）垄断竞争。垄断竞争的行业由许多能整体或部分地区别出它们所提供的产品或服务并使其具有特色的企业（如餐厅、美容院等）所组成。在这样的行业竞争市场中，竞争者的数目较多，其中许多竞争者趋向提供与其他竞争对手存在差异的产品，从而使自己能够更好地满足某些细分市场的顾客需要。

（3）寡头垄断。在寡头垄断的行业中，少数几个大企业生产从高度差别化到标准化的系统产品。在寡头垄断的行业中，厂商的数量很少，因此每个厂商的竞争实力都非常强。在这样的行业中，如果各厂商提供的产品没有差异（如石油、钢材等），则各

学一下 5-1

看一看：
谁是竞争者

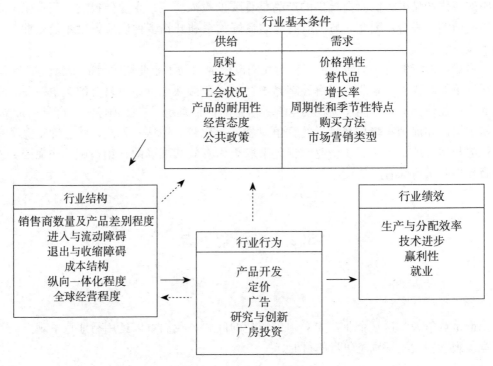

图 5－1 行业结构分析模式

竞争者往往在服务与成本上寻求竞争优势；如果各厂商提供的是有差别的产品（如汽车、相机等），则各厂商力求在质量、特性、款式或者服务等方面与其他竞争者存在差别，并以此吸引顾客。

（4）完全垄断。完全垄断的行业存在于只有一家厂商在一国或一个地区提供一定的产品或服务的情况下。该厂商的独家垄断可能是由规章法令、专利权、许可证、规模经济或其他因素造成的。由于缺少相关替代品，一个追求最大利润的垄断者会大胆地抬高价格，少做或不做广告，并提供最低限度的服务，在没有相关替代品的情况下，顾客别无选择，只得购买其产品。

行业的竞争结构会随着时间的推移而变化。例如，索尼公司（SONY）刚开始生产随身听时，该行业是完全垄断，但很快有几家公司进入该市场，该行业就转化为寡头垄断。随着更多的竞争者生产各种型号的随身听，行业结构转变为垄断竞争。当对随身听需求的增长慢慢下降时，某些竞争者退出该行业，市场又转变为一种寡头垄断的模式。

5.2.1.2 进入与流动障碍

各个行业能否容易进入，差别很大。如开设一家新餐馆比较容易，但是进入汽车行业就相当困难。主要的进入障碍包括对资本的要求高、规模经济、专利和许可证条件、缺少场地、原料或分销商、信誉条件，等等。其中一些障碍是某些行业所固有的，而另一些障碍则是某些企业采取了单独或联合行动所设置的。如果一家企业进入一个行业之后，想要进入行业中某些更具吸引力的细分市场时，仍可能会面临流动障碍。

5.2.1.3 退出与收缩障碍

如果企业能随意离开在利润上对它无吸引力的行业，对企业来说是最理想的情况。但实际上，企业也面临着退出障碍。退出障碍包括：对顾客、债权人或雇员的法律和道义上的义务；由过分专业化或设备技术陈旧引起的资产利用价值低；缺少可供选择的机会；高度的纵向一体化；等等。许多企业只要能赚回可变成本和部分或全部固定成本，就会在一个行业里继续经营下去。然而，它们的存在削减了企业的利润。因此，减少其他企业的退出障碍是符合想要继续留在该行业里的企业的利益的。

5.2.1.4 成本结构

每个行业都有驱动其战略行为的一定的成本组合。例如，轧钢厂的制造和原材料成本比较高，而玩具制造的分销成本比较高。企业会把最大的注意力放在它们的最大成本要素上，并从战略上来减少这些成本要求。

5.2.1.5 纵向一体化的程度

在某些行业，进行纵向一体化是很有利的。这个方面一个好的例子是石油行业。主要的石油生产者进行石油勘探、石油钻井、石油提炼工作，并实行纵向一体化，把化工生产作为它们经营业务的一部分。纵向一体化可以降低成本并能更好地控制增值流。另外，这些企业还能在它们所经营业务的各个细分市场中控制其价格和成本，更好地获取利润。

5.2.1.6 全球经营程度

全球经营程度较高的行业包括石油、飞机发动机等行业。在这种行业内经营的企业，如果想要实现规模经济和赶上最先进的技术，就需要开展以全球市场为基础的竞争。

企业可以依据以上因素对自己所处行业的结构特点进行分析，并由此识别出企业的竞争对手。

5.2.2 市场竞争观念与竞争者识别

看起来，一个企业识别竞争者似乎是一项简单的工作。例如，可口可乐知道百事可乐是其主要竞争者。然而，企业实际的和潜在的竞争者的范围是广泛的。同时，一个企业更可能被新出现的对手或新技术打败，而非当前的竞争者。如当时的柯达公司（Kodak）在胶卷业一直担心崛起的竞争者——日本富士公司（Fuji）打败自己，但柯达面临的更大威胁却是摄像机生产商，由佳能（Canon）与索尼公司销售的摄像机能在电视上放映画面，可转录入硬盘，也能擦掉。可见，对胶卷业而言，更大的威胁来自摄像机行业。

根据市场竞争观念，我们可以把企业及其竞争对手看作是一些力求满足相同顾客需要或服务的企业。这样，我们可以区分以下四种层次的竞争者：

（1）品牌竞争者。以相似的价格向相同的顾客提供类似产品与服务的竞争者是品牌竞争者。例如，TCL电视的品牌竞争者是价格、档次相似，生产同样电视产品的康佳和海信等。

（2）行业竞争者。企业可把制造同样或同类产品的企业都视作广义的竞争者。例如，TCL可以认为自己在与所有电视制造商竞争。

（3）形式竞争者。企业可以更广泛地把所有能制造相同产品或提供相同服务的企业都作为竞争者，即形式竞争者。例如，TCL 的形式竞争者可以是所有电子产品制造商。

（4）一般竞争者。企业还可进一步更广泛地把所有服务于同一顾客群的企业都看作竞争者，即一般竞争者。例如，TCL 的一般竞争者可以是所有的主要耐用消费品生产企业。

市场竞争观念开阔了企业的视野，使其看到还存在更多实际的和潜在的竞争者，并激励其制定出更长远的战略性规划。

企业还可以通过产品-市场竞争分析表来把行业和市场分析结合起来，进行竞争者识别。对牙膏的产品-市场竞争分析如表 5-1 所示。

表 5-1　牙膏的产品-市场竞争分析

产品细分	顾客细分	
	儿童	成年人
普通牙膏	高露洁公司、好来化工（黑人牙膏）、狮王公司（狮王牙膏）、云南白药、荷美姿公司（舒克牙膏）、LG 公司、花王公司（KAO）、宝洁公司（佳洁士）、皓乐齿（Ora^2）	高露洁公司、宝洁公司、联合利华公司、上海牙膏厂、好来化工（黑人牙膏）、狮王公司（狮王牙膏）、云南白药、荷美姿公司（舒克牙膏）
含氟牙膏		高露洁公司、宝洁公司、联合利华公司、安利公司
中药牙膏		奥奇丽公司（田七牙膏）、两面针公司、三金公司（西瓜霜牙膏）、江中公司（草珊瑚牙膏）、立白集团（六必治）、蒲地蓝日化有限公司（蒲地蓝牙膏）、登康口腔（冷酸灵）
竹盐牙膏		LG 公司

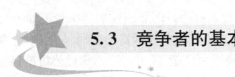

5.3　竞争者的基本分析

5.3.1　分析竞争者的战略与目标

5.3.1.1　分析竞争者的战略

企业最直接的竞争者是那些为相同的目标市场推行相同战略的对手。一个竞争战略群体就是在一个特定行业中推行相同战略的一组企业。在多数行业，竞争者可以区分为几个实施不同战略的群体。这些群体之间的战略差别通常表现在目标市场选择、产品档次、性能、技术水平、价格及销售范围等方面。一个企业需要辨别、评估它所处的竞争战略群体，这是对企业最具威胁的对手的所在地。同时，企业也必须关注其他群体，因为竞争战略群体之间也存在着竞争和对抗。这种竞争和对抗是由于某些竞争战略群体所吸引的顾客群相互之间可能有所交叉，或者顾客也可能看不出不同群体的产品有多少差异。同时，各个竞争群体可能都想扩大自己的市场范围，特别是在各个竞争群体规模和实力相当以及在各竞争群体之间流动障碍较小的情况下，更是如此。

一个企业必须不断地关注竞争者的战略，因为战略规定着竞争者的基本经营方向与性质。富有活力的竞争者将随着时间的推移而修订其战略。例如，曾经的美国汽车市场上，福特公司是早期汽车市场的赢家，它的成功之处在于低成本生产；通用汽车公司超过了福特公司，因为它响应了市场对汽车多样化的需求。显然，企业必须关注顾客需求的变化和竞争者的战略变化，以满足顾客的新需求，适应竞争者的战略变化。

5.3.1.2 分析竞争者的目标

在分析了主要竞争者及其战略后，企业必须清楚：每个竞争者在市场上追求什么？每个竞争者的行为推动力是什么？

竞争者都尽量争取最大的利润。当然，在这个问题上，企业对于长期与短期利润的重视程度会有所不同。此外，有些企业是围绕"满足"而不是利润最大化而改变的——它们建立目标利润指标，只要这些目标能够达到，它们便感到满足了。即使通过其他战略和努力会产生更多的利润，它们也不再行动。竞争者都有其目标组合，包括目前的获利可能性、市场份额增长、现金流量、技术领先和服务领先等。了解了竞争者的目标组合，企业便可了解竞争者是否对其目前的财务状况感到满意，它对各种类型的竞争性攻击会作出何种反应，等等。例如，一个追求低成本领先的竞争者对其他竞争者在制造过程中的技术突破所作出的反应，远比对同一位竞争者增加广告预算所作出的反应要强烈得多。

5.3.2 评估竞争者的实力和反应

5.3.2.1 评估竞争者的实力

每个竞争者能否执行其战略和达到其目标，取决于它们的资源和能力。企业需要评估每个竞争者的实力，企业可以通过以下两个步骤来完成相应的评估工作：

（1）了解竞争者的基本情况。一个企业应通过问卷调查等形式，收集每个竞争者业务上最新的关键数据，包括销量、市场占有率、心理占有率、情感占有率、毛利、投资报酬率、现金流量、新投资、设备利用能力等内容。其中，"心理占有率"是指在回答"本行业中你最先想到的企业"这一问题时选择竞争者的顾客占总顾客的比重；"情感占有率"则是指在回答"本行业中你最喜欢的企业"这一问题时选择竞争者的顾客占总顾客的比重。良好的心理占有率及情感占有率，可以支持企业良好的市场表现。企业通过上述关键数据的收集与分析，来了解竞争者的基本情况。

（2）分析评价。企业可以根据自己已有的资料综合分析竞争者的实力。实际操作中，企业可以通过第二手资料、个人经历或传闻来了解有关竞争者的实力。同时，也可通过向顾客、供应商和中间商进行第一手营销调研来增加对竞争者的了解。这种营销调研可以参考表 5 - 2。

表 5 - 2　竞争者实力分析表（顾客/中间商）

竞争者	顾客对竞争者的评价				
	顾客知晓度	产品质量	情感占有率	技术服务	企业形象
A					
B					
C					

所有这些信息及相关分析、评估可帮助企业决定向谁挑战。对于与竞争对手相比而发现的自身的劣势，企业可以针对最成功的竞争者开展定点赶超。所谓定点赶超，是指企业以最成功的竞争者在管理和营销方面的最好做法为基准，加以模仿、组合和改进，力争超过竞争者的过程。企业通过有效的定点赶超，可以和竞争者做得一样好，从而改变自己的竞争劣势。

5.3.2.2　分析竞争者的反应模式

单凭对竞争者的竞争战略与目标以及竞争实力的分析，还不足以解释其可能采取的行动和对诸如降价、促销或推出新产品等举动的反应。此外，各个竞争者都有一定的经营哲学，某些内在的文化和某些起主导作用的信念对其可能的竞争行为有深刻的影响。因此，企业要深入了解某一竞争对手的心理状态，以求预见面对竞争时竞争者可能作出的反应。

在竞争中常见的一些竞争者反应类型如下所述：

（1）从容型竞争者。这一类型的竞争者对某一特定竞争者的行动没有迅速反应或反应不强烈。对竞争者缺少反应的原因是多方面的，包括企业可能认为顾客是忠于他们的；或者可能缺少作出反应所需要的资金等。

（2）选择型竞争者。这一类型的竞争者可能只对某些类型的攻击作出反应，而对其他类型的攻击无动于衷。例如，当其竞争对手同时采用了降价销售以及加大广告宣传的营销策略时，竞争者只对降价策略作出针锋相对的还击，而对对手广告宣传攻势的加强没有反应。

（3）凶暴型竞争者。这类竞争者对其他竞争者向其所拥有的领域发起的任何进攻都会作出迅速、强烈的反应，以警告其竞争对手最好停止任何攻击。

（4）随机型竞争者。这一类型的竞争者在任何特定情况下，对竞争对手的策略可能会也可能不会作出反应，而且根据其经济、历史或其他方面的情况，都无法预见该类竞争者会作出什么反应。许多小公司多是随机型竞争者。

❖营销战例 5 - 1

中国榜样★

大疆卧榻之侧，无人安睡

2006 年，香港科技大学学生汪滔在深圳一间民房里创办了大疆创新（以下简称大疆）。经过几年的发展，大疆一改中国企业在技术创新上的"追赶者"角色，在无人机系统、手持影像系统与机器人教育领域成为全球"领跑者"，占据世界消费级无人机市场超过70%的份额。从2013年开始，大疆每年增长率都在60%以上。2017年营收达到了175.7亿元，净利润为43亿元。2018年4月，在完成新一轮10亿美元融资后，大疆估值达到了240亿美元。

就像国内很多互联网创业公司绕不开BAT（百度Baidu、阿里巴巴Alibaba、腾讯Tencent）一样，无人机行业玩家也绕不过大疆这座大山。大疆在无人机技术、供应链、价格、专利等方面的优势，让那些试图分一杯羹的创业公司感到了极大的压力。

2018年9月16日，美国的一家无人机飞行系统设计商艾尔维尔（Airware）突然宣布停止运营，在此之前这家公司获得多家顶级投资机构超过1亿美元的投资，腾讯科技等多家科技媒体将其死亡的原因归结为"干不过大疆"。而国内的无人机玩家，像零度智控、极飞、亿航等在和大疆正面交锋了一段时间之后也纷纷开始转型，寻找后路。

2014年，在高通的支持下，零度智控的杨建军研发出一款芯片高度集成的口袋无人机DOBBY。2016年5月，DOBBY面市，整机重量仅200克，可放入口袋，无须云台吊舱，价格仅为2 000元左右，这些亮点让DOBBY明显区隔于大疆的主打产品精灵系列。DOBBY上架之后，很快就卖出了超过10万台。

在DOBBY面市一个多月后，大疆发布了御Mavic系列产品。与DOBBY主打轻量化、便捷性的特征类似，大疆将整机重量降至743克，折叠后只有550毫升的矿泉水瓶大小，售价低至5 000元。令杨建军感触最深的是，"大疆在保持了便捷性的同时并没有妥协性能"，在飞行时长、拍摄图传、精准降落等多方面表现超过DOBBY。与此同时，大疆还紧锣密鼓地在香港开设了继深圳、首尔之后的第三家线下旗舰店，积极抢占线下流量入口和用户认知，从专业级市场转向大众市场。此外，大疆还成立子公司单独开辟了一个子品牌特洛（Tello），主打儿童玩具市场，定价699元，主要面向平价无人机市场。至此，大疆已经建立起从高到低的价格体系和从专业到入门的产品体系。

杨建军明显感觉到，"大疆的Mavic出货之后，DOBBY销量下滑就很厉害了"。即便当时杨建军已经研发出了第二代产品，但是因为资金链等问题，零度智控不得不面临裁员、找钱、转型等危机，最终二代产品并没有发布。

在零度智控之前，《连线》前主编克里斯·安德森于2009年创办的3D Robotics，也曾被《福布斯》称为"大疆的强大对手"。2015年4月，3D Robotics在拉斯维加斯首次推出无人机产品Solo时，因为其与大疆精灵截然相反的黑色外观，以及具备了大疆当时还不支持的自主编写飞行路线功能，被美国科技媒体网站The Verge称赞为，"这可能是有史以来最聪明的无人机"。克里斯·安德森表示，如果大疆是苹果，我们就做安卓，而开源属性也在当时成为3D Robotics对抗大疆的武器。然而，大疆Phantom 3无人机于2015年4月上市，配备Phantom 3 Professional和Phantom 3 Advanced两个版本，区别在于Professional搭载了4K镜头，而Advanced搭载的是1080p摄像头。2015年8月，大疆又推出面向入门级新飞手的"大疆精灵3标准版"（DJI Phantom 3 Standard）航拍无人机，售价仅4 799元。大疆精灵3标准版继承了"精灵"系列几款前作的高度稳定性、卓越飞行体验以及航拍画质，但更加智能便捷，具备"智能飞行"功能、2.7K超高清机载相机以及平易近人的定价等亮点。Solo无人机却迟迟未能发货，好不容易等来了发货，又因为价格、性能、万向节组件、售后等各种问题招致买家的不满，公司声誉大跌。当时Solo无人机售价1 000美元，要实现航拍功能还需购买400美元的万向节套装。而大疆趁势而上在圣诞节宣布大打折扣，内外交困的3D Robotics最终不得不关闭工厂、裁员，并决定退出消费级无人机市场。

根据世界知识产权组织记录，大疆从2008年到2017年，累计申请无人机相关的专利达到4 000多项。其中900多项是公开专利，3 206项是国家专利，大疆还在美国申请了70多组专利，其中17组已经获得授权。也就是说，大疆构筑了无人机领域谁都无法绕过的技术壁垒，任何想做无人机的公司，都要有大疆公司的专利许可。

从2016年到2022年，长达六年的时间里，美国对大疆的限制和制裁不断加码。但事实却是，大疆在此期间一直都保持了消费级无人机市场上70%以上的市场占有率，在北美的市场占比甚至一度达到85%。

资料来源：赵东山．大疆卧榻之侧，无人安睡．百度唔哩热点百家号，2018 - 10 - 10，有删改．

5.3.3　选择竞争者

在获得足够的竞争者信息以后，企业将更好地意识到在市场上可与哪些竞争者进行有效的竞争。一般来说，企业面临三种类型的选择：强与弱、近与远和好与坏。

5.3.3.1　强与弱

即在弱小竞争者与强大竞争者之间选择。大多数企业喜欢把目标瞄准弱小的竞争者，所谓"大鱼吃小鱼"。这样的选择使得企业市场份额的增长所需投入的资金和时间较少，使企业比较容易取得竞争优势地位。但是，这样的选择对于企业提高竞争能力毫无帮助。企业也可以选择与强大的竞争者竞争，因为企业可以通过与它们竞争，努力提升目前的竞争实力与水平。再者，即使再强大的竞争者也有某些劣势，与强大的竞争者竞争可能取得更大的市场回报。

5.3.3.2　近与远

即在近竞争者与远竞争者之间选择。大多数企业会与那些与其极其类似的竞争者即"近"的竞争者竞争。同时，企业应避免"摧毁"邻近的竞争者。否则，企业可能得到的结果是，虽然损害了其最近的敌手并取得了成功，但却引来了更难对付的、更具实力的竞争者。

5.3.3.3　好与坏

即在所谓的"良性"竞争者与"恶性"竞争者之间选择。每个行业都包含良性竞争者和恶性竞争者。一个企业应明智地支持良性竞争者，攻击恶性竞争者。良性竞争者的特点是，它们遵守行业规则；它们对行业的增长潜力所提出的设想切合实际；它们依照合理的成本来定价；它们把自己限制于行业的某一部分或细分市场里；它们推动其他企业降低成本，提高产品的差异化程度；它们接受为它们的市场份额和利润所规定的大致界限。恶性竞争者则违反规则，它们企图花钱购买而不是靠自己努力去赢得市场份额；它们敢于冒大风险；它们的生产能力过剩但仍继续投资。总的来说，它们打破了行业的平衡。

小思考

　　在营销竞争中，经过持久和激烈的竞争较量，即使一方最终取胜，付出的代价也非常巨大。那么，你认为是否还有其他的可能性呢？

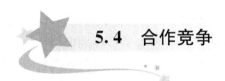

5.4　合作竞争

5.4.1　合作竞争的含义

　　合作竞争，就是使拥有不同优势的企业在竞争的同时也注重彼此之间的合作，通过优势互补，共同创造一块更大的蛋糕，营造更持久有力的竞争优势，同时实现"双赢"或"多赢"。当然，从竞争到合作，同样是优胜劣汰的过程，因为谁能在竞争中通过最佳方式获得最佳合作伙伴，从而最大限度地增强自己的竞争力，谁才是市场最后的胜利者。

　　传统意义上的竞争，往往是争抢同一块蛋糕，这种你死我活的输赢之争，不仅使企业外部竞争环境恶化，而且使企业错失许多良机。如今在数字经济时代，经济一体化的发展和全球竞争的加剧，使得企业很难仅靠自身的力量抗击来自全球范围内规模、实力不等的竞争者。同时，现代社会科技飞速发展，信息传播加快，产品的寿命周期不断缩短，顾客的需求日趋个性化、多样化，企业也将很难仅依靠自身的力量来维持长久的竞争优势。因而必须与其他企业紧密合作，使不同企业间的资本、人才、技术及信息资源得以有效、灵活地组合，以充分利用市场机会，通过互赢策略在合作竞争中创造更大的利润空间。

　　可以说，时代的发展，已使单枪匹马的孤胆英雄成为历史。竞争已不再是单个企业之间的较量，以合作竞争取代个体对抗将是时代发展的重要趋势。

5.4.2　合作竞争的具体形式

世界范围内企业间合作竞争的运作模式多种多样，最主要的有以下几种。

5.4.2.1　同行业企业间的联合

20 世纪 70 年代，欧洲四家飞机制造公司为了与雄踞世界之首的美国波音、麦道两大飞机制造公司相抗衡，由原先的彼此间竞争走向联合，组建欧洲空中客车公司，在德国生产机身、英国生产机翼、西班牙生产尾翼，最后在法国组装，把欧洲各国飞机制造业务的优势统一整合起来，形成了一股强大的攻势。至 20 世纪 90 年代初期，其规模已超过美国麦道公司，成为紧随波音的世界第二大飞机制造商，动摇了美国飞机制造业的世界霸主地位。为了维护美国飞机制造业的霸主地位，美国的波音、麦道两大公司又于 1997 年实现了联合，以对付欧洲空中客车公司。

5.4.2.2 合作生产

合作生产就是合作企业间根据优势互补、共同发展的原则，相互利用对方的优势资源共同组织生产经营活动，以扩大规模、增加收入、提高效益。例如，浙江纳爱斯公司凭借其品牌和销售网络优势，进行外联合作，委托加工产品。通过委托加工的方式可以实现产地销售，减少了运费，进一步降低了成本，从而使得纳爱斯的低价策略有了保证。

5.4.2.3 与上下游企业合作

在互赢思维模式下，企业可以与下游的分销商、经销商或上游的供应商紧密合作，结成命运共同体。由于分销商贴近而且控制着消费终端市场，分销商的积极合作与努力，不仅可以为企业开拓广阔的市场，而且可以帮助企业实现与市场（顾客）零距离的愿望。他们会积极地宣传、推销合作伙伴的产品，及时地做好售后服务工作，主动积极地收集市场需求信息和用户反馈意见，以便合作伙伴能快速及时地抓住商机。

企业与供应商紧密合作，不仅可以使企业的供应链关系得以稳定，而且可以为企业节省大量的市场交易成本（采购成本）和管理、协调成本。更为重要的是，达成战略性共识和协作的合作伙伴还可以一同考虑如何缩短生产周期、降低生产成本和改进产品质量等问题，并齐心协力地去设法加以解决。

❖**营销战例 5-2**

**华为、海尔和中国移动联合发布 5G 先进制造全联接
场景化解决方案**

2021 年 11 月 12 日，在 5G 边缘计算联合创新基地成果发布会上，华为、海尔和中国移动联合发布了 5G 先进制造全联接场景化解决方案。该方案针对工业生产中的多环节质检、安全生产及全要素数字化运营等诉求，创新性地将 5G 边缘计算与机器视觉、人工智能等技术相结合，提供了标准化、场景化、智能化的全流程解决方案，可快速复制、广泛应用于工业制造领域中的诸多场景，促进 5G 工业互联网的快速发展。

5G 边缘计算联合创新基地由华为、海尔、中国移动在 2021 年 2 月共同创建，三方紧密合作，发挥各自技术优势，基于典型制造业场景打造了现场级工业 ICT（information and communications technology，信息与通信技术）基础设施底座，通过 5G 和 MEC（边缘计算）赋能多个制造生产环节，形成了行业内"联接＋计算"先进示范。其中，5G 工业视觉检测、5G 视频流智能分析和 5G 融合互联场景的技术水平商用成熟度在全球领先。

工业视觉检测，加速智能升级。针对工业生产的多环节、多场景质量检测诉求，解决方案基于 5G 和 MEC 云端边协同和上行压缩增强原子能力，推出全流程质量管控体系，提供 99% 高精度质检算法，实现"即需即供，开箱即用，用之即准"，全面满足工业客户多质检环节的智能化升级。

5G 视频流智能分析，促进安全生产。通过 5G 和 MEC 的大带宽、泛在联接和敏捷算力，结合智能算法，将园区摄像头接入网络，实现了访客登记、劳保检测、人岗匹配和生产动作规范等多种场景下的智能分析，并可利用 90% 的摄像头，以低成本打造高安全车间。

5G 融合互联，打造园区大脑。通过 5G 工业相机、5G 网关、5G 智能工业终端等设备，满足车间内人员、设备、原料、制度、环境的多种联接需求，实现生产数据实时获取、数据统一平台管理经营和数据安全管理，达成全流程可视、可管、可控，增强协同生产能力，提升生产效率。

资料来源：华为、海尔和中国移动联合发布 5G 先进制造全联接场景化解决方案．华为官网，2021-11-12，有删改．

5.4.2.4　虚拟经营

虚拟经营是指企业在组织上突破有形的界限，虽有生产、营销、设计、人事、财务等功能，但企业内部没有完整地执行这些功能的组织。就是说，企业在有限的资源下，为取得竞争中最大的优势，仅保留企业中最关键的功能，而将其他的功能虚拟化——通过各种方式借助外力进行整合弥补，其目的是在竞争中最大效率地利用企业有限的资源。

虚拟经营早已十分普遍，像耐克、锐步等运动鞋生产厂家根本就没有自己的工厂，其产品却畅销全球；一些互联网公司也在相当程度上采取这种方式，它们创造了品牌，却没有生产线。这些企业将其生产部分虚拟化，自己则专注于设计、营销的规划，它们把设计好的产品样品和图纸交给相应的签约厂商生产，最后验收产品，贴上自己的商标。凭借此做法，使得企业不同产品的生产调整成本很低，可以很快地反映市场上的变化，从而创造出高弹性的竞争优势。

5.4.2.5　策略联盟

策略联盟是指几家公司拥有不同的关键资源，而彼此的市场有某种程度的区隔，为了彼此的利益进行联盟，可以交换彼此的资源，以创造竞争优势。具体的做法有技术策略联盟、销售联盟、研究与开发（R&D）联盟等。我国的 TCL 集团曾是国内最大的电话机生产商，于 1993 年进入家电领域，以其在通信业创下的品牌及销售网络与有生产优势的香港长城公司结成策略联盟，只用了 3 年多时间，在中国彩电业市场占有率便仅次于两大行业巨头——长虹和康佳，居于第三位。

本章小结

这一章我们掌握了如何解读竞争对手，主要内容包括以下几方面：

学一下 5-2

1. 识别竞争对手

行业竞争观念引导企业从行业竞争的角度去识别竞争者。行业竞争观念提供的识别框架是：分析行业的基本条件；分析由行业基本条件决定的行业基本结构；分析在一定行业结构下的竞争行为以及它们可以取得的绩效。

市场竞争观念引导企业从市场竞争的角度去识别竞争者。这种观念认为应该区分四种层次的竞争者：品牌竞争者、行业竞争者、形式竞争者及一般竞争者。

2. 竞争者的基本分析

对竞争者的基本分析包括分析竞争者的战略与目标；评估竞争者的实力；分析竞争者的反应模式等。

3. 合作竞争

就是使拥有不同优势的企业在竞争的同时也注重彼此之间的合作，通过优势互补，共同创造一块更大的蛋糕，营造更持久有力的竞争优势，同时实现"双赢"或"多赢"。

重要概念

纵向一体化　品牌竞争者　行业竞争者　形式竞争者　一般竞争者　从容型竞争者
选择型竞争者　凶暴型竞争者　随机型竞争者　良性竞争者　恶性竞争者　合作竞争

帮记 5-2

复习与思考

1. 影响行业竞争的基本因素有哪些？
2. 如何识别竞争者？
3. 如何评估竞争者的实力？
4. 你认为选择好的竞争者是否很重要？
5. 如何理解合作竞争？

营销实战分析

携程的挑战

1999 年，正值青年的梁建章、季琦与沈南鹏三人凑在一起讨论创业。

三人合计着要创办一家旅游网站。解决了人和钱之后，从零开始搭建一个在线旅游平台，还有两个难题：供应商和客源。

当时携程拿到了上海有名的龙华寺千禧年敲钟门票网络分销权，但尴尬的是网上没有订单，梁建章只好带着人马去现场发小卡片。梁建章还把呼叫中心的模式引入携程，60％的交易其实是用电话完成的。而供应端的拓展，携程走了一条捷径：融资拿钱收购大酒店。凭着互联网的发展概念，携程以小鱼吃大鱼的方式，竟然吞掉了每月有 3 万间酒店预订数的商之行，不仅充盈了供应端，还由此拿到了软银的投资。

2003 年，成立短短 4 年多时间，携程便在纳斯达克上市，梁建章、沈南鹏等人由此成为亿万富翁，赚得第一桶金。

从创办到上市，在携程发展的第一个阶段，资本运作起到了关键作用。

几年之后，由于缺乏创新、竞争加剧，携程业绩大幅下滑，董事会紧急召回了正在北大教学的梁建章。

2011年，梁建章复出之后，做了三件事情：其一是内部改革：权力下放，把整个公司打散成很多个小的创业公司，激发出员工的创新力，能够更加灵活地决策和狙击竞争对手；其二是全面转型移动互联网；其三是对外大举发起"价格战"，用携程雄厚的资金优势抢夺市场。

最惨烈的是与去哪儿网的血拼，后者来势汹汹，且拒绝被并购。令人意外的是，梁建章直接绕过去哪儿网创始人，说服了大股东李彦宏，用携程的25%股份置换了百度在去哪儿网45%的持股。

因为这一单，携程也借此稳住了它OTA（online travel agency，一般指在线旅游）龙头的地位。

而新的对手总是从别的地方冒出来。

美团与携程的交战始于2011年。

正好是携程在和去哪儿网、艺龙烧钱厮杀的时候，美团悄悄疯狂入侵中低端酒店市场，一个月签下6 000多家酒店。去哪儿网被收购之后，许多酒店销售也在高薪的召唤下，"投奔"了美团酒旅，带去不少资源。

紧紧抓住用户从PC向移动互联网迁徙的关键节点，美团自己的地推团队，利用边际成本更低的优势，拿下了中低端酒店的市场。

2015年，美团就超过了艺龙成为OTA酒店市场第二，直追携程。2018年3月，美团酒店又以2 270万的单月间夜量首次超过携程、去哪儿、同程、艺龙的总和。

四年前，梁建章与美团的王兴之间有一场著名的论战。王兴主张多元化，引出"美团没有边界"的讨论。而梁建章则撰文反驳道，专业化才有利于创新。

多元化与专业化的争辩背后，是两家公司核心战略的选择。而现在，专业化的携程被逼到了角落，不断在收缩。

根据美团财报数据，2020年，美团到店、酒店及旅游业务收入213亿元，经营溢利为82亿元，经营利润率为38.5%。

而携程，受到疫情"黑天鹅"影响剧烈，全球化也难以施展，2020财年净亏损32.47亿元，同比下降146.31%；营业收入为183.16亿元，同比下跌48.65%。

资本市场对二者的评价反映在市值上。2021年7月30日，携程市值1 139亿元，美团市值过万亿元，是携程的十倍。

显然，携程已经没办法再用吞并去哪儿网的办法来应对美团了。

2020年，美团就推出高星酒店超级团购，一边用低佣金挖大酒店，一边用低团购价扫客。2021年战火再度升级，美团首次以10亿元占股20%抄底中高端酒店东呈国际，直插携程腹地。

为了守住高端酒店大本营，梁建章还亲自上场为高星酒店Boss直播带货。据携程公布的官方数据，40余场直播中，累计贡献的GMV（gross merchandise volume，主要是指网站的成交金额）超11亿元。

借助餐饮高频带动酒店低频，美团攻势越来越猛，而原本把关着机票酒店交易环节的携程，不得不面临流量红利消失的困窘。

流量饥渴是共通的，从携程到上游酒店供应商。而让内容导流这件事常态化，才是携程更实际的战略。

2020 年，在向港交所提交的招股书中，携程为自己的新定位做了总结。

其一，是直播带货。2020 年全年携程通过在线直播平台推出超过 60 000 种产品，携程直播＋特卖频道实现商品交易总额超过 50 亿元。

其二，是产品内容化。携程发布了"旅游营销枢纽"战略，以"星球号"作为载体，把流量、内容、商品三个核心板块聚集起来，打造一种开放的营销生态。

在交易平台佣金模式之外，携程试图通过营销赋能找到新的增量途径。但是在这条路上，抖音、小红书"跨界打劫"的迹象也越发明显。2020 年上半年，小红书就已经开始在上海、广州、西安、成都 4 座城市及其周边开展"种草周边游"直播，推出 Red City 城市计划。后来，小红书又与小猪短租达成战略合作引入大量民宿商家，并通过与"订单来了"联手实现平台内直连民宿预订。到 2021 年 3 月，小猪短租的官方数据显示，小红书渠道带来的交易额已经突破 1 000 万元。

对于企业而言，永远有新的挑战。

资料来源：唐伯虎．巨头携程立于危墙之下．伯虎财经（微信公众号），2021 - 08 - 01，有删改．

思考与分析：

1. 你如何看待携程所面对的市场竞争？

2. 分析、评价携程的市场竞争策略。

3. 你认为携程应该如何更好地制定自己的竞争对策？

素养提升

学习《反不正当竞争法》，并谈谈你认为企业在激烈的市场竞争中应该注意什么问题。

营销实战训练

营销：竞争与合作

项目名称		竞争者分析		项目类别	个人训练
目的		了解如何对竞争者进行分析			
项目方案	步骤	项目内容			时间
	1. 准备	深入了解你所熟悉的一家企业。			与第 5 章教学时间同步，课外完成。
	2. 分析与思考	（1）根据营销实战训练所附资料，分析你所了解的企业的一个竞争对手，并为之打分评价。同时，为你的每一项评分给出充分的支持理由。 （2）依照该竞争对手的得分情况，判断它是否为良性竞争对手。			
	3. 形成报告	将上述分析与思考形成文字报告。			
成绩测评		根据学生提交的报告给定成绩。			

营销实战训练资料：

良性竞争对手评估表

评估项目	评估分数
(1) 遵守行业规则	
(2) 能够实事求是地看待行业和自身状况	
(3) 具有明显的弱点而且有自知之明	
(4) 能按照成本进行合理定价	
(5) 局限于自己的细分市场而无扩张野心	
(6) 没有和你的市场重合的细分市场	
(7) 具有和你的企业可协调的目标	
(8) 致力于提高自身产品的差异化	
(9) 不喜欢采用降低产品价格的方法来占领市场	
(10) 满足现有的市场地位和利润水平	
(11) 有适度的退出壁垒	
(12) 对研发和生产的再投入没有保持足量现金	
(13) 有一定的信誉、资源和能力	
(14) 仅有短期目标	
(15) 讨厌风险	

说明：表中左侧是需要评估的项目，7 分表示完全符合，1 分表示完全不符合。按照从完全符合到完全不符合7 个等级打分。15 项得分总和大于 60 分，则所评估的竞争对手可以被视为良性竞争者。

营销基本功必备之三

专业记忆训练

目的：

通过专业记忆训练，学会记住客户、客户资料、产品资料和专业文章。

规则与方式：

(1) 学生分为四个小组，给每个小组提供 3～5 张客户的照片用以观察。小组仅根据照片中客户的外表，描述对这些客户的印象及如何与之打交道，并就"你应该给人留下怎样的第一印象"进行讨论（10 分钟）。

(2) 学生依次回忆自己记住的两位客户及其特征，并讨论如何记住人的相貌特征。

(3) 每一位学生在 20～30 张客户名片中，用 1 分半钟时间，尽可能多地记住客户资料，并在不超过 1 分钟的时间内背诵记住的客户资料，然后讨论如何记住客户的资料。

(4) 学生分为四个小组，分小组进行。要求每一位学生利用事先准备的产品资料，在 5 分钟时间内，尽可能多地记住资料内容，并在不超过 1 分钟的时间内复述记住的资料，然后讨论如何记住产品资料。

(5) 学生分为四个小组，分小组进行。要求每一位学生利用事先准备的专业文章，在 10 分钟时间内阅读文章内容，并在不超过 1 分半钟的时间内复述记住的内容，然后讨论如何阅读并记住专业文章及知识。

(6) 评选最佳表现者一名。

第6章

营销信息与营销调研

帮记 6-1

方向标

把握并合理运用营销信息是营销决策的基本前提和基础。营销人员必须学会"不打无准备之战"。在这一章里，我们首先去了解营销信息与营销信息系统的基本内容；接下来，去探寻什么是营销调研以及为什么要进行营销调研，并由此深入了解营销调研的过程及方法。最后，我们要去学习如何摸清市场需求规模。这一章，我们从"农夫山泉有点甜"开始。

我们要达成的目标：

知识与能力目标

★ 了解营销信息与营销信息系统；

★ 了解大数据与大数据营销；

★ 回答什么是营销调研，为什么进行营销调研；

★ 了解营销调研的过程及方法；

★ 了解市场需求测量与预测的方法。

素养目标

★ 理解毛泽东军事思想中的"不打无准备之战"，树立"没有调查，就没有发言权"的科学思想观，了解为什么要做好营销调研。

导入案例

> **农夫山泉有点甜**
>
> 1997 年的初夏，一向重视第一手客户信息的农夫山泉董事长钟睒睒，带队在上海这个第一个试销市场开展市场调研。在静安寺附近一户居民家中，他打开农夫山泉邀全家试饮，家中的小朋友刚喝完第一口就脱口而出"有点甜！"这句话一下就击中了钟睒睒敏锐的神经，"农夫山泉有点甜！"
>
> 稳健务实的作风让钟睒睒决定对这句品牌口号启动大规模的市场测试，把它和农夫山泉在这之前策划好的两句广告语"好水喝出健康来"和"千岛湖源头活水"放在一起进行对比，让消费者评判是否真的好，结果是无论从整体喜好还是各测试项指标来看，"农夫山泉有点甜"都完胜其他两个选项。
>
> 1998 年农夫山泉在全国正式上市，全面启用"农夫山泉有点甜"作为主广告语。
>
> 资料来源：向上生长乔治先生 . 有没有市场调研成功或失败的著名案例？知乎，有删改 .

6.1　营销信息与大数据

6.1.1　营销信息与营销信息系统

信息是指音讯、消息、通信系统传输和处理的对象，泛指人类社会传播的一切内容。人通过获得、识别自然界和社会的不同信息来区别不同事物，得以认识和改造世界。1948 年，数学家香农在论文《通信的数学理论》中指出："信息是用来消除随机不定性的东西。"营销信息是在一定时间和条件下，与企业的市场营销有关的各种事物的存在方式、运动状态及对接收者效用的综合反映。营销信息当然一般也是通过语言、文字、数据、符号等表现出来。所有的市场营销活动都以信息为基础而展开，经营者进行的决策也是基于各种信息，而且经营决策水平越高，外部信息和对将来的预测信息就越重要。其中，市场营销信息形成了企业战略性经营信息系统的基础。

营销信息系统（marketing information system，简称 MIS）是指由人、设备和程序组成的一个系统，其任务是准确及时地为营销决策者收集、整理、分析、评估和分配所需要的信息，以便使营销过程更具有科学性和准确性。营销信息系统主要由内部报告、营销情报、营销调研和营销决策支持四个子系统组成，如图 6-1 所示，其在企业的营销过程中处于相当重要的地位。

6.1.1.1　内部报告系统

营销人员使用的最基本的信息系统是内部报告系统（internal reports system，简称 IRS）。这是一个包括订单、销售额、价格、存货水平、缺货水平、应收账款、应付账款等内容的系统。通过对该系统这些信息的分析，营销决策者能够发现机会和问题。

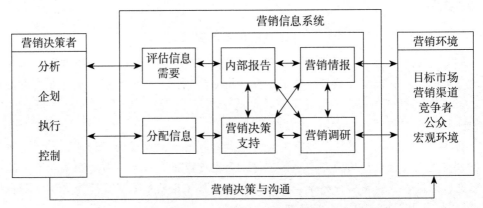

图 6-1　营销信息系统的组成

来自企业内部的信息通常比从企业外部获取的信息更及时、更准确、更节省成本。但这些信息通常是为了其他目的收集的，对营销决策往往不尽适用。例如，会计部门提供的销售和成本数据，原本是用于财务分析的，现在却用来评估产品和销售力量或销售渠道的运行情况。因此，必须对这些信息进行收集、分类、整理，以便于营销决策者使用。在建立内部报告子系统时，下面的一组问题可以帮助确定营销决策者的信息需求：

（1）哪些类型的决定是你经常作出的？

（2）作出这些决定时，你需要哪些类型的信息？

（3）哪些类型的信息是你可以经常得到的？

（4）哪些类型的信息是你现在想得到而未得到的？

（5）哪些信息是你想要在每天、每周、每月、每年得到的？

（6）哪些特定的问题是你希望经常了解的？

（7）哪些类型的数据分析方案是你希望得到的？

6.1.1.2　营销情报系统

营销情报（marketing intelligence）是每天发生的有关营销环境发展变化情况的信息。包含新的法律条令、社会潮流发展、技术创新、竞争者状况等，这些信息有助于营销人员制定和调整营销方案。例如，在竞争对手向市场投入某种新产品之前将此情报汇报给上层管理者，可以及时采取对策保护本企业产品的地位。营销情报系统包括获得营销情报的应有渠道。

营销人员可从各种渠道获得情报，如阅读报刊，与顾客、供应商、分销商等企业外部人员交谈，与本企业内部其他成员交换信息等。一些管理有方的企业，往往采取有效措施来增加情报数量和提高情报质量，如训练、激励本企业的销售人员，使其注意观察并及时报告市场动态，起到"耳目"的作用；鼓励分销商、零售商等企业外部的合作者向企业传递重要的营销情报。企业还可通过下述途径获取有关竞争者的情报：购买竞争者的情报；参加贸易展销会；阅读竞争者发表的经营报告；参加竞争者股东大会；向竞争者过去或现在的员工、分销商、供应商和运输代理进行了解；收集竞争者的广告；阅读行业工会主办的报刊，等等。此外，企业还可向专门的情报机构，如市场调研公司、咨询公司、广告公司等购买情报。现在，通过互联网上的数据库，可以及时、准确又经济地获取企业所需要的营销情报。有些企业还建立专门小组或办公室，负责情报的收集、整理工作，以供决策人员分析和评估时使用。

6.1.1.3 营销调研系统

在企业的营销管理过程中，营销决策者经常需要通过专门性的调查研究收集有关的信息。例如，某企业准备生产一种新产品，在作出决策之前，有必要对该产品的市场潜力进行准确的预测。对此，无论是内部报告系统还是营销情报系统，都难以提供足够的信息以完成这一预测，这就需要进行营销调研。

企业可以使用多种方式获取营销调研资料。实际上，大多数的大公司都有自己的营销调研部门。小公司虽然没有能力建立自己的营销调研部门，但可以雇用营销调研公司为自己服务。或者，它们可以用有限的资金开展创造性的工作。例如：邀请学生设计和执行营销调研项目；利用网络检索资料；考察竞争对手状况；等等。企业的营销费用预算通常可以占公司销售额的 $1\%\sim2\%$ 不等，这些费用的大部分可用于购买企业外部的营销调研公司的服务。

6.1.1.4 营销决策支持系统

营销决策支持系统（marketing decision support system，简称 MDSS）是一个组织，它通过软件与硬件的支持，协调数据收集、系统、工具和技术，解释企业内部和外部的有关信息，并将其转化为营销活动及相关决策的基础。

营销决策支持系统的软件主要由一个统计库和一个模型库组成。统计库包括一系列统计程序，这些程序可帮助分析者了解一组数据中彼此之间的关系及其统计的可靠性，可帮助管理者回答如下问题：影响企业销售的主要变量有哪些？其重要程度如何？如果将价格提高 10% 并同时增加 20% 的广告费，将会给销售带来什么影响？哪些指标最能显示顾客可能购买本企业产品而不购头竞争者的产品？对某种产品的市场细分采用哪些变量作为细分依据最好？等等。模型库则包括一系列数学模型，这些模型有助于营销管理者作出更科学的决策。自 20 世纪 60 年代中期以来，一些营销专家借助现代数学工具建立了大量的数学模型，用于各种营销决策，如确定销售区域、设计零售网点的配置、选择最佳营销组合、预测新产品销售等。

6.1.2 大数据与大数据营销

6.1.2.1 大数据

大数据（big data），是指规模大到无法用常规软件工具进行获取、存储、管理和处理的数据集合。大数据是需要新的处理模式才能具有更强的决策力、洞察发现力和流程优化能力的海量、高增长率和多样化的信息资产。大数据具有 5V 的特点：volume（大量）、velocity（高速）、variety（多样）、value（低价值密度）、veracity（真实性）。即海量的数据规模、高速的数据流转、多样的数据类型、价值密度低以及与真实世界息息相关。

大数据到底有多大？有资料表明：我们现在每两天产生的数据量，相当于过去有文字记载以来到 2003 年为止累计的数据量；而现今世界上 90% 的数据则是在过去两年多时间里产生的。

2016 年 3 月 17 日发布的《中华人民共和国国民经济和社会发展第十三个五年规划

学一下 6-1

纲要》第二十七章"实施国家大数据战略"提出：把大数据作为基础性战略资源，全面实施促进大数据发展行动，加快推动数据资源共享开放和开发应用，助力产业转型升级和社会治理创新，具体包括：加快政府数据开放共享、促进大数据产业健康发展。

6.1.2.2　大数据的营销价值

面对千差万别的市场需求，大数据技术可以为企业带来极高的营销价值。

第一，借助大数据，企业可以更加准确地确定自己的目标消费者及其各方面特征。企业可以利用大数据分析，进行消费者画像，更加精准地了解、掌握消费者的个性、偏好、生活方式、购买规律及其他深层信息，从而提升企业营销决策的水平。

放大镜6-1

> ◈**营销资料6-1**
>
> 了解你是为了更好地服务你
>
> 用户画像作为一种勾勒目标用户、探索用户需求的有效工具，目前被各领域所广泛应用。
>
> **什么是用户画像**
>
> 用户画像是根据用户社会属性、生活习惯和消费行为等信息而抽象出的一个标签化的用户模型。用户画像在生活中处处可见，比如用户在跨境电商网站或App端注册时填写和上传的一些数据（邮箱、手机号码、个人基本信息等），基于这些基础数据，以及结合用户偏好、购买频率、数量等行为数据，通过算法和数据挖掘及行为建模，构建用户的基础画像，用户的画像存于网站或App端"资料库"，用户下次触网或触媒时，系统就会发出预告，基于用户的存根资料——画像推送适合的产品或小广告。
>
> **如何构建用户画像**
>
> 用户画像的构建有以下四个步骤：
>
> 第一，收集数据。数据是构建用户画像的基础，数据来源一般有用户的网络行为数据、服务内行为数据、用户内容偏好数据、用户交易数据四类。
>
> 第二，给用户打标签并层级分类。当数据收集完备后，并不是所有的数据都能发挥作用，需要将杂乱无章、无价值的数据剔除，对剩余数据进行字段提取后留下有价值的数据，从而为每个用户打上标签并进行分类。
>
> 第三，行为数据建模。用户数据建模是基于用户行为预测及洞察分析后的行为，即根据用户行为构建用户行为特征模型。
>
> 第四，用户画像呈现。用户的显性特征包括泛行为和高权重行为，而隐性特征包括社会属性和自然属性（即偏好行为）。基于前三步动作的完成，借助单个人群显性和隐性特征，以及各个因子的权重特征，将用户细分成各个细分群体，如时尚白领、护肤达人、商务人士、科技精英等，用户画像初步建立。
>
> **用户画像的作用**
>
> 用户画像是数字营销时代精准营销的首要步骤，企业通过收集和分析消费者

社交数据、基本信息数据、消费数据、行为数据等，完美抽象出目标用户的商业全貌。用户画像为企业提供了足够的信息基础，帮助企业快速找到精准用户群体，满足用户个性化需求，提高服务质量、留存率，积累良好口碑。

资料来源：泰一数据．数据解密，从用户画像角度解锁《欢乐颂2》．中国网，2017-05-16，有删改．

第二，借助大数据，企业可以更及时地把握每一个营销机会。显然，未被满足或者未被有效满足的市场需求就是企业可能的营销机会。企业通过大数据分析，可以了解、掌握消费者的消费现状，并探测其可能的变化趋势。由此，企业可以更为方便、精准地捕捉到不同的市场机会，并做出有效的营销反应与选择。

第三，借助大数据，企业可以根据不同消费者的不同需求及其他相关状况，提供不同的营销对策。例如，企业可以根据消费者的购买习惯、近期关注的商品信息，向消费者推介适宜的商品。当然，企业也可以根据不同消费者和不同品牌的关系进行个性化的等级差别定价，以最大限度地优化定价策略。

◈营销战例6-1

吉利ICON新车上市

因计划变动，吉利ICON新车改为线上发布。为实现新车上市信息全面辐射（微博9700万汽车兴趣用户）、车型卖点信息多维告知（吉利品牌/车型222万兴趣用户）、车型ICON理念全面传递（微博全网5亿十月度活跃用户）三大目标，吉利与美通互动达成合作。

通过数据洞察发现，当用户提及"ICON"关键词时，明星偶像占比较多，也发现网友们的"ICON"认知变化较大。因此选择剖析明星ICON、时代ICON、行业ICON三大维度，讲述各自认知的ICON精神，让网友在软性、自然地接受吉利ICON理念的同时将车型与"ICON"理念深度捆绑。吉利最终通过"短视频定制十定制话题策划十上市明星直播"三大维度，依托微博平台影响力触达目标受众，提升新车上市声量。

资料来源：eNet&Ciweek/缥缈．2020中国数字营销案例TOP30．eNet硅谷动力，2021-02-02，有删改．

第四，借助大数据，企业可以更加方便地分类消费者。大数据提供的消费者画像，可以让企业根据不同的标准分类消费者，并从中发现对自己实现不同营销目标更具价值的消费者，从而为企业今后的营销决策提供极其宝贵的依据。

第五，借助大数据，企业可以运用更好的营销策略或方法。例如，企业可以利用大数据分析，实现消费者购买行为及自身营销行为的数据化，使决策有更为可靠的基础；企业也可以利用大数据，实现与消费者的大规模个性化互动，更为有效地决定广告投放以及设计更受消费者欢迎的营业推广活动；大数据的有效处理，可以帮助企业线上与线下成功融合，实现"多屏"互动。

6.1.2.3 大数据营销

大数据营销是企业通过大数据分析，更为精准地描述、分析、预测并引导消费者行为，帮助企业进行更为有效的营销决策的过程。显然，大数据营销的发展得益于 A（artificial intelligence，人工智能）、B（block chain，区块链）、C（cloud computing，云计算）与 D（big data，大数据）。

通常，企业的大数据营销的典型模式包括：

（1）关联推荐。

通过大数据分析，寻找、确定事物之间的关联性，并有意识地通过这种关联性来进行有关产品的营销。例如，沃尔玛超市通过大数据分析发现，在所有顾客中，有10%的顾客同时购买了婴儿尿不湿和啤酒，而在所有购买了婴儿尿不湿的顾客中，有70%的人同时还购买了啤酒。发现这个关联规则后，沃尔玛超市把婴儿尿不湿和啤酒摆放在一起进行促销，结果明显提升了销售额。

（2）精准定向。

通过大数据分析，企业可以从多个不同因素、不同消费者中，筛选出最为重要的营销影响因素或重要的消费者，并据此设计、提供有针对性的营销对策，使营销一击中的。例如，企业通过关联分析等技术，对消费者社交信息进行分析，并以此挖掘新的有用营销对象。在此过程中，企业还可以在众多消费者人群中识别"领头羊"，确定对营销有引导作用的重要消费者；类似地，企业也可以在产品拥有的价格、外观、质量等众多因素中，找出消费者最在意的影响购买因素，并以此作为吸引消费者购买的"抓手"。

（3）动态调整。

企业可以在大数据分析时，充分考虑消费者购买行为及其动态变化，并在此基础上，根据动态分析的结果来有效调整目标市场的选择及对应的营销策略实施。例如，在百度搜索时，用户一输入某个关键词，百度就会根据相关搜索的大数据分析，动态推荐搜索结果，从而方便用户使用。

（4）瞬时倍增。

企业可以利用所累积的消费者数据信息，通过已经拥有的某个或某些消费者，成倍地寻找到更多的符合要求的消费者。例如，阿里巴巴旗下的阿里妈妈构建的被称为"粉丝爆炸器"的 Lookalike 模型，可以实现给定一小群人，自动找到10倍、20倍规模相似人群，从而实现特定人群数量规模瞬时倍增。

企业进行大数据营销，站在大数据运用的角度，可以遵循以下程序：

第一，数据收集和处理；

第二，对处理过的数据进行建模分析；

第三，对分析处理过的数据进行商业解读，并找出可以进行营销运用的理由和方式；

第四，在不同角度、不同方面进行精准的个性化营销决策。例如，企业可以进行消费者购买行为分析，挖掘重要客户；进行一对一精准消息推送；等等。

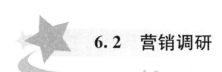

6.2　营销调研

看一看：营销
调研及其基本
程序

6.2.1　营销调研的概念与意义

营销调研（marketing research）是企业通过系统地收集、分析和提供市场营销数据资料，从而得出企业所面临的特定的有关营销状况的调查研究结果的过程。通常，企业通过营销调研可以掌握有关购买者、公众、竞争者及其他环境因素的各种有用信息。

没有调查研究就没有发言权，在企业的营销管理过程中，每步都离不开营销调研。

在营销过程的每一阶段，营销人员都需要关于顾客、竞争者、中间商及其他环境方面的信息，而营销调研是取得这些信息的一个最重要的途径。进入信息时代，由于市场环境变幻莫测，企业对信息的需要在数量和质量上都空前增加，营销调研的意义也日渐重要。

（1）营销调研能够为科学、合理的营销决策提供依据。任何一个企业都像是游离在市场环境中的"细胞"，不断地通过在市场上的产品交换汲取生存的"养分"。企业只有尽最大可能使自己的经营活动与市场的需求相一致、相吻合，才能获得最大的生存和发展空间。但是，任何企业所面对的市场都不是一成不变的。通过经常性的营销调研活动，探知市场的变化状况，无疑能够使企业的营销活动更符合市场需求、更有针对性，从而取得更好的效果。

（2）营销调研能够增强企业应付市场波动的能力。市场波动是市场经济的一种常态，由众多因素造成。市场波动给企业正常的生产经营活动造成很大的不确定性。所以，企业只有以市场波动及其趋势为依据，根据市场需求，有针对性地组织生产和经营，才能增强企业自身的实力，增强在多变的市场中应付突发性市场波动的能力。

（3）营销调研能促进企业改善经营管理，获取竞争优势。哪里有市场活动，哪里有商品交换，哪里就有市场竞争规律在发挥作用。企业要凭借合法手段，力压众多竞争对手。在市场竞争中获取竞争优势，首先要有一定的经济实力，这是竞争的基础。同时，参与竞争的企业也应通过营销调研，做到知己知彼，这样不仅可以及时了解本企业在竞争中所面临的形势，还能够对比自己与竞争对手在经营管理方面的差距。这无疑有助于企业改善经营管理，获取更多的竞争优势。

（4）营销调研有助于企业提高市场预测和营销决策的有效性、准确性。市场预测是企业以市场的过去和现状为基础，对市场未来的不确定事件所作出的推测和预见。营销决策是企业在营销调研和市场预测的基础上，在各种可供选择的方案中，根据需要和可能，选择合理方案。由此来看，重要的营销决策以市场预测为前提，市场预测的前提是必须有一个完整的营销信息系统。这一系统的信息源主要是企业的营销调研活动。因此，营销调研在企业的整个市场预测和经营决策过程中，起到了基础性的作用。

另外，市场范围的扩大、消费者收入的增加和需求选择性的加强、市场营销环境的变化愈来愈快等因素也使营销调研的意义日益明显。

学一下 6－2

6.2.2 营销调研的内容与类型

6.2.2.1 营销调研的内容

营销调研的内容非常广泛，它要能满足营销决策者了解市场信息的要求。企业常常有这样的疑问：我们所面临的市场有多大？怎样把销售额提上去？我们应该向谁推销产品？等等。要找到这些问题的答案，企业就必须进行营销调研。

营销调研的内容主要是以下六个方面：业务、经济形势与企业研究、定价、产品、分销、促销与购买行为。在对数百家企业的营销调研进行统计分析后发现，企业经常进行的营销调研专题大约有 30 种，其中 80％以上的企业都做过的调研专题有 10 种，它们分别是：

（1）市场容量估计。市场容量是指由购买者支付能力决定的对某产品的需求总和。一般要与收入、目标顾客数量及消费意向等影响因素一起分析。

（2）市场特征识别。即有关市场结构、特征、用户情况、消费状况及经济发展等方面的调查分析。

（3）市场份额分析。即衡量一个企业某产品的市场生命力和获利能力，以及企业产品在市场中的地位。

（4）销售分析。分析市场销售现状、产品覆盖率、销售增长率、总需求是否饱和、销售增长前景与趋势、主要问题及潜在危机等。

（5）企业发展方向研究。

（6）竞争产品研究。

（7）短期市场预测（一年以内）。

（8）新产品进入市场的接受状况与潜在规模分析。

（9）长期市场预测（一年以上）。

（10）价格研究。

6.2.2.2 营销调研的类型

营销调研有探索型调研、描述型调研、因果型调研三种类型。其中，探索型调研是为确认问题的性质而进行的调研。探索型调研通常在问题不十分清楚就进入详细的调查问询，且常常不一定能击中要害时使用。它回答诸如"什么是……"的问题，如什么是最近一段时间销售不畅的原因？人们是否对新产品感兴趣？等等。探索型调研一般较简单，花费不多，不必制定严格的方案。描述型调研是揭示描述问题的特征与性质的一种调研，它通常回答"是什么"的问题，如什么类型消费者购买企业的产品？什么人购买竞争对手的产品？购买者喜欢产品的什么特点？等等。因果型调研是关于现象与影响因素之间呈何种对应关系的调研，它探寻前因后果，主要回答"为什么"，如降价 10％能否增加销售 5％？两个电视广告哪一个更有效？等等。

6.2.3 营销调研的过程

营销调研的过程一般包括五个步骤，如图 6－2 所示。

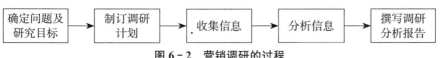

图6-2 营销调研的过程

6.2.3.1 确定问题及研究目标

问题就是营销调研所要研究分析的对象。任何一个营销调研的起因都是问题。调研者要根据企业的营销需要，合理确定营销调研要解决的问题。例如，企业销售额为什么最近下降了，可以就此进行探索型调研；企业某产品降价10％能否增加销量、扩大市场份额，可以就此进行因果型调研。

调研问题一旦确定，就可以列出特定的调研目标。例如，某产品降价10％能增加该产品的销量与利润吗？增加或减少的幅度是多少？哪些消费者对降价比较敏感？这一措施能增加对企业其他产品的购买吗？这一措施能增加消费者对企业的忠诚度，扩大品牌影响和企业知名度吗？这一措施能否扩大企业的市场份额？与改进产品质量、提高售后服务水平与增加新的服务内容、增加产品功能、增加广告促销投入等措施相比，降价这一措施对企业整体利益影响的相对重要性如何？

6.2.3.2 制订调研计划

在确认营销调研目标后，就需要制订一个营销调研的行动方案即调研计划来有效地开展收集所需信息的活动。在批准调研计划之前，企业需要估计该调研计划的成本，如果调研计划的成本大于因调研所带来的预计收益，那么应拒绝执行该调研计划。在制订营销调研计划时，必须认真、仔细地考虑诸如资料来源、调研方法、调研工具及抽样计划等问题。

（1）资料来源。在进行营销调研时，所获取的资料有两种来源：一是第二手资料，指别人收集的、已存在的，为了其他项目或目的而收集的资料。第二手资料通过案头调研获得。二是第一手资料即原始资料，指别人没有收集过、为了当前目的而特意收集的资料。第一手资料通过实际调研获得。

（2）调研方法。案头调研与实际调研均有比较成熟的调研方法可供使用。

（3）调研工具。在收集原始资料时，有问卷与仪器两种可供选择的工具。

（4）抽样计划。在实际调研中，一旦确定了调研对象，决定了调研方法和工具后，就要决定抽样计划。抽样计划包括两方面的内容：样本容量和抽样程序。抽样计划规定实际调研中直接调研对象的规模与顺序。

❖ 营销资料6-2

大学生笔记本电脑市场调研计划

一、概要（具体略）

二、调研目的

通过本次调研，主要达到以下目的：

（1）了解大学生对笔记本电脑的需求程度及大学生的消费观与消费习惯；

（2）全面摸清某企业品牌在消费者中的知名度、渗透率、美誉度和忠诚度；

放大镜6-2

（3）把握主要品牌笔记本电脑的常规方式；

（4）分析、了解大学生消费者对笔记本电脑的消费行为与消费特点；

（5）统计资料，预测笔记本电脑的市场容量及潜力。

三、调研内容

（一）行业市场环境调研（具体略）

（二）消费者调研

（1）消费者对笔记本电脑的使用情况与消费心理（必需品、偏爱、经济、便利、时尚等）；

（2）消费者对各品牌笔记本电脑的了解程度（包括功能特性、价格、质量保证等）；

（3）消费者对笔记本电脑品牌的意识、对本品牌及竞争品牌的喜好程度及品牌忠诚度；

（4）消费者消费能力、消费层次及消费比例的统计；

（5）消费者理想的笔记本电脑描述（包括笔记本电脑的颜色、外观、价格、功能、内存大小等方面的偏好与需求）。

（三）竞争者调研（具体略）

四、调研对象及抽样方法（具体略）

五、调查人员的规定、人员安排（具体略）

六、市场调查方法（具体略）

七、工作内容与调研时间（具体略）

八、经费预算（具体略）

6.2.3.3 收集信息

在确定了调研计划之后，营销调研需要按照计划进行资料、数据收集工作。营销调研人员在开展实际调研的过程中，必须达到调研的可靠性和有效性两种要求。可靠性与测定的随机误差有关，随机误差越小，可靠性越大；而有效性则与实际测定程度有关，它关系到系统误差和随机误差两个方面。

6.2.3.4 分析信息

对于第二手资料与第一手资料都要进行数据的标号、记录、分类、制表及建立数据库等统计工作。这是一个去伪存真、去粗取精、由表及里的处理过程。首先，要对收集来的资料进行审查核实。审查核实的内容主要包括资料的完整性和准确性两方面。遗漏的要补充，不准确的要剔除，口径不一致的要改正，过时的要剔除。其次，要进行统计分组，汇总计算。最后，分析其中的结果与结论。

6.2.3.5 撰写调研分析报告

营销调研的最后一步，是根据调研资料分析、陈述和撰写通过调研对所提出的问题的研究发现，并提出结论性的意见，即完成调研分析报告。

看一看：市场
调研分析报告

◈营销资料6-3

市场调研分析报告的基本结构

（1）前言及调研说明。说明调研的目的及调研的相关事项。

（2）背景分析。利用二手资料分析调研对象的所属行业、市场状况。

（3）实际调研分析。主要包括：购买者分析（购买者界定、购买规模及需求特点分析）；竞争者分析；中间商分析；企业以往营销策略效果分析；其他环境因素分析。

（4）建议与结论。

6.2.4　营销调研方法

6.2.4.1　案头调研的方法

通常，可以从收集第二手资料的案头调研开始营销调研工作，并据以判断调研问题是否已部分或全部解决，以免再去收集第一手资料。

第二手资料的主要来源有：

（1）内部来源：财务会计资料、销售数字、库存、预算、销售年报等；

（2）政府机构和各种出版物：统计年鉴、经济信息、发展动态、产业结构信息、信息简报等；

（3）各种公开发行的报纸、杂志、文献、简报等；

（4）商业性咨询信息公司：产品销售实测、品牌份额、家庭消费信息等；

（5）互联网或移动互联网等。

第二手资料容易获得，所需费用低，但采用率较低。因为第二手资料不是为本调研专门收集的，所以通常不能直接解决问题。有时，第二手资料是过时失效的资料。另外，第二手资料的可靠性及可信度比较差。使用者常会怀疑数据收集过程的合理性和统计分析过程的科学性。

但是，第二手资料的收集分析是为了进一步明确营销调研的问题，使调研的问题精细化，有些问题可能在第二手资料的分析中就可以得到解决，也有些问题可能在分析中解决了一部分，使问题更集中、准确，从而提高了原始资料收集的效率。

◈营销战例6-2

日本人的案头调研

日本人在20世纪60年代通过案头调研获取了大庆油田的位置、产量等情报，在国际炼油设备招标会上，几乎拿下了所有的合同，让其他国家的企业大为震惊。那么，日本人是怎么获得有关信息的呢？

原来，日本人在中国的公开刊物《中国画报》上看到铁人王进喜的照片，从照片上王进喜的穿着和背景，判断出大庆油田在东北地区，并根据《人民日报》

关于工人从火车站将设备人拉肩扛运到钻井现场和王进喜在马家窑的言论报道，弄清了大庆油田的确切位置——东北平原一个人迹罕至的小地方。从王进喜出席人大代表会，北京公共汽车上不带煤气包，判定大庆油田肯定出油了。之后又根据《人民日报》上一幅王进喜和钻塔的照片，估算出了大庆油田的油井直径和产油量。在此基础上，日本人判断我国将在随后的几年中急需进口大量炼油设备，中国肯定会向国际招标。因此，日本石油化工设备公司立即组织人力、物力，按照中国油井的特点设计了有关设备，并做好了投标的一切准备，从而在谈判中一举击败了技术力量雄厚的欧美各国的竞争对手，使其设备顺利打入中国市场，因为他们的设备都是针对中国需要设计的。

资料来源：居长志，周文根．市场营销实务．北京：中国经济出版社，2008：48．

6.2.4.2　实际调研的方法

通过实际调研，可以获得解决调研问题的原始数据和资料信息。通常，实际调研费用大，时间长，投入的人力多。因此，必须组织专门队伍，仔细制订调研计划，确定调研方法。

实际调研的方法主要有问询法、观察法和实验法三种。

6.2.4.2.1　问询法

问询法主要通过对被访对象的不同形式的询问来收集第一手资料。具体方法主要包括：

（1）面谈：即与被调查者就调研问题面对面交流。面谈除了可以记录语言交流外，还可以通过察言观色，了解被调查者的身体语言、语调、语气、情绪、情感以及描述方式等数字所无法提供的有用信息。面谈有着双向交流、灵活性强及能引导话题的特点，特别适用于对有经验人士的访谈。一般面谈要拟订谈话大纲，以充分利用宝贵的面访时间。面谈也有它的缺点和局限性，如时间有限、成本高、样本数少、地区限制、问题少、当面理解与记录时存在误差等。

（2）电话问询：即与被调查者就调研问题通过电话进行交流。电话问询费用低，速度快，不受地区限制，同时有面谈的一些优点，如迅速及时、可送达性好。但电话问询也有时间短、容易遭遇对方不合作及需要有电话等问题。电话问询方法目前发展较快，如果利用计算机程序的手段，可以在短期内大量快速地进行采访，及时得到足够多的样本数据。

（3）问卷调查：即用书面问卷的形式进行实际调查。这是最常用的实际调研方法。问卷调查具有可送达性最好，不受地区限制，所要求回答的问题可以拟订得非常清楚、准确和详尽，不受记录者偏见与错误影响，答题不受干扰，节省费用等特点。但也有回收率低、时间长、易错等问题。

问卷调查表的设计非常重要，所设计的问题一定要清楚明确、易于回答，每一个问题都要有调查目的，对问题要精选、要反复推敲。一般来说，设计问卷调查表要注意如下问题：

第一，避开隐私性问题。有关个人或组织的隐私或商业秘密尽量不要提及，如收

看一看：
问卷调查

入、利润和权力等。如果一定要涉及，可以给出一个区间，相对模糊一点。

第二，力避模糊词。问卷中的问题阐述要尽量避免模糊词，如"你经常看电视还是偶尔看一会儿？"这一问题里的"经常"、"偶尔"和"一会儿"都是模糊词。

第三，不要过分精确。如"你四月份购买了多少啤酒？""你最近看到过几次某某产品的广告？"，这些问题都过于精确，被调查者可能难以回答。

第四，不要出现组合问题。如"假如你有较强的经济实力，你是否会购买较大面积的住房？"。这个问题有两处毛病，一是出现模糊词，如较强、较大；二是出现组合问题，一个问题的回答是建立在另一问题回答的基础上。因为如果回答问题的基础不同，回答就无统计意义。

第五，不要别有用心，有意引导。如"你对某某产品加价销售有何看法？"这样容易引起被调查者的反感。

第六，不要咬文嚼字。如"你经常购买调制酒吗？"。什么是调制酒，很多人并不知道。

第七，不要过于专业化。如在计算机产品的调查中，过多地提问有关零部件的名称和参数，对多数普通用户来说是很难回答的。

第八，要便于调查者统计整理。如果开放式问题过多，调查者就很难进行统计。

第九，要切合被调查者的特点。问题的设计要切合被调查者的文化、知识范围、经验及经历等。

问卷设计很有讲究，除了问题本身准确等要求外，提问方式也很重要。为了便于被调查者回答，问题的设计常常会给出选择性的答案，这是封闭式的提问，被调查者只需选择即可；另一种提问方式是开放式，也就是被调查者需要根据自己的观点和见解来回答，这种问题的回答需要花费一定的时间和精力，所以在实际调查中要控制数量。普通的消费者调查问卷中，开放式问题一般以不超过两个为宜。封闭式问题和开放式问题的类型、说明及举例如表 6-1 所示。

表 6-1 封闭式问题和开放式问题的类型、说明及举例

封闭式问题：所提问题有可供选择的答案		
类型	说明	举例
是否式	一个问题有两个相互矛盾的答案供选择	您是否拥有私人小汽车？ □是　　　　□否
多项选择题	一个问题有两个以上答案供选择	您每天看电视的时间有多长？ □1 小时以内　　　□1～2 小时 □2～3 小时　　　　□3 小时以上
李克特量表	被调查者可以在同意和不同意的量度之间进行选择	宽带的价格应该进一步降低。 □坚决同意　　　　　□同意 □不同意也不反对　　□不同意 □坚决不同意
语意差别	在两个语意相反的词之间列上一些标度，由被调查者选择代表自己意愿方向和程度的某一点	某银行的服务： 热情，____，____，____，冷漠 全面，____，____，____，单一

续表

类型	说明	举例
重要性量表	对某一判断从绝对不重要到绝对重要进行重要性分级	手机的款式对您来说： □绝对重要　□重要　□无所谓 □不重要　□绝对不重要
排序量表	对某些属性的选择进行排序	购买笔记本电脑时，您考虑的主要因素是（①表示最重要，②次之，依此类推）： □品牌　　□价格　　□性能 □售后服务
开放式问题：所提问题没有可供选择的答案		
类型	说明	举例
完全自由回答	被调查者不受限制地回答问题	您对本公司的产品有何意见与建议？
词汇联想法	列出一些词汇，由被调查者说出他头脑中出现的第一个词是什么	当您听到下面的词汇时，您脑海中出现的第一个词是什么：海尔；联想。
语句完成法	提出一些不完整的语句，由被调查者来完成该语句	当我决定外出游玩时，最重要的考虑是……
故事完成法	提出一个未完成的故事，由被调查者来完成	假期我游玩了杭州西湖，发现西湖更有人情味了，我想这大概是……
看图说话	给出一幅图画，由被调查者说出其中的含义，或写出图中的对话	—

另外，问卷设计要仔细，问题排序一般先易后难。问题多少及答题时间长短要视具体情况，一般拦截式问询填表最好不要超过 15 分钟。卷面设计要有趣，有逻辑次序，要让人看了第一题后有兴趣继续下去，如果把难的问题放在前面，被调查者会产生畏难情绪，放弃回答问卷。

问卷一般包括以下六个部分：

第一部分：问卷的标题。标题概括说明调查的主题，使被调查者对要回答哪个方面的问题有一个大致了解。标题应简明扼要，易于引起被调查者的兴趣。例如，"汽车消费状况调查"，"我与住房——某市居民住房状况调查"等。

第二部分：问卷说明（也可以称为卷首语）。问卷说明旨在向被调查者说明调查的目的、意义；有些问卷还有填写须知、交卷时间、地点及其他事项说明等。问卷说明一般放在问卷开头，通过它可以使被调查者了解调查目的，消除顾虑，并按一定的要求填写问卷。问卷说明可采取两种方式：一是比较简洁、开门见山的方式；二是在问卷说明中进行一定的宣传，以引起被调查者对问卷的重视。在问卷说明中还可以包括保密、赠品及感谢等内容。

第三部分：问卷主体。主要是提出各种问题，一般由易到难、由浅入深。提问要巧妙风趣，使被调查者产生兴趣。

第四部分：被调查者基本资料。可以包括被调查者的姓名、性别、年龄、职业、收入情况等基本内容。

第五部分：编码。编码是将问卷中的调查项目变成代码数字的工作过程。大多数的市场调查问卷都要编码，以便分类整理，易于进行计算机处理和统计分析。所以，在问卷设计时，应确定每一个调查项目及答案的编号。与此同时，每份问卷还必须有问卷编号。

第六部分：作业证明记载。在调查问卷的后面，常需附上调查员的姓名及调查日期、时间、地点等信息。如有必要，还可写上被调查者的姓名、单位或家庭住址、电话等，以便进一步跟踪调查与核实。但对于一些涉及被调查者隐私的问卷，上述内容则不宜列入。

问卷发放方式有多种形式，可以视被调查者的情况加以选择，可以发给被调查者，让他们独立完成后当即收回；也可以边谈边由调查员填写；或者由被调查者自行填写后寄回。

❖营销资料 6-4

居民轿车需求与用户调查问卷

尊敬的先生/女士：

您好！我是本市汽车经销商 A 公司的访问员，我们正在进行一项有关私家车需求与使用方面的调查，以便改进公司的工作，更好地为市民服务。我想和您谈谈有关的问题，要耽搁您一些时间，作为补偿，公司将赠送您精美礼品 1 份。访问的结果不对外公布，仅供市场研究，希望得到您的支持与配合。

0. 记录性别：

（1）男　　（2）女

1. 您的年龄是：

（1）20 岁以下（终止访问）　（2）20～30 岁　（3）30～40 岁　（4）40～50 岁　（5）50 岁以上

2. 请问您是否有驾驶执照？

（1）有　　（2）无

3. 您家是否已购买私家车？

（1）没有（如没有，请跳至 12 题）　（2）已购

4. 您的私家车品牌是：_____。

5. 您家的私家车购买的是新车还是二手车？

（1）新车　　（2）二手车

6. 您的私家车车龄为：

（1）新车　（2）1～3 年　（3）4～6 年　（4）7～10 年　（5）10 年以上

7. 您的私家车的购买价位是：

（1）8 万元以下　（2）8 万～10 万元　（3）10 万～15 万元　（4）15 万～20 万元　（5）20 万元以上

8. 您购车时的经济来源是（可多选）：

（1）存款　（2）银行贷款　（3）向别人借　（4）分期付款　（5）其他（请注明）

9. 您对自己的车是否感觉满意？

(1) 非常满意　(2) 比较满意　(3) 一般　(4) 不太满意　(5) 不满意

10. （追问与记录）具体说说您的车的优点和缺点：

优点是＿＿＿＿＿＿＿＿＿＿。

缺点是＿＿＿＿＿＿＿＿＿＿。

11. 您对自己的车的下列因素的满意情况如何？（具体略）

12. 如果买车，您认为什么样的价位比较适合您？

(1) 8 万元以下　(2) 8 万～10 万元　(3) 10 万～15 万元　(4) 15 万～20 万元　(5) 20 万元以上

13. 如果买车，您计划在哪一年购买？

(1) 今年　(2) 明年　(3) 后年

14. 如果买车，您计划在何处购买？

(1) 经销商 A　(2) 经销商 B　(3) 经销商 C　(4) 厂家　(5) 暂未确定

(6) 其他（请注明）

15. 如果买车，您的经济来源是（可多选）：

(1) 银行贷款　(2) 存款　(3) 向别人借　(4) 分期付款　(5) 其他（请注明）

16. 如果买车，您主要考虑哪些因素？（可多选）

(1) 品牌　(2) 外形　(3) 节油性能　(4) 保修性能　(5) 加速性能

(6) 安全与舒适　(7) 内部设施　(8) 售后服务

17. 您购买车的目的是：

(1) 自用交通工具　(2) 给子女用　(3) 休闲旅游　(4) 出租营运

(5) 其他（请注明）

18. 您希望经销商能为您提供哪些服务？（可多选）

(1) 产品价格　(2) 维修服务　(3) 驾驶培训　(4) 办证服务　(5) 配件供应　(6) 其他（请注明）

19. 您获取有关汽车的信息渠道是（可多选）：

(1) 汽车杂志　(2) 汽车资料网站　(3) 电视广告　(4) 电台广告

(5) 服务推介　(6) 厂家宣传　(7) 路牌广告　(8) 自己开过

20. 在最近几个月，您接触过哪些轿车广告？

(1) 品牌＿＿　(2) 品牌＿＿　(3) 品牌＿＿　(4) 品牌＿＿

21. 在轿车广告中，您印象最深的品牌是：＿＿。

22. 您经常收看的电视台是：

(1) ＿＿　(2) ＿＿　(3) ＿＿

23. 您经常阅读的报纸杂志是：

(1) ＿＿　(2) ＿＿　(3) ＿＿

24. 您经常浏览的网站是：

(1) ＿＿　(2) ＿＿　(3) ＿＿

25. 您经常收听的电台节目是:

(1) ＿＿＿ (2) ＿＿＿ (3) ＿＿＿

26. 您的基本资料:(具体略)

访问员:＿＿＿＿＿＿＿＿＿＿　访问时间:＿＿＿＿＿＿＿＿

资料来源:龚曙明.市场调查与预测.北京:清华大学出版社,2005,有改动.

6.2.4.2.2　观察法

观察法是通过记录被调查者当前或过去行为的类型和过程、现状、追求的目标等方面,来收集原始资料的调研方法。观察法不要求被调查者配合交流,也不要回答问题,有时被调查者并没有意识到。调查者可以通过观察许多行为与对象,来获得有关的营销信息。主要有:事实行为,如消费者的购物类型;消费者的购物语言行为,如销售时的谈话、消费者抱怨及在人群中流传的赞扬与不满;情绪行为,如消费者的语调、脸部表情、身体动作;地点与空间,如交通流量、消费者流量;口头记录,如对广告满意度的观察。

观察法具有写实的特点,可以不受干扰地反映真实情况,不易受主观思想、地位、金钱及偏见等影响。例如,要了解消费者在超市购物所花费的时间,可以不问消费者,而只要观察消费者进出超市的时间差即可;再如,观察儿童玩玩具,可以发现畅销玩具的特点,并据此改进玩具的功能。

当然,观察法不易获取被调查者内心世界的信息,被调查者的行为与心理、动机、收入、受教育程度及职业等因素之间的关系比较模糊。

6.2.4.2.3　实验法

实验法是指在一个特定的环境中,通过改变某一种营销变量的强度来观察其他选定变量的对应变化程度的方法。实验法允许营销者通过控制状态来分析变量之间的因果关系。例如,企业决定改变产品包装,但无法确定哪种包装最好。企业可以采用实验法,把不同包装的产品分别放在不同的地方销售,几周后看哪个包装的产品销售量增长最大,一般就可以认为哪个是最佳选择。价格变动、新做广告及产品功能变化等都可以通过实验法了解各对应变量之间的因果关系,然后调整策略,再向市场全面推广。

6.2.5　抽样计划

实际调研的直接调研对象通过抽样来确定。所以,决定了调研方法和工具后,就要决定抽样计划。抽样计划包括样本容量和抽样程序两方面内容。

6.2.5.1　样本容量

即样本规模的大小。一般样本容量越大,误差越小,但成本越高,所花时间也越长。如果抽样程序可信而且科学,一般来说,对一个总体只要抽出 1% 的样本,就能达到良好的分析可靠性。具体抽样数可视实际情况而定。但样本容量也不宜太小,一般要求大于 100 个调查单位。

6.2.5.2 抽样程序

即样本获得的程序与方式。抽样程序可分为概率抽样与非概率抽样。概率抽样又称随机抽样，即保证被调查对象中的每一个调查单位都有均等的抽中机会。

6.2.5.2.1 概率抽样方法

（1）简单随机抽样。它是最基本的概率抽样形式，对样本的选择是完全随机的。

（2）分层抽样。它的特点是先对总体调查单位按相关标准加以分组，然后再从各组中按相同比例随机抽出一定调查单位构成样本。

（3）等距抽样。它是事先将总体调查单位按某一顺序排列，然后按一定的间隔抽选调查单位的一种抽样组织形式。

（4）整群抽样。它是先将总体调查单位划分为若干群，然后以群为单位从其中随机抽出部分群，对抽中群中的所有调查单位进行全面调查的抽样组织形式。

（5）多阶段抽样。当总体调查单位很大时，直接从总体中抽选样本在技术上有难度，这时可用多阶段抽样方法。多阶段抽样是在样本中再进行随机抽样，直到样本容量符合调查者的要求。

概率抽样具有代表性较好和误差可以控制等优点。当概率抽样的成本较高或时间较长时，营销人员可以采用非概率抽样即非随机抽样的方法进行调研。

6.2.5.2.2 非概率抽样方法

（1）任意抽样。调研人员选择被调查人群中最容易接受调查的人员以获取信息。

（2）判断抽样。调研人员用自己的判断来选择被调查人群中能提供准确信息的理想对象。

（3）配额抽样。调研人员在几个调查类型中，对每个类型按照所规定的人数去寻找和访问调查对象。

6.3 市场需求测量与未来市场需求预测

企业在市场营销过程中，有时面临许多营销机会，这就需要对市场机会进行认真分析比较，从中作出最有利于自己的选择。因此，营销管理者需要知道如何来估计市场规模及其未来的增长。例如，整个市场的规模有多大？不同地区市场的规模有多大？目标市场的规模又有多大？未来若干年内市场规模将增大到什么程度？企业未来的销售潜力如何？等等。

6.3.1 不同含义的市场

我们早就知道，市场是指某种商品的所有现实的和潜在的购买者。因此，一个市场的规模，就取决于市场上该商品可能的购买者的数量。一般来说，"可能的购买者"需要具备三方面的条件：有购买欲望、有支付能力、有接近商品的可能。

例如，对一家经营摩托车的公司来说，它要掌握的第一个数据是对摩托车具有潜在兴趣的消费者人数。最常用的调查方法是随机询问一些消费者："你对拥有一辆摩托车有很强烈的兴趣吗?"如果 10 个人中有 1 个人回答"是",我们就能推算出整个消费者群中大约有 10% 的人是摩托车的潜在市场。换言之,潜在市场(potential market)是由那些对某种产品或服务具有一定兴趣的消费者构成的。

但是,仅仅有兴趣还不足以形成市场,这些潜在消费者还必须有足够的支付能力,能买得起摩托车,才能形成"有效市场(available market)"。显然,摩托车的价格越高,给这个问题以肯定回答的人数将越少。因此,市场规模是"兴趣"与"支付能力"这两个变量的函数。

市场规模还取决于"接近障碍"的大小,市场规模与接近障碍成反比。如果摩托车未能被送达某一具体地区,或者虽然送到了,但运送成本昂贵到令消费者止步的程度,那么,上述潜在购买者仍然不能成为现实的购买者。总之,有效市场由那些既有购买欲望,又有足够的购买能力,并有可能接近某产品或服务的消费者构成。

在某些情况下,企业由于受到限制,只能向有效市场中的某一部分人出售其产品。例如,某个城市可能禁止向其居民(或不满 20 岁的青年)出售摩托车,那么,该摩托车公司"有资格的有效市场(qualified available market)"就由那些有购买欲望、购买能力、能够接近商品,同时还有购买资格的消费者构成。然后,企业还要在这个已被限定的有效市场中,进一步选择具体的、更细小的部分作为自己的目标市场,进而在这一目标市场上与竞争者展开角逐。其中,购买了本企业产品的市场就成为企业"已渗透的市场(penetrated market)"。

了解上述市场对规划企业的营销过程非常有用。例如,某摩托车公司如果不满足现有的销售情况,它可考虑采取如下对策:从现有目标市场上吸引更多的购买者;扩大目标市场范围;降低产品销售价格,以扩大有效市场的规模;采取更强有力的广告宣传,使原来对摩托车不感兴趣的消费者产生兴趣,步入潜在购买者的行列。

6.3.2　市场需求的测量

掌握当前市场需求及本企业的销售情况,是企业制定营销方案和开展营销活动不可缺少的前提。通常,需要测量的是市场总需求、地区市场需求、企业的实际销售额及市场占有率。

6.3.2.1　市场总需求的测量

市场总需求(total market demand)是指在一定行业的营销投入水平及营销组合条件下,以及一定营销环境和一定时期、一定区域内,特定购买者群可能购买的某种产品或服务的总量。

估算市场总需求时,最重要的是不能将其看成一个固定不变的量。事实上,它是上述各条件变量的函数。在没有任何市场营销支出时,企业仍会有一个基本的销售量,我们称之为市场需求的最低量(市场下限)。随着市场营销支出的增加,市场需求水平也相应提高,提高的速率最初为递增,后变为递减,最后达到某一点。在这一点上,无论怎样增加营销投入,需求也不会再增加,这就是市场需求的上限,即市场潜量。

测量市场总需求的方法有多种,这里只重点介绍最常用的公式:

$$Q = n \times q \times p$$

式中：Q——市场总需求量；

    n——市场上购买者数目；

    q——平均每个购买者的年购买量；

    p——产品的平均单价。

假定一家生产牙膏的厂家想测算牙膏市场总需求量，如果每年有 1 亿消费者购买牙膏，平均每人年购买量为 6 支，牙膏平均单价为 5 元，则市场总需求量为：

$$Q=1×6×5=30（亿元）$$

6.3.2.2　地区市场需求的测量

企业面临的难题之一，是如何选择最有利的地区市场投入其人力、物力和财力。因此，需要测算和比较各地区不同的市场需求量。方法有两种：市场累加法主要用于为工业用户提供产品的企业；多因素指数法主要用于提供生活消费品的企业。我们分别以下面两个不同的实例来加以说明。

6.3.2.2.1　市场累加法

该方法是通过识别某一地区市场的所有潜在顾客并估算每个潜在顾客的购买量，计算出该地区的市场潜量。例如，一家矿山设备制造公司开发了一种新型仪器设备，售价 10 万元，公司认为每家采矿企业都会根据其规模大小购置一台或多台。问题在于怎样正确测算每个采矿企业所在地区的市场潜量，以及确定是否需要安排销售人员负责那个地区的销售工作。因为公司只能为市场潜量超过 300 万元的地区安排销售人员。为此，这家公司可利用相关的行业年鉴、工商企业名录等资料，找出对这种设备可能感兴趣的企业的数量、地理位置、雇员人数、年销售额等数据，然后，根据这些资料推算出每个地区的市场需求潜量。

6.3.2.2.2　多因素指数法

该方法是通过与地区购买力有关的各种指数来估算该地区的市场潜量。例如，国内一家生产衬衣的公司想建立一个特许经销商系统为其销售衬衫，估计每年的总销售额能达到 2 亿元。企业将在每个年销售额超过 12 万元的城市设一分店。于是，这家公司除在报刊上登广告招聘特许经销商外，还要有适当的方法审查申请者的资格，确定申请者所在城市是否有足够开设一家分店的市场潜量。常用的方法是考虑购买力指数。某地区（如 i 地区）的购买力指数为：

$$B_i=0.5y_i+0.3r_i+0.2p_i$$

式中：B_i——i 地区购买力占全国购买力的百分比（购买力指数）；

    y_i——i 地区个人可支配收入占全国的百分比；

    r_i——i 地区零售额占全国的百分比；

    p_i——i 地区人口占全国总人口的百分比。

上述公式中的三个系数就是三个要素的权数，权数的大小表明该因素对购买力影响的大小。如果根据统计资料，i 地区的 y_i，r_i，p_i 分别为 7.64%，9%，7.7%，则可得出该地区的购买力指数为：

$$B_i=0.5×0.0764+0.3×0.09+0.2×0.077=0.0806$$

即该地区购买衬衫的总额约占全国购买总额的 8.06%。所以，由于衬衣公司估计在全国的年销售额为 2 亿元，则此地区的销售额为 16.12 万元（2 亿元×0.0806），显

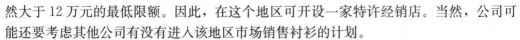

然大于 12 万元的最低限额。因此，在这个地区可开设一家特许经销店。当然，公司可能还要考虑其他公司有没有进入该地区市场销售衬衫的计划。

要注意的是，权数需有一定根据。这种方法主要适用于既非低档又非高档奢侈品的情况。若需要更精确的估算，则还要考虑其他因素，如市场竞争水平、当地促销成本、季节性波动、市场特点，等等。

6.3.2.3 估算实际销售额和市场占有率

除了测量总的和地区的市场需求外，企业还需了解其所在行业市场的实际销售情况。这意味着它必须了解竞争者，掌握竞争者的销售情况。知己知彼，方能在市场竞争中百战不殆。

各种行业协会通常收集和发表全行业的销售情况，当然并不具体列出每家企业的销量。企业可通过对照全行业的情况给自己以评价。假定某企业的年销售增长了 5%，但全行业的年销增长了 10%，那么这家企业在本行业中的地位实际是下降了，即市场占有率下降了。

此外，企业向专业市场调研组织购买有关总销售量和各品牌销售量的具体资料，然后通过研究比较市场占有率，也可以了解自己的市场地位是加强了还是减弱了。

6.3.3 未来市场需求的预测

6.3.3.1 需求预测的程序

通常，一些需求绝对水平或发展趋势相当稳定的行业，或者不存在竞争关系（如公用事业）和处于完全垄断的市场，预测其产品的未来需求较容易，但在大多数产品市场上，总需求和企业销售都相当不稳定。因此，对未来需求的预测是否准确，就成为企业经营成败的一个关键。预测不准可能造成产品积压或脱销，或被迫降价销售，使企业蒙受重大损失。实际上，需求变化越大的产品，对预测准确性的要求就越高，越需要慎重。

企业一般采用三段式程序进行销售预测：首先是宏观经济预测。企业根据经济周期、通货膨胀率、失业率、利率、消费者支出与储蓄比例、工商业投资、政府开支、净出口额等情况的变动，得出对国民生产总值的预测。宏观经济预测通常可向外部的营销调研公司或专业预测公司等机构购买有关资料。其次是在此基础上作出行业市场预测，即在已知的环境和既定的营销支出下，预测该行业的总销售量。最后是根据本企业的市场占有率，作出企业销售预测，即预测企业的销售量。

❖营销战例 6-3

啤酒天气指数

日本一家酿酒厂收集了三十年间（1951—1980 年）的有关资料，证明啤酒销量与天气变化之间存在一定的关系，由此提出了"啤酒天气指数"的概念。他们首先汇集了三十年中全国十五个地区的每日最高气温，然后计算出各地区每隔十天的平均最高气温和每月的平均最高气温，再把它们同各地区当月的啤酒销售情况相联系，便绘出了当年的"啤酒气温曲线"。把三十年"啤酒气温曲线"的平均值作为参考基数，那些具体某年的平均"啤酒气温曲线"同基数之比被称为"啤酒天气指数"。这样就可以一目了然地定量观察出天气变化同啤酒销售量之间的关系。比如1974年和1976年的"指数"低于参考基数，啤酒销售量则出现明显下降趋势。1978年日本出现酷暑，"指数"高于参考基数，当年啤酒销售量上升10%。

　　进一步的研究表明，在市场趋于饱和的情况下，气温就成了决定啤酒销售量升降的主要因素。因此，这家啤酒厂十分注意观察研究天气情况，合理安排生产，收到了良好的效果。如今，在日本已经有人把这种研究推而广之，提出了"天气市场"的概念。他们认为：在经济繁荣和市场成熟时期，天气的波动会有效地影响生意的成交，因而天气成为商业决策方面的一个重要因素。

6.3.3.2　企业销售预测的方法

企业常用的销售预测方法有下述几种。

6.3.3.2.1　消费者意向调查法

即在营销环境和条件既定的情况下，预测消费者可能购买些什么。在消费者购买意向非常明显时，此法特别有效。这种方法多为生产耐用消费品和工业品的企业采用。

某轿车企业进行消费者购买意向调查，可向消费者提出："在未来6个月里你打算买汽车吗?"答案可有6种不同的选择，如表6-2所示。假如某市有50万有效消费人口，对其中1 000人进行汽车消费意向调查的结果如表6-3所示。

表6-2　消费者意向概率量表

量值	0.00	0.20	0.40	0.60	0.80	1.00
选择	肯定不买	略有可能	可能	很有可能	非常可能	肯定购买

表6-3　消费者意向调查结果表

量值	0.00	0.20	0.40	0.60	0.80	1.00
选择	肯定不买	略有可能	可能	很有可能	非常可能	肯定购买
比率（%）	30	24	20	12	8	6

　　根据对消费者的调查，可以计算出各种情况的消费者所占的比率，从而可以计算出购买期望值及市场潜量。

$$购买期望值 = 0×30\% + 0.2×24\% + 0.4×20\% + 0.6×12\% + 0.8×8\% + 1×6\% = 0.324$$

$$市场潜量 = 500\ 000 × 0.324 = 162\ 000（辆）$$

　　当然，还要补充调查消费者目前和将来的个人财务状况及对经济前景的预期。然后，企业即可根据这些调查结果安排自己的生产。采用此法预测的结果，同实际情况的偏差率大多在10%以内。

6.3.3.2.2　综合销售人员意见法

这是在无法对购买者进行询问的情况下，通过听取销售人员对未来需求的估计来进行预测。

当然，对销售人员的预测结果必须作一些必要的修正。他们可能有某种片面性，如天性乐观或悲观；由于近期的成功或挫折，使他们的推测可能走极端；由于所处地位的局限性，他们通常意识不到宏观经济的发展变化及其影响，以及企业整个营销方案对未来市场销售的影响。如果企业熟知每个销售人员在预测时常有的片面性，那么修正后的结果将是相当可信的。

6.3.3.2.3 专家意见法

营销者有时可求助于企业外部的专家来预测未来需求，这些专家包括分销商、供应商、营销咨询顾问等。

美国兰德公司提出了"德尔菲（Delphi）法"，即由每位专家分别提出个人预测，然后由专项负责人员综合修正后发回各个专家再进行个人预测，专项负责人员再修正，如此循环往复，直到得出接近统一的结论为止。

看一看：
专家意见法

6.3.3.2.4 时间序列分析法

许多企业根据过去的销售实绩，预测未来销售趋势。采用这种方法首先要通过统计分析方法，证明企业历年的销售数据确实具有连续性的因果关系，然后才可用作预测未来销售发展趋势的依据。

某种产品历年销售量（Y）的时间数列，可按趋势、周期、季节和偶然事件四个主要因素进行分析。

（1）趋势（trend）。即人口、资金构成和技术等要素发展变化的基本情况。这可从过去的销售曲线的变化规律中推测出来，也可看作是过去销售曲线的自然延伸。

（2）周期（cycle）。即经济周期波动的影响。

（3）季节（season）。指一年中销售变化的固有模式，如与日、周、月或季相关的规律性变动。这种变动往往是与气候、假日、交易习惯，甚至顾客上下班时间相联系的。季节性模式常作为短期销售预测的一种依据。

（4）偶然事件（erratic events）。包括暴风雪、火灾及其他偶然性的灾害、动乱等。这些因素都是可能遇到而又无法预测的。根据历史资料进行销售预测时，应剔除这些偶然因素的影响，以求得到较规范的销售行为模式。

总之，时间序列分析法就是根据上述四个要素分析原始销售数列 Y，再结合这些要素预测未来的销售趋势。例如，某电视机商行今年售出 12 000 台新产品，现在预测明年 10 月份的销售量。已知长期趋势是每年销售量递增 5%，因此，明年的总销售量估计为 12 600（＝12 000×1.05）台。但由于经济环境的波动，预计明年的销售量只能达到正常情况下的 90%，即 11 340（＝12 600×90%）台。如果每月的销量相等，那么月平均销量应是 945（＝11 340÷12）台。然而，10 月份通常是销量高于平均值的月份，季节指数为 1.3。因此，预计明年 10 月份的销售量可能达到 1 228.5（＝945×1.3）台。此外，预期不会发生偶然事件，如颁布新法规、发生社会动乱等，所以对明年 10 月份销售量的最好预计是 1 228.5 台，即 1 229 台。

6.3.3.2.5 需求统计分析

时间序列分析将过去及未来的销售变动都看作是时间的函数，而不是真正影响需求变化诸因素的函数。实际上，有许多因素在不同程度上影响产品销售，需求统计分析就是用来发现那些影响销售的最重要因素，以及这些因素重要程度的一种方法。这里，最常见的影响因素是价格、收入、人口和促销等。

需求统计分析法将需求量（Q）看作一个因变量，然后设法将它分解为若干独立变量的函数，即 $Q = f(x_1, x_2, \cdots, x_n)$，运用多元回归分析的方法，可找到最主要的影响因素和最好的预测方程式。

例如，某软饮料公司运用需求统计分析方法，发现影响某地区软饮料需求量的最主要因素是年均温度和人均收入，它的公式是：

$$Q = -145.5 + 6.46x_1 - 2.37x_2$$

式中：x_1——该地区年均温度（华氏）；

x_2——该地区人均收入（千元）。

如果某地区年均温度为 54，年人均收入为 24，利用公式可得出该地区人均软饮料需求量：

$$Q = -145.5 + 6.46 \times 54 - 2.37 \times 24 = 146.46 （元）$$

如果实际的人均购买额为 143 元，且将此公式用于其他地区的饮料销售预测也比较准确的话，就可以把它作为一个有效的预测工具。公司可预测下一年各地区的年平均温度和年人均收入，据此推断下一年的销售情况。

本章小结

本章内容主要包括以下几个方面：

1. 营销信息系统

营销信息系统是为企业成功履行分析、企划、执行和控制的营销管理责任，而开发所需要的信息和及时地把信息分配给营销决策者的系统。它由四个子系统构成：内部报告系统、营销情报系统、营销调研系统、营销决策支持系统。

2. 营销调研

营销调研是指为完成营销活动，调查、研究所需的信息。营销调研有三种类型：探索型调研、描述型调研、因果型调研。企业可以自己进行营销调研，也可以聘用其他专业调研公司做调研。营销调研的程序包括：确定问题及研究目标，制订调研计划，收集信息，分析信息，撰写调研分析报告。

3. 市场需求测量

市场需求测量帮助企业把握所面对的市场的规模和增长，从而使其在进行营销决策时更加心中有数。

重要概念

营销信息系统　营销调研　大数据营销　案头调研　实际调研　第一手资料　第二手资料　问询法　观察法　实验法　潜在市场　有效市场　有资格的有效市场

复习与思考

1. 分析营销信息对企业营销的重要意义。

2. 大数据对企业营销有何作用？

帮记 6-2

学一下 6-3

3. 以本班同学为对象，调查大学生日常消费情况。

4. 分析企业如何进行市场需求测量。

营销实战分析

海底捞的备注里，是一个怎样的你?

身高 1.68 米左右、戴眼镜、长头发、圆脸、25 岁左右，这不是寻人启事，而是海底捞在会员系统里给顾客备注的信息。

对于商家的行为，有人认为并无不妥，有人感觉被冒犯。实际上，商家备注这些信息，是在生成"用户画像"。将客户的消费习惯、口味偏好、购买力水平等各个维度的数据收集起来，通过信息的整合、分析，形成对客户的认知，如果在此基础上，商家能提供一对一、差别化、精细化、走心到位、私人订制式的优质服务，客人会有一种被照顾、被细致入微关心的感觉。这值得肯定。

此类标签在很多领域都存在着，有的公司内部会给客户贴标签，比如活跃用户、沉睡用户、常投诉用户等;有的酒店会在会员订房时让其勾选偏好，如楼层高低、离电梯远近等选项。

此举引起争议更深层次的原因，则是大家对于隐私保护的焦虑。

一个餐馆，记住客户爱点什么菜就可以了，发型也需要记住吗? 不同的身高、体重、长相又会对应什么服务呢? 皮肤白净和吃饭有什么关系?

在很多人看来，这是非必要的信息，是过度收集。这让人不禁想到有些企业对"用户画像"的滥用。

电商平台了解你下单不付款的比率，在购物平台上浏览一款商品后，你的喜好就被定义，同类商品连续"轰炸";扫码点餐，强制要求消费者用手机号、微信号等个人信息注册或授权;进店逛一逛、走在大街上，人脸等信息没准已经被摄取了;利用"用户画像"进行大数据杀熟，狠宰老用户;进行价格歧视，针对不同的消费者，制定不同的价格……

"用户画像"是一柄双刃剑，可以提高企业运营效率，提升服务水平，便利消费者，但它也会带来隐私信息泄露、贩卖及侵权等问题，会被不良企业用来构建信息优势，榨取消费者利益，甚至"助攻"网络诈骗，危及人的生命。

优质的服务当然值得提倡，但一定要建立在隐私信息安全的基础之上。

资料来源:剑东.海底捞的备注里，是一个怎样的你?.央视网，2022-02-25，有删改.

思考与分析:

1. 什么是"用户画像"?

2. 你如何看待海底捞及其他企业的"用户备注"? 对此你有何建议?

3. 你认为企业在营销过程中，应该怎样形成与运用"用户画像"?

素养提升

学习毛泽东同志关于"不打无准备之战"的有关论述，并分析企业在市场竞争中应该如何更好地"不打无准备之战"。

营销实战训练 ▶▶

营销调研实践

项目名称		市场调研		项目类别	团队训练
目的		掌握市场调研的主要操作方法			
项目方案	步骤	项目内容			时间
	1. 准备	(1) 8～10人组成一个团队，以团队为单位进行训练。 (2) 确定一种熟悉的日用消费品（或服务）作为本团队市场调研对象。			1天（课外）
	2. 制定调研方案	参照营销资料6-2，制订本团队市场调研计划。			
	3. 实际调研	(1) 通过案头调研，收集第二手资料。 (2) 参照营销资料6-4设计问卷（问卷初步设计，初步调查，确定、印制问卷）。 (3) 实际问卷调研及其他形式调研。			3天（课外）
	4. 资料整理与分析	(1) 回收问卷。 (2) 完成其他形式调研。 (3) 对所有资料进行整理、统计、分析。			3天（课外）
	5. 完成分析报告	参考营销资料6-3，完成本次市场调研分析报告。			2天（课外）
	6. 展示报告	(1) 制作市场调研分析报告（PPT形式）。 (2) 以团队为单位向全班同学展示市场调研分析报告。			10分钟/团队
成绩测评		根据各团队提交的调研计划、问卷、分析报告及整个调研完成过程给定成绩。			

第3篇　营销战略

第7章

目标市场营销战略

 方向标

帮记 7-1

目标市场营销战略是现代营销观念的产物，是市场营销理论的重大发展，它已成为现代市场营销的核心战略。企业只有通过制定目标市场营销战略，才能够确定自己的目标顾客，从而制定有针对性的营销策略。在这一章中，我们在了解目标市场营销的重要作用之后，学会进行市场细分，并以此为基础了解企业如何确定目标市场及市场定位。

我们要达成的目标：

知识与能力目标

★ 掌握目标市场营销的三步骤及其对企业营销战略的重要意义；

★ 掌握目标市场营销战略的具体内容；

★ 了解、掌握市场细分的概念与操作；

★ 了解、掌握如何确定目标市场；

★ 了解、掌握如何进行市场定位。

素养目标

★ 研究中国优秀企业的市场定位选择，探究目标市场营销战略制定的"硬核"，培养正确的战略观。

● **导入案例**

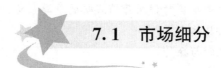

王老吉卖可乐了！喝了能降火吗？

虽然饮品种类多，但一说到凉茶，王老吉在市场上的辨识度极高。可现在，王老吉并不甘心守住自己的一亩三分地。近日，王老吉的母公司广药集团宣布，推出了一款新品——"王老吉可乐"。

从原料上看，王老吉可乐不算真正意义上的可乐，只是王老吉在其原有配方的基础上，添加二氧化碳等食品原料，简单来说，就是加了气的王老吉，除了口感更刺激，似乎并不会有什么变化。

那么，王老吉为什么要推出这样一款产品？

广药集团表示，这是顺应消费升级，针对国际市场升级产品，推动高质量发展的一个创新举措。虽然最近几年，王老吉也推出过新品，但始终只在凉茶产品的范围内创新，做可乐还是第一次。

会有人愿意去买凉茶和可乐相结合的混合可乐吗？

附：那些曾经的国产可乐：崂山可乐，1953 年；幸福可乐，1979 年；天府可乐，1980 年；少林可乐，1986 年；汾煌可乐，1998 年；非常可乐，1998 年。

资料来源：王老吉卖可乐了！喝了能降火吗？. 每日经济新闻公号，2018 - 01 - 28，有删改.

看一看：目标
市场营销战略

所谓目标市场营销，就是企业在资源有限的条件下，根据市场需求的异质性，把整体市场划分为若干个子市场，并选择相应的子市场作为企业的目标市场，从而更有效地发挥自己的资源优势，更好地满足顾客的需要，实现企业的营销目标的一种营销战略。目标市场营销战略具体包括市场细分（segmenting）、目标市场选择（targeting）和市场定位（positioning）三个步骤，因而又被称为 STP 战略。

7.1　市场细分

学一下 7-1

市场细分是目标市场营销活动过程的一个重要的基础步骤，对于企业正确制定营销战略目标和营销策略都具有十分重要的意义。任何企业的产品都不可能为市场上的全体顾客服务，而只能满足一部分顾客的相关需求，所以为了解决市场需求的无限性与企业资源的有限性之间的矛盾，企业首先必须进行市场细分。

7.1.1　市场细分的概念与作用

看一看：
市场细分

市场细分是美国市场营销学家温德尔·斯密（Wendell R. Smith）于 1956 年首先提出来的一个概念。所谓市场细分，就是指企业通过市场调研，根据市场需求的多样性和异质性，依据一定的标准，把整体市场即全部顾客和潜在顾客划分为若干个子市场的市场分类过程。每一个子市场可以就是一个细分市场，一个细分市场内的顾客具有相同或相似的需求特征，而不同的子市场之间却表现为明显的需求差异。显然，市场细分的客观基础是有差异的顾客需求。

有效的市场细分对于企业具有十分重要的作用：

（1）市场细分有利于企业分析、挖掘和发现新的更好的市场机会。市场机会就是尚未得到有效满足的市场需求。在市场细分的基础上，企业可以深入了解各细分市场需求的差异性，并根据对每个细分市场潜在需求的分析，研究购买者的满足程度及该市场的竞争状况。通过比较，发现有利于企业的营销机会，以便运用自身的有利条件，通过产品开发将潜在的顾客需求转化为现实的市场需求，从而迅速占领市场并取得优势地位。

（2）市场细分有利于企业集中资源，提高效益，增强企业的竞争能力。企业可以根据细分市场的特点，结合企业资源条件，充分发挥企业优势，集中使用人、财、物为目标市场服务，将有限的经济资源用于能产生最大效益的地方，占领某一细分市场或几个细分市场，从而增强企业在目标市场上的竞争能力。

（3）市场细分有利于企业制定和调整营销组合策略。通过市场细分，能使企业比较容易地认识和掌握顾客需要的特点及其对不同营销策略反应的差异，从而针对不同细分市场的特点，改进现有的产品与服务的规格、种类、质量特性等，甚至去开发新的产品和服务，制定具体、完善、有效的营销策略。

大师在说 7-1

市场细分的一般过程

- 选择细分变量（称为基本变量）；
- 选择数据分析方法；
- 应用方法识别细分市场；
- 利用基本变量和其他变量描述所有的细分市场；
- 选择目标细分市场；
- 为每个目标细分市场制定营销组合。

资料来源：詹姆斯·H 迈尔斯. 市场细分与定位. 王祎，译. 北京：电子工业出版社，2005：14.

7.1.2　市场细分的原则

（1）可衡量性原则。企业所选择的各个细分市场应具有区别于其他细分市场的明显特征，即各个市场部分的范围、容量、潜力、购买力等应该是能够加以测定的。市场细分的标准必须明确、统一，令人捉摸不定、难以衡量和测算的细分市场标准，不能作为细分的依据。

（2）可进入性原则。细分市场必须考虑到企业的经营条件、经营能力，使目标市场的选择与企业的资源相一致。企业所选择的目标市场，必须是自己有足够的进入能力而且具有较强竞争力的细分市场。

（3）可赢利性原则。企业作为以营利为目的的经济组织，能否赢利是判断其活动合理性的重要标准。因此，企业选择的目标市场应当能够维持一定的利润水平。如果细分市场规模过小，市场容量有限，对于企业而言可能就没有开发的价值。

（4）稳定性原则。有效的细分市场所划分的子市场还必须具有相对稳定性。企业目标市场的改变必然带来经营设施和营销策略的改变，从而增加企业的投入。如果市场变化过快，变动幅度过大，将会给企业带来风险和损失。

（5）发展性原则。发展性是指企业选择的细分市场具有未来发展的潜力，通过企业的开发有可能发展成为一个大市场，能够给企业带来长远的利益。可见，细分市场的选择实际是企业经营领域的选择，具有战略意义。因此，细分市场的选择必须与企业的长期发展战略相结合。

7.1.3　消费者市场细分的标准

消费者市场上的需求千差万别，影响因素错综复杂。对消费者市场的细分没有一个固定的模式，各企业可根据自己的特点和需要，采用适宜的标准进行细分，以获得最佳的营销机会。一般来说，那些影响消费者市场需求的因素可以用来作为细分消费者市场的标准，即作为消费者市场的细分变数。这些细分变数归纳起来主要有以下几个方面：地理因素、人口统计因素、消费心理因素与消费行为因素。以这些变数产生出地理细分、人口细分、心理细分及行为细分这四种消费者市场细分的基本形式。

7.1.3.1　地理细分

按照消费者所处的地理环境与位置，即根据不同地域的消费者行为特征来细分市场叫作地理细分。细分变数包括国家、地区、城市、乡村、沿海、山区、城市规模、人口密度、不同的气候带及不同的地形地貌等。地理细分之所以可行，是由于处于不同地域环境下的消费者，对于同类产品往往会有不同的需要偏好，由此他们对企业的产品、价格、渠道、广告宣传等营销策略的反应也常常存在差别。

7.1.3.2　人口细分

按照人口统计因素来细分市场叫作人口细分。具体的细分变数包括年龄、性别、收入、职业、受教育程度、家庭人口、家庭生命周期、国籍、种族、宗教及社会阶层等。显然，这些人口变量与消费需求差异性之间存在着密切的因果关系。具体来说主要有以下几个方面：

（1）按消费者年龄细分。不同年龄阶段消费者的需要具有明显的差别。如儿童对玩具、少儿读物的需求最多；青年对时装、文化体育用品的需求较多；而老年人多为营养滋补品和医疗保健用品的需求者；等等。

（2）按性别细分。性别也是影响消费者行为的一个重要因素。在服装、纺织品、化妆品等市场上因性别不同而产生的差异极其明显。因此，在上述行业中性别早已成为一个常用的细分变数。

（3）按消费者的收入水平细分。消费者的实际收入直接影响其购买力、生活方式及对将来的期望，因而对消费需求的数量和结构具有决定性影响。家具等耐用品行业、旅游行业、饮食服务行业均可以此为依据进行市场细分。

（4）按消费者职业和受教育程度细分。消费者的职业不同也会引起不同的需求。如教师与演员对服装、鞋帽和化妆品等产品的需求，必然有很大差异。消费者受教育程度的不同会形成不同的消费行为和需求特点，这是由于文化水平影响人的价值观和审美观所致。

此外，消费者的家庭生命周期、国籍、种族、社会阶层及宗教等，也是影响其购买行为的主要因素，企业在细分市场时必须予以充分注意。

在根据人口因素进行市场细分时，可以同时综合多个细分变数。例如，服装市场可同时依据的细分变数就有年龄、收入、性别与职业等。

7.1.3.3　心理细分

根据消费者的心理特征，即按照消费者的生活方式、社会阶层、个性来细分市场叫作心理细分。具体来说主要有以下几个方面：

（1）按消费者生活方式细分。许多企业，尤其是服装、化妆品、家具、餐饮、娱乐等行业的企业，越来越重视按照人们的生活方式来细分市场。如按消费者生活方式可以区分出"传统型"与"新潮型"、"节俭型"与"奢华型"、"严肃型"与"活泼型"、"社交型"与"顾家型"等消费者群。服装公司可以把女性分成"朴素型"、"时髦型"及"男子气型"三种类型，从而分别设计出传统服装、时尚服装与中性服装。

（2）按消费者所处社会阶层细分。处于不同社会阶层的消费者，其消费方式存在巨大的差异，他们之间的消费理念与消费行为也存在较大差异。

（3）按消费者的个性细分。个性是指人特有的、稳定的心理特征，它影响着消费者的需求与购买行为。个性的心理结构主要包括个性倾向性和个性心理特征，前者包括需要、动机、兴趣、信念与世界观；后者包括能力、气质与性格。这些方面的不同导致消费者在购买过程中会体现出不同的消费个性。

 营销资料 7-1

VALS 细分模型

以心理测试为基础的可用于商业的最受欢迎的分类系统之一就是战略性商业洞察公司（strategic business insight）的价值观与生活方式（VALS）模型。

VALS 细分模型最主要的维度是消费者动机（水平维度）和消费者资源（垂直维度）。消费者被三种最主要动机（理想、成就和自我表达）中的一种所驱动。主要由理想驱动的人被知识和原则指导，由成就驱动的人追求那些可以在同龄人中展现成功的产品和服务，以动机为自我表达的消费者渴望社交和体育活动及多样化与风险性。活力、自信、理性主义、寻求新奇、创新、冲动、领导力和虚荣心这些人格特质与主要的人口统计特征相结合，决定了一个人的资源。不同水平的资源增强或抑制了一个人对于其最主要动机的表达。由此，消费者被分为 8 种类型：

（1）创新者——拥有高自尊，成功、富有经验、积极、具有领导才能的人。所购物品通常反映出对较高级、有利基导向的产品和服务的偏好。

（2）思考者——受理想驱动，成熟、满足、深思熟虑的人，重视秩序、知识和责任。他们寻求产品的持久性、功能性和价值。

（3）成就者——关注事业和家庭，成功且有目标的人。他们喜欢能向同龄人展现成功的顶级产品。

（4）体验者——追寻多变和刺激，年轻、热情、有冲动的人。他们将大部分收入花费在时尚、娱乐和社交上。

（5）有信仰者——有着具体信念，保守、传统的人。他们更偏好熟悉的产品，并对已建立的品牌很忠诚。

（6）奋斗者——资源有限、追求时髦、喜爱娱乐的人。他们喜欢时髦的产品，这样就可以模仿拥有更多物质财富的人的消费。

（7）生产者——喜欢用自己的双手工作，脚踏实地、自给自足的人。他们因为实用目的或功能目的追寻产品。

（8）幸存者——担心变化的、年长的、被动的人。他们对自己喜爱的品牌很忠诚。

资料来源：菲利普·科特勒，等. 营销管理. 第14版·全球版. 王永贵，等译. 北京：中国人民大学出版社，2012：245-246，有删改.

7.1.3.4 行为细分

根据消费者不同的消费行为来细分市场称为行为细分。消费行为的细分变数很多，包括消费者进入市场的程度，即使用状态；购买或使用产品的动机，即利益追求；消费的数量规模，即使用率；品牌忠诚度；消费时机；等等。具体来说主要有以下几个方面：

（1）按消费者的利益细分。这是根据消费者追求的利益不同来细分市场。由于消费者通过消费各自追求的具体利益不同，可以由此将之细分为不同的消费者群。企业的产品能够给消费者提供什么样的特殊利益和效用是细分的关键。牙膏市场根据消费者购买牙膏时所追求的利益，如洁白、清香、防蛀、抗过敏及低价等，起码可以分为四个主要的细分市场，即存在着特别关心味道可口、格外关注防止蛀牙、强调保持牙齿光洁及注重经济实惠这四个消费者群。按消费者的利益细分市场，关键在于洞悉消费者对一种产品的多种多样的预期利益。调查分析不仅是企业进行这种细分的基础，对于以这种细分为起点制定整个营销组合方案也是极为重要的。

（2）按消费者的使用状态细分。可将消费者分为经常使用者、初次使用者、潜在使用者、曾经使用者、未使用者等不同的群体。大企业实力雄厚，市场占有率较高，因而特别注意吸引潜在消费者，其他企业也要注意对经常使用者以外的消费者的分析，以便为企业创造市场机会。

（3）按消费者的使用率细分。即按消费者的消费数量来细分市场。根据消费数量多少，企业可以把消费者进一步细分为大量使用者、中量使用者及少量使用者这几个消费者群。大量使用者往往是许多企业争夺的主要对象。

（4）按消费者的品牌忠诚度细分。消费者对产品品牌存在着品牌忠诚度。企业根据消费者对品牌的忠诚状况，可将消费者划分为三类：坚定品牌忠诚者，这类消费者一贯忠诚于某一种品牌，任何时候、任何场合都只购买该品牌的产品；游离品牌忠诚者，这类消费者总是游离于其中很少几种品牌；无品牌忠诚者，这类消费者对何种品牌无所谓，购买具有很大的随意性。

（5）按消费者的消费时机细分。有些产品可以从消费时机角度来细分市场。例如，"假日经济"与"假日市场"就是按照消费时机细分的市场。

❖营销资料 7-2

2012—2021 年国庆假期国内旅游情况

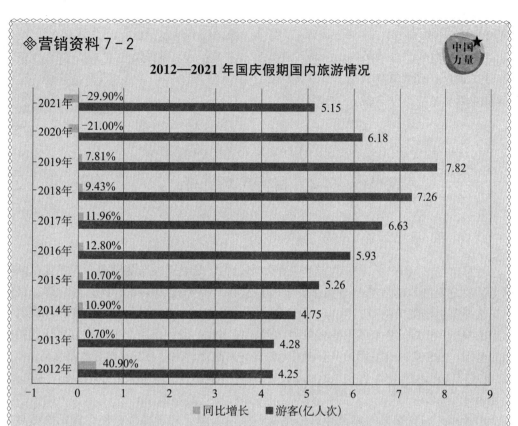

2012—2021年国庆假期全国接待游客数量对比

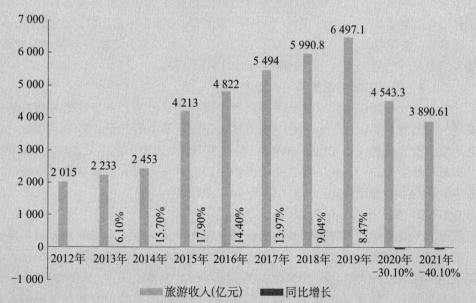

2012—2021年国庆假期全国旅游收入对比

　资料来源：文化产业评论 小军哥 . 国庆黄金周背后的玄机：国内旅游业全面恢复至少还要 3 年 . 环球旅讯，2021 - 10 - 13，有删改 .

小思考

市场细分是多么神奇！——就这样我们可以将不同的顾客区分开来。

但是，企业的市场细分怎样才会有更大的营销价值呢？你身边有按照性别来细分市场的饮料吗？你怎样评价这种细分？

7.2 目标市场选择

看一看：
目标市场选择

目标市场（target market）是企业的市场目标，是企业在市场细分并对其评估的基础上，决定要进入的市场，即企业决定所要销售产品和提供服务的目标客户群。目标市场选择是市场细分的直接目的。一旦确定了目标市场，企业就要集中资源，围绕着目标市场发挥其相对优势来获取更佳的经济效益。因此，目标市场是企业制定市场营销战略的基础，是企业经营活动的基本出发点之一，对企业的生存与发展具有重要意义。

7.2.1 细分市场的分析与评价

市场细分的直接目的是选择目标市场。在市场细分的基础上，企业首先要认真评估各个细分市场部分，然后根据自己的营销目标和资源条件选择适当的目标市场，并决定自己在目标市场上的营销策略，从而实现市场细分和目标市场营销的作用。

通常，企业评估细分市场主要从三方面考虑：一是各细分市场的规模和增长潜力；二是各细分市场的吸引力；三是企业本身的目标和资源。

7.2.1.1 细分市场的规模和增长潜力

首先，企业要评估细分市场是否有适当规模和增长潜力。适当规模是相对于企业的规模与实力而言的，对于大企业，较小的细分市场不值得涉足；对于小企业，它又缺乏足够的资源来进入较大的细分市场，并且小企业在大市场上也无力与大企业竞争。

市场增长潜力的大小关系到企业销售和利润的增长，但有发展潜力的市场也常常是竞争者激烈争夺的目标，这又减少了企业的获利机会。

7.2.1.2 细分市场的吸引力

吸引力主要指市场可以提供的长期获利率的大小。一个市场可能具有适当规模和增长潜力，但从获利角度来看不一定具有吸引力。决定整体市场或细分市场是否具有长期吸引力的有五种力量：现实的竞争者、潜在的竞争者、替代产品、购买者和供应者。企业必须充分估计这五种力量对长期获利率所造成的威胁和机会（参见第 5 章相关内容）。

7.2.1.3 企业本身的目标和资源

有些细分市场虽然规模适合，也具有吸引力，但企业还必须考虑：首先，它作为目标市场是否符合企业的长远目标，如果不符合，企业就不得不放弃；其次，企业是否具备在该市场获胜所必需的能力和资源，如果不具备，也只能放弃。

7.2.2　目标市场选择策略

企业应该通过两个环节来进行目标市场的选择，即确定目标市场的覆盖范围及选择以何种策略进入目标市场。

7.2.2.1　目标市场覆盖范围策略

站在产品-市场对应的角度，企业可以有五种方式确定自己的目标市场覆盖范围（即确定自己选择哪些和选择多少细分市场），分别是产品-市场集中化策略、产品专业化策略、市场专业化策略、选择专业化策略和市场全面化策略，如图 7-1 所示。

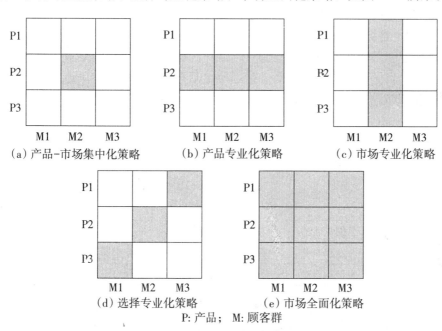

P: 产品；　M: 顾客群

图 7-1　企业确定目标市场覆盖范围的五种方式

7.2.2.1.1　产品-市场集中化策略

采用这种策略的企业以一种产品去满足一个顾客群的需要，即企业只选择一个细分市场作为自己的目标市场。这种选择通常是由于企业资源力量有限所致。当然，如果企业在这一特定市场范围具有专业化经营的优势，或者这一市场区域竞争对手较少，企业有足够的发展空间，企业也可能作此选择。但是，选择这种覆盖策略使企业要承担较大的风险，一旦市场需求发生变化，企业将有可能无法生存。如图 7-1（a）所示。

7.2.2.1.2　产品专业化策略

采用这种策略的企业以一种产品去满足不同的几个细分市场的需要。采用这种策略，企业可以有效地树立产品专业优势，确立品牌鲜明的特征。但由于产品范围过于狭窄，使企业在产品调整方面居于劣势。如图 7-1（b）所示。

7.2.2.1.3　市场专业化策略

采用这种策略的企业以不同的产品尽量满足一个细分市场的需要。这种策略帮助企业从纵深方面尽可能满足特定顾客的不同需求，因而可以更好地满足这些特定顾客的需求。但在市场容量有限的情况下，企业的营销活动将承受很大的成本压力。如图7-1（c）所示。

7.2.2.1.4 选择专业化策略

采用这种策略的企业以不同的产品去满足不同顾客的需要，即有选择地进入一些不同的细分市场。对于这种策略，企业可以根据自己的资源状况及市场的需求状况综合性地加以选择，可以在更好地发挥资源效率的前提下，满足不同顾客的需要。但是，这种策略通常要求企业有较强的资源实力及营销能力。如图7-1（d）所示。

7.2.2.1.5 市场全面化策略

市场全面化是指针对所面临的不同顾客群的多种需求，企业提供多种产品去加以满足。显然，这种策略只能是有雄厚实力的企业才能采用。如图7-1（e）所示。

7.2.2.2 目标市场进入策略

企业确定了目标市场的覆盖范围后，接着就要确定以何种策略进入目标市场。可供企业选择的目标市场进入策略主要有三种：无差异性市场策略、差异性市场策略和集中性市场策略。如图7-2所示。

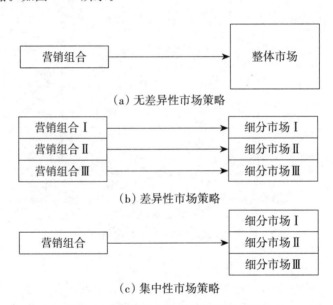

（a）无差异性市场策略

（b）差异性市场策略

（c）集中性市场策略

图7-2 企业进入目标市场的三种策略

7.2.2.2.1 无差异性市场策略

无差异性市场策略，即企业将整体市场作为目标市场，只推出一种产品来迎合顾客群体中大多数人的策略。这是一种求同存异的策略，采用此策略的企业把整个市场看成一个整体，它只考虑需求的共性而不考虑差异，运用一种市场营销策略（产品、价格、分销、促销）吸引尽可能多的顾客。如图7-2（a）所示。

无差异性市场策略的优点是产品单一，容易保证质量。同时，企业可以大批量生产以降低生产成本和销售费用。但是，它也有很大的局限性：一是以一种产品想让不同层次、不同类型的所有顾客都满意，长期为全体顾客所接受是不可能的；二是同类企业均采用这种策略时，必然要形成激烈的竞争。

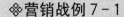 **营销战例 7 - 1**

不变的可口可乐

　　运用无差异性市场策略最成功的可能要属可口可乐公司。它在世界各地都用相同的牌子与相同的策略。可口可乐公司从 1886 年创立以来，一直采用无差异性市场策略，生产一种口味、一种配方、一种包装的产品满足世界 156 个国家和地区的需求。1985 年，可口可乐公司宣布了要改变配方的决定，不料成千上万个电话打到公司，对公司改变可口可乐的配方表示不满和反对。可口可乐公司不得不继续大批量生产传统配方的可口可乐。

7.2.2.2.2　差异性市场策略

　　即企业把整体市场划分为几个细分市场，针对不同细分市场的特征，设计不同的商品，制定不同的营销策略，满足不同的消费需求的策略。如图 7 - 2（b）所示。

　　差异性市场策略的优点是能满足不同消费者的需求，提高产品的竞争能力，从而扩大销售。同时，企业易于取得连带优势，有利于企业树立良好的市场形象，大大提高消费者对企业产品的信赖度，提高企业信誉。但由于产品、促销方式及其他营销策略的差异化，增加了企业管理的难度，使企业的生产成本、管理费用、销售费用大增。目前，只有实力雄厚的企业采用这种策略。

7.2.2.2.3　集中性市场策略

　　集中性市场策略是指企业既不面向整个市场，也不把精力分散在不同的细分市场，而是集中力量进入一个或很少的几个细分市场，开发一种专业性产品，实行高度专业化的生产和销售，满足特定消费者或用户的需要的策略。如图 7 - 2（c）所示。

　　大部分中小企业采用这种策略，它们对目标市场有较深入的了解，能够用特殊的商品和营销方案去满足特殊消费者的需要。采用集中性市场策略的企业，通常将一个或为数不多的细分后的小市场作为它的目标市场。企业的出发点，是争取在小的市场范围当中获得比较大的占有率。

　　集中性市场策略的优点是可以节省费用，使企业集中精力创名牌和保名牌。但是也有缺点，实行这种策略的企业要承担较大风险，因为企业选择的市场面比较窄，企业把全部精力都放在这儿，一旦出现市场情况变化快、预测不准等情况，就可能导致重大的失败。

营销战例 7 - 2

尿布大王

　　日本尼西奇公司起初是一个生产雨衣、尿布、游泳帽、卫生带等多种橡胶制品的小厂，由于订货不足，面临破产。总经理多川博在一个偶然的机会，从一份人口普查表中发现，日本每年约出生 250 万个婴儿，如果每个婴儿用 2 条尿布，一年就需要 500 万条。于是，他们决定放弃尿布以外的产品，实行尿布专业化生产。一炮打响后，他们又不断研制新材料、开发新品种，不仅垄断了日本尿布市场，产品还远销世界70多个国家和地区，成为闻名于世的"尿布大王"。

7.2.3　影响目标市场选择的因素

企业在选择、确定自己的目标市场时，必须考虑以下因素：

（1）企业的实力。企业实力雄厚、管理水平较高，可以考虑采用无差异性或差异性市场策略。采用无差异性市场策略有利于企业通过规模经营创造规模效益；采用差异性市场策略，企业可以利用不同品种、性能的众多产品满足众多细分市场的需要，使需求市场前景广阔。如果企业资源能力不足，则应采用集中性市场策略。

（2）产品性质。指产品是否同质、能否改型变异。例如某些初级产品，尽管每种产品自身可能会有某些品质差别，但用户大多不重视或不加区别，竞争主要集中在产品价格和服务方面。如汽油、钢铁等产品，长期以来没有太大的变化，这类产品适宜采用无差异性市场策略。而许多加工制造产品，不仅本身可以开发出不同规模型号、不同花色品种，顾客对这类产品的需求也是多样化的，选择性很强，如服装、家具、家用电器等。对生产经营这类产品的企业，宜采用差异性或集中性市场策略。

（3）市场需求的差异情况。即市场是否同质。如果市场的需求、欲望、购买行为基本相同，对营销方案的反应也基本一致，即所谓的同质度高，企业可采用无差异性市场策略；如果市场需求的差异性较大，是所谓的异质市场，企业则应采用差异性或集中性市场策略。

（4）产品的寿命周期。企业应随着产品所处的寿命周期阶段的变化，采用不同的目标市场进入策略。企业在新产品的投入期和成长期比较适合采用集中性市场策略或无差异性市场策略。到了产品的成熟期，由于市场竞争加剧，企业一般适合采用差异性市场策略，以利于开拓新的市场、扩大销售；或者采用集中性市场策略，以设法保持原有市场，延长产品的寿命周期。

（5）竞争者的目标市场进入策略。企业采用目标市场进入策略应该充分考虑竞争者的策略。通常情况下，竞争者采用无差异性市场策略，企业就应采用差异性市场策略，以提高产品的竞争能力；竞争者采用差异性市场策略，企业就应进一步细分市场，实行更有效的差异性或集中性市场策略。当然，这些只是一般原则，并没有固定模式，企业在实践中应根据竞争双方的力量对比和市场具体情况灵活抉择。

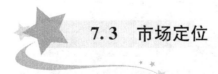

7.3　市场定位

学一下7-3

看一看：
市场定位

7.3.1　市场定位的含义与基本原则

企业一旦选定了目标市场，就要在目标市场上进行产品的市场定位。市场定位是

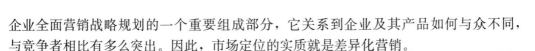

企业全面营销战略规划的一个重要组成部分，它关系到企业及其产品如何与众不同，与竞争者相比有多么突出。因此，市场定位的实质就是差异化营销。

7.3.1.1 市场定位的含义

所谓市场定位，就是企业根据市场特性和自身特点，确立本企业与竞争对手不同的个性或形象，形成鲜明的特色，在目标市场顾客心目中留下深刻的印象，从而使顾客形成特殊的偏爱，最终在市场竞争中获得优势的过程。

企业想要使自己或其品牌、产品在市场上形成鲜明的特色，就必须有效迎合目标市场顾客的特定需求或偏好。所以，企业市场定位的过程实际上是一个有效迎合目标市场顾客特定需求的过程。

企业的市场定位，可以以产品定位作为基础，即以自己的相关产品去迎合目标市场顾客的特定需求。并且，在产品定位的基础上，应结合企业的资源条件及营销目标，实现品牌定位及企业定位。

7.3.1.2 市场定位的基本原则

企业进行有效的市场定位，必须注意以下基本原则：

（1）企业的市场定位必须去迎合目标市场顾客客观存在的特定需求。如果企业对目标市场顾客需求的辨析、认知不准确，就有可能去迎合顾客根本不需要或不太在意的需求。这样，迎合就失去了意义，市场定位从一开始也就注定了失败。例如，电视机厂家为了向顾客表现电视机的高质量，将电视机从二楼扔下，电视机仍完好无损并可以正常收看节目。但这种表明高质量的演示，对顾客基本不起作用，因为电视机作为一个大件的家用电器，在普通家庭被呵护有加，不太可能从桌子上面掉到地上，更绝对没有从楼上掉下来的机会，企业的这种迎合显然没有意义。

（2）企业的市场定位必须去迎合未被有效迎合的目标市场顾客客观存在的特定需求。即使是存在着一种特定的目标市场顾客需求，但这种需求已经被别的竞争者有效迎合的话，企业的迎合也将是无意义的。换句话说，在这种情况下，企业也不太可能再去有效迎合这种特定的目标市场顾客需求。

（3）市场定位以产品定位为基础。企业的市场定位是通过一些有效的载体去迎合目标市场顾客的特定需求。通常，最基本的载体就是企业的产品。所以，企业的市场定位可以从产品定位开始，而企业定位则是市场定位的更高层次。

（4）市场定位是手段而非目的。有效的市场定位，是为了帮助企业更好地发掘、发现市场机会，从而更好地实现营销目标。所以，企业不能为定位而定位，犯本末倒置的错误。

7.3.2 市场定位的基本步骤

企业的市场定位可以通过明确优势、选择适当的竞争优势以及准确地传播企业的定位概念三个基本步骤来进行。

7.3.2.1 明确优势

这一方面的工作包括：首先，明确企业自身资源所具备的可能优势；其次，明确企业在满足目标市场需求方面的可能优势以及与竞争者相比的比较优势。因此，企业必须做好以下相应的分析工作：

（1）分析顾客对企业产品的评价。也就是要研究顾客究竟需要什么样的产品，最关心产品的什么特点，哪些产品要素是顾客购买决策的主要影响因素。分析顾客最重视的产品特色，对企业市场定位十分重要。

（2）分析自身的资源特点。一方面，企业的资源是有限的，只能重点集中于某些方面，使企业可以在明确顾客需求的前提下充分发挥资源的优势；另一方面，要注意企业资源与其他竞争者资源的比较优势。

（3）分析竞争者的市场定位特点。企业必须了解竞争者的市场定位选择，了解其产品特点及市场营销策略。即使企业的市场定位与竞争者市场定位相似，也要明确自己的定位与竞争者的差别及优势和劣势。

7.3.2.2　选择适当的竞争优势

对企业来说，并非所有的竞争优势在市场定位时都有用，并非所有的差异化定位都是值得推广的。企业市场定位的成功与否，在于企业能否抓住其中最重要的优势，并加以有效传播。因此，企业在进行市场定位时，应鉴别并选择自己最重要的竞争优势。

那么，哪些竞争优势适宜用于企业的市场定位呢？一般来说，企业在进行市场定位时，应考虑下列因素：

（1）重要性。即对目标市场顾客来说最重要的因素。顾客倾向于记住和选择能满足自己迫切需要的，符合其态度、信念的产品。所以，凡是顾客在购买时最关心的因素均可以用于企业的市场定位。

（2）独特性。即企业的产品能够与竞争产品区别开的重要特征。企业应认真分析竞争者的市场定位，并分析自己的产品有哪些独特性，找出哪些独特性是竞争者所没有的或是不足的，从中寻找自己产品与众不同的或优于竞争产品的特点。

（3）优越性。即自己的产品明显比现有产品优越的地方。市场上有许多产品都能满足顾客的某种需求，一个产品只有明显优于其他同类产品，才能有效地吸引顾客。例如，对于电视机来说，若仅凭低于其他品牌十几元的价格而强调价格的优势，显然是微不足道的。

（4）领先性。即不易模仿性。如果企业拥有技术、管理和成本控制等方面不易被其他企业模仿或超越的竞争优势，这些优势较适宜用于市场定位。

7.3.2.3　准确地传播企业的定位概念

企业在作出市场定位决策后，还必须采取正确的方法与步骤向目标市场顾客大力开展广告宣传，把企业的定位概念准确地传播给目标购买者及潜在的购买者，使目标市场顾客对企业的定位选择有准确、清晰的理解与把握。

7.3.3　市场定位策略与方法

7.3.3.1　市场定位策略

企业常用的市场定位策略有避强定位策略、迎头定位策略及重新定位策略。

（1）避强定位策略。这是指企业力图避免与实力最强或较强的其他企业直接发生竞争，而将自己的产品作不同的定位取向，使自己的产品在某些特征或属性方面与竞争者相比有比较显著的区别的策略。避强定位策略的优点是能够使企业较快速地在市场上站稳脚跟，并能在顾客心目中树立起一种形象，这种策略的市场风险较小，成功率较高。其缺点主要是，避强往往意味着企业必须放弃某个最佳的市场位置，从而有可能使企业处于较差的市场位置。

（2）迎头定位策略。这是指企业根据自身的实力，为占据较佳的市场位置，不惜与市场上占支配地位的竞争者发生正面竞争而进行的与竞争者相似或相同的定位选择策略。迎头定位可能引发企业之间激烈的市场竞争，因此具有较大的风险性。迎头定位策略在实际中屡见不鲜。例如，百事可乐与可口可乐，富士与柯达，汉堡王与麦当劳等。

（3）重新定位策略。这是指企业通过自己的定位努力，打破现有市场定位体系，建立新的市场定位体系，而获得优势地位的策略。重新定位可能是由于市场的变化、顾客需求的变化、竞争的加剧及企业的竞争优势改变等因素所导致的。企业重新定位的目的就在于能够使企业获得新的、更大的市场活力。

7.3.3.2　市场定位方法

企业市场定位的具体方法有很多，常见的有以下几种：

（1）强调第一。企业通过强调自己在市场上的明显的优势地位，来突出自己的特点，从而让目标市场顾客对企业有深刻的印象。通常，人们对"第一"会予以最多的关注，也就是说，"第一"的定位选择，最容易让顾客记住。所以，可口可乐公司通过"只有可口可乐，才是真正的可乐"的口号来有效强调自己与顾客的市场领先地位。

❖营销战例 7-3

如果不是第一

● 可口可乐公司错过了加有咖啡因的橙味苏打水品类（激浪是开创者），所以可口可乐公司尝试以 Mello Yello 加入竞争，结果失败了，后来又推出了 Surge，同样失败了；

● 可口可乐公司错过了辣味可乐品类（Dr Pepper 是开创者），所以可口可乐公司尝试以 Mr. pibb 加入竞争，也同样失败了；

● 可口可乐公司错过了天然饮料品类（Snapple 是开创者），所以可口可乐公司尝试以 Fruitopia 加入竞争，也没多大成果；

● 可口可乐公司错过了能量饮料品类（红牛是开创者），所以可口可乐公司尝试以 KMX 加入竞争，KMX 不仅晚了 14 年，而且它用了一个无力的名字（红牛象征着能量，它令人想起在一头躁动的牛面前晃动红旗的样子，KMX 听起来像是车用机油的添加剂）；

● 可口可乐公司错过了运动饮料品类（佳得乐是开创者），所以可口可乐公司尝试以 PowerAde 加入竞争，这个品牌成了虚弱的第二品牌吊在那里。

资料来源：艾·里斯，等. 品牌的起源. 寿雯，译. 北京：机械工业出版社，2013：161.

（2）比附定位。比附定位是指企业以竞争者品牌为参照物，依附竞争者进行定位。企业进行比附定位的对象通常会是行业的领先者，比附定位的目的是通过与强势竞争者的有效对比，提升自身的价值与知名度。艾维斯（AVIS）租车的"因为我们第二，所以我们更努力"就是巧妙地利用了强势竞争者的市场位置来提升自己的市场地位。

（3）档次定位。企业及其产品的价值是产品质量、顾客心理感受和各种社会因素（如价值观、文化传统等）的综合反映。定位于高档次的产品，既传达了产品（服务）高品质的信息，同时也体现了顾客对它的认同。因此，档次具备了实物之外的价值。事实上，"档次"可以给目标顾客带来优越感。高档次产品往往通过高价位来体现其价值。如劳力士表，价格高达十万元人民币，是手表品牌中的至尊，也是财富与地位的象征。

（4）USP定位。即根据企业向目标顾客提供的产品的独特利益来进行定位。USP（unique selling proposition）即独特利益，是其他竞争对手无法提供或者没有诉求过的，因此是独一无二的。

❖营销战例 7-4

宝洁公司的 USP 定位

对USP定位策略十分青睐的宝洁公司，长期且有效地坚持贯彻着这个策略。以洗衣粉为例，宝洁相继推出了汰渍（Tide）、波尔德（Bold）、德莱夫特（Dreft）、象牙雪（Ivory Snow）、伊拉（Era）等9种品牌，每个品牌都有它独特的USP。汰渍是"去污彻底"，快乐是"洗涤并保护颜色"，波尔德是"使衣物柔软"，德莱夫特是"适于洗涤婴儿衣物"，象牙雪是"去污快"，伊拉则声称"去油漆等顽污"。

再以洗发水为例，宝洁公司在中国市场上推出的"海飞丝"，"头屑去无踪，秀发更干净"的广告语在消费者心目中确立了"海飞丝"去头屑的形象；"飘柔"，从品牌名字上就让人明白了该产品使头发柔顺的特性，"含丝质润发素，洗发护发一次完成，令头发飘逸柔顺"的广告语，再配以少女甩动如丝般头发的画面，更深化了消费者对"飘柔"飘逸柔顺效果的印象；"潘婷"，以瑞士生命研究院的维他命原 B$_5$ 为诉求点，首先给人以营养丰富的视觉效果；"沙宣"则特别强调专业护理。

（5）使用者定位。即按照产品与某类顾客的生活形态和生活方式的相互关联进行定位。成功运用使用者定位，可以将企业的产品个性化，从而树立自己独特的产品形象和个性。耐克曾经以喜好运动的人，尤其是美国篮球运动员乔丹的热爱者为目标顾客，所以它选择了乔丹为广告模特；百事可乐则通过定位于"新一代的可乐"，请著名演员做广告代言人，从而使百事可乐成为"年轻、活泼、时代"的象征。

（6）类别定位。即用根据产品类别建立的品牌联想来进行定位。类别定位力图在顾客心目中造成该品牌等同于某类产品的印象，以成为某类产品的代名词或领导品牌，力求做到当顾客有了某类特定需求时就会联想到该品牌。例如，一想到快餐，人们就会想到麦当劳；一想到移动通信，人们就会想到中国移动等。

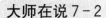

大师在说7-2

七喜，非可乐

"非可乐（uncola）"定位法通过把产品与已经占据预期客户头脑的东西联系到一起，把"七喜"确定为可以替代可乐的一种饮料（可乐类阶梯可以看作是这样分的：第一层是可口可乐，第二层是百事可乐，第三层就是七喜）。

资料来源：里斯，等．定位：头脑争夺战．王恩冕，译．北京：中国财政经济出版社，2002：42.

（7）文化定位。即将某种文化内涵注入企业产品特色之中，使产品形成具有文化内涵的差异的定位。文化定位不仅可以大大提高企业产品的品位，而且可以使其形象独具特色。当年的孔府家酒就是此方面的成功者。按中国的传统风俗，喜庆的日子必定会欢聚，而酒是饭桌上不可或缺的东西。孔府家酒正是牢牢把握这一点，将自己定位于"家酒"，引起消费者关于此方面的联想，使其作为"家酒"在消费者心目中具有不可动摇的地位。毋庸置疑，提起孔府家酒，人们就会不由自主地在脑海中勾画出合家团聚的喜庆场面，"孔府家酒，叫人想家"的温馨也自然萦绕左右。

（8）附加定位。企业通过加强服务等方式树立和强化企业产品形象的定位称为附加定位。对于生产企业而言，附加定位需要借助于产品实体形成诉求点，从而提升产品的价值（特别是情感价值）；对于非生产性企业来说，附加定位可以直接形成诉求点。

（9）市场空隙定位。即企业寻求市场上尚无人重视或未被竞争对手控制的位置，使自己推出的新产品能适应这 潜在目标市场的需要而进行的定位。企业进行这种定位时，要注意以下三个问题：一是新产品在技术上是可行的；二是新产品的价格水平在经济上是可行的；三是新产品有足够的消费群体。只有这样，企业才可以在这个市场空白进行填空补缺。当年，在美国三大汽车巨头激烈竞争的美国汽车市场上，德国大众公司的甲壳虫汽车就是凭借"想想还是小的好"发现了市场空隙，成功打入美国市场。

❖营销战例7-5

小众香

对于未来中国香水市场，"Z世代"（也称"互联网世代"，通常指1995—2009年出生的一代人）的消费将会成为主流。

近期，中国本土香水品牌陆续进入公众视野。2021年，定位高端小众市场的观夏、闻献相继开店。

与此前中国本土香水品牌30ml约200元的定价不同，观夏30ml香水的售价为498、598元，而闻献则为850元。本土新晋品牌高售价、"小众"定位的背后是"Z世代"对沙龙香（小众香）品牌日益增长的关注。

根据头豹研究院数据，2020年，在天猫平台香水销售额同比增长率前10名品牌当中，4个为沙龙香品牌。同年，天猫国际发布七夕"年轻人最爱的进口小众香水榜单"中，8款国际小众香上榜。天猫国际在一份与德勤联合发布的报告中称，进口香水市场中，小众香成为消费者的首选，过去半年进口香水同比增长70％，而"小众香"同比呈三位数增长。

资料来源：元气资本消费组．自我定义的溢价：观夏、闻献等小众香水品牌为何渐成主流．元气资本（微信公众号），2022-01-27.

学一下 7-4

本章小结

这一章非常重要，通过这一章我们掌握了制定重要的营销战略——目标市场营销战略的基本理论与方法。这一章的主要内容包括以下几个方面：

1. 目标市场营销

目标市场营销是企业在营销环境分析的基础上，结合企业目标及资源条件，通过对市场进行细分，选择自己的目标市场并进行有效的市场定位的战略过程。目标市场营销战略包括市场细分（segmenting）、目标市场选择（targeting）和市场定位（positioning）三个步骤。在市场竞争日趋激烈的市场环境下，企业为了更好地满足顾客的需求，必须实行目标市场营销战略。

2. 市场细分

市场细分是企业通过市场调研，根据市场需求的多样性和异质性，依据一定的标准，把整体市场即全部顾客和潜在顾客划分为若干个子市场的市场分类过程。每一个子市场就是一个细分市场，一个细分市场内的顾客具有相同或相似的需求特征，而不同的子市场之间却表现为明显的需求差异。市场细分可以为企业寻找更多更好的市场机会。

3. 选择目标市场

目标市场是企业在进行市场细分并对其评价的基础上，决定要进入的市场，即企业决定所要销售产品和提供服务的目标客户群。企业选择目标市场，首先要确定目标市场的覆盖范围。接着，要制定进入目标市场的市场策略。通常，企业进入目标市场可以有三种基本的策略选择：无差异性目标市场策略、差异性目标市场策略和集中性目标市场策略。

4. 市场定位

市场定位就是企业根据市场特性和自身特点，确立本企业与竞争对手不同的个性或形象，形成鲜明的特色，在目标顾客心目中留下特殊的偏爱，从而在市场竞争中获得优势的过程。实际上，市场定位是市场细分的延续，通过有效的市场定位，可以使企业形成特色，赢得竞争优势。

重要概念

目标市场营销　市场细分　地理细分　人口细分　心理细分　行为细分　目标市场　无差异性市场策略　差异性市场策略　集中性市场策略　市场定位　产品定位

复习与思考

1. 什么是目标市场营销？它在营销中占据什么地位？
2. 什么是市场细分？如何进行市场细分？
3. 企业应该怎样确定自己的目标市场？
4. 为什么说市场细分是市场定位的前提？企业该如何进行市场定位？
5. 你认为下述企业是怎样进行市场定位的？
   海尔　拼多多　格兰仕　美的　麦当劳　小米

营销实战分析

年纪轻轻的我，用上了老年 App

网上冲浪多了，是不是总有 App 违规索取权限、开屏弹窗信息骚扰，还有稍不注意就跳转的莫名广告烦扰着你？

随着互联网科技的飞速发展，各类 App 层出不穷。

开发 App 的本意，应该是将真实世界的信息与服务，通过互联网便捷高效地连接在一起。然而近年来，大多数 App 不仅越来越商业化，还让大数据和算法成了厂商不当收集用户信息、强行推送广告的"利器"，用户的"羊毛"都快被薅秃了。

于是，一批年轻人开发新思路，他们把冲浪阵地转移到为老年人量身定制的适老版 App。

打开适老版 App，页面更简洁、字体更大号，没有令人抓狂的弹窗、广告，没有让人眼花缭乱的跳转、推送……另外，适老版 App 阅读浏览更顺畅，功能按键更分明，常用功能更突出。

可以说，"大字版"App、"老年版"App 抑或是在 App 中的长辈模式、老年模式，解放了由于工作忙碌、不希望有限时间被无谓占用的年轻人。省心省力的老年版 App，正在帮助年轻人找回使用手机的重点：帮助遴选信息、提高使用效率。谁用了不说一句：真香！

界面设计复杂、人机交互体验极差，只是年轻人逃离普通版 App 的原因之一。个人信息被不当收集，被大数据和算法包裹得密不透风，更让人感到窒息。

人们其实为数字化的便利，付出了看不见的代价。当个人的兴趣爱好、上网痕迹、搜索记录等隐私数据，被厂商深度跟踪和研究并进行消费型引诱后，我们付出了观看广告的时间成本，选购商品时被"套路"了额外的金钱支出，还有被 App 中产品和服务的夸大宣传、过度包装逐渐消耗掉的信任感。

如今，App 的设计更多地考虑产品的诉求，明明应该用简单的方法解决复杂的问题，却为把流量用到极致，设计出一堆纷繁复杂的功能。过分强调美而忽视功能便利性，只会给用户带来糟心的体验，引起用户的逆反心理。厂商可以引导用户，市场也能淘汰企业。从过度商业化向人性化适当转变，才能留住年轻用户，在市场竞争中凸显优势。

资料来源：央视网. 年纪轻轻的我，用上了老年 App. 央视网（微信公众号），2021 - 09 - 12，有删改.

思考与分析：

1. 为什么有的年轻人要使用老年版 App？

2. 你认为上述现象说明了什么营销问题？

3. 据此，为有关企业目标市场及市场定位选择提出你的看法与建议。

素养提升

找找看，你身边有哪些中国企业采用了"强调第一"的定位策略并取得了好的效果。

营销实战训练

目标市场营销：我的地盘我做主

项目名称		目标市场营销	项目类别	个人训练
目的		实际体验、认知和操作目标市场营销战略的分析与制定		
项目方案	步骤	项目内容		时间
	1. 准备	仔细阅读、分析本营销实战训练所附资料，并通过其他途径搜寻相关资料。		与第 7 章教学时间同步，课外完成。
	2. 分析与思考	（1）根据资料 1，结合你所在城市的情况，调研其一级商圈的经营状况，并对照上海商业形成的互补型商圈，谈谈它的经营特色和市场定位的特点。 （2）根据资料 2，以及你所了解到的我国手机市场的情况，对手机市场进行你认为合理的市场细分；假如你是该公司经理，你将如何为公司手机新项目进行市场定位？请说明理由。		
	3. 形成报告	将上述分析与思考形成文字报告。		
成绩测评		根据学生提交的报告给定成绩。		

营销实战训练资料：

资料 1　上海：互补型商圈

在越来越激烈的市场竞争中，上海的商业正逐步形成多个经营互补型的商圈。在上海徐家汇路口，东方商厦、太平洋百货、第六百货三家商厦隔路相望。以前，三家商厦也曾摆出拼个你死我活的架势，但很快认识到恶性竞争只会带来三败俱伤。于是，各家商厦主要在突出自己的经营特色上下功夫：东方商厦主要针对中高收入顾客，突出商品档次，向精品店方向发展；太平洋百货则成为流行时尚的窗口，主要吸引以女青年为主的青年消费者；第六百货则以实惠诱人，坚持以薄利多销、便民利民为经营方向。比如彩电，东方商厦主要经营大屏幕进口彩电，第六百货主要经营国产彩电，太平洋百货则基本不经营彩电。

如此一来，这三家商厦的销售额不但没有滑坡，反而都在增长，徐家汇也成为上海新的中心商业区。之后，这三家商厦成立了"徐家汇地区商场老总联谊会"，定期研究、分析市场形势，合理划分各自经营范围，共同发展。第六百货还出资修建一条空中走廊，把本店和太平洋百货连接起来。

位于南京路上的中百一店、华联商厦、新世界是上海商界三大巨头，由于它们各自经营范围有别，利益冲突不大，能做到联手繁荣南京路，为中华商业第一街的繁荣做出了贡献。

上海各商圈因地理位置不同，在整体经营上也有差异，如金三角商圈，主要吸引外资机构、高收入白领阶层；南京路上的商圈则针对国内旅游购物者，以大众化名品为主。

资料2　手机的选择

某著名家电公司决定进入手机市场。通过市场调查，该公司了解到消费者对手机产品最为关注的是功能组合和外观设计，又了解到市场上已有A、B、C、D四家公司提供同类产品，它们所处的市场位置各不相同。在这种情况下，该公司（假设为G）应如何为自己的手机产品定位呢？其可以有两种选择方案，如下图所示。

手机市场定位示意图

方案一：

定位在竞争者C附近，与它争夺消费者，一比高低。不过，如此定位需要考虑以下条件：

（1）对高性能手机的市场需求足以吸收两家公司的产品；

（2）本公司能比C公司生产出更好的产品，如性能组合更全面并具有某种独特功能等；

（3）这一定位与本公司的资源、实力、特长、声望是相称的。

方案二：

定位在上图左上角空白处。这是一个欢迎高性能，同时还要求手机外观足够小巧、精致的细分市场，目前尚无公司提供产品。为此，要进入该市场的公司必须具备以下条件：

（1）公司具有生产较高性能手机的技术；

（2）公司在产品外观设计方面具有优势；

（3）通过宣传，公司能有效地使潜在消费者相信本公司手机的性能远比A公司的高，而与C公司的不相上下；

（4）公司产品的价格能为消费者接受，而预计的市场需求能保证达到公司利润目标。

营销基本功必备之四

客户服务

一、客户第一

目的：

培养学生建立客户第一的观念。

规则与方式：

（1）学生根据所提供的客户来信实例，按照客户来信格式，以客户的身份给自己（客户代表）写一封信。写信时要特别注意描述员工行为和态度对客户所产生的影响。10分钟准备。随后，抽取6名学生大声读出他们写的信，并讨论"如何满足客户要求"。

客户来信实例：

亲爱的小韩：

我这次来信，是为了感谢你在我打电话给贵公司寻求有关摄像机的帮助时为我提供的服务。

你采取很多方法帮助我：首先，你告诉我如何使用延时开关——我可以先取景，然后在拍摄前迅速进入到画面中，这使我对这个摄像机的功能有了进一步的了解。

我还要感谢你为教会我正确使用摄像机花了不少的时间，你的耐心让我有一种备受重视的感觉。

最后，感谢你告诉我贵公司还为这种摄像机提供小三脚架。我想它真的使我的家庭录像的效果大为改观。

望你继续保持优秀的工作成绩。

张山

客户来信格式：

亲爱的_____：

我这次来信，是为了感谢你_____（何时）为我提供的服务。

你采取很多方法帮助我：首先，你_____（行为），这_____（效果）。

我还要感谢_____（行为），你的_____（客户服务能力或技巧）让我有一种备受重视的感觉。

最后，感谢你_____（行为）。我想它真的_____（效果）大为改观。

望你继续保持优秀的工作成绩。

_____（客户）

（2）学生分两组讨论在工作中出类拔萃的客户服务代表的特征，及他们处理客户要求时运用的重要的方式方法。

二、客户服务

目的：

使学生明确客户服务的意义。

规则与方式：

（1）学生分成四组，根据老师提供的装有资料的信封，组成客户服务的七种定义（每个定义应该意思完整，逻辑清晰。每张纸条必须也只可以使用一次）。10分钟准备。随后，各组学生大声读出他们的结论。

（2）讨论：这些定义是否正确？为什么没有一个普遍适用的客户服务的定义？关于"客户服务是什么"，你还有什么定义？

三、与客户建立和谐的关系

目的：

培养学生与客户建立和谐的关系。

规则与方式：

猜字谜。学生分为四组，根据老师提供的谜面表格（注：可以横向、纵向、斜向任意顺序组词），迅速完成下列句子：

（1）提到客户的_____。

（2）向客户询问信息时要注意使用_____和_____等话语。

（3）当你不得不_____客户的请求时，一定要向他们解释清楚_____。

（4）对客户的需要表现出_____。

（5）表现出对客户的_____。

（6）让客户知道他/她可_____什么。

（7）_____！即使在电话中！

四、创造性服务

目的：

培养学生为客户提供创造性服务的能力。

规则与方式：

（1）学生分为四组，每组随机抽取一个虚拟企业的资料。根据老师所提供的虚拟企业的资料，每组学生设计一个服务客户的"点子"，并用有情节的场景表现出来。全班同时准备30分钟，每组表现不超过5分钟。最后，评选最佳"创意"。

（2）"点子"要求：

● 既能宣传企业，又可以更好地服务客户；

● 无预算限制，但必须"符合常理"，能紧密联系企业实际情况；

● 必须先简要介绍（界定）企业。

五、如何面对"生气的"客户

目的：

教会学生如何面对"负面情绪"客户。

规则与方式：

（1）将学生分为两组，讨论为什么表达出对客户的理解很重要，如何表达出对客户的理解。

（2）将学生分为两组，讨论如何向客户道歉。

（3）在黑板上画出七级楼梯，将学生分为两大组，每组均派1人站在黑板前最高一级楼梯的位置。老师就客户服务中可能面临的情况提出问题，每组所有成员抢答老师提出的问题，如果某一组回答正确，该组的代表可以下一级楼梯。看哪一组楼梯下得最快。然后重复一次，但学生的回答中不准出现已经说过的答案。

六、意愿与方法

目的：

教会学生明白"意愿"重要还是"方法"重要。

规则与方式：

学生分成四组，回答"办成一件事情（取得成功）是意愿重要还是方法重要"的问题。要求每组将答案（赞成"意愿"或"方法"的比例）写在黑板上。然后，进行下面的游戏，游戏结束之后，再次回答"意愿重要还是方法重要"的问题。

游戏：通过逃命的独木桥

假设你身处荒郊野外，身后又有野兽追赶，要逃命只有通过面前的独木桥。你必须采用与别人不一样的方式才能过桥。5分钟准备，自行决定过桥顺序（猜拳），然后过桥。不能以独创方式过桥者，接受惩罚之后再次按要求过桥。

第8章

产品战略与竞争战略

 方向标

帮记 8－1

营销战略还包括产品创新战略、产品寿命周期战略、品牌战略与竞争战略等。产品创新战略与产品寿命周期战略给企业带来不断进步与发展；品牌战略使企业拥有更高的发展价值与空间；竞争战略则保证企业在激烈的市场竞争过程中处于不败之地。在这一章中，我们将去学习这些重要的营销战略内容。

我们要达成的目标：

知识与能力目标

★ 了解企业产品创新战略；

★ 理解新产品开发的重要性及新产品开发的基本程序；

★ 掌握产品寿命周期战略；

★ 了解品牌战略的构成以及实施品牌战略的意义；

★ 了解企业基本的竞争战略。

素养目标

★ 了解中国最具价值品牌，分析中国企业为什么要创"名牌"，牢固树立"民族品牌强，则中国强"的品牌意识；

★ 了解中国企业的创新实践，增强创新意识。

导入案例

海尔的科技创新

海尔把传统的瀑布式研发颠覆为迭代式研发，同时，搭建开放式创新平台承接转型。海尔创新的基本理念是让全球用户和创新资源零距离交互，进行用户体验的迭代而非产品的迭代。海尔在全球建立了以用户为中心的"10＋N"开放式创新生态体系，实现用户在哪里，创新就在哪里，海尔的研发就在哪里。

HOPE（Haier open partnership ecosystem）成立于2009年10月，是海尔成立的开放式创新团队，经过多年的发展，已经成为海尔旗下独立的开放式创新服务平台。HOPE平台是一个创新者聚集的生态社区，一个全球范围的庞大资源网络，也是一个支持产品创新的一站式服务平台。

"国家科技进步奖"作为我国科技界最高荣誉，海尔智家累计获得16项，是获得该奖项最多的家电企业，获奖总量占行业2/3。

海尔集团旗下海尔智家在五大国际标准组织（ISO、IEC、IEEE、OCF、Matter）主导智慧家庭国际标准的制订，在四大国际标准组织（ISO、IEC、IEEE、UL）主导大规模定制国际标准的制订。截至2022年2月，海尔已参与97项国际标准的制/修订，以及602项国家/行业标准的制/修订工作。

截至目前，海尔在全球累计获得国家专利金奖10项，占行业总数60%以上；全球累计专利申请7.5万余项，其中发明专利4.7万余项，发明专利占比超过63%，发明专利占比中国家电行业第一。累计获得国家工信部"中国优秀工业设计金奖"3项，累计获得国际设计金奖5项，设计大奖400余项。

资料来源：海尔官网，有删减．

美国著名的企业管理学家彼得·德鲁克（Peter Drucker）说过：任何企业都具有两个，也仅有两个基本的功能：市场营销与创新。产品创新是营销创新的核心。市场需求的不断变化，以及新技术、新材料、新工艺的广泛应用，必然使任何一种产品的寿命周期缩短。因此，企业必须进行产品开发与产品创新。创新是企业发展的前提，是企业在市场竞争中取胜的法宝。

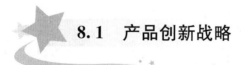

8.1 产品创新战略

在市场经济条件下，企业的生存与发展取决于科技进步的快慢，而新产品又是科技进步的集中表现。因此，研究和探讨产品创新战略，研究新产品的开发与扩散，加快产品更新换代，对于增强企业市场竞争力，具有十分重要的意义。

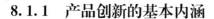

8.1.1　产品创新的基本内涵

党的二十大报告明确指出，坚持创新在我国现代化建设全局中的核心地位，加快实施创新驱动发展战略。产品创新是企业技术创新的核心内容。它是现代创新型企业的突出标志，是新产品在经济领域里的成功运用，包括对现有生产要素进行重新组合而形成新的产品的活动。全面地讲，产品创新是一个全过程的概念，既包括新产品的开发，也包括新产品的商业化扩散过程。

创新贯穿于企业新产品开发全过程。任何企业，都有其自身发展的过程，企业得以生存发展在于不断创造新产品，迭代老产品。产品创新主要包括品种、结构、效用诸方面的创新：

（1）品种创新。品种创新要求企业根据市场需求的变化及时调整生产方案，开发受市场欢迎的、适销对路的产品品种。

（2）结构创新。结构创新是指企业通过努力，使其产品结构更合理、性能更高、使用更安全、操作更方便，从而更具市场竞争力。

（3）效用创新。效用创新是指企业通过各种途径了解用户的偏好，并以此为依据改进原有产品，开发新产品，使产品给用户带来更多的效用满足，更受用户欢迎和喜爱。

8.1.2　产品创新战略的概念及类型

8.1.2.1　产品创新战略的概念

产品创新战略是企业在一定的内外环境条件下对产品创新的指导思想、目标、方式及途径的总体谋划。从企业的生产经营实践情况看，产品创新战略是企业根据其环境条件和可取得资源的情况，为求得生存和长期发展，对产品创新的目标以及实现目标的途径和方法的总体谋划。

8.1.2.2　产品创新战略的类型

根据产品的创新程度，可将产品创新战略划分为领先开拓型、紧跟型、模仿型和逐步扩大型战略。

8.1.2.2.1　领先开拓型战略

采用领先开拓型战略的企业及时把全新产品率先推入市场，并保持在市场上一直领先的地位。领先开拓型战略不是以企业现有技术优势为起点，而是企业根据对市场的分析，在新的科学原理或新的材料、器件及新的方法的基础上，去开发在用途、功能或性能上都与现有产品完全不同的新产品，借助其形成的新的技术优势去开辟新的市场。由于这种战略具有超前性、周期长、风险大的特点，故又称为超前战略或风险战略。世界不少大企业在发展过程中均采取过这种战略。

领先开拓型战略有两个方面的优点：

（1）开拓成功后可将新产品最先投放市场，在没有竞争或竞争极少的情况下获得高额利润。例如，1953 年索尼公司以 2.5 万美元购买了美国西方电器公司晶体管制造技术后，经五年开发，研制出全晶体管收音机，一次性向市场投放 200 万台，当年的获利是购买专利费的 100 倍。

（2）在某种程度上可控制和引导市场。由于在新的领域起步早，企业容易形成自己的优势。加上对市场的了解，企业就容易驾驭和引导市场的发展，将竞争对手抛在后面，使自己始终处于领先地位。

领先开拓型战略虽然优点明显，但也有风险大的缺点。因为开发一项新产品，其成功率决定于技术成功率、工程成功率和商业成功率三者的共同作用，该战略面对的是全新的技术领域和应用领域，不仅有社会、市场问题，而且有技术、工程问题，不定因素特别多，在任何环节上出了问题，均可导致开发失败。因此，使用该战略要承担很大的风险。

8.1.2.2.2 紧跟型战略

采用紧跟型战略的企业在其企业的全新产品上市不久，就以某种形式对其加以改变，以独特的价值推出区别于领先产品的产品，以取得市场份额。

紧跟型战略的内涵是自己不做新产品的首创者，当别人推出产品并初步打开市场时，即仿效之，并在该新产品的基础上，不断改进提高，以尽快占领市场。由于该战略的重点是仿效、改进已有的新产品，故又称为仿效战略。

紧跟型战略的优点是：

（1）新产品成功率高。因为是改进有一定市场的新产品，不确定因素减少了，技术成功率、工程成功率和商业成功率都大大提高，这自然提高了新产品的成功率。

（2）开发周期短、见效快，所需开发资金也相对减少。

紧跟型战略也有缺点。例如，在知识产权问题上易造成纠纷，处理不好可能会造成侵权。而且，紧跟型战略往往面对十分激烈的竞争，不易取得较大的市场占有率。

8.1.2.2.3 模仿型战略

这是一种模仿全新产品而在市场上取得一席之地的战略。采用模仿型战略的企业通常没有较强的研究与开发能力，故对产品的投入较低，因此获取的利润也低。

8.1.2.2.4 逐步扩大型战略

逐步扩大型战略是根据市场的变化，在自己原有的产品基础上，通过优化设计、增加功能、提高性能，使产品更新换代、系列化，不断开辟和扩大市场的战略。由于该战略下的产品和市场是不断扩大的，故称为逐步扩大型战略。美国的杜邦公司在发明了尼龙之后就采用过这种战略。当初，该公司只生产妇女用的尼龙丝袜。第二次世界大战中，又制成部队用的降落伞。战后，军队对降落伞的需求量减少，公司转而制造妇女内衣、男袜、尼龙混纺织品、服装、地毯、帐篷及包装材料等。通过不断扩大的生产方式与产品品种，杜邦公司不断扩大市场且获利丰厚。

逐步扩大型战略的优点是：

（1）技术难度不高。由于企业是在自己熟悉的技术领域改进提高，技术要求单一，容易实现，技术队伍稍作调整即能胜任。

（2）一次性投资不会太大。只要市场信息准确，风险就会比较小。所以，一般企业均可采用。

以上各种战略的实施时机是不同的：领先开拓型战略开发的产品有很大的超前性；紧跟型战略开发的产品正处于投入期或成长期；而模仿型、逐步扩大型战略多半是在产品的成长期、成熟期和衰退期实施。

❖营销资料 8-1

中国企业创新能力 TOP10（2021 年）

2021 年中国 500 强研发投入前十名公司

公司名称	研发费用（亿元）
华为投资控股有限公司	1 418.93
阿里巴巴集团控股有限公司	572.36
腾讯控股有限公司	389.72
中国航天科工集团有限公司	344.66
中国石油天然气集团有限公司	318.46
中国移动通信集团有限公司	295.06
中国建筑股份有限公司	255.23
中国铁路工程集团有限公司	218.38
浙江吉利控股集团有限公司	218.11
中国交通建设集团有限公司	216.65

2021 年中国 500 强发明专利数量前十名公司

企业名称	发明专利项数（件）
华为投资控股有限公司	90 000
海尔集团公司	39 132
国家电网有限公司	38 025
中国石油化工集团有限公司	32 355
中兴通讯股份有限公司	32 000
北京电子控股有限责任公司	28 560
TCL	20 268
中国航天科工集团有限公司	19 813
小米公司	14 335
中国石油天然气集团有限公司	13 858

资料来源：于泳. 最新！中国企业 500 强榜单揭晓！. 经济日报，2021-09-25，有删减.

放大镜 8-1

在产品创新的过程中，新产品开发对企业发展是极其重要的，绝不可掉以轻心，企业应根据自身和市场的发展情况，制定相应的新产品开发战略。不管采用哪个战略都要具备一定的人力条件、技术条件、设备条件和资金条件，只是不同的战略有不同的要求而已，企业应根据自己选用的战略类型配备必要的条件。

8.1.3　新产品开发及扩散

8.1.3.1　新产品的概念与类型

从营销的角度来看，新产品是一个广义的概念。凡是能对产品整体概念中的任何一个层次进行创新、变革，并给消费者带来新的满足和新的利益的产品，都可称为新产品。

学一下 8-1

看一看：新产品与新产品开发

所以，在营销中，按新产品的创新和改进程度，新产品可分为四大类型：

（1）全新新产品。即应用科技新理论、新原理、新技术、新结构、新材料等制造的前所未有的新产品。

（2）换代新产品。又称革新产品，是为适合新用途，满足顾客新需求，在原有产品的基础上采用新技术而制造出来的性能有显著提高的新产品。例如，黑白电视机革新为彩色电视机，盘式录音机革新为盒式录音机等。

（3）改进新产品。是采用各种新技术，对现有产品的性能、质量、规格、型号、款式等做一定改进的新产品。如新款式的服装。

（4）仿制新产品。又称为企业新产品，是指市场上已有的、企业为了竞争的需要而仿制的新产品。

企业在其内部环节获得新产品的过程就是新产品开发的过程。企业的新产品开发活动必须根据市场需求变化和市场供求关系的新特点来进行，并采用市场细分化的营销新策略。企业新产品开发要按照市场需求和购买行为的差异性，努力发现新的需要、新的用户、新的机会，主动开拓新市场，从而保证企业市场营销的成功。

8.1.3.2　企业进行新产品开发的原因

在买方市场的条件下，企业要保持强盛的市场生命力和活力，就必须具有创新能力，特别是新产品开发能力。企业进行新产品开发的原因如下所述。

8.1.3.2.1　产品寿命周期理论要求企业不断开发新产品

产品寿命周期理论（参见本章第 2 节）为我们提供了一个重要启示：在当代科技迅猛发展、消费需求不断变化以及市场竞争日益激烈的情况下，企业赖以生存和发展的关键在于不断创新，不断创造新产品和改进旧产品是企业永葆青春的唯一途径。企业同产品一样，也存在着寿命周期。如果企业不开发新产品，则当老产品走向衰弱时，企业也就走到了寿命周期的终点；相反，企业能不断开发新产品，就可以在原有产品退出市场舞台时，利用新产品占领市场，使企业在任何时期都有不同的产品处于产品寿命周期的各个阶段，从而保证企业赢利的稳定增长。

8.1.3.2.2　市场需求的变化要求企业不断开发新产品

随着社会经济的发展，人们的消费结构已经从单一贫乏式、数量增长式发展到多元效益化，人们对产品的需求越来越复杂。市场需求永无止境，这样就迫切要求企业加快更新换代的速度，开发出更多的产品，以适应消费者永无止境的、不断发展的新生活方式的需求。随着生产的发展和人们生活水平的提高，消费需求也发生了很大变化，健康、轻巧、便捷的产品越来越受到消费者的欢迎。消费结构的变化加快，使消费选择更加多样化，也使产品寿命周期日益缩短。这一方面给企业带来了威胁，企业不得不淘汰难以适应消费需求的老产品，另一方面也给企业提供了开发新产品、适应市场变化以求得更好的发展机会。

8.1.3.2.3　科学技术的发展推动着企业不断开发新产品

科学技术日新月异的发展，加速了产品的更新换代。以技术创新为动力的产品创新成为企业参与竞争的锐利武器，技术开发和技术创新成为企业核心竞争力的重要标志。科学技术的迅速发展导致许多高科技新型产品的出现，并加快了产品更新换代的速度。如光导纤维的出现，对电报、电话等信息处理设备的更新换代起了巨大的推进作用。科技的进步有利于企业淘汰旧产品，生产出性能更好更优越的产品，并快速把新产品推向市场。企业只有不断运用新的科学技术改造自己的产品，开发新产品，才不至于被挤出市场的大门。

8.1.3.2.4　市场竞争的加剧迫使企业不断开发新产品

企业的竞争力在很大程度上取决于能否向市场提供适销对路的新产品，企业所要保持和获取的竞争优势主要体现在产品的不断创新上。现代市场上竞争日益激烈，企业要想在市场上保持竞争优势，只有不断创新、开发新产品，才能在市场上占据领先地位，增强企业的活力。另外，企业定期推出新产品，可以提高企业在市场上的信誉和知名度，可促进新产品的市场销售。

8.1.3.3　新产品开发的基本程序

创造和开发新产品不是容易的事，其风险大，失败率高，加上主观和客观上的诸多原因，使新产品创造和开发过程中有许多困难。要降低新产品开发中的风险，使创造和开发工作顺利，就必须运用创新理论，坚持科学的程序。新产品开发的基本程序一般需要八个阶段，如图8-1所示。

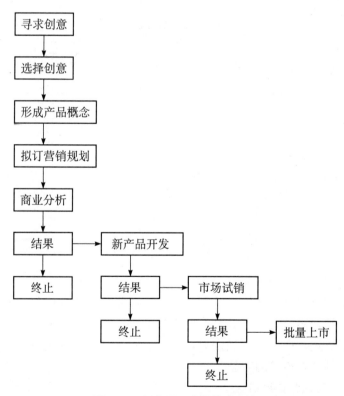

图8-1　新产品开发的基本程序

8.1.3.3.1　寻求创意

即寻求新产品创意。新产品开发的过程是从寻求创意开始的。所谓新产品创意，就是开发新产品的设想。寻求新产品创意主要有以下一些途径：

（1）顾客。顾客的需求意见是新产品创意的第一源泉。例如，洗衣机的发明来源于顾客想摆脱洗衣服这一繁重家务劳动的设想。

（2）先进的科研成果。新产品的构思不能是漫无边际的臆想，而应是创造性思维与现实相结合的产物，而先进的科研成果正体现了创造性思维与现实的结合。所以，先进的科研成果是新产品开发创意的来源之一。

（3）竞争对手。企业通过研究竞争对手的产品，也可形成新的产品创意。

（4）营销中介。企业还可通过中间商、销售代表等营销过程中的关系来获得创意。

（5）企业相关人员。企业营销人员可以通过对市场营销环境因素的分析，提供新产品创意；管理人员可以站在企业发展的角度，提供新产品创意。

8.1.3.3.2　选择创意

企业收集到的新产品创意还需要一个筛选的过程。企业在创意的基础上，根据新产品开发的目标和自身具有的实际开发能力，从众多的新产品创意中选出符合企业长远利益的创意。筛选创意需要有创新精神。筛选过程中要防止两个错误：一是"误取"；二是"误舍"。新产品创意要求能满足顾客的需求，具有竞争力，能适应未来发展的需要，使企业回收投资并获得需要的利润。新产品创意评价表提供了一种评价新产品创意的技术性方法，参见表8-1。

表8-1　某新产品创意评价表

产品成功必要因素	权重（A）	企业能力水平（B）											评分（A×B）
		0.0	0.1	0.2	0.3	0.4	0.5	0.6	0.7	0.8	0.9	1.0	
企业声誉	0.20									☆			0.160
营销能力	0.20										☆		0.180
研发能力	0.20								☆				0.140
人力资源	0.15							☆					0.090
财务能力	0.10								☆				0.070
销售地点	0.10						☆						0.050
采购供应	0.05										☆		0.045
总计	1.00												0.735

注：评分总计在0.00～0.40为差；0.41～0.75为良好；0.76～1.00为好；0.70为最低接受标准。

8.1.3.3.3　形成产品概念

一项新产品创意通过筛选后，还需要进一步具体化和继续研究，使其发展成产品概念。产品概念即使用简洁、清晰的消费术语（文字、图像及模型等），对已成型的新产品构思的概括表达。产品概念确定后，企业必须对产品概念进行测试，了解顾客反应，从中创造性地选择最佳的产品概念。

8.1.3.3.4　拟订营销规划

一项新产品能否成功，与企业所进行的市场营销分析、规划有着极大的关系。营销规划一般包括以下三个部分：

（1）预计目标市场的规模、结构和行为；确定产品的定位和销售量；预计产品的市场份额和短期利润率。

（2）预计产品的价格、分配策略和促销预算。

（3）预计产品的长期销售量和投资收益率，以及不同时期的营销组合。

8.1.3.3.5　商业分析

选出最佳产品概念和拟订初步的营销规划以后，企业就进入商业分析阶段，即对已基本定型的新产品概念的经济效益进行事先分析论证。商业分析的重点是分析产品预计的成本、需求量、赢利水平及投资回收期等，使企业对投资的合理性作出判断，判断新产品是否有发展前途。

8.1.3.3.6　新产品开发

新产品开发就是制作新产品样品并进行试用，设计产品品牌、产品包装及其他内容的过程。在这一过程中，企业要进一步检查新产品存在的问题和判断产品概念在技术上和商业上的可行性，以决定是否继续试制或及时加以创造性改造。新产品研制出来以后，需要通过严格的功能测试及消费者测试。

8.1.3.3.7　市场试销

新产品研制工作结束后，企业可制造少量正式产品投放到市场进行试销，以了解用户的使用情况、对价格的反应情况、使用人员对购买决策的影响以及市场潜力的大小等。在试销过程中，企业根据对新产品销售潜力的了解，可以选择和改进市场营销的方法，创造性地选择合理的营销组合策略，并正式投产。新产品试销或经部分顾客试用成功后，企业应根据试销试用中积累的足够多的资料和信息，进一步提高产品的功能和质量，对产品的整体设计再做创造性的修改。通常，在试销过程中，企业应注意掌握以下情况，及时调整新产品开发战略：

（1）试用率高、再购率高，试销成功。

（2）试用率高、再购率低，需对产品进行改进。

（3）试用率低、再购率高，需对促销策略进行调整。

（4）试用率低、再购率低，试销失败。

8.1.3.3.8　批量上市

新产品试销成功后，就可以正式批量生产，全面推向市场，即完成新产品的商业化。在商业化过程中，企业要同时注意以下几个问题：

（1）推出时间。即新产品的上市时机选择。企业可以有三种选择，即领先进入、同步进入和滞后进入。

（2）推出地区。即新产品的上市地点选择。企业可以决定将新产品推向单一地区还是几个不同地区、全国市场还是国际市场。

（3）目标市场。即确定新产品的目标顾客。通常，企业应该选择最具购买潜力的潜在顾客群作为自己的目标顾客。

（4）营销组合。即制定针对目标顾客的营销组合策略。

8.1.3.4　新产品的采用与扩散

新产品进入市场，即上市以后，实际上就开始了它的寿命周期历程。此时，企业的任务就是把握时机及时推广。新产品的采用与扩散是指新产品在市场上取代老产品，并逐步被广大消费者接受的过程。

8.1.3.4.1　新产品的采用过程

所谓新产品的采用过程，是指购买者个人由接受新产品到成为重复购买者的各个心理阶段，包括知晓、兴趣、评价、试用和采用五个阶段：

（1）知晓阶段。即购买者通过无意识地接触有关新产品的信息，对其有所察觉且产生感性认识的阶段。

（2）兴趣阶段。即购买者不断了解到新产品信息，对新产品有了比较全面甚至理性的认知，并逐步产生喜爱和想要拥有产品的愿望的阶段。

（3）评价阶段。即在充分掌握新产品信息的基础上，购买者会对新产品进行功能分析、评价，并得出确定性认识。

（4）试用阶段。购买者通过评价新产品，决定在一定范围及程度上尝试使用新产品。

（5）采用阶段。购买者决定全面和经常地使用新产品。

营销人员应仔细研究各个阶段的不同特点，采取相应的营销策略，引导购买者尽快完成采用过程的中间阶段。在这个过程中，营销人员可采取多种办法让购买者充分认识到新产品的特性，促使购买者作出购买新产品的决策。

8.1.3.4.2　新产品的扩散过程

所谓新产品的扩散，是指新产品上市以后随着时间的流逝，被愈来愈多的购买者所采用的过程。新产品的扩散过程与新产品的采用过程有很大区别。前者需要从宏观即整个产品寿命周期角度研究新产品如何在整个市场上传播并被市场所采用的过程；后者需要从微观角度研究购买者由接受新产品到成为重复购买者的各个心理阶段。

不同购买者采用新产品的过程所花费的时间长短是不一样的。为此，可将新产品的采用者分为五种类型，即创新采用者、早期采用者、早期大众、晚期大众和落后采用者。新产品扩散模型如图 8-2 所示。

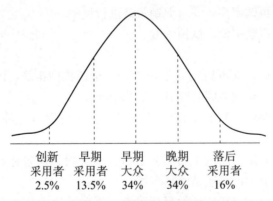

图 8-2　新产品扩散模型

（1）创新采用者。创新采用者即时尚的带头人，占全部采用者的 2.5%。这些人对新事物极为敏感，其收入、社会地位和受教育程度也较高，并富有冒险精神，信息灵通。新产品都是少数创新采用者率先使用的。

（2）早期采用者。早期采用者占全部采用者的 13.5%。这类用户虽然不及创新采用者那么敢于冒风险，但他们往往是某个领域里的舆论领袖，是新产品从首次投放市场阶段到成长阶段的最重要的推动力，对后来的采用者影响很大。由于他们对新产品的扩散有着决定性的作用，所以在成长期寻找到合适的早期采用者并进行有针对性的营销是特别重要的。

（3）早期大众。这类采用者采用新产品的时间较平均采用的时间要早，占总采用者人数的 34%。其特征是：态度谨慎，深思熟虑；决策的时间长；受过一定的教育；有较好的生活环境和固定的收入；对舆论领袖表现出较强的追随性，往往是赶时髦者。由于早期大众与晚期大众占总采用者人数的大多数，研究他们的消费心理和购买习惯，对于加速新产品的扩散，获取最大的市场份额具有重要意义。

（4）晚期大众。这类采用者采用新产品的时间较平均采用时间晚，占总采用者人数的 34%。其主要特征是多疑。他们对新事物持怀疑态度，从不主动采用或接受新产品，在大多数人都采用了新产品，并确定该产品值得购买后才决定采用。晚期大众是五类采用者营销中的一个难点，营销人员应针对其特点多花工夫，用多种手段与方法打消其顾虑，关键在于增强他们的购买信心。

（5）落后采用者。他们是新产品的最后采用者，在完全被别人使用证明采用新产品没有任何风险时才会使用该产品，占总采用者人数的 16%。这类人群思想保守，拘泥于传统的生活习惯与消费模式，不愿意接受新事物，其社会地位和收入水平一般较低，所以，他们在产品进入成熟期后期甚至进入衰退期时才会购买。

8.2 产品寿命周期战略

产品寿命周期（product life cycle）是产品从投放市场开始，经过投入期、成长期、成熟期和衰退期直至退出市场的整个过程。由于产品在产品寿命周期的不同阶段具有不同的特点及市场状况，企业必须根据实际情况调整、安排自己的营销对策。

8.2.1 产品寿命周期的不同阶段及其划分方法

8.2.1.1 产品寿命周期的不同阶段

根据产品市场状况的变化，通常将产品寿命周期分为四个不同阶段，即投入期、成长期、成熟期和衰退期。如果以产品在市场上销售收入及利润的变化来反映产品的寿命周期过程，我们可以得到产品寿命周期曲线，如图 8-3 所示。

学一下 8-2

看一看：
产品寿命周期

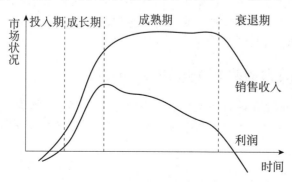

图 8-3 产品寿命周期曲线

（1）投入期。又叫发生期、介绍期，是新产品投入市场的初期。由于新产品刚投放市场，市场对新产品不了解，需求量很少，因此这一阶段销售量很少。同时，由于生产、技术方面的原因，生产规模也相对较小，产品质量有可能不稳定，使生产成本较高；加上企业要通过加大投入进行广告宣传，以及铺设销售网络等，导致企业在这一阶段可能亏损。

（2）成长期。又叫发展期。如果新产品可以成功度过投入期，便进入了成长期。成长期是产品销售量（额）和利润迅速增长的阶段。在这一阶段，越来越多的消费者开始熟悉并接受新产品。同时，由于产量扩大并形成规模，企业单位生产成本和销售成本都在下降，利润大幅增长。进入成长期，特别是在成长期后期，由于看到新产品市场迅速扩展并有利可图，越来越多的竞争者也开始加入进来。

（3）成熟期。又叫饱和期、稳定期。进入这一阶段，产品绝对销售量达到最大。但由于市场需求趋于饱和，销售的增长速度趋于缓慢并开始下降。在这一阶段，产品生产已经是标准化生产。同时，竞争者利用各种手段争夺消费者，竞争不断激化，降价成为企业非常普遍的选择。由于企业在必须降低价格的同时，还要增加促销等费用，导致企业利润不断下降。

（4）衰退期。经过成熟期后，产品很快进入衰退期。这时，由于新产品或替代产品的不断出现，产品已经逐渐被人遗忘，产品的市场需求不断变小，产品的销售量（额）及利润迅速下降，产品也将因此逐渐退出市场。

8.2.1.2 划分产品寿命周期的方法

在实际中，并不是所有的产品都有产品寿命周期，产品寿命周期各阶段的划分也并无一定的标准。所以，为了使产品寿命周期理论有实际运用价值，通常按以下几种方法对产品寿命周期的不同阶段进行大致的划分：

（1）类比法。即根据类似产品的产品寿命周期情况，进行对比、分析和判断。例如，可以参照黑白电视机的产品寿命周期情况来判断、分析彩色电视机的产品寿命周期阶段。

（2）按销售增长率进行划分。即通过预测销售增长率的数据，利用一定的标准来区分产品寿命周期的各个阶段。例如，当预测销售增长率达到10%以上时，可以认为产品已经进入成长期。

（3）按产品普及率进行划分。一般而言，当产品普及率小于或等于4%时，产品应在投入期；而成长期的产品普及率为5%～50%；产品普及率51%～90%为成熟期；产品普及率为91%以上时，则进入衰退期。通常，这种方法特别适用于判断家用电器产品所处的寿命周期阶段。

8.2.2 产品寿命周期不同阶段的营销对策

由于产品在不同阶段具有不同特点，因此企业必须由此确定不同的营销目标，并设计不同的营销对策。表8-2说明了产品寿命周期不同阶段企业的营销目标与对策。

表 8-2 产品寿命周期不同阶段企业的营销目标与对策

产品寿命周期		投入期	成长期	成熟期	衰退期
特点	销售额	低	迅速增加	达到高峰	减少
	成本（单位顾客）	高	平均	低	低
	利润	基本亏损	迅速增加	高	减少
	顾客	创新采用者	早期采用者	早期大众和晚期大众	落后采用者
	竞争者	极少	逐渐增加	逐渐减少	减少
营销目标		迅速让市场接受产品，增加销量	最大限度地占有市场份额	稳定市场份额，获取最大利润	减少支出，榨取最后收益
营销对策	产品	提供基本产品	提供产品的扩展品、服务及保证	实现产品品牌和式样的多样化	逐步淘汰衰退产品
	价格	成本加成定价	市场渗透价格	可以与竞争者抗衡或战胜竞争者的价格	降价
	渠道	选择性分销	密集型分销	更密集、广泛的分销	有选择地减少无利的分销网点
	促销	加强促销，吸引试用	适当减少促销	增加促销，鼓励品牌转换	将促销降到最低水平

8.2.2.1 投入期的营销对策

产品在投入期的营销对策应该以帮助企业迅速度过这一阶段为基本目的。

在这一阶段，企业可以综合地考虑自己的产品、价格、渠道及促销策略。通常，企业可以先为市场提供一种基本产品，通过特定的渠道向高收入顾客促销，使市场尽快出现第一批购买者。站在价格与促销策略制定的角度，就价格、促销分成高低两个不同水平时，企业可以有四种不同选择，如图 8-4 所示。

图 8-4 投入期的四种营销对策

（1）快速撇脂。采用这种对策，企业可以以高价格及高强度的促销手段迅速推出新产品，以求迅速打开市场，尽快扩大产品的市场销量，取得较高的市场份额。这种对策主要适用于知名度不高但确有特点从而市场潜在规模大的新产品。这种产品面对的顾客具有较高的购买能力且愿意按价购买。另外，由于面对竞争者的潜在威胁，企业必须迅速建立顾客的品牌偏好。

（2）缓慢撇脂。采用这种对策，可以使企业用高价格及少量的促销手段推出新产品，以求用尽可能多的支出获得尽可能大的收益。这种对策通常适用于市场规模小、已经有一定知名度的新产品；同时，企业面对的顾客愿意支付高价，以及企业潜在的竞争威胁还不大。

（3）快速渗透。采用这种对策，可以使企业用低价格及大量的促销手段推出新产品，以求迅速占领市场，取得较大的市场份额。这种对策通常适用于市场规模大、顾客对新产品不太了解的情况；同时，企业面对的顾客对价格十分敏感，而市场潜在的竞争威胁也非常严重。企业希望通过取得高的市场占有率拥有大的销售规模，并以规模的扩大和生产经验的积累而大幅降低产品的成本。

（4）缓慢渗透。采用这种对策，可以使企业用低价格及少量的促销手段推出新产品，以求通过低价提升产品销量，通过少量促销节省成本。这种对策通常适用于市场规模很大、已经有一定知名度的新产品；同时，企业面对的顾客对价格敏感，企业潜在的竞争威胁还不大。

8.2.2.2　成长期的营销对策

进入成长期，企业的营销对策以维持其市场增长并拥有尽可能大的市场份额为主要目的。企业采取的主要营销对策有：

（1）不断完善产品质量，增加产品的新功能、款式及特色，并保证产品品质不下降。

（2）积极寻找新的市场部分，并尽可能多地迅速进入新的细分市场。

（3）通过各种促销沟通手段，有效地使目标顾客建立有利于自己的品牌偏好。

（4）如果需要，企业可以适当地降低价格以吸引对价格敏感的购买者。

（5）在成长期后期，企业应慎重扩大生产规模及新增投资。

8.2.2.3　成熟期的营销对策

成熟期具有"销售量大、时间长"的显著特征，即进入成熟期产品销售将达到最大规模，且在整个产品寿命周期中经历的时间最长。因此，企业在成熟期的基本营销对策应该以保持高的产品销售水平并尽可能延长这一时期为主要目的。在这一阶段，企业采取的主要营销对策有：

（1）调整市场。企业通过各种方式寻找新的细分市场和营销机会，尽量为企业获得新的销售份额。例如，企业可以通过发掘没有用过本产品的新顾客、设法提升现有顾客的产品使用量与使用频率、为产品重新定位以吸引更多的顾客群以及设法争夺竞争者的顾客等方式来调整自己的市场，从而有效地延长成熟期。

（2）调整产品。企业通过调整自己的产品来满足更多顾客的需要，以扩大产品销售。主要的做法包括提高产品质量、增加产品功能及改进产品款式。

（3）调整营销组合。除调整产品以外，企业还可以通过调整营销组合的其他环节来满足不同顾客的需要，达到扩大产品销售、延长成熟期的目的。

8.2.2.4　衰退期的营销对策

进入衰退期，产品已为大多数顾客放弃。产品的市场销量急速下降、企业利润不断减少，并有可能导致企业最终无以为继，退出市场。进入这一阶段，企业的正常选择应该是"有计划地撤离"，即有计划地主动将衰退产品撤离市场，以"四世同堂"的方式保证企业有新产品替代旧产品来满足顾客需求，保证企业利润目标的有效实现。

8.3　品牌与品牌战略

8.3.1　品牌的基本内涵与意义

8.3.1.1　品牌的基本内涵

品牌是一种名称、术语、标记、符号或图案，或是它们的相互组合，用以识别某个销售者或某一群销售者的产品或服务，并使之与竞争对手的产品和服务相区别，促进顾客理性和感性需要的满足。在竞争日益激烈的买方市场条件下，品牌越来越成为企业重要的无形资产，成为购买者的主要购物向导，是企业迈向市场的"黄金名片"、"核武器"和"护身符"。名牌更是企业走向成功的标志和购买者追求的时尚。

学一下 8-3

看一看：品牌
与品牌战略

实际上，品牌代表着企业对提供给顾客的产品利益的一贯承诺。品牌应该包括以下丰富的内涵：

（1）属性。即品牌代表着特定的商品属性，也是品牌最基本的含义。

（2）利益。品牌不但代表着产品的一系列属性，而且体现着某种特定的利益。顾客购买商品的实质是购买某种利益，这就需要将属性转化为功能性或情感性利益。或者说，品牌利益相当程度地受制于品牌属性。

（3）价值。品牌体现了生产者的某些价值感，品牌的价值感客观要求企业营销者必须分辨出那些对价值感有兴趣的购买群体。

（4）文化。品牌还包含着特定的文化。

（5）个性。品牌也反映一定的个性，不同的品牌会使人们产生不同的品牌个性联想。

（6）用户。不同的品牌有可能面对或拥有不同的购买或使用产品的购买者群。

8.3.1.2　品牌的意义

品牌对企业和购买者有不同的积极意义。

8.3.1.2.1　品牌对企业的意义

（1）品牌可以提升企业形象，促进产品销售。有效的品牌利用简单易记的特征，成为顾客便于记住企业产品及产品属性的标识，成为企业与顾客沟通的重要元素。顾客可以通过品牌记住对应的商品，乃至记住相关的企业。如果品牌让顾客感到满足与满意，从而被顾客认可并信任，那么，顾客的品牌忠诚度会随之提高，企业形象也随之得以提升。

（2）品牌可以保护所有者的权益。如果品牌注册成商标，就会受到法律保护而具有排他性，从而可以防止别人假冒，为品牌所有者权益得以保护提供现实的基础。

（3）品牌有利于企业营销活动的顺利进行。优秀的品牌可以帮助企业进行合理的市场定位。同时，企业可以借助已有的品牌更方便地推出新产品。品牌是企业顺利进行营销活动的有力武器。

（4）品牌是企业重要的无形资产。优秀的品牌是企业高度创造性劳动的结晶，是企业重要的无形资产，它可以比有形资产更具增值能力，可以给企业带来巨大的有形效益，以及更多的繁荣发展的机会。

8.3.1.2.2　品牌对购买者的意义

（1）品牌可以方便购买者选购商品。不同的品牌可以代表不同的商品性能、品质及不同的利益，所以，品牌可以在商品种类繁多的今天帮助购买者更便捷、有效地选购商品。

（2）品牌有利于维护购买者的权益。有了品牌，企业会为强化自己的品牌在市场的地位而进行各种努力，以不断提高顾客的品牌忠诚度，维护和提升企业良好的品牌信誉和形象。这样，企业须更好地考虑顾客利益，实实在在地实现品牌对顾客的承诺。因此，购买者在企业品牌营销的同时可以获得更好、更稳定的利益。另外，品牌也有利于行政机构及其他相关部门实施监督，使购买者权益得到更好的保障。

（3）品牌有利于降低购买者的购买风险，更大地实现购买价值。购买者可以根据自己的购买实践，对不同的品牌作出更符合自己利益的认知，并形成品牌偏好。在品牌偏好形成之后，购买者可以按品牌选择产品，从而尽可能地降低购买风险。同时，当品牌个性与购买者个性一致时，品牌还可以给购买者带来附加价值，使购买者实现更高的购买价值。

大师在说 8-1

品牌的力量

斯科特·戴维斯（Scott Davis）指出：

● 72％的顾客说，为了喜欢的品牌，他们愿意支付比最具竞争力的品牌多 20％的价钱，50％的顾客愿意多支付 25％，而 40％的顾客愿意多支付的价钱高达 30％。

● 25％的顾客表明，如果他们打算购买自己所钟爱的品牌，加价多少并不重要。

● 大约 70％的顾客愿意根据品牌来做购买决定，而有 50％的顾客则完全受品牌驱使。

● 如今，顾客间的互相推荐几乎影响着他们 30％的购买行为。因此，如果一名顾客对你的品牌有良好的印象，就可以影响到其他人是否决定购买你的产品。

● 超过 50％的顾客相信，知名品牌推出的新产品要比其他不知名品牌推出的新产品更容易获得成功，而且他们也更愿意尝试其首选品牌推出的新产品，因为在他们的内心中已经对首选品牌有了认可。

戴维斯还指出，拥有一个强有力的品牌，可以：

● 从价格上获取额外的收入。

● 推出比竞争对手的价格更低的新产品。

● 更早地收回开发成本。

● 减少获得新顾客的成本。

● 提高单位顾客收益率。

● 对分销渠道施加更多的控制。

● 更容易获得与其他品牌合作及行使许可权的机会。

● 满足更多目标群体的需要。

资料来源：约瑟夫·H博耶特，等.经典营销思想.杨悦，译.北京：机械工业出版社，2004：39-40.

8.3.2 品牌资产

一个好的品牌具有理想的品牌资产。品牌资产（brand equity）是指与品牌相关的净资产，它可以影响企业的产品对企业或顾客的价值。企业的品牌资产随着品牌忠诚度、品牌名称知晓度、品牌认知质量，以及除品牌认知质量以外的品牌联想和其他私有资产（包括专利、商标、渠道关系等因素）的改变而发生变化。

品牌资产优良与否可以用以下八个因素来衡量：

（1）品牌渗透。对品牌及广告的知名度与可用性的综合性考量。

（2）品牌独特性。对表达品牌的个性、特点的方式与表达品牌的优越性的方式的综合性考量。

（3）品牌质量。按照与品牌相关的产品质量的总的声誉对品牌及其相关内容的评价。

（4）品牌价值。对衡量购买者购买品牌所付代价的各种分析结果的综合性考量。

（5）品牌个性。品牌形象与购买者本人对自我形象认知的一致性程度。

（6）品牌潜力。购买者为获得品牌愿意额外多花费的各种代价。

（7）对激烈竞争的防御。在激烈的市场竞争情况下以及在企业困难的时候，购买者对品牌的忠诚度。

（8）品牌行为。购买者宁愿选择、购买、使用或已经购买品牌的程度。

◈ 营销资料8-2

中国企业TOP10

2021年9月25日，中国企业联合会、中国企业家协会参照国际通行做法，以2020年企业营业收入为主要依据，连续第20年发布中国企业500强，连续第17年发布中国制造业企业500强和中国服务业企业500强。

2021年中国500强营业收入前十名公司

公司名称	营业收入（亿元）
国家电网有限公司	26 676.68
中国石油天然气集团有限公司	19 593.12
中国石油化集团有限公司	19 577.25
中国建筑股份有限公司	16 150.23
中国平安保险（集团）股份有限公司	13 214.15
中国工商银行股份有限公司	12 612.81
中国建设银行股份有限公司	11 447.54
中国农业银行股份有限公司	10 604.35
中国人寿保险（集团）公司	9 976.67
中国铁路工程集团有限公司	9 755.49

放大镜8-2

2021 年中国 500 强净利润前十名公司	
企业名称	净利润（亿元）
中国工商银行股份有限公司	3 159.05
中国建设银行股份有限公司	2 735.79
中国农业银行股份有限公司	2 159.25
中国银行股份有限公司	1 928.70
腾讯控股有限公司	1 598.47
阿里巴巴集团控股有限公司	1 505.78
中国平安保险（集团）股份有限公司	1 430.98
招商银行股份有限公司	973.42
中国移动通信集团有限公司	891.49
交通银行股份有限公司	

资料来源：于泳．最新！中国企业 500 强榜单揭晓！．经济日报，2021 - 09 - 25，有删减．

　　构筑一个好的品牌，必须明确品牌的价值定位；必须做好包括选择品牌名称、建立品牌名称的丰富联想，以及管理好品牌与顾客的所有关系并使之符合品牌形象与顾客的期望等工作。

8.3.3　品牌战略

8.3.3.1　品牌战略的含义

　　品牌战略是指企业通过品牌形象的塑造，提高企业产品竞争力的战略。品牌战略也叫名牌战略，就是企业通过创立市场名牌，提高产品和企业的知名度，靠名牌来开拓市场，增大市场份额，提高产品的市场占有率。品牌战略包括产品质量战略、技术开发战略、经营规模战略、品牌设计与广告企划战略、市场营销战略、人才战略等诸多方面的综合性部署。

8.3.3.2　品牌战略的类型

　　企业在制定品牌战略时，有五种类型可供选择，即产品线品牌拓展、品牌扩展、多品牌、新品牌和品牌再定位战略。这些战略分别具有自身的优缺点和不同的适用条件。

8.3.3.2.1　产品线品牌拓展战略

　　这种品牌战略是指相同组别的产品采用相同的已有的品牌。一个公司生产的同一组别产品很多，它们可能具有不同的风格、包装、色彩和成分等，用来满足不同需求偏好的消费者。使用这种战略的好处是显然的，它可以很快适应消费者各种各样和变化的需求，可以利用过剩的生产能力开发新产品。而且，新产品宣传费用低廉。产品线品牌拓展战略几乎是无风险的。因此，企业对此乐此不疲。饮料、食品等行业经常采用这种品牌发展战略。

8.3.3.2.2　品牌扩展战略

　　该战略又称品牌延伸战略，是指企业利用其已成功品牌的声誉，在新的产品种类里推出同品牌的新产品或改良产品。例如，海尔公司在成功地推出了海尔冰箱之后，又利用这个品牌，成功地推出了海尔洗衣机、电视机、空调等新产品。成功的品牌在进行品牌扩展时，可以借助成功品牌的光环，比较容易地使自己的新产品迅速而方便地为市场所认同和接受，从而节省建立新品牌的成本，高效推出新产品。但是，品牌扩展也要使企业承担一定的风险，即过度及偏离企业核心竞争力的品牌扩展有可能造成企业的资源分散而降低资源利用效率；同时，失败的品牌扩展可能导致消费者改变对品牌的看法，而使整个品牌受损。品牌扩展战略显然并不适用于所有的品牌。因此，企业在推出新产品时，如果品牌扩展不能取得良好的效果，可以选择建立新品牌。当然，过多的新品牌也会导致企业资源分散。因此，企业必须认真制定品牌战略，做好自己的品牌管理工作。

8.3.3.2.3　多品牌战略

多品牌战略是指企业为相同的目标市场，对同一种产品建立两种或两种以上互相竞争的品牌。多品牌战略的好处是：

（1）使企业的产品占领更多的零售终端货架，而零售终端的货架是有限的；

（2）满足那些有好奇求新心理、喜好试用不同产品而不断转换品牌的购买者的需求，使这些购买者有足够的选择空间；

（3）带来更多的企业总体销售收入和更大的总体市场规模；

（4）将竞争机制引进企业内部，使各品牌经理之间形成良性竞争，提高企业总的效率与效益；

（5）利用多品牌造成的品牌差异，使企业拥有更多的、不同的细分市场。

著名的宝洁（P&G）公司首创并成功地使用了多品牌战略。在中国市场上，宝洁公司为自己生产的洗发水产品设计了飘柔、海飞丝、潘婷、沙宣等品牌，其多品牌战略取得了巨大的成功。

但是，多品牌战略也可能因品牌建立不当而使自己的品牌自相残杀，并有可能造成企业资源分散而无利可图。另外，多品牌战略会加大企业的成本投入。因此，一定要保证多品牌战略所带来的收益大于其带来的损失，以防止得不偿失。所以，在运用多品牌战略时，企业要注意每一个品牌市场份额的大小及变化趋势，适时取消市场占有率过低、市场效益不好的品牌。

8.3.3.2.4　新品牌战略

即企业在新类别产品上采用新的品牌的战略。这是一种谨慎的战略选择，在企业不能确定新产品的市场前景时，可采用这种战略，它颇有种投石问路的意味。

8.3.3.2.5　品牌再定位战略

在市场发生了变化，顾客需求也发生了变化的情况下，企业原来的品牌已不再适应市场与顾客的需求，因此，企业必须进行原有品牌的重新定位。

8.3.4　我国企业如何实施品牌战略

在我国，供给侧结构性改革的根本目的是提高供给质量，使供给能力更好地满足人民日益增长的物质文化需求。党的十八大以来，供给侧结构性改革深入推进，多个重点产业跻身世界前列，一大批高端品牌走向世界，中国企业竞争力明显增强。

我国企业要实施品牌战略，就必须要以品牌意识作为企业文化的核心；以品牌思想作为企业经营管理的指导思想；以品牌产品作为企业的后盾和支撑；以品牌企业作为企业的形象认知，并最终以品牌效应来实现企业的迅猛发展。我国企业要实施品牌战略，必须注意以下几点：

（1）分清品牌的核心战略和辅助战略。品牌的核心战略是开发具有高新技术、自主知识产权、专利的产品以及品质优良的特色产品；品牌的辅助战略包括品牌的设计、包装、广告宣传等，二者之间不能本末倒置。

（2）强化企业品牌意识。我国企业要改变长期以来重市场、轻品牌的观念。如果没有自己的世界性品牌，充其量不过是"世界加工厂"，而非"世界工厂"。市场竞争告诉我们，品牌营销与市场营销同样重要，中国企业要不断强化品牌意识，在利用外国品牌的同时，适时推出自己的民族品牌。

（3）优化产品质量。品牌质量维系着品牌的生命。世界名牌都是以上乘的质量作为坚实的基础和后盾的。虽然产品的竞争力表现为品牌的竞争，但是品牌竞争所依靠的则是产品的内在质量，一个品牌成长为名牌靠的还是质量。品质优良的品牌是名牌的根本保证，创立品牌首先须树立高度的质量意识。

（4）不断创新。企业竞争力主要表现为企业是否具有创新能力。因此，中国企业必须注重培育与推广具有高新技术、自主知识产权和科技创新能力的民族品牌，努力塑造品牌的个性和文化内涵，提高中国品牌的产权价值，从而缩小中国品牌与世界品牌的差距。

（5）大力宣传。企业要走向市场，要使企业及其产品家喻户晓，必须抓住时机为品牌扬名，采取各种措施让市场接受和认同本企业产品品牌。

（6）加强立法与执法。企业要注意采取品牌保护措施，树立自我保护意识，防范有损企业品牌形象的行为，加强商标法律意识，用战略眼光保护和使用自己的品牌。

小思考

我们已经接触到企业营销过程中一个非常关键的问题——品牌战略。想一想，我国企业应该怎样实施品牌战略？

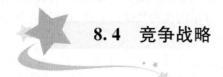

8.4　竞争战略

竞争是市场经济的基本特性之一，企业的营销处于不断的竞争过程之中。竞争的压力，迫使企业通过各方面不断的努力来提升自己的核心竞争能力，使自己可以笑对竞争压力，从容地生存与发展。因此，企业在制定营销战略时，必须规划自己的竞争战略。

8.4.1 三种基本的竞争战略

著名的企业战略大师迈克尔·波特的竞争战略理论，为企业长期保持有利的竞争地位、领先于同行业中的所有竞争对手指明了三种相互联系、相辅相成的竞争战略，即总成本领先战略、差别化战略与集中战略。

8.4.1.1 总成本领先战略

总成本领先战略（cost-leadership strategy）即企业致力于使自己的全部成本低于竞争对手的成本，通过对成本控制的不懈努力，使本企业的产品成本成为同行业中最低者。该战略已经成为众多企业共同采用的战略。它要求企业积极压缩成本和控制间接费用，同时，还要有较高的市场占有率和其他优势做保证。

从行业分析模型来看，尽管行业内存在着激烈的竞争，但具有低成本的企业却可以获得高于行业水平的收益。企业的低成本地位能够对抗来自竞争对手的攻击，因为当其对手通过削价同它竞争时，低成本的企业仍然能在较低的价格水平上获利，直到使对手的边际利润为零或为负数。

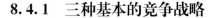

❖营销战例 8-1

"廉价"酒馆

"别的城市我不清楚，但在上海的大学生一定很熟悉海伦司小酒馆。"一位大学生说道。

在海伦司，五六十元一桶的精酿够一群人喝上半天，花十几元能尝尝野格。她表示，喜欢去海伦司的大多是经济并不宽裕的大学生，以及刚工作的年轻人。

可就是这些"口袋空空"的年轻人，喝出了中国最大的酒馆——海伦司要上市了。不仅如此，主打廉价酒吧的海伦司，近年来无论是营收还是利润都增长迅猛。尤其是 2019 年，营收和利润同比涨幅分别高达惊人的 392％、630.4％。

据《2020 中国大学生消费行为调查研究报告》显示，大学生的经济来源主要依靠父母，每月可支配生活费约为 1 900 元，可供自由支出的金额大约为 600元。"囊中羞涩"显然消费不起动辄三五百的夜店。

瞄定这部分群体的消费特性——有娱乐需求，但是消费能力较弱，海伦司在定价和选址上，都按大学生的消费水平来。资料显示，海伦司的外部品牌及自主品牌定价均在 10 元以下，对低消费群体很友好。以 275ml 一瓶的百威为例，海伦司售价为 9.8 元，而市场平均价为 15～30 元。同时，在选址策略上，海伦司也倾向于学校附近。以上海为例，23 家门店中，19 家为"校边店"。这让那些遭遇挂科、表白失败、错过四级报名等一腔愤懑的年轻人，以及即将或者已经成双成对的小情侣，在学校天台之外有了新的去处。

便宜、高性价比的小酒馆生意兴起，门前排的队越来越长。客流量整体向好下，海伦司 2019 年进行了同步强势扩张：一边增加开店数量，2019 年新增将近100 家门店；一边加大门店密度，比如在长沙解放西路商圈内，共有 10 家海伦司店。数据显示，2019 年在门店数量大增的情况下，海伦司的翻台率从 2018 年的 1.8 次/天，增长到了 2.5 次/天，远高于 2019 年酒吧行业的平均翻台率 1.5 次/天。

资料来源：姚莎，陈成. 海伦司低价疑云：过去增长看不懂，未来增长看不清. 表里表外（微信公众号），2021 - 05 - 07，有删改.

8.4.1.2　差别化战略

差别化战略（differentiation strategy）即企业所提供的产品或服务与众不同，在整个行业中独树一帜、别具一格。如果企业能在品种、技术、性能、服务、销售网络、形象等方面显示出独特的优越性，就为形成产品差别化战略创造了坚实的基础。差别化战略的核心是向顾客提供独特价值，而这些独特价值的来源则存在于企业价值链的构成之中。企业实行这种战略，可以很好地防御竞争对手在行业中获得超额利润，因为顾客对好的产品有一种信任度和忠诚度，当这种产品价格发生变化时，顾客的价格敏感度很低。生产该产品的企业便可以在同业竞争中形成一个相对稳定的战略防御带，使得竞争者的进入需花费相当的人、财、物力去克服这种障碍，这本身就增加了竞争对手的成本。

8.4.1.3　集中战略

集中战略（focus strategy）指的是企业针对某一特定需求团体或某种特殊用途的产品或某一特定地区设定经营的重点目标，并为设定目标提供更为有效的服务，即在细分市场的基础上，企业选择恰当的目标市场，倾其所能为目标市场服务。

集中战略的核心是集中资源服务于目标市场，取得在局部区域的竞争优势。目标市场的大小、范围，既取决于企业的资源，也取决于目标市场各个方面内在联系的紧密程度，如产品的接近性、顾客的接近性、销售渠道的接近性和地理位置的接近性。

集中战略的具体形式可以是总成本领先，即在目标市场上比竞争对手更具成本优势；也可以是差别化，即在目标市场上形成差别化优势；还可以是这二者的结合。

8.4.2　处于不同竞争地位的企业的竞争战略

市场竞争实力的强弱和竞争地位的高低，决定了企业产品竞争战略的内容不同。根据所处市场竞争地位的不同，企业可分为以下四种类型：市场主导者、市场挑战者、市场跟随者、市场利基者。不同类型的企业，其产品竞争战略显然是不同的。

8.4.2.1　市场主导者的竞争战略

市场主导者为了进一步扩大市场占有率，积极巩固和发展市场的主导地位，就必须采取全方位进攻和以先防后攻为中心内容的攻势产品战略。全方位进攻的产品战略内容包括产品的三维创新。先防后攻的攻势产品战略内容包括充实和完善产品线、产品项目，进行阵地防御；提高产品形式质量，进行侧翼防御；多产品经营，进行运动防御；注册商标、申请专利，进行先发防御；通过降价和强化产品宣传，进行反攻防御。

8.4.2.2　市场挑战者的竞争战略

市场挑战者必须善于发现其竞争对手的弱点，从中寻找进攻的机会，以提高市场占有率。其攻击对象：一是市场主导者，要争取创造出更好的产品，夺取市场领导地位；二是与自己实力相当者，要注意避实击虚；三是比自己弱小者，要通过兼并或夺取其顾客来壮大自己。

8.4.2.3　市场跟随者的竞争战略

市场跟随者要对市场主导者采用有选择、有距离的跟随。它攻击的对象是比自己弱小者和实力相当者。通过成功的经营，市场跟随者可能成为市场挑战者。它的攻势产品战略有二：一是生产特色产品，满足细分市场中某一子市场的需要；二是仿效，如产品设计仿效、质量仿效、服务手段仿效等，模仿和跟随市场主导者，以求在市场竞争中稳定发展。

8.4.2.4　市场利基者的竞争战略

市场利基者（niche）是指那些专门钻市场空隙，生产某类产品专为满足细小市场需要的企业。由于其常常寻找一个或几个既安全又有利的市场空位，一旦发展壮大，就可能成为市场挑战者。其攻击对象是比自己弱或与自己实力相当者。其攻势产品战略有以下几种：一是专门为具有特殊需要的顾客服务，如生产玩具、保健品等；二是专门为一两个大企业作配套服务，如安装、维修等；三是专门生产某种特殊高档或低档产品，如奢侈品或经济品；四是专门生产某种产品的某些零件；五是专门按订单生产客户预订的产品。

本章小结

学一下 8-4

通过这一章的学习，我们掌握了企业营销战略制定的其他几个重要问题。所以，到现在我们已经可以比较全面地制定企业的营销战略。本章内容主要包括以下几个方面：

1. 产品创新战略

产品创新是企业技术创新的核心内容，既包括新产品的开发，也包括新产品的商业化扩散过程。现代企业产品创新战略是指企业对未来新产品的发展方向、重点、目标及实施方案所作的宏观部署。研究和探讨产品创新战略，加快产品更新换代，增强企业市场竞争力，具有十分重要的意义。根据产品的创新程度，可将产品创新战略划分为领先开拓型、紧跟型、模仿型和逐步扩大型。

2. 产品寿命周期战略

产品寿命周期是产品从投放市场开始，经过投入期、成长期、成熟期和衰退期直至退出市场的整个过程。由于产品在产品寿命周期的不同阶段具有不同的特点及市场状况，企业必须根据实际情况调整、安排自己的营销对策。

3. 品牌战略

品牌代表着企业对提供给顾客的产品利益的一贯承诺，在竞争日益激烈的买方市场条件下，品牌越来越成为企业重要的无形资产，是企业迈向市场的"黄金名片"、"核武器"和"护身符"。品牌战略是指企业通过品牌形象的塑造，提高企业产品竞争力的战略。品牌战略也叫名牌战略，就是企业通过创立市场名牌，提高产品和企业的知名度，靠名牌来开拓市场，增大市场份额，提高产品的市场占有率的综合性部署。企业在制定品牌战略时，有五种类型可供选择，即产品线品牌拓展、品牌扩展、多品牌、新品牌和品牌再定位战略。

4. 竞争战略

竞争是市场经济的基本特性之一，企业的营销处于不断的竞争过程之中。因此，企业在制定营销战略时，必须规划自己的竞争战略。企业有三种相互联系、相辅相成的基本竞争战略可供选择，即总成本领先战略、差别化战略与集中战略。企业市场竞争实力的强弱和竞争地位的高低，决定其产品竞争战略的内容不同。市场主导者、市场挑战者、市场跟随者和市场利基者这四类处于不同竞争地位的企业应该有自己不同的竞争战略。

重要概念

产品创新战略　领先开拓型战略　紧跟型战略　模仿型战略　逐步扩大型战略　全新新产品　换代新产品　改进新产品　仿制新产品　新产品采用　新产品扩散　产品寿命周期　品牌战略　品牌资产　品牌拓展战略　多品牌战略　总成本领先战略　差别化战略　集中战略

帮记 8-2

复习与思考

1. 你如何理解"没有产品开发能力就没有竞争能力"？
2. 分析新产品开发的基本程序。
3. 比较差别化战略与总成本领先战略的特点与适用条件。
4. 以你身边某种熟悉的产品为例，讨论其产品寿命周期变化及相关企业的对策。

营销实战分析

中国榜样

格力，中国造！

1991 年，格力还是一个年产量不到两万台的空调小厂。那时的中国空调产业也还没有制造的概念，格力像其他空调企业一样，采用散件组装的产品供给方式，无论是核心零部件、技术还是市场地位、品牌形象都没有优势。

一、发展初期：1994—2005 年

1994 年起，格力本着对消费者负责任的诚信理念，将竞争力塑造聚焦于产品品质，围绕着品质开展了各项工作。1995 年，格力组建筛选分厂，对产品的零部件和材料进行专门的检查，构建了筛选分厂、质量控制部、企业管理部三位一体的格力特色质量控制体系。1997 年，格力做出"好空调，格力造"的承诺，传达了格力以消费者满意为衡量产品品质的第一标准。格力苛刻的品质要求不仅保证了自身产品竞争力不断提升，也带动了供应链质量控制能力的进步，更重要的是，格力的好品质逐渐深入人心。

二、突破期：2005—2012 年

2002 年，因向日本某企业购买压缩机技术被拒，格力意识到，掌握核心技术才是制造企业的根本和尊严所在。这件事情也成为格力自主创新的一个新的转折点。随后，格力提出了"掌握核心科技"的目标，科研投入实行"按需分配，不设上限"的原则。公司内部还设立最高达 100 万元的科技进步奖，通过多种措施激励科技创新。2005 年至 2012 年期间，格力在压缩机、电机、控制器等关键部件上实现了产业链纵向一体化的深度布局，发展了凌达压缩机、新元电子、格力电工和凯邦电机四家子公司。科研投入的成果显著，格力在家用机、多联机、螺杆机、离心机等空调的多个领域推出了大量领先型产品，双级增焓转子式变频压缩机、1赫兹变频技术、双级高效永磁同步变频离心式冷水机组等尖端技术相继获得"国际领先"认定。格力核心竞争力不断提升，市场销量也与其他品牌拉开差距，格力成为名副其实的全球空调行业领军者。

三、转型升级期：2012—2016 年

中国的家电制造产业到了一个非常微妙的关口，在市场规律和移动互联网对产品解构效应的作用下，格力选择了一条能体现制造精神、核心技术理念的发展道路即装备制造。

2012年格力第一版自动化规划方案出台，标志着格力进入装备制造阶段。方案里，格力计划通过三年时间投入38亿元对格力所有生产工厂进行自动化升级和改造。经过三年的发展，格力自主研发的自动化产品覆盖了工业机器人、智能AGV（Automated Guided Vehicle，智能搬运机器人）、数控机械手等10多个领域，超过100种产品，已授权发明专利15项，累计产出智能装备3 000台套，累计销售额超过8亿元。同时，格力的精密模具的发展也取得了丰厚成果。2013年，格力电器投资25亿元对精密模具厂进行了颠覆式改造。经过两年的快速发展，格力模具年产值已接近10亿元，组建了有400名模具设计工程师的团队，实现全部产品完全由自己设计、加工完成。格力模具于2016年3月正式对外销售，为宝马、通用、沃尔沃等30家国际、国内知名企业提供模具及一站式配套服务。

除了工业制品，格力电器也打造了格力、大松、晶弘三大消费品品牌，呈现出消费品和工业制品的多品牌多品类布局，实现了制造向智造的升级。2016年，格力成功迈入了精工制造阶段。

四、使命期：2016 年以后

我国全面启动实施的《中国制造2025》和"十三五"规划重点强调了制造强国战略，智能制造是重中之重。

格力在2015年9月22日，喊出"让世界爱上中国造"的口号，期盼和呼吁"中国造"给国人提供高品质的产品，让"中国造"成为世界骄傲。格力用自己的行动正名，真正扛起提振"中国造"的重任。在消费需求不断升级、智能化家居概念不断普及的当下，格力提早布局，实现以光伏发电、储能为基础，家用电器、终端智能控制为实现方式的智能家居生态圈。同时，格力已经开始用技术服务全世界。格力自主研发、自主制造的智能装备和精密模具，通过三年的发展，已覆盖企业的全产业链，并全面服务家电、汽车、卫浴、食品、医疗、电子等企业。

多年来，格力自主研发掌握核心技术，实现众多的技术突破，引领中国企业从"中国制造"向"中国创造"跨越。在"技术相关多元化"的基础上，如空调技术、模具技术、装备制造技术、新能源技术，形成"业态相关多元化"，如智能家居、工业制品、智能装备，格力走出了一条特色鲜明的"相关多元化"之路，培育出格力、大松、晶弘三大具有核心竞争力的品牌以及凌达、凯邦、新元等工业制品品牌。

从消费产品到工业产品、从传统制造到高端专业制造，格力正在努力实现对核心科技、核心零部件、核心高端装备等方面的突破和拓展，这也是中国制造向全球工业

价值链上游转移、向高端制造国际水平靠拢的一个缩影。最终，这既确立"格力造"在中国以及全球的实力和地位，同时也面向全球展示"中国造"的独特内涵和发展路径。

资料来源：佛系小资．格力电器的发展，看中国制造未来——从制造到先进智造．雪球，2021-04-08，有删改．

思考与分析：

1. 你认为格力的技术创新对其发展有何作用？
2. 你认为格力的发展对其他企业有何帮助？

素养提升

1. 你认为技术创新对中国企业的发展有何意义？中国企业应该如何做好技术创新？
2. 你认为中国民族品牌为什么要发展名牌？如何发展？

营销实战训练

市场营销：创新、竞争与发展

项目名称		企业营销中的产品与竞争战略	项目类别	团队训练
目的		认识与了解企业的产品创新战略、品牌战略及竞争战略		
项目方案	步骤	项目内容		时间
	1. 准备	(1) 3～5人组成一个团队，以团队为单位进行训练。 (2) 就下列分析与思考的问题收集资料。		与第8章教学时间同步，课外完成。
	2. 分析与思考	(1) 各列举1个本团队认为最有价值的中外品牌并描述对它们的印象。 (2) 研究上述品牌的发展历史，分析中国品牌与世界品牌的特点及差别。 (3) 中国企业应该走怎样的品牌战略之路？		
	3. 展示报告	以PPT或其他形式展示团队报告。		10分钟/团队
成绩测评		根据团队报告给定成绩。		

第 4 篇　营销策略

第 9 章

产品决策

 方向标

帮记 9 - 1

从这一章开始，我们要进入一个全新的环节——在制定了目标市场营销战略之后，针对一个特定的目标市场，去制定具体的整体营销策略，即营销组合。实际上，营销组合通常是企业营销过程中对产品、价格、渠道及促销四类可控因素的合理安排。

这一章，我们要学习营销组合中最基本的策略——产品策略的制定。在了解产品的基本概念之后，学习产品与产品组合、品牌、包装、服务与产品支持服务等策略的制定。

为了对企业的营销组合有一个整体的了解，学习将从营销组合的概述开始。

我们要达成的目标：

知识与能力目标

★ 了解、把握什么是营销组合及其在市场营销中的地位；

★ 回答什么是市场营销中的"产品"，它有何具体内涵；

★ 了解、分析产品策略制定的过程；

★ 了解、分析产品与产品组合、品牌、包装策略的制定。

素养目标

★ 了解企业提升产品价值对我国消费升级的意义，增强"深化供给侧结构性改革，充分发挥我国超大规模市场优势和内需潜力，构建国内国际双循环相互促进的新发展格局"的意识。

▶ 导入案例

日本黑白电视机当年是如何打进中国市场的？

早在 20 世纪 60 年代，日本国内的黑白电视机就已普及，但到 70 年代时因彩色电视机的流行而近乎被淘汰。日本通产省规定不准许再生产黑白电视机，全日本的黑白电视机下线停产。

1978 年，我国开始实行改革开放，放宽了对家用电器的进口，当时中国黑白电视机的生产基本是一片空白。中国的改革开放为日本电视机生产商提供了复活的契机！

日本电视机厂商要进入中国市场，首先要分析中国市场的需求特点。它们了解到当时中国约 10 亿人口，按 1 家 4 口人计算，则有 2.5 亿户家庭。而其中约有 10%，即 2 500 万户家庭相对比较富裕，改革开放后想了解外面的世界，有购买动机。另外，中国人均收入虽较低，但老百姓有储蓄的习惯，已形成了一定的购买力。当时中国整个银行居民储蓄约 750 亿元人民币，即户均存款约 300 元。

日本电视机厂商在分析中国电视机市场需求特点的基础上，制定了相应的市场营销策略以满足中国消费者的需求。

（1）产品策略。要生产，首先得恢复生产线。所以，日本电视机生产商赶紧打了申请报告，并很快得到通产省批准；中国电压系统与日本不同，于是在产品上做了相应的改变；中国电力不足，电压不稳定，于是为产品配置了稳压器；当时中国住房面积小，因此主推款式为 12 英寸～14 英寸黑白电视机；为了和中国国内生产商竞争，提供了非常好的质量保证和修理服务；为吸引更多人来看电视，培养潜在的消费者，将电视音量改得比原来大得多。

（2）定价策略。价格就定在 300 元人民币左右（与当时中国的户均存款相当）。而且，当时中国市场尚无外国电视机，因此价格比中国同类电视机要高。

（3）分销策略。当时中国国内还未设立国营商店分销进口电视机的渠道，故由港澳国货公司和代理、经销商推销，并通过港澳同胞携带电视机进入中国内地。

（4）促销策略。主要采用了广告策略，在香港的电视台及香港《大公报》《文汇报》等媒体上大做广告，介绍有关日本电视机的知识。同时，赠送了很多优秀的电视节目给中国的观众，进一步刺激其消费需求。

日本电视机厂商仔细周到的安排，使日本黑白电视机顺利进入中国市场。

学一下 9-1

看一看：营销
组合及其特点

9.1 营销组合

9.1.1 营销组合的概念与内容

营销组合是企业为达成营销目标，针对特定的目标市场而制定的具体营销手段的合理组合。

在规划好目标营销战略及其他营销战略之后，企业必须通过针对特定目标市场制定的合理的具体营销方案即营销组合，来确定营销过程中的可控因素的合理部署与安排。所以，营销组合包含了企业针对特定目标市场所设计的全部的具体营销手段与措施。

通常，企业在营销过程中可以控制的主要因素包括产品（product）、价格（price）、渠道（place）和促销（promotion）。因此，针对特定目标市场，企业要制定的具体营销手段即策略主要包括产品策略、价格策略、渠道策略及促销策略，这些具体策略的组合构成营销组合，即所谓的 4P。

（1）产品策略。是企业为目标市场提供合适供应物的关键因素——产品的有关策略。主要包括产品种类、质量、设计、性能、规格、产品线的宽度与深度、品牌名称、包装、安装、说明书、服务、保修及退货等具体因素的决策安排。

（2）价格策略。是企业提供给目标市场的产品与服务如何定价的策略。主要包括价格水平、折扣与折让、付款期限及信用条件等具体因素的决策安排。

（3）渠道策略。是企业如何使产品到达目标市场顾客手中的有关策略。主要包括市场划分、覆盖面、分销渠道、存货、中间商类型、位置及仓储与物流等具体因素的决策安排。

（4）促销策略。是向市场传播企业及其产品的相关信息以促进顾客购买产品等相关活动的策略。主要包括广告、营业推广、公共关系与人员推销等具体内容的决策安排。

大师在说 9-1

放大镜 9-1

只有 4P 吗？

很多营销大师注意到自 20 世纪 60 年代以来，有一些 4P 以外的因素对企业营销的作用越来越重要，需要企业予以高度重视。

菲利普·科特勒认为，4P 应该增加第 5 个 P——政治（politics）和第 6 个 P——公众意见（public opinion）。

政治行为可以对企业的营销产生巨大的影响。例如，法律禁止香烟做广告显然会影响香烟的销售。企业营销人员可以通过利用政治活动来影响市场需求。

公众的倾向与态度会影响他们对某些产品的兴趣与选择，企业营销人员可以通过适当的努力来影响人们的观念与选择。

资料来源：约瑟夫·H博耶特，等. 经典营销思想. 杨悦，译. 北京：机械工业出版社，2004：11-13.

4P 是站在企业即卖方的角度来看问题的，它提出了企业从事营销活动的 4 类工具。而要真正取得营销的成功，企业还必须站在市场的角度来考虑问题，应该仔细了解、分析顾客有关购买价值或问题的解决方案；顾客对一项产品拥有获得、使用和处置权的全部成本；顾客获得产品的便利性以及与营销企业的双向交流。我们可以简单地将这四个方面表述为顾客解决方案（customer solution）、顾客成本（customer cost）、便

利（convenience）和交流（communication），即所谓的 4C，并将其与 4P 相对应，如
表 9 - 1 所示。

表 9 - 1　4C 与 4P

4C	4P
顾客解决方案（customer solution）	产品（product）
顾客成本（customer cost）	价格（price）
便利（convenience）	渠道（place）
交流（communication）	促销（promotion）

显然，企业营销人员首先要学会把握 4C，然后在此前提下确定自己的 4P。

9.1.2　营销组合的特点

（1）可控性。营销组合的相关决策均是围绕企业的可控因素进行的，即企业根据
目标市场的需求，决定自己以怎样的产品去满足这些需求，并同时决定提供给市场的
这些产品的价格、分销渠道及促销方法。企业通过自主地对相关因素的安排，形成合
理的营销策略、手段的搭配与组合。当然，这种自主的决策不可能是企业随心所欲作
出的。它必须受制于企业的资源与目标状况。同时，它也受企业营销环境因素的影响，
必须很好地适应营销环境因素。

（2）复合整体性。企业的营销组合是多层次的复合组合。如前所述，营销组合主
要是由企业对四类基本因素的决策即所谓的 4P 复合而成的，而事实上，每一个"P"
又是由不同的具体因素复合而成的。企业在进行营销组合决策时，不但要做好 4 个"P"
之间的合理搭配，同时还必须合理安排好每一个"P"中的具体因素及其相互搭配。在合
理复合的基础上，形成企业的整体营销手段，从而保证整个营销组合的有效性。

（3）协调性。营销组合的有效性，必须以组合因素的合理搭配为前提。而营销组
合的因素要合理搭配，必须保持相互之间的协调性。协调性的最低要求是营销组合的
组合因素之间必须具有一致性。显然，如果在低档的杂货店销售高档化妆品，在产品、
价格及渠道选择与搭配上是缺乏一致性的。协调性的最高要求则是要使营销组合的组
合因素之间的相互配合实现一体化，即各种组合因素之间应该更积极地相互作用。例
如，高额的广告投入与产品的高定价就起到相互支持作用，因为来自高定价的额外收
入可用于增加广告投入，而大规模的广告投入又帮助提升了产品形象，使产品可以卖
出高价钱。

（4）动态性。企业的营销策略组合不是一成不变的静态组合，必须因时因地因人
改变。企业应根据市场需求、竞争者竞争状况等诸多因素的变化，善于动态地变化、
调整自己的营销组合，从而在市场上时时取得主动，提高市场竞争能力。

小思考

在继续深入学习每一个具体的营销组合因素之前，梳理一下我们对营销组合的
整体认识：
你认为什么是营销组合？它在整个营销管理过程中具有怎样的地位？
以你熟悉的一些产品的营销为例，说明其营销组合的安排。

9.2　产品决策概述

学一下 9 - 2

看一看：产品
与产品组合、
产品组合的
4 度

9.2.1　产品与产品分类

9.2.1.1　整体产品的概念

产品是指能够提供给市场以满足顾客需求的任何东西。产品可以包括实物、服务、体验、事件、人员、地点、所有权、组织、信息和创意等一切有形的和无形的东西，或者它们的组合。

❖营销战例 9 - 1

要"勇气"与"信任"吗？

一个 5 千克容量的"油漆桶"，里面装的商品是"思考"（thinking）；一支 200 毫升的三角形牙膏状商品，标签上的品名是"清洁空气"（clean air）；而装在一个 500 毫升马口铁罐头里的并非是可以食用的午餐肉或凤尾鱼，而是看不见摸不着的"沉默和安静"（silence）……

2007 年 5 月 24 日，国内第一家专门售卖抽象商品的"心灵超市"在上海新天地北里开张营业，只要你能想象得出的心灵补给品，比如勇气、信心、美丽，在这里都能买到。超市内的商品共有 43 种 16 000 个，其名称很有趣，除了"勇气""信心""思考"之外，还有与自我有关的"让你没压力""安心零食""没有垃圾的电邮"，与环境有关的"再生资源""清洁空气"等。走进"心灵超市"你会看到，其营业面积与一般的 24 小时便利店相当，室内布置以白色调为主，显得很清爽。

丹麦艺术家马德·哈格斯特罗丹（Mads Hagstrom）为超市专门开发出心灵补给品"请·谢谢·对不起"等。他说，超市的商品标价从 10 元至 100 元不等，主要与制作成本有关。

"心灵超市"收银台工作人员称，在开业 3 小时内，已成交 50 多单。

资料来源：俞凯．新天地周四开卖"勇气"和"信心"．东方早报，2007 - 05 - 22.

营销学中的产品是整体产品的概念，这显然与我们对产品的认识不同。通常，我们认为产品是企业通过生产而得到的某种有形的实物，如汽车、可乐及各种家用电器等。营销学认为这种狭义的有形产品概念不能有效地帮助企业通过自己的营销努力满足顾客的多方面需求，从而实现自己的利润及其他目标。只有采用广义的整体产品概念，才可以拓展企业视野，使其能够全方位地、创造性地满足顾客需求，达成营销目标，实现企业利益。

对于大多数企业来说，它的任务主要是为市场提供实物产品与服务，但由于产品和服务的提供变得越来越便利，许多企业为了提升自己对顾客需求的满足度，开始设计并向市场提供有别于一般实物产品和服务的顾客体验。显然，实物产品是有形的，服务是无形的，而体验是可记忆的。对顾客来说，产品和服务均由外部得到，而体验却发生在顾客的思想中，由顾客自己创造、是个人的。体验营销可能会成为越来越多的企业成功营销的法宝。

具体而言，整体产品的概念包含核心产品、实际产品和附加产品三个层次，如图 9-1 所示。

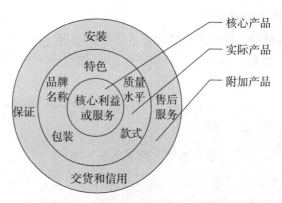

图 9-1 整体产品概念的三个层次

（1）核心产品。即顾客核心价值，这是顾客购买某种产品时所追求的基本利益，是顾客所要购买的实质性的东西。所以，核心产品是满足顾客需求的核心内容，是产品最基本、最主要的层次。实际中，顾客购买某种产品并不是为了拥有这种产品的实体，而是为了通过产品的消费满足自己的核心需求或欲望。例如，人们购买化妆品要满足的核心需求是护肤和美容，即对美的渴望和追求。鉴于此，营销人员的任务就是要发现隐藏在产品背后的真正需要，把顾客所需要的核心利益和服务有效地提供给顾客。一个成功的化妆品生产企业应清楚地认识到，"在工厂，我们生产化妆品；在商店，我们出售希望"。当然，对同一种产品，人们可以有不同的核心需求。例如，普通的消费人群对手机的核心需求是实现无线通信功能，而一些爱美的小女生可能更需要把漂亮的手机挂在脖子上使自己更加美丽。

（2）实际产品。是核心产品的载体，是用以满足市场需求的产品的具体的、可识别的形象表现。实际产品是整体产品概念的第二个层次，企业的设计和生产人员将核心产品转变为实际产品提供给顾客。实物形态的实际产品在这个层次上一般应具有五个方面的内容：质量水平、特色、款式设计、品牌名称和包装。如果实际产品是某种服务，也应具有类似特征。

（3）附加产品。是指顾客通过购买产品可以得到的附加服务或利益，属于整体产品概念的第三个层次，主要包括提供信贷、免费送货、安装、保养、退换及其他售后服务等。如今，激烈的市场竞争不仅要求企业在生产和销售什么产品上下功夫，还要求企业为顾客提供高质量、有效的附加服务和利益。美国著名管理学家李维特（Levitt）曾经指出：新的竞争不在于企业生产制造出什么产品，而在于企业能否给产品加上包装、

服务、广告、顾客咨询、融资、送货、保管或顾客认为有价值的其他任何东西。

9.2.1.2 产品分类

一般情况下，我们可以根据购买、使用产品的顾客类型，将产品分成三大类：消费品、工业品及组织、人员、地点和创意。

9.2.1.2.1 消费品

消费品（consumer product）是由最终消费者购买用于个人消费的产品。消费品包括便利产品、选购型产品、特制型产品和非渴求产品。由于消费者购买这些产品的方式不同，因而其营销方式也不同。

（1）便利产品（convenience product）：消费者经常、即时购买的产品。这类产品，消费者在购买时几乎不做什么比较，也不费什么精力。便利产品通常定价较低，而且营销人员将它们放在很多销售点出售，这样消费者一旦有需要就能立刻找到。软饮、肥皂等就属于便利产品。

（2）选购型产品（shopping product）：购买频率较低的消费品。在购买时，消费者会仔细地比较其适用性、质量、价格和样式。营销人员往往通过较少的渠道分销选购型产品，但是会提供更深入的销售支持以帮助消费者进行产品比较。家具、大家电都属于选购型产品。

（3）特制型产品（specialty product）：具有独特的个性或品牌识别的消费品。有相当一部分消费者愿意为购买这种特殊的产品而特别花费精力。营销人员必须让潜在消费者知道何处能找到它们。

（4）非渴求产品（unsought product）：消费者不知道或者知道但是不曾想过购买的产品。大多数新发明在消费者通过广告了解它们之前都是非渴求的。非渴求产品的经典例子是人寿保险和红十字会的献血活动。非渴求产品需要大量的广告、人员推销和其他营销努力。

❖营销资料 9—1

2021 年中国人舍得花钱的 6 样东西

新能源车

2021 年，新能源汽车的销量高歌猛进。前 11 个月，我国新能源汽车产销量分别达到 302.3 万辆和 299 万辆，同比几乎都是增长 1.7 倍。

露营游

5G 冲浪的你有没有发现，2021 年整个朋友圈都在露营？冲锋衣、登山鞋、帐篷睡袋、充气床垫、户外箱包、头枕坐垫，房车露营市场一夜间爆火，大量企业纷纷入局。数据显示，目前国内与露营相关的企业中有近一半成立于 2021 年。

咖啡

从年初风靡咖啡圈的厚乳拿铁，到夏天的生椰拿铁，再到秋冬治愈系丝绒拿铁，2021 年爆款咖啡频出的背后，是中国咖啡行业突飞猛进的发展。目前，我国已成为世界第一大咖啡消费市场。咖啡消费正以每年 15%～20% 的速度增长。

植发

国家卫健委调查显示，我国受脱发问题困扰的人近 2.5 亿，约占总人口的 1/6，大批"90 后"加入"脱发大军"。这场"秃"如其来的危机促使"头顶"经济迅速发展，预计植发医疗市场未来将继续维持高增长率，到 2030 年规模将超 750 亿元。

智慧家居

从家电设备的自动管理，到开关、插座、门锁等单品定制化使用，再到全屋智能管家式体验，中国智慧家居市场规模正在以每年 20％～30％的速度迅速增长。

宠物经济

在独居人群增多、人口老龄化加剧、经济水平提高等多重因素推动下，国内宠物市场规模急剧发展。数据显示，中国宠物经济产业规模近五年高速增长，预计 2023 年市场规模将达 4 456 亿元。

资料来源：榜单出炉！2021 年中国人舍得花钱的 6 样东西，竟然是它们！. 央视财经（微信公众号），2021 - 12 - 31，有删改.

9.2.1.2.2 工业品

工业品（industrial product）是用于进一步生产、加工或用于商业运营的产品，消费品和工业品的区别就在购买产品的目的。工业品有三种类型：材料和部件、资本项目以及供应品和服务。

（1）材料和部件（materials and parts）：包括原材料以及制成品和部件。原材料包括农产品（如小麦、水果）及天然产品（如木材、原油）。制成品和部件包括构成材料（如纱、水泥、电线）和构成部件（如小发动机、轮胎、铸件）。大多数制成品和部件直接卖给工业使用者。对于这类产品来说，价格和服务是主要的营销因素，品牌和广告显得不那么重要。

（2）资本项目（capital items）：是指在消费者的生产和运作过程中起辅助作用的工业品，包括装置和附属设备。装置包括大宗采购，如建筑物（厂房、办公室）、固定设备（发电机、电梯）。附属设备包括轻型制造工具和设备（手动工具、起重卡车），以及办公设备（计算机、办公桌）。

（3）供应品和服务（supplies and services）：包括操作供应品（润滑油、纸、铅笔）及维修和维护物品（油漆、图钉、扫帚）。供应品是工业领域的便利产品，因为采购它们通常很少花费精力或进行比较。服务包括维护和维修服务（清洗窗户、计算机修理）以及业务咨询服务（法律、管理咨询）。

9.2.1.2.3 组织、人员、地点和创意

组织常常举办活动来"销售"自己。组织营销（organization marketing）包括一系列旨在引发、维持或改变目标顾客对组织的态度和行为的活动。营利性组织和非营利性组织都在进行组织营销。

人员也可以看成是产品。人员营销（person marketing）包括一系列旨在引发、维

持或改变对特定人员的态度和行为的活动。企业家、体育人物以及专业人员，如医生、律师、会计师和建筑师等，都可以通过营销自己来建立良好的声誉。商业组织、慈善团体、运动队、艺术团、宗教组织以及其他组织都在使用人员营销，培养名人或与名人合作往往可以使这些组织更好地达到它们的目标。比如，著名篮球运动员姚明曾为中国联通、耐克及中国人保做过宣传。

地点营销（place marketing）包括一系列旨在引发、维持或改变对特定地点的态度和行为的活动。例如：城市、地区和国家相互竞争以吸引游客、新居民的到来。

创意（ideas）也可以营销。有人将其解释为将商业营销理念和工具用于旨在影响个人行为，从而提高个人和社会福利的活动。

9.2.2 产品组合

现在的企业提供给目标市场的通常都不是单一的产品，而是相关产品的组合。产品组合也称产品搭配（product assortment），指一个企业提供给市场的全部产品线和产品项目的组合或搭配。宝洁（中国）公司的产品组合如表9-2所示。

表9-2 宝洁（中国）公司的产品组合

产品线	产品项目
婴儿护理	帮宝适纸尿裤、拉拉裤、袋鼠裤、湿巾棉柔巾
织物护理	碧浪洗衣液、除菌液、内衣洗衣泡沫、洗衣凝珠、洗衣粉、除菌喷雾、抑菌珠、去味除菌剂、洗衣皂，当妮护衣留香珠、洗衣液、洗衣凝珠，汰渍洗衣液、洗衣粉、洗衣皂、洗衣凝珠
女性护理	舒隐吸水巾、吸水裤，丹碧丝导管棉条，护舒宝液体卫生巾、考拉呼呼卫生巾、秒吸云感棉卫生巾、女性私处洗液、考拉安睡裤、女性湿巾、少女掌心包卫生巾、迷你卫生巾、卫生护垫
男士理容	博朗男士电动剃须刀、男士造型系列、女士脱毛器、面部美容、直发器、吹风机、卷发器、离子梳、吉列剃须刀、剃须护理，维纳斯剃毛/脱毛器
秀发护理	澳丝洗发水、护发素、发膜、护发精油，髪的食谱洗发水、护发素，海飞丝洗发水、护发素、头发头皮营养液、头皮护理按摩膏，植感哲学洗发水、护发素，潘婷洗发水、护发素、发膜、护发精油，飘柔洗发水、护发素、润发乳、发膜、沙宣洗发水、护发素、发膜、定型喷雾、造型发膏
居家护理	风倍清除菌喷雾，JOY洗洁精、洗碗机专用洗涤块、去油清洁喷雾、洗碗凝珠
口腔护理	佳洁士牙膏、漱口水、牙贴、牙刷、牙线、漱口水、儿童牙膏、儿童牙刷，欧乐B电动牙刷、刷头
个人健康护理	息可舒
皮肤和个人护理	玉兰油护手霜、沐浴露、身体乳、磨砂膏、面霜、爽肤水、乳液、精华、防晒霜，SK-II洗面奶、爽肤水、化妆水、精华、乳液、面膜、面霜、眼霜、眼部精华、防晒霜，舒肤佳沐浴露、洗手液、香皂

资料来源：宝洁中国官网及相关品牌网页，2022-03-06.

企业的产品组合是由不同的产品线组成的，产品线（product line）即我们通常所说的产品大类，指密切相关的一组产品，这些产品功能上相似，可以销售给同类顾客群，并且采用同一类分销渠道，属于同一价格波动范围。每条产品线上又包含不同的产品项目，产品项目（product item）指产品线中各种不同品种、档次、花色、质量和价格的特定产品品目。

9.2.3 产品决策的内容

与产品相关的决策包括个别产品决策、产品线决策和产品组合决策。

9.2.3.1 个别产品决策

个别产品决策主要包括产品属性决策、产品的品牌与包装决策和产品支持服务策略。个别产品决策的相关内容详见本章第 3、4、5 节。

看一看：如何
制定产品决策：
产品决策的基
本结构

学一下 9-3

9.2.3.2 产品线决策

在进行了个别产品决策之后，企业必须进行产品线决策，对不同产品线上的所有产品有一个整体的合理规划、安排。产品线决策主要包括产品线长度决策和产品线现代化决策。

9.2.3.2.1 产品线长度决策

在进行产品线决策时，企业要决定产品线的长度，即产品线所包含的产品项目的数量。如果增加产品线中的产品项目可以增加利润，说明企业的产品线太短；反过来，如果减少产品线中的产品项目可以增加利润，就说明企业的产品线太长。产品线的长短还受制于企业的营销目标等因素。例如，如果企业非常看重投放在市场上产品的高利润率，可能会选择短一些的产品线，即只保留那些利润率高的产品项目。

企业可以通过产品线延伸与产品线扩充两种方式有计划地增加产品线的长度。

（1）产品线延伸。当企业通过突破现有生产范围来增加产品线的长度时，就属于产品线延伸。产品线延伸主要包括以下三种具体做法：

第一，向下延伸。企业原来生产经营高档产品，现在决定增加一些低档产品，属于向下延伸。企业采用向下延伸策略的主要原因有四：其一，企业因高档产品的销售增长缓慢而被迫生产低档产品；其二，企业的高档产品在市场上面临很大的竞争压力，企业必须以同时涉足低档产品的方式来与竞争者对抗；其三，企业一开始只是以生产高档产品来树立企业的高质量形象，在条件成熟之后再大量生产低档产品；其四，填补低档产品的市场空隙，不让竞争者有可乘之机。

企业采用向下延伸策略可能会有以下风险：低档产品容易影响企业已经树立的形象，并有可能进一步恶化高档产品的销售。因此，企业新推低档产品必须尽可能地使用与高档产品不同的品牌；同时，企业新增低档产品的举动，可能刺激竞争者转向高档产品和新产品的开发，造成竞争者更加激烈的竞争反扑；此外，企业原有的中间商可能不愿经营低档产品，担心会由此减少自己的利润。

第二，向上延伸。企业原来生产经营低档产品，现在决定增加一些高档产品，属于向上延伸。企业采用向上延伸策略的主要原因有三：其一，高档产品的销售增长率和利润率较高；其二，向上延伸可以使企业拥有高、中、低档齐备的、完整的产品线；其三，高档产品市场竞争不激烈，企业可以通过生产高档产品在市场上占有一席之地。

企业采用向上延伸策略可能会有以下风险：促使原来生产经营高档产品的竞争者

采取向下延伸策略，从而加大自己的竞争压力；目标顾客对企业生产经营高档产品的能力缺乏信任；企业的经销商缺乏足够的经销高档产品的经验和技能。

第三，双向延伸。企业原来生产经营中档产品，现在决定同时增加一些高、低档产品，属于双向延伸。企业采用双向延伸策略可以加强企业的竞争地位，从而取得市场领先地位。但这种策略需要企业有足够的资源、能力，并有可能因为产品项目界限不清而影响企业的利润。

(2) 产品线扩充。当企业在现有产品线范围内增加产品项目来增加产品线的长度时，就属于产品线扩充。企业采用这种策略的主要原因有：取得超额利润；尽量满足经销商的要求；尽可能地利用过剩的生产经营能力；力求取得市场领导地位或堵住漏洞、阻止竞争者乘虚而入。但是，产品线中的产品项目不宜过多，否则会造成产品项目之间由于差异太小而自相残杀，也使顾客在选购时难以决策。因此，企业应该设法保证不同的产品项目之间具有足够的差异空间，从而引起顾客对企业产品的注意。

实际上，由于企业生产能力过剩的压力以及新产品项目可能只是原有产品项目的改良、容易设计等企业内部原因，导致目前企业的产品线有不断扩展、加长的趋势。同时，企业的销售人员和经销商也以能更好地满足顾客的需要为理由要求增加产品项目，而促使产品线进一步加长。虽然产品线的加长可能使企业有更多的销售收入和利润，但随着产品线的加长，企业的设计和规划费、储运费、装卸费、制造费、订单处理费和促销费用也会随之上升。这样，可能会使企业产品线先是随意加长，而后大量删减，造成产品线的波动。

9.2.3.2.2　产品线现代化决策

有时企业产品线的长度虽然合适，但是产品线的生产形式与产品形式均已过时，就需要更新产品，对产品线进行现代化改造，这就是产品线现代化决策。

产品线现代化可以通过逐项更新或全线更新两种方式来实现。前者可以通过小的投资进行产品线的局部现代化，并在测试顾客及中间商的反应等因素之后，再做停止或继续更新的选择。这种做法虽然保险，但也容易被竞争者察觉出企业意图，从而迅速更新自己的产品线，使企业丧失竞争先机。全线更新则可以避免上述缺点，能一步到位，出奇制胜，但所需投资较大，且令企业承担更大的风险。

9.2.3.3　产品组合决策

安排好各个产品线后，企业必须做好所有产品线的组合或搭配决策，即进行产品组合决策。产品组合决策主要是对产品组合的宽度、长度、深度及相关性四大要素所做的决策安排。

9.2.3.3.1　产品组合的宽度决策

产品组合的宽度（width）是指一个企业拥有的产品线的数量。产品线数量越多，说明企业产品组合的宽度越宽。产品组合的宽度反映了一个企业市场服务范围的宽窄程度以及企业承担投资风险的能力。加大企业产品组合的宽度，可以扩大企业的经营范围，充分、合理地利用企业的各项资源，提高经济效益，降低经营风险。

9.2.3.3.2　产品组合的长度决策

产品组合的长度（length）是指企业产品线中的产品项目数量的总和。其中，总长度是所有产品线中的产品项目数量的总和，而平均长度是平均每条产品线的产品项目数量总和。增加产品组合的长度，可使产品线更加丰满。同时，也给每个产品系列增加了更多的变化因素。

9.2.3.3.3　产品组合的深度决策

产品组合的深度（depth）是指产品线中每个产品项目所具有的花色、口味、规格等不同种类的数量。把计算出的所有产品项目的深度累加在一起，就得到产品组合的总深度。总深度用总长度去除就可以得到产品组合的平均深度。增加产品组合的深度，可使各产品线有更多的花色、品种，适应顾客的不同需要，扩大产品的总销售量。

9.2.3.3.4　产品组合的相关性决策

产品组合的相关性（consistency）又称产品组合的密度，是指产品组合的各个产品线在最终使用、生产条件、分销渠道或其他方面相关联的程度，这种相关联的程度越高，产品组合的相关性就越大。产品组合相关性的高低，可决定企业能够在多大领域内加强竞争地位和获得更高的声誉。增加产品组合的相关性，可以充分发挥企业现有的生产、技术、分销渠道和其他方面的能力，提高企业的竞争力，增强其市场地位，提高经营的安全性。

必须注意，企业所面对的市场环境因素是动态的、多变的，各种因素的变化会对企业产品的营销产生正反两方面的影响。因此，企业要经常对自己的产品组合进行分析、评估和调整，力求保持最适当、合理的产品组合。

9.3　产品属性决策

在进行个别产品决策时，首先必须进行产品属性决策。产品属性决策要规定产品可以为目标市场提供的利益。产品属性决策包括产品质量、产品特色和产品设计三个方面的内容。

9.3.1　产品质量决策

产品质量（product quality）是指产品性能质量，即产品实现其使用价值的能力，通常包括产品的耐用性、可靠性、精密度、使用及维修的方便性以及其他有价值的属性。产品质量是产品的生命，是企业竞争力的源泉，是企业进行市场定位的重要工具。优良的产品质量可以为企业赢得信誉，树立良好的企业形象，可以帮助企业更好地满足市场需求，增加收益。

产品质量可以通过产品质量级别和产品质量一致性来衡量：

（1）产品质量级别包括为产品建立的不同的质量标准和质量水平。除了相关政府部门颁布的产品质量标准外，企业必须确定自己的产品质量标准。企业的产品质量标准要根据不同产品的特点，规定一些主要的质量指标。同时，企业还要加强产品质量监督，对每道工序和每件产品质量都要严格控制，严禁不合格的产品流入市场。产品质量水平可以分成低级、中级、高级和超级四个不同层次。有研究表明，在其他条件不变的情况下，一定范围内企业的产品质量与投资收益成正比，但产品质量也不是越高越好，如果产品质量超过一定的高度，可能因为市场需求量过小等原因导致企业的投资收益率减少。

企业产品质量级别的选择应该符合其在目标市场上的定位需要，即与目标市场上的需求及竞争产品的质量级别相一致。也就是说，企业为目标市场顾客提供的产品的质量与顾客的要求相一致。例如，假如手机的一般用户由于特别在乎手机的时尚性而频繁地更换手机，过长的手机使用寿命就不是顾客所需。对手机制造商来说，长寿命和高质量的要求就是一种没有意义的浪费。

（2）产品质量一致性是高水平的质量一致性，即产品质量必须符合质量标准，且目标性能质量标准必须保持前后一致。

世界各地大多数企业都实行全面质量管理（total quality management，简称 TQM）。通过全面质量管理，企业不断地提高每一个生产过程中的产品质量和工艺水平，并通过产品质量的提升，提高顾客价值。

9.3.2　产品特色决策

产品质量从基本的层面保证产品的属性，但要想使自己的产品在激烈的市场竞争中脱颖而出，企业的产品还要有鲜明的特色。产品特色是使企业产品区别于竞争对手产品的重要因素。以满足市场需求的新特色领先提供新产品给顾客，是企业保证自己取得竞争优势的最重要的途径之一。

成功的产品特色的确立，来源于在充分考虑企业资源与目标的前提下，对顾客需求及竞争对手产品的认真分析、把握。事实上，特色是企业更好地吸引、满足顾客需求的重要手段，企业不能为特色而特色。所以，企业在形成产品特色决策时，要首先调查、了解顾客的意愿和爱好。在此基础上，企业可以考虑通过增加哪些特色来改进自己的产品，从而更好地满足顾客需求。必须注意的是，在形成每一种产品特色决策时，除考虑企业特长以外，企业更重要的是要认真考虑形成的特色对顾客的价值及与相关的企业成本的比较。如果可以以合适或较小的成本投入获得高度的顾客价值满足，就应该让产品具有这种特色；反之，这种特色就没有实用的价值。

9.3.3　产品设计决策

产品设计（product design）是从顾客需要出发，对改善产品外观和提升产品性能的全部特征的组合。与众不同的产品设计是增加顾客价值的又一个重要法宝。产品设计以提供新颖别致的产品式样、外观为平台，因为新颖别致的产品式样和外观，才会吸引更多的眼球。但产品设计不光是要有鲜亮的外观，还必须有涉及产品核心的产品实用性能的提升。所以，优秀的产品设计，可以增加产品对顾客的吸引力，提高产品的性能，降低产品生产成本，从而使产品在市场中有更优势的竞争地位。

世界上许多国家的经济发展及在国际市场上竞争力的加强，都离不开工业产品的设计。日本人曾提出"设计立业"，视设计为产业命脉。目前，我国企业对产品设计越来越重视，产品设计水平越来越高。许多高等院校也开设工业设计专业，为企业培养优秀的产品设计人才。

放大镜 9-2

大师在说 9-2

产品设计的十条重要原则

迪特·拉姆斯（Dieter Rams）是影响非常深远的设计大师，他的很多代表作品已经完成了由"经典"到"日常"的蜕变。有人将迪特·拉姆斯过去在博朗的设计，直接与苹果、索尼的产品进行比对，试图找出内在的联系和传承。不得不说，不论是外在还是内在，几乎一脉相承。

迪特·拉姆斯提出了十项他认为好的设计应该遵循的重要原则，亦称"设计十诫"。

第一，好的设计是不断创新（Good design is innovative）。

第二，好的设计是实用的（Good design makes a product useful）。

第三，好的设计是唯美的（Good design is aesthetic）。

第四，好的设计是能让产品说话的（Good design makes a product understandable）。

第五，好的设计是安静的（Good design is unobtrusive）。

第六，好的设计是诚实的（Good design is honest）。

第七，好的设计是历久不衰的（Good design is long-lasting）。

第八，好的设计是周密的（Good design is thorough，down to the last detail）。

第九，好的设计是能与生态和平共处的（Good design is environmentally friendly）。

第十，好的设计是极简的（Good design is as little design as possible）。

资料来源：Dieter Rams 设计十诫：产品设计十条重要的原则．数英网，2014-05-15，有删改．

学一下 9-4

看一看：品牌及基本的品牌决策

9.4 产品的品牌与包装决策

9.4.1 产品的品牌

品牌是产品的重要组成部分，是进行个别产品决策时必须考虑的问题。

（1）品牌（brand）。品牌是企业为其产品或服务规定的名称、术语、符号、图案等要素或这些要素的组合，用以识别企业或企业的产品，并与竞争对手及其产品相区别。

（2）品牌名称（brand name）。品牌名称是品牌的重要组成部分，是品牌中可用语言或文字直接表达的部分。

（3）品牌标志（brand mark）。品牌标志是品牌的重要组成部分，是品牌中不能用语言或文字直接表达的特定的视觉标志，包括术语、符号、图案及其他元素或它们的特定组合。

（4）商标（trade mark）。商标是一个法律范畴的概念，是经政府相关部门依法注册的品牌或品牌的一部分。商标受到法律的保护，享有长期专用权，是一项重要的工业产权和知识产权。

如今，品牌对企业及其产品已变得非常重要，没有品牌的产品越来越少。

❖营销战例 9-2

南北稻香村之争

2018 年，北京稻香村和苏州稻香村的商标权之争引起舆论关注，原因是北京知识产权法院判决苏州稻香村及其关联公司侵犯了北京稻香村的商标权，应停止使用"稻香村"商标，并赔偿北京稻香村经济损失。而苏州工业园区法院则在不到一个月后作出了相反的判决，判定北京稻香村侵犯了苏州稻香村的商标权，北京稻香村应停止使用"稻香村"商标，并赔偿苏州稻香村损失。一南一北两个稻香村，分别在自己的"主场"打赢了官司，让人不禁疑惑：以后还能吃到"稻香村"吗？

其实，苏州稻香村和北京稻香村的争议由来已久。

南北稻香村本源自一家。据公认的历史，稻香村最早于清乾隆年间在苏州创立，清末苏州稻香村掌柜进京开店，稻香村南案糕点很快风靡北京。还有来自河北保定的学徒，在北京稻香村学艺之后回乡创业，在保定也开了稻香村点心店。早在 1980 年代就将"稻香村"注册为商标的，其实是保定稻香村。北京稻香村则在大约 10 年后注册了自己的"稻香村"商标。进入 21 世纪，保定稻香村拥有的商标辗转转让给了苏州稻香村。苏州稻香村随后又申请注册一份与北京稻香村商标图案相似的商标，因为北京稻香村的异议而被国家商标评审委员会否决。经过多年数轮法庭交锋后，最高法最终裁定，商标委不通过苏州稻香村商品注册申请的决定合法。2018 年 6 月，北京知识产权法院又一审宣判另一起涉及双方商标的案件，判定北京稻香村新注册的"北京稻香村"商标有效。

不过，双方的争议并没有平息。在电商成为重要销售渠道的当下，两家稻香村都在网上使用相似的商标，极易引起混淆。于是就有了北京稻香村向北京知识产权法院起诉苏州稻香村侵权，而苏州稻香村在苏州法院起诉北京稻香村侵权的 2 个官司。

两个稻香村的商标权之争已经历时十余年，甚至连累部分经销商因为销售一家公司的商品，被另一家公司以侵犯商标权为由告上法庭。从司法文书公开网上看，全国各地已经有很多起类似的案例。而此次两地法院一审判决结果公布后，更是引起了很大反响。如果两起案件二审结果仍然不同，最高法应该按照法律程序，在两起案件的判决生效后，对判决进行审查，依法提审，作出统一的判决，以定纷止争，以使"稻香村"这一老字号能发扬光大，而不是消失在两家公司的内耗中。

资料来源：辛省志.南北稻香村之争背后的大问题.南方周末，2018-10-18，有删改.

小思考

在学习具体的品牌决策之前，想一想，你对身边的哪些品牌比较熟悉，你为什么会对这些品牌印象深刻？

9.4.2 产品的品牌决策

产品的品牌决策主要包括品牌化决策、品牌负责人决策以及家族品牌决策。在此基础上，企业还必须进行品牌设计决策。如图9-2所示。

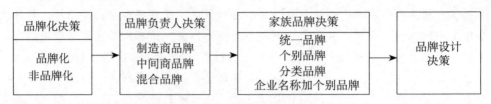

图9-2 产品的品牌决策

9.4.2.1 基本的产品品牌决策

基本的产品品牌决策包括品牌化决策、品牌负责人决策和家族品牌决策。其中，品牌化决策决定是否要使用品牌；品牌负责人决策决定如果使用品牌，要使用谁的品牌；家族品牌决策则决定如果使用自己的品牌，具体应该怎样安排。

9.4.2.1.1 品牌化决策

产品品牌决策应该首先从品牌化决策开始。品牌化决策是关于产品是否要品牌的选择。产品要有品牌，即品牌化；产品不要品牌，即非品牌化。

在第8章里，我们已经了解了品牌对产品及企业的意义。企业拥有自己的品牌，肯定会产生相应的投入，如为树立良好的品牌形象必须为品牌宣传而花费广告宣传费用，从而增加企业的生产经营成本；同时，企业如不慎发生对品牌具有负面影响的事件或行为时，可能会因此遭受损失，即必须为品牌承担一定的市场风险。所以，出于类似的考虑，非品牌化也可以是企业的一种选择。另外，在不同的贸易过程中，由于买方的特别需要，卖方也有可能进行非品牌化处理。

9.4.2.1.2 品牌负责人决策

企业在进行品牌化决策中决定使用品牌即选择品牌化时，可以进一步进行品牌负责人决策。品牌负责人决策将决定企业使用何种品牌，即进行所谓的品牌归属决策。品牌负责人决策主要有三种选择：企业使用自己的品牌、企业使用中间商的品牌以及两者同时都使用的混合品牌。

企业使用属于自己的品牌，被称为制造商品牌、企业品牌或全国性品牌。例如，我们熟悉的联想、海尔等都是制造商自己的品牌。企业的产品使用中间商的品牌，被称为中间商品牌、私人品牌或地区性品牌。中间商品牌是企业将其产品销售给中间商，而由中间商使用自己的品牌将产品转卖出去。例如，京客隆、华联、永辉、家乐福等零售商，都拥有自己品牌的产品，而这些产品一般均由相关企业代工生产。企业对部分产品使用自己的品牌、部分产品使用中间商品牌，即同时使用制造商品牌和中间商品牌，被称为混合品牌。

企业选择使用制造商品牌还是中间商品牌，需要综合考虑许多因素，权衡哪种选择更有利于自己营销目标的实现。通常，企业有良好的市场信誉及形象、市场地位优越，使用制造商品牌具有更好的效果。但是，如果企业实力薄弱、资源紧缺，中间商品牌可能是企业更好的选择。另外，如果中间商在目标市场拥有较好的品牌信誉及庞大而完善的销售网络，企业通过利用中间商品牌可以更好地占领市场时，也可以考虑使用中间商品牌。所以，企业进入国际市场时经常会先选择中间商品牌。例如，索尼在刚进入美国市场时使用的就是美国本土著名的零售商西尔斯的品牌。

除去上述三种基本的品牌负责人决策，企业在考虑品牌归属时，还可以选择特许品牌和共同品牌。

特许品牌（licensed brand）是指企业通过支付费用而使用其他制造商的品牌，或者使用来自一些流行影视作品、图书中的著名人物、角色等作为品牌。例如，美国华纳兄弟公司的"唐老鸭""米老鼠"已成为众多企业使用的世界著名卡通品牌。而共同品牌（co-brand）是指两个已经创立并使用的不同的制造商品牌用在同一产品上。这种情况大多是由于一个企业将获得特许的另一个企业的著名品牌与自己的品牌合并而形成。例如，索尼手机与爱立信手机曾经共同建立索爱手机品牌。而且，由于索爱手机品牌的建立，索尼手机曾淡出市场，而爱立信手机则已退出市场。

9.4.2.1.3 家族品牌决策

在决定了品牌归属之后，无论哪种选择，企业都要决定怎样安排自己的品牌。一般来说，主要有统一品牌、个别品牌、分类品牌和企业名称加个别品牌四种策略可供企业选择。

（1）统一品牌策略。又叫单一品牌策略，即企业所有的产品都统一使用一个品牌。例如，海尔集团生产的冰箱、彩电、洗衣机、空调等所有的家电产品都使用"海尔"这个品牌。我们所熟悉的国内外许多知名企业，如索尼、飞利浦、联想、TCL等，采用的都是统一品牌策略。统一品牌策略能够降低企业产品特别是新产品的广告宣传费用；如果企业的品牌有良好的市场形象及足够的号召力，统一品牌策略可以使企业方便、迅速、顺利地推出新产品；同时，统一品牌下庞大的产品群有助于彰显企业实力，塑造完整的企业形象。但是，统一品牌策略也有可能使企业承担更大的风险，统一品牌下的产品链中若有一种产品因某种原因出现问题，就可能导致产品链断掉，而使企业的全部产品和整个企业的信誉受到影响；同时，统一品牌由于品牌无差异，通过品牌不能有效传达产品之间的不同特点，使顾客难以区分产品的不同性能、质量档次等，给顾客的购买带来不便。

（2）个别品牌策略。即企业对不同的产品分别使用不同的品牌。例如，中国移动公司为其旗下的通信产品建立的"全球通"、"神州行"及"动感地带"等品牌，采用的就是个别品牌策略。个别品牌策略与统一品牌策略的优缺点正好相反。个别品牌策略可以通过品牌有效传达产品特色，更大限度地保证企业产品整体信誉，企业信誉不会因为某个产品的问题而受到负面的影响。另外，不同的产品品牌也有利于企业不同的新产品出现在不同的目标市场。当然，个别品牌策略会加大企业的品牌广告宣传费用，同时，由于品牌繁多，也会加大企业管理的难度。

（3）分类品牌策略。即企业对不同大类的产品使用不同的品牌，这是一种介于前两种策略之间的选择。所以，可能同时具有前两种策略的特点。企业实际操作时，除可以根据自己的不同产品大类选择不同的品牌外，也可以根据同类产品不同的质量档次或特色选择不同的品牌。

（4）企业名称加个别品牌策略。即企业对其不同的产品使用不同的品牌，但在相应产品的品牌前统一加上企业名称。例如，一汽轿车旗下的"一汽奔腾"及"一汽马自达"等采用的就是企业名称加个别品牌策略。企业名称加个别品牌策略，可以有效地避免个别品牌策略有可能造成的各个品牌自立山头的弊端，有利于塑造企业产品的整体形象，并在企业名称的旗帜下便捷地推出新产品。同时，这一策略还可以具有个别品牌的优点，能利用品牌清晰地表达不同产品的不同特征。

9.4.2.2 品牌设计决策

成功的品牌往往得益于成功的品牌设计。在品牌设计过程中，企业要注意坚持以下几个基本原则：

（1）简洁醒目，易读易记，有足够的感染力。品牌必须便于顾客认知、传诵和记忆，并可以牢牢吸引顾客。所以，品牌设计最基本的原则是简洁醒目，易读易记，有足够的感染力。为此，品牌名称不宜使用过长、生僻和难以诵读的文字，而品牌标识也不宜使用呆板、缺乏特色的符号、颜色或图案。"同仁堂""娃哈哈"等著名品牌，既读起来朗朗上口，又令人过目不忘。

（2）构思巧妙，暗示产品属性。优秀的品牌设计，可以使品牌有效地向外界传达、标示产品的优点和特性，暗示产品的优良属性。以汽车发明人本茨（Benz）命名的奔驰（Benz）轿车，同时采用了类似汽车方向盘的简洁标志，品牌名称与品牌标识的有机结合，有效暗示了奔驰品牌轿车高档、优质的属性。

（3）创意独特，内涵丰富。没有创意的品牌，不可能具有自己鲜明的个性；没有内涵的品牌，只能是没有生命力的空架子。因此，好的品牌设计应该使品牌有其独特的内涵和创意。同是使用 M 作为品牌标志，麦当劳（McDonald's）与摩托罗拉（Motorola）用的各不相同：麦当劳的 M 圆滑、柔和，令人感到亲切自然；摩托罗拉的 M 则棱角分明、双峰突起，令人感受到它在高科技领域的领先地位。老字号六必居、亨得利都有自己的品牌传奇故事，品牌具有深刻的内涵。

（4）合理、合法。品牌设计必须注意市场所在地的风俗民情，尊重当地文化习惯，合情合理，易于被消费者接受。可口可乐堪称品牌设计的一大奇迹，不同语言的"可口可乐"，不仅与品牌的属性要求非常贴切，在世界各地市场都深受欢迎。另外，品牌设计还必须符合市场所在地的法律规范。例如，根据现行的《中华人民共和国商标法》的规定，品牌设计不能与我国的国家名称、国旗、国徽、军旗、勋章等相同或者近似，也不能同中央国家机关的名称、标志，所在地特定地点的名称或者标志性建筑物的名称、图形相同。

9.4.3 包装决策

包装（packaging）是为产品提供生产容器或包裹物及其设计装潢的行为。大多数有形产品在从生产领域转移到消费领域的过程中，都需要有适当的包装。因此，包装是整个产品生产的重要组成部分。鉴于此，有人甚至认为包装是 4P 以外的第 5 个 P。

产品包装一般包括以下内容：

（1）首要包装。产品的直接容器或包装物，它保证产品正常存在及其功能正常发挥。例如，饮料的瓶子、牙膏的软管等。

（2）次要包装。保护首要包装的包装物。如装牙膏软管的纸盒等。

（3）运输包装。为了便于储存、识别和运输产品所需要的装运包装。如装运牙膏的大纸板箱。

（4）标签。是指打印或贴在包装上随包装一起出现的说明产品的信息。一般来说，标签上包括包装内容和产品所包含的主要成分、品牌标志、产品质量等级、生产厂家、生产日期和有效期、使用方法等内容，有些标签为了促销还印有相关的彩色图案或实物照片。

9.4.3.1 包装的作用

（1）保护产品。良好的包装可以使产品在流通过程中，在顾客保存产品期间不致损坏、变质、散落，从而保护产品的使用价值。例如，用复合铝箔袋抽氧充氮密封包装茶叶，可以有效防止茶叶香味散发和接触空气而氧化变质。

（2）促进产品销售。设计良好的包装可以美化、宣传和介绍产品，吸引更多的顾客购买产品。并且，有效的包装可以帮助企业做好产品定位，开拓更多的市场范围。例如，正是由于小袋真空包装的出现，使四川特产涪陵榨菜名扬四海，远销世界各国。

（3）提高产品价值。良好的包装不仅可以促进销售，而且可以提升产品档次，提高产品附加价值。在市场上，在可比较的情况下，包装精美的产品肯定可以卖出更好的价格。

（4）方便产品的经营和消费。有个性的产品包装可以成为产品特色的一个重要组成部分，并由此与竞争产品相区别，而便于市场识别、选择；同时，良好的包装可以方便产品储运、陈列、买卖，方便顾客选购和使用。

9.4.3.2 包装设计的基本原则

企业在进行包装设计时，应注意以下原则：

（1）包装应与产品的价值或质量相适应。因为包装是产品营销的诸多要素之一，所以包装必须要与其他产品要素相互呼应、协调。包装应能显示产品的特点或独特风格。"一等产品、二等包装"或者"二等产品、一等包装"都有可能不利于产品的销售。通过调查分析，有人认为包装成本应该控制在产品本身价值的 13%～15%。

（2）包装要美观大方，独具特色。包装有可能成为顾客实际接触产品的第一印象，所以设计时要充分考虑其审美习惯，美观大方的包装让顾客愉悦，并愿意购买产品。同时，包装还必须有自己的个性，独特的包装才可能吸引顾客的注意。

（3）包装要方便储运、陈列，方便顾客选购、携带和使用。包装的美学功能不能忽视，包装的实用价值更要高度重视。在保证安全的前提下，包装要尽可能小巧、适当。这样既节省储运费用，更便于储存、运输、陈列；同时，包装要尽可能提供不同的规格和分量以方便顾客选购，企业应通过不断改进包装技术以方便顾客使用。

（4）通过包装提供的信息要准确、真实。包装上关于产品成分、性能、使用方法、分量、规格、有效期限等说明信息一定要符合实际，要具体、真实、准确，不应使顾客产生误解。

（5）符合法律规定，尊重购买者的宗教信仰、风俗习惯。包装设计中，一定要注意不得违背国家的有关法律法规，尊重不同人群的宗教信仰和风俗习惯，切忌使用有损购买者宗教感情和容易触及购买者忌讳的包装设计，必要时可以用不同的包装满足不同目标市场的需要。

（6）保证安全。包装的安全性要求是包装设计的基础原则。从某种意义上说，没有包装的安全，别的原则就无从谈起。包装的安全性，首先表现在通过合理的包装设计及包装材料的使用，保证产品安全储运、陈列以及安全携带、使用；包装的安全性还表现在包装有利于环境保护、便于回收上。

9.4.3.3　包装的具体策略

通常，企业可以选择以下几种包装策略：

（1）类似包装策略。即企业对其生产的各种产品，在包装上均采用相同或相似的图案、色彩，体现共同的特征的策略。类似包装策略可以帮助企业很好地树立企业整体形象，节约包装成本。这种策略比较适用于产品属性相近的产品，而当产品差异较大时不宜使用。

（2）差异包装策略。即企业对其生产的各种产品，分别使用不同的包装，即在设计上采用不同的风格、色彩和包装材料的策略。差异包装策略可以有效地突出不同产品的个性，使企业的产品包装丰富多彩。并且，由于产品之间的关联性较弱，可以尽可能地避免某一产品失误对企业产品整体的负面影响。当然，这种策略也相应地会增加包装成本，加大包装难度。

（3）等级包装策略。即企业对不同等级的产品分别设计、使用不同的包装的策略。采用这种策略，可以使包装水平与产品质量水平相对应、匹配，可以更好地适应购买者不同的购买力水平，满足不同购买者的需要。

（4）配套包装策略。即企业将几种相关的产品配套放在同一包装物内的包装策略。这种策略可以使购买者更加便捷地选购、携带与使用产品。同时，也有利于更多、更广地销售企业的产品，特别有利于新产品的销售。但在实际运用时，要注意根据购买者的需求及购买能力合理、适当地搭配产品。

（5）再使用包装策略，又称复合用途包装策略。使用这种包装策略，购买者在使用完包装内的产品之后，还可以将包装物用作其他用途。由于包装的可再利用，这种策略可以更好地刺激、吸引购买者购买产品，从而促进产品的销售。同时，包装的重复使用使购买者更多地接触产品形象，可以更好地宣传产品，加深购买者的印象。

（6）附赠品包装策略。即在包装上或包装内附有赠品以吸引购买者购买或重复购买的策略。这种策略可以将奖券、不同实物等作为赠品来刺激购买者，比较适用于儿童食品和用品及一些日用品的销售。

（7）更新包装策略。即企业根据自己对市场的研究和判断，通过改变产品包装设计、包装材料的方法，使用新的包装的策略。更新包装策略可以使购买者产生新鲜感，甚至可以改变产品在购买者心目中的形象、地位，从而提升购买者对产品的好感，扩大产品销售。

9.4.3.4 标签

标签（labeling）是任何一个包装不可缺少的部分，它可以是贴在产品上的简单签条，也可以是作为包装一部分的复杂设计和图案。

标签可以用来说明产品或品牌。它包括的内容主要有产品制造商、产地、生产时间、保质期限、产品的内容和功能、产品的使用方法及如何安全使用产品等。标签还可以通过使用有吸引力的图案或照片等形式，来吸引购买者，从而促进产品的销售。因此，标签就其作用而言，包括说服性标签（促销性标签）和说明性标签两种形式。

除标签以外，在产品的包装上，我们还会看到通用产品代码及包装标志。超市和其他大批量的经销点中的许多商品上都有通用产品代码。它用一系列宽窄不同的竖线来表示不同的数字代码，俗称条形码。这些竖线由计算机光学扫描仪读取并能由此反映相应的商品品名、包装规格和价格等信息。另外，商品的相关信息还可通过条形码在收款条上打印出来。条形码可以帮助零售商迅速、准确地准备好购买者所购物品清单，帮助零售商管理存货和追踪销售情况。

包装标志是在产品运输包装外部印制的有关图形、文字等内容，主要包括运输标志、指示性标志及警告性标志三类。其中，运输标志又称唛头，是印有收货人、发货人、目的地或中转地、编号、场地等内容的包装标志，可以由几何图形、特定字母或数字以及简短文字来构成。指示性标志是根据商品特性，用醒目的图形和简单文字（如"易碎""向上"等）指示储运等过程中相关人员注意操作的包装标示。警告性标志是在易燃、易爆、腐蚀性及放射性等特殊危险品上起特别警示作用的包装标志，如"易燃品""有毒品"等。

9.5　服务与产品支持服务策略

9.5.1　服务的内涵与特点

服务（service）是整体产品的重要组成部分，是企业为顾客提供的不导致任何所有权产生的、无形的相关活动或利益。服务的提供可以与有形产品联系在一起，也可以与有形产品无关。

从服务与有形产品关系的角度来看，我们可以按照有形产品与服务的不同组合，将企业提供给市场的产品分成五类，如表9-3所示。

表 9 - 3　有形产品与服务的不同组合

有形产品 ←				→ 服务
纯有形产品	伴随服务的有形产品	有形产品与服务混合	伴随小物品与小服务的主要服务	纯服务
企业向市场只提供有形产品，产品中不伴随任何服务	伴随向市场提供的有形产品，企业同时为顾客提供旨在提升产品吸引力及价值的一种或多种服务	企业向市场提供相当的有形产品与服务	企业在向市场提供一项主要服务的同时，同时附加提供一些小服务或辅助产品	企业向市场只提供服务
一些低值日用品，如肥皂、信封等	计算机的免费维修服务	美容店为顾客既提供美容品，又提供美容服务	航空公司在提供航空客运的同时，提供饮料、食品等有形产品及免费地面天气预报服务	理发、保健按摩

从营销的角度看，与有形产品相比，服务具有四个重要的特点：

（1）无形性。就存在形态而言，服务与有形产品最大的不同在于，服务是看不见、摸不着、听不到的无形产品，它的价值要通过服务的提供与接受的过程来实现。

（2）不可分离性。与有形产品的生产与消费不同的是，服务的提供与消费通常是同时进行的。这样，在企业提供服务的过程中，消费者同时在场，服务的过程是在企业和消费者之间的相互作用下完成的。

（3）可变性。服务是由人提供的，所以，服务的提供会因提供者、提供时间与地点等具体因素的不同而不同。因此，服务质量的控制要比有形产品质量的控制更为复杂困难。

（4）不可储存性。服务的上述特点，决定了服务的不可储存性，即服务是易消失的。服务的不可储存性，为企业均衡地提供服务增加了难度。

9.5.2　服务策略

9.5.2.1　服务性企业服务策略

9.5.2.1.1　新 3P 决策

对提供服务的服务性企业来说，针对特定的目标市场，企业除了要做好 4P 的决策以外，还必须做好人（people）、实体证明（physical evidence）及过程（process）的新 3P 决策：

（1）人。由于企业的服务一般都是通过自己的员工来向顾客提供的，所以，员工的素质、服务意识与服务水平将是决定企业的服务质量及服务能否让顾客满意的重要因素。企业必须注重员工的选聘、培训和管理，充分调动员工的服务热情，不断完善他们的服务观念与意识，从而保证为顾客提供满意的服务。

（2）实体证明。企业可以通过设计和形成有效的实体证明来表现自己的服务质量。

实体证明是企业根据自己的目标与资源状况，设计并展示的能够让顾客感觉到的企业服务的质量、风格与状况。

（3）过程。企业应该选择不同的形式即过程来为其顾客提供服务。企业服务过程的多元化，能为顾客提供更为丰富的选择。

9.5.2.1.2 服务性企业服务策略的内容

服务性企业的服务策略主要体现在竞争差别化、服务质量和生产率三个方面，具体内容如下所述：

（1）实施竞争差别化策略。在竞争日益激烈的今天，只有提供差别化服务而不是一味地强调低价，才能保证企业真正满足顾客需求，有效地获得利润。竞争差别化可以通过提供有差异的服务项目与内容、更快更好的服务交付系统以及有差异的形象等手段实现：

第一，提供有差异的服务项目与内容。这是指企业通过不断地创新，为顾客提供富有自己特色的服务项目与内容。企业可以在顾客需要的基本服务项目与内容的基础上，为一些次要服务增加特色。

第二，更快更好的服务交付系统。企业还可以通过更快更好的服务交付系统来实现竞争差别化。更快更好的服务交付系统可以通过更高的可靠性、更大的灵活性以及不断的创新来实现。

第三，有差异的形象。服务性企业可以通过使用不同的标志或名称来形成自己有特色的形象，并与竞争对手形成差异。

（2）管理服务质量。服务质量的好坏，将从根本上决定服务性企业的顾客满意状况及市场回报。实际上，顾客对企业服务质量的认知，是通过其接受服务后所感知到的服务与事先对企业的预期服务比较之后的结果。而其中的预期服务，由顾客通过过去的感受、口碑及企业相关的广告宣传所形成。如果顾客所感知到的服务不能达到预期服务的水准，顾客就会对企业不满，并有可能放弃对企业服务的选择；反之，顾客就有可能再次选择企业的服务。

决定企业服务质量的主要因素有五个，按照重要程度依次排序为：可信性，即企业实施已承诺服务的可信赖性和精确性的能力；责任心，即企业自觉自愿帮助顾客提供快速服务的程度；保证，即企业员工服务顾客的知识和礼貌，以及他们向顾客传播信任和信心的能力；深入度，即企业对顾客照顾及个性化关心的程度；有形性，即企业服务顾客的实体工具、设备、人员和沟通材料的体现。

为了提升企业服务质量，企业必须注意以下几个方面的工作：

第一，树立服务质量战略观念。企业必须充分了解目标顾客及其需求，并制定出有自己特色的服务战略以满足顾客需求。

第二，强化企业高层管理者的质量责任。企业要建立服务质量负责制度，高层管理者必须对服务质量负责。

第三，制定服务质量的高标准。优秀的企业都为自己制定服务质量的高标准，并为服务的"无缺点"而努力。

第四，建立有效的监督制度。企业应由专人负责企业及竞争者的服务绩效的定期考核、评价，通过各种方式掌握顾客对企业服务的评价与要求，并利用有效控制保证企业服务绩效目标不断提升。

第五，设立顾客投诉机制。投诉是顾客与企业沟通的重要渠道，如果处理得当，投诉将有可能为企业带来更为忠诚的购买者和更加卓有成效的顾客服务。

第六，使企业员工和顾客都满意。满意的企业员工才能为顾客带来满意的服务，从而为企业带来满意的利润。

（3）提高生产率。服务是有成本代价的。因此，企业在提高服务质量的同时，必须降低成本，提高生产率。

企业可以通过以下七种方式来提高自己的生产率：

第一，通过挑选和培训提高企业员工的工作技能，从而使他们工作更加努力、工作更加熟练。

第二，在许可的前提下，企业通过在某种程度上放弃服务质量来增加服务数量。

第三，通过增加设备和标准化生产来实现"服务工业化"，如实现服务的流水化作业。

第四，用发明一种产品的办法减少或淘汰某种服务需求。

第五，设计、提供更为高效的服务。

第六，通过自助式服务等方式鼓励顾客用自己的劳动满足自己的服务需求。

第七，不断利用新技术给顾客提供更好的服务，并使企业员工服务效率更高。

9.5.2.2 非服务性企业服务策略

对非服务性企业来说，和服务有关的策略主要是做好产品支持服务的管理工作。产品支持服务是指用以扩大实际产品外延的服务，如为顾客送货、安装、保养、维修，以及提供产品信息、咨询和消费信贷等。

企业在进行产品支持服务决策时，需要认真考虑以下几个方面的内容：

（1）明确顾客的服务需求。顾客需求是企业为之设计并提供产品和产品支持服务的重要出发点与归宿。就企业的产品支持服务而言，一般顾客非常在意产品的可靠性（可靠性越高，产品有效期内出现故障的频率越低，从而在根本上保证了产品支持服务的高质量）、故障停机时间（企业的产品支持服务质量越高，顾客故障停机时间越短，顾客使用成本越低）以及产品维护与修理服务的成本这三方面的因素。顾客可能会综合考虑上述因素，即通过计算和评估企业产品的生命周期成本（购买成本加维护与修理成本，减去折旧残值后的现值）的高低来选择企业的产品与产品支持服务。

（2）鉴别对顾客最具价值的服务，并按相对重要程度对顾客所需服务排序。不同顾客对企业不同产品的支持服务项目的要求是不同的。企业必须有能力鉴别对顾客最具价值的服务，并以自己的努力有效地加以满足。在此基础上，还可以通过提供"增值服务"更好地满足顾客的需求。

（3）按重要程度的不同，有序安排、规划企业的产品设计和服务组合决策。好的产品设计和质量，是减少产品后续支持服务需求的重要保证。以此为前提，企业可以合理安排自己的产品支持服务组合。通常，企业可以有四种选择：通过企业自己的顾客服务部门提供产品支持服务；由中间商提供产品支持服务；由独立的服务性企业提供产品支持服务；不提供产品支持服务而由顾客自己解决问题。

本章小结

这一章，我们开始去掌握如何制定针对目标市场的具体营销策略，主要内容包括以下几个方面：

1. 4P 与 4C

营销组合是企业为达成营销目标，针对特定的目标市场而制定的具体营销手段的合理组合。具体营销手段即策略主要包括产品（product）策略、价格（price）策略、渠道（place）策略及促销（promotion）策略，即所谓的 4P。

4P 是站在企业也即卖方的角度来看问题的，而要真正取得营销的成功，企业还必须站在市场的角度来考虑顾客解决方案（customer solution）、顾客成本（customer cost）、便利（convenience）和交流（communication），即所谓的 4C。

2. 整体产品

产品是指能够提供给市场以满足顾客需求的任何东西，即所谓的"整体产品"。产品可以包括实物、服务、体验、事件、人员、地点、所有权、组织、信息和创意等一切有形的和无形的东西，或者它们的组合。整体产品的概念包含核心产品、实际产品和附加产品三个层次。采用广义的整体产品概念，可以拓展企业视野，使其能够全方位地、创造性地满足顾客需求，达成营销目标，实现企业利益。

3. 产品决策

与产品相关的决策包括个别产品决策、产品线决策和产品组合决策。个别产品决策钊针对不同的产品个体来进行，主要包括产品属性决策、产品的品牌与包装决策和产品支持服务策略。产品线决策是在进行了个别产品决策之后，对不同产品线上的所有产品整体的合理规划、安排，主要包括产品线长度决策和产品线现代化决策。产品组合决策是在安排好所有产品线后，对产品线的组合或搭配进行决策，主要是对产品组合的宽度、长度、深度及相关性四大要素所做的决策安排。

4. 产品属性决策

产品属性决策是个别产品决策最先必须决定的内容，企业通过产品属性决策规定产品可以为目标市场提供的利益。产品属性决策包括产品质量、产品特色和产品设计决策三个方面的内容。

5. 品牌决策

品牌是企业为其产品或服务规定的名称、术语、符号、图案等要素或这些要素的组合，用以识别企业或企业的产品，并与竞争对手及其产品相区别，它是产品的重要组成部分，是进行个别产品决策时必须考虑的问题。品牌决策主要包括品牌化决策、品牌负责人决策及家族品牌决策。

重要概念

营销组合　整体产品　消费品　工业品　产品组合　产品线　产品项目　产品质量　产品特色　产品设计　品牌　品牌名称　品牌标志　商标　包装　标签　服务

帮记 9 - 2

1. 本章的"导入案例"对你有什么启示？你认为营销组合对企业营销有何作用？
2. 你是怎样看待 4P 与 4C 的关系的？
3. 讨论营销学中的"整体产品"概念与你所熟悉的产品概念的异同。

营销实战分析

中国榜样

老字号"内联升"

"头顶马聚源，脚踩内联升，身穿八大祥，腰缠四大恒"，说的是 20 世纪京城达官贵人流行的穿着打扮。其中，"脚踩内联升"指的就是内联升布鞋。内联升不仅是京城响当当的中华老字号，如今还紧跟时代脉搏，也为一众年轻人追捧！内联升如何既保留中国风，又持续创新？

2013 年是内联升建店 160 年，内联升决定在恭王府做一次大型时尚发布活动。正是从这次活动开始，内联升正式拉开了品牌时尚化转型序幕。恭王府花园一直以来就是很有故事的地方，"一座恭王府，半部晚清史"。选择在这里做发布活动，是因为在历史上内联升跟宅子主人有很深的渊源。恭王府的主人恭亲王奕䜣，是洋务运动的实际领导人，也是内联升服务的重要顾客。

从这次活动开始，内联升做了许多时尚转型尝试：一是与设计团队合作，包括中央美院、北京工业大学、北京服装学院；二是与很多时尚的年轻设计师合作；三是与一些时尚潮牌合作。

这种转型成果逐渐凸显，尤其是跟一些大 IP（intellectual property，即知识产权，这里指网红人物、网红产品、网红概念、网红文学影视游戏等的知识产权）的合作，奠定了内联升在文创衍生品这条路线上取得成绩的基础。

2016 年以来，内联升先后推出与故宫、淘宝合作的文创系列——"探花"；与美国迪士尼公司合作推出系列女鞋产品；与国内动漫《大鱼海棠》合作推出同名系列产品。此外，还有与《愤怒的小鸟》《长草颜团子》等动漫的合作。内联升还在北京的时尚地标——三里屯太古里做了一次时尚快闪店（popup store），为期 10 天。在这次快闪店活动期间，推出了两个全新系列：一是"养家之人"（the breadwinner），这是一部获得奥斯卡最佳动漫提名的动画片；二是热播剧《如懿传》。不管是跟文创的结合，还是跟设计师的合作，都为内联升下一步品牌的时尚化转型打下了一定的基础。

从文创角度看，内联升走的是两条路线：一是跟国外的卡通、IP 合作，这个相对时尚潮流一些，可以从中抓取一些时尚元素，同时还有很多已经形成的粉丝。这类成熟的 IP 更容易产品化，比如卡通的图案、元素便于设计。二是中国风路线。这也是内联升的品牌基调，包括跟故宫、淘宝合作，跟《大鱼海棠》《九州牧云记》《如懿传》合作等。这些遵循的都是唯美中国风路线，挖掘中国的传统经典元素，美术的、非遗的，以及传统的文化、典故等。

内联升相信 95％以上的人买鞋都是为了穿，所以要保留鞋的实用性。布鞋本身穿着十分舒适，还能跟不同的服装搭配。内联升希望通过与其他元素的结合，丰富产品的调性，或者说增加搭配的张力。顾客穿着不同的服饰，都可以找到可供搭配的内联升布鞋。比如，潮人非常时尚，就可以选择含迪士尼、养家之人元素的系列鞋品；如果平时就偏好清新、文艺风，那选择如懿传、大鱼海棠这种风格就更契合。

从专业角度分，内联升鞋品大致分为四大类：手工布鞋、冷粘布鞋、手工皮鞋、冷粘皮鞋，它们占产品的95％以上。手工布鞋是内联升的核心产品，也是国家级非物质文化遗产，是内联升的保护技艺、核心技艺。手工布鞋制鞋的原材料也是优中选优，这类产品占内联升所有产品的60％～70％。内联升的手工皮鞋工艺在国内能排进前三，接近于国外的同类名牌鞋品，样式新颖，比较时尚，偏正装，一般商场里能看到的手工皮鞋的样式内联升都有，而且价位只有国外同类鞋品的一半，性价比非常高。

内联升的冷粘布鞋偏运动、休闲风格，这类产品的目标受众是年轻人。市面上大部分的皮鞋都是冷粘皮鞋，内联升的冷粘皮鞋质量也非常好。北京市内主要三甲医院医生和护士的工作用鞋都是内联升品牌的冷粘皮鞋。他们在日常工作中穿，是他们的职业鞋，非常舒适、耐用。

手工布鞋通常是分工序在不同地方制作，最后再组合在一起。一双千层布鞋鞋底，2100针，每平方寸九九八十一针，需要一个熟练大工两天时间；缝合鞋帮、鞋底，熟练的技术工人一天能绱两双鞋；定制鞋还需要加上设计鞋楦、改鞋帮、鞋样等工序时间。定制鞋不同款式价位不同，一般单鞋均价在1500元左右，棉鞋稍微贵一点，2000多元。这个价位跟技师付出的时间和心力相比并不高。

新中国成立以来，内联升定制鞋服务惠及更多的老百姓，现在越来越多的年轻人追求定制，他们希望打造一双专属于自己的、个性化十足的鞋。在举行三里屯快闪期间，差不多每天每个在现场的师傅都能接待十几双到二十几双的定制鞋订单。这表明当下年轻人对定制化、个性化越来越关注，这也是内联升未来定制业务的一个方向。

目前内联升定制服务主要提供的就是手工布鞋，不过材质可以替换。比如说，布面换成皮面，底换成皮底，材料、颜色可以自己选，还可以在鞋帮上绣花或者绣自己的名字，这样更加个性化。

内联升产品相对其他一般品牌的产品，不管是经典款式，还是近几年开发的新款，生命周期都比一般的鞋类品牌更长一些。一般的鞋品生命周期就是一年，内联升的产品可能能到三年。但是，产品的生命周期的整体趋势是在缩短的。过去能卖五年的鞋，现在只能卖三年。其他牌子过去能卖两年，现在只能卖一年。所以，内联升现在也在调整生产、研发、设计，力求产品迭代的速度更快，通过产品迭代提升其舒适度，拉近产品与顾客需求之间的距离。

资料来源：张晓芳.北京旅游网专访北京内联升鞋业有限公司副总经理程旭.北京旅游（微信公众号），2021-11-24，有删改.

思考与分析：

1. 内联升为适应市场变化，做了哪些营销努力？对此你有何评价？

2. 你认为内联升应该如何优化自己的营销策略？

3. 你认为内联升对其他老字号企业有何启示？

素养提升

1. 寻找身边你熟悉（或者感兴趣）的中国企业，概述它的营销组合策略。

2. 你认为中国企业为什么要加强产品设计？哪些中国企业的产品设计让你印象深刻？为什么？

营销实战训练

产品：满足顾客需求的基础

项目名称		制定产品策略	项目类别	个人训练
目的		实际体验个别产品策略的制定		
项目方案	步骤	项目内容		时间
	1. 准备	任意选择一家自己熟悉并感兴趣的企业，通过网络等途径了解这家企业的产品，并准备为该企业推出相关的新产品。		与第9章教学时间同步，课外完成。
	2. 分析与思考	(1) 通过调查、分析，界定这一新产品的目标顾客及主要的顾客需求。 (2) 界定并明确表述这一新产品的基本属性。 (3) 为这一新产品设计品牌名称及品牌标志。 (4) 为这一新产品设计包装。 (5) 设计新产品的上市销售计划。		
	3. 形成报告	将上述分析与思考形成文字报告。		
成绩测评		根据学生提交的报告给定成绩。		

营销基本功必备之五

"讨价还价"

目的：

提高学生的商务谈判能力。

规则与方式：

（1）即兴谈判。2～3位学生结为一组，随机抽取小组配对，进行谈判，现场限定主题及谈判双方性质，依次表现。全班同一时间内就谈判内容准备15分钟，每一小组谈判表现必须持续20分钟。

（2）商务谈判。学生分为两大组，共同决定主题，模拟实际商务谈判。课下进行相关准备，要求课堂上持续谈判时间为60分钟。

提示1：谈判的要点

1）准备。

● 准备的重要内容：谈判中的论点（确保自己对谈判的主题比对方有更多了解）；谈判对手（尽可能了解对手）。

2）合理确定谈判底线与目标。

● 限度是你为所得愿意放弃什么。

● 底线由限度确定（底线非常接近限度，但需有足够空间）。

● 不要让自己没有回旋余地（不要一开始就提出自己的限度，这样违反了正常谈判基本原则，要善于讨价还价）。

● 制定一个好的目标。制定好的目标必须兼顾目标的挑战性与可及性、主要目标与次要目标、长期目标与短期目标。同时，要注意随机应变，校正目标。

3）善于控制情绪。

● 暂停可以帮助你有效地控制情绪。

● 找到适合自己的暂停方式。

4）学会倾听。

● 倾听通向合作，要保证积极的倾听必须尽量做到：排除干扰；保持清醒；记笔记；不怕陌生的行话、提问；该沉默时就沉默；等等。而通常不能积极倾听的原因主要包括：防御心理；不自信；身心疲倦；习惯性成见；不承认别人的价值；等等。

● 积极倾听还必须注意留意他人身体语言等特殊信息。通常，人们可从身体的四个不同部位发送或接受身体语言，这四个不同部位以能力高低排序为：面部表情和眼神、胳膊和手、腿和脚、姿势和姿态。

5）言简意赅，表达清晰。

● 表达流畅、清晰的基本技巧主要包括：善于营造氛围、客观描述事件、清晰地描述完成任务的步骤、引用可利用的资料等。

● 要做到言简意赅首先必须明白自己的意图与目标，时刻坚持自己的承诺，并注意表达浅显易懂。通常，害怕被拒绝、害怕伤害别人、疲劳、懒惰、有干扰等情形容易导致表达不清楚。

● 在面对对方离题、未做准备、忙得无法表述等不清晰的表达时要令其改变。

6）懂得如何结束谈判。

● 运用变通的方法结束谈判（退后一小步，前进一大步）。

● 谈判成功要有书面合同或口头合同。

● 回到起点时应该结束谈判。由于不同原因退出谈判时，要总结对方观点与己方观点、表明退出原因、不指责别人、表示感谢、表示下一步做法，并注意辨别他人的身体语言。

提示 2：即兴谈判的主题

● 买一辆二手车。

● 要求加薪。

● 买新婚家具。

● 筹划婚礼。

● 买房子。

● 就房屋装修合同进行谈判。

● 就离婚协议进行谈判。

● 租借房子。

● 与孩子进行关于午睡、禁吃甜食等强迫性问题的谈判。

● 为残疾老人选择医疗护理。

● 深夜看世界杯足球比赛。

提示3：商务谈判主题

甲方：学校。

乙方：供货商（某电器专卖商店）。

谈判事由：学校想要购买1 000台彩电。

第10章

价格决策

 方向标

帮记 10 - 1

　　价格与价格竞争是企业在营销过程中必须面对的极其重要的问题。在营销组合中，价格与其他营销手段相比是唯一能直接产生收入的因素，同时也是营销组合中灵活、易变的因素。通过本章的学习，我们要学会如何制定一个合适的价格，并且对这一价格进行有效的管理。在了解定价的一般理论的基础上，还要把握定价的基本方法，并研究一些具体的价格策略及可能的价格变动。

　　我们要达成的目标：

知识与能力目标

★ 了解影响定价的因素；

★ 了解定价的基本过程；

★ 掌握定价的基本方法；

★ 掌握具体的价格调整与变动策略。

素养目标

★ 了解如何根据中国企业实际，培养科学、合理、有效的价格决策观，制定合理的价格决策。

◉ **导入案例**

零元购

2020 年 7 月 10 日，掌阅智能 FaceNote 推出"FaceNote F1 打卡零元购及专属图书馆活动"。参与活动的用户不仅能通过打卡的趣味形式免费获得"能打电话的电子书"，还能形成良好的阅读习惯。

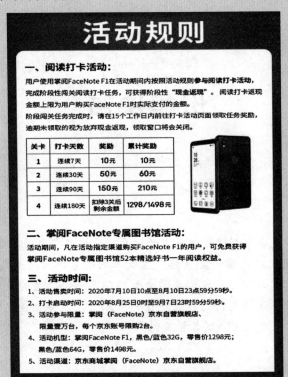

资料来源：京东 App 相关产品页面，2020-07-10.

10.1　主要的定价理论

　　价格是商品价值的货币表现。就企业而言，商品的价值首先是它在生产、经营这一商品时所耗费的代价，因此价格就是用一定的货币量表示的这些代价的报酬。一般情况下，企业的代价主要由为生产、经营这一商品所付出的成本和应该获得的正常利润两大部分所组成。当商品在市场上的价格能够补偿成本并获得正常利润时，企业才会满意。但就购买者而言，商品的价值等于他们从商品使用中获得的满足。如果所付出的价格能够达到预期的满足程度，他们就认为商品"值"那么多，否则就"不值"那么多或不合算。从理论上讲，影响市场价格水平变动的因素主要有三方面：一是商品价值，在其他因素不变的条件下，单位商品价值量增加，以货币表现的商品价格将随之上升，反之则下降；二是货币价值与货币量，在其他因素不变的条件下，货币价值下降，商品价格就上升，反之则下降；三是供求关系，当商品供不应求时，商品的价格就上升，反之则下降。

10.1.1　供需理论

由于企业和购买者的立场不同，他们在主观上对价格的确定有着不同的理解，而市场的最终价格又必须为双方同时接受，因此，供需理论认为，商品的价格由供求所决定，价格总是在一定的市场供求状况下形成的。

10.1.1.1　需求对价格形成的影响

需求规律表明，同一种商品，假如不存在影响需求的其他因素的话，那么价格越低，需求量就越大。需求规律还认为，除了价格因素外，需求还受到购买者对该商品的偏好、收入及其他替代商品价格的影响。当购买者的收入提高，或对该商品的偏好增强，或替代商品的价格变化时，对这一商品的需求就会发生变化。

10.1.1.2　供给对价格形成的影响

商品的市场价格越高，意味着企业所获得的报酬越丰厚，因此企业愿意向市场提供的商品数量也就越多，即价格越高，供给量越大。这种情况正好与需求相反。当然，除了价格对供给产生重大影响外，还有一些因素也在影响供给。如政府的财税政策、生产技术和原材料价格等的变动，都会导致供给发生变化。

10.1.1.3　市场价格的形成

当供给量等于需求量时，就形成一个供求双方都可以接受的价格。经济学将这个价格称为均衡价格。在供求和价格以外的其他因素不变的情况下，当某种商品的价格高于其市场均衡价格时，该商品的需求量就下降，供给量则上升，形成供过于求的局面，这表明价格影响并决定商品供求。同样，当某种商品的需求减少且供给增多时，价格会自发地下落到均衡价格点或均衡价格点之下，这又表明商品供求影响并决定价格。一定时期内，某种商品的供求与价格处在这种无休止地相互影响、彼此制约的过程中，使该商品的市场供求从不平衡到平衡，又从平衡到新的不平衡……如此往复。平衡是相对的、暂时的，不平衡是绝对的、长时间的，我们把这种现象称为供求规律。

就供给和需求这两种力量而言，在不同的时间范围内，对价格的影响作用是不同的。短期内，市场需求对均衡价格的形成起主要作用。需求上升，价格上升；需求下降，价格下降。中期内，供给和需求对均衡价格的形成起着相似的作用。长期内，由于生产者产量变化和技术进步，加之竞争者的加入，供给者可以适应需求的任何变化，供给对均衡价格的形成起主要作用。

10.1.2　需求价格弹性

需求价格弹性是指在一定时期内，一种商品的需求量的相对变动对于该商品的价格的相对变动的反应程度。其公式为：

$$E_p = \frac{\Delta Q/Q}{\Delta P/P}$$

式中：E_p——需求价格弹性系数，取绝对值；

  Q——需求量；

  ΔQ——需求的变化量；

  P——价格；

  ΔP——价格的变化量。

E_p 值主要有以下三种情况：

（1）当 $E_p>1$ 时，称富有弹性，即一种商品的需求量变化幅度大于价格的变动幅度。这表明该商品的需求对其价格变化较为敏感。非必需品、奢侈品以及一些替代品多、竞争激烈的商品等多属于这种情况。

（2）当 $E_p<1$ 时，称缺乏弹性，即一种商品的需求量变化幅度要小于价格变动的幅度。这表明该商品的需求对其价格变化较为迟钝。基本生活用品、生产资料商品和替代品少的商品多属于这种情况。

（3）当 $E_p=1$ 时，称单元弹性，即一种商品的需求量变化幅度与其价格变动幅度相等。

通过研究需求价格弹性系数，我们不难发现，在需求富有弹性时，由于需求对价格变动反应灵敏，企业在降低成本、保证质量的前提下，采用低价策略可吸引购买者，扩大销售，争取较多利润。而当需求缺乏弹性时，由于需求对价格变动反应迟钝，可适当提高价格以增加单位利润。当需求为单元弹性时，由于情况复杂，企业定价时应研究市场状况，找出影响需求变化的关键因素，据此选择相应的价格。

小思考

你是怎么理解价格的？在购买和消费某个商品或服务时，你是如何看待它的标价的？或者，玩个记忆游戏：试试看，你能说出你熟悉的产品的价格吗？

学一下 10-1

看一看：如何
制定价格决策：
价格决策的基
本结构

看一看：影响
定价的主要因素

10.2 影响定价的主要因素

企业在制定价格策略时，可以在明确企业目标的前提下，仔细分析、评估消费者需求特性、成本状况以及竞争对手的产品与价格，从而通过选择适当的定价方法确定产品最终价格。当然，随着企业或市场相关因素的改变，价格应该随之发生变动。定价的基本过程如图 10-1 所示。

显然，定价的过程并非那么简单。价格的确定要受到企业营销目标、成本、产品属性、市场与需求、竞争对手的营销策略等诸多因素的影响。而且，这些因素相互之间以及这些因素与价格之间均相互影响，形成错综复杂的关系。下面，我们将分别介绍影响定价的内部因素和外部因素。

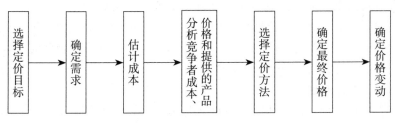

图 10 - 1　定价的基本过程

10.2.1　影响定价的内部因素

10.2.1.1　企业营销目标

一个企业对它的营销目标越清楚，制定价格就越容易。企业可以通过定价来追求生存、最大当期利润、最高当期收入、最高销售成长及产品质量领先等主要目标，具体内容如下所述：

（1）生存。当企业遇上生产力过剩或激烈竞争及其他特殊情况时，要把维持生存作为其主要目标。为了保持生产的延续和尽量减少存货，企业必须为产品定一个较低的价格，因为只要价格能够弥补企业的可变成本和适当的固定成本，企业就能够维持发展。同时，企业还希望市场能够对价格反应敏感。在这种情况下，利润比生存次要得多。

（2）最大当期利润。企业如果要为产品制定一个能实现最大当期利润的价格，这个价格将能产生最大的当期利润、现金流量或投资回报率，就需要估计需求和成本，要对产品的需求量和成本函数了如指掌，这在实践中是难以做到的。同时，企业如果过多考虑通过定价使当期利润最大化，容易导致只强调当前的财务经营状况而忽视企业的长期效益。

（3）最高当期收入。有些企业会为产品制定一个能实现最高当期收入的价格，原因在于他们认为最高当期收入将会导致利润的最大化和产品市场份额的增长。

（4）最高销售成长。有些企业希望通过定价实现最高销售成长。它们认为产品销售额越高，单位成本就越低，长期利润也就越高。如果市场对价格十分敏感，企业可以把产品价格定得很低，采用所谓的市场渗透定价，并以此获得更大的市场份额。企业以最高销售成长作为目标的前提条件是，首先，市场对价格非常敏感，低价可刺激企业的市场份额进一步扩大；其次，随着生产经验的积累，企业的生产和分销成本将会降低；最后，低价可以有效抑制企业现实的和潜在的竞争者。

（5）产品质量领先。企业可以追求在市场上具有产品质量领先地位的目标，这通常需要企业以较高的价格来支付高的成本投入，并以高价格来表明产品的高质量。

除上述主要目标以外，企业还可以通过定价实现考虑中间商的需要、适应竞争的需要以及符合国家相关价格政策等目标。

10.2.1.2　成本

企业在实际定价中，必须考虑包括生产、分销产品的所有成本。产品成本是定价的基础，是企业经济核算的盈亏临界点。定价大于成本，企业就能获得赢利，反之则亏本。也就是说，成本决定价格的下限。因此，企业对产品定价必须考虑补偿成本。

对企业而言，其总成本由固定成本和变动成本组成。固定成本是指不随产量变化而变化的成本，如固定资产折旧、机器设备租金、管理人员费用等。变动成本是指随产量变化而变化的成本，如原材料、一线工人工资等。就总体而言，企业定价时首先要使总成本得到补偿，这就要求价格不能低于产品单位总成本。

10.2.1.3 产品属性

产品的基本属性都有可能影响企业的价格决策，下面分别介绍产品属性对定价的影响。

10.2.1.3.1 产品特色属性

产品特色属性对定价的影响主要表现在三个方面：

（1）产品的异质性。产品的异质性越强，产品的定价就越有自由度。反过来，同质性越强的产品，由于顾客易于判断而定价自由度小。

（2）产品的主观享受性。产品的主观享受性越强，定价就越有自由度。反过来，客观实用性越强的产品，由于顾客易于判断而定价自由度小。例如，艺术品的定价空间显然要远远大于一些日用品的定价空间。

（3）产品的可获得性。产品的可获得性越小，定价就越有自由度，通常价格较高。反过来，越是容易获得的产品，由于易于获得而定价自由度小，且通常价格较低。

10.2.1.3.2 产品质量属性

针对不同的产品质量水平，企业应该制定不同的价格，采取不同的价格策略。表10-1指出了企业可以采用的一些不同的产品质量-价格组合策略。

表10-1　产品质量-价格组合策略

质量	价格		
	高	中	低
高	溢价策略	高价值策略	超值策略
中	高价策略	普通策略	优良价值策略
低	欺骗策略	虚假经济策略	经济策略

10.2.2　影响定价的外部因素

10.2.2.1　市场与需求

市场与需求状况决定产品的价格上限。企业必须清楚市场与需求和价格的对应关系，清楚市场与需求的特性。在需求富有弹性时，企业采用低价策略可吸引消费者，扩大销售，争取较多利润。而当需求缺乏弹性时，企业可适当提高价格以增加单位利润。当需求为单元弹性时，由于情况复杂，企业定价时，应研究市场状况，找出影响需求变化的关键因素，据此选择相应的价格策略。

10.2.2.2　不同的市场类型

面对经济学中的四种不同的市场类型，企业应该制定不同的价格策略：

（1）完全竞争市场。在完全竞争市场中，由于市场由众多的进行标准化商品交易的购买者和销售者组成，任一购买者或销售者均无影响现行价格的能力，故大家只能接受现行市场价格。事实上，完全竞争市场只是一种理论上的想象。

（2）垄断竞争市场。在垄断竞争市场中，市场由众多按照系列价格而不是单一价格进行交易的购买者和销售者组成。在这一市场中，因为购买者购买差异性产品时愿意支付不同的价格，所以存在系列价格。这时，销售者就成为强有力的价格控制者，他们将力图使自己以更有特色的产品或服务来满足购买者的需求，并采取相应的控制价格的策略。

（3）寡头垄断市场。在寡头垄断市场中，市场销售者由少数几个彼此互相了解的销售者组成，且新的销售者难以加入。寡头垄断市场又可细分为两类：一类是纯粹寡头垄断市场，其产品是同质产品（钢材等金属材料）；另一类是差异性寡头垄断市场，其产品是非同质产品（电脑、轿车）。在纯粹寡头垄断市场中，由于竞争者少、产品同质且销售者互相非常在意对方的变化，任何一个竞争者均不可能通过独自改变价格得到利益，因而整个市场价格相对稳定，但销售者在广告宣传等方面竞争较激烈。在差异性寡头垄断市场中，各销售者将致力于使自己成为差异性寡头，力求使自己的产品在购买者心目中有不可替代的地位，从而拥有更多的定价优势。

（4）完全垄断市场。在完全垄断市场中，只有一个销售者存在，由于没有竞争，垄断者完全控制市场价格，它可以在法律允许范围内自由定价。垄断者为了自身利润最大化而通常采取价格歧视策略。

10.2.2.3　竞争对手的价格策略

竞争对手提供的产品及其成本、价格，以及竞争对手面对企业定价可能作出的反应等因素，也将影响企业的价格制定。

除此之外，企业在制定价格策略时必须认真考虑宏观经济状况、能源及其他资源的状况、政府的法律法规、社会公众的态度等因素。

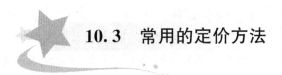

10.3　常用的定价方法

成本、需求和竞争是影响企业定价行为的三个主要因素。在营销实践中，由于市场环境和产品特性的差异，不同类的产品往往对某一因素特别敏感，因而促使企业在决定产品价格时更多地侧重于这一因素，这样也就形成了成本导向、需求导向和竞争导向三大类基本定价方法。

学一下 10-2

10.3.1　成本导向定价法

成本导向定价法是企业主要以产品成本为基础，侧重于成本因素而相对不注重需求和竞争因素的定价方法。由于企业采用的成本项目和所追求的利润指标不同，成本导向定价法又可分为成本加成定价法、盈亏平衡定价法和边际贡献定价法三种。

10.3.1.1　成本加成定价法

成本加成定价法是一种较常用的以成本为中心的定价方法，其特点是在产品的单位成本上加上一个标准的加成。加成是指一定比例的利润。其公式为：

$$P = C(1+R)$$

式中：P——单位产品价格；

C——单位产品成本；

R——成本加成率。

例如：某公司产品采用外包加工方式进行生产，每件产品的外包价是120元，公司将加成率定为50%，则该公司的产品定价为120×（1＋50%）＝180（元）。

产品的成本包括以下几个组成部分：

（1）直接材料费：是指直接用于产品生产，构成产品实体的原材料、主要材料、外购半成品等其他直接材料的费用。

（2）直接人工费：是指直接从事产品生产的工人工资和福利费等。

（3）制造费用：是指企业生产车间为组织和管理生产而发生的各项费用，如生产设备运转所发生的水费、电费、能源费等，管理人员的工资、职工福利费、差旅费、保险费等。制造费用在多品种生产的情况下，按一定标准分配后，计入产品生产成本。至于分配的标准和比例，各企业、各产品可能会有所不同。

上述成本组成内容，根据现行会计制度，叫作制造成本法，用公式表示就是：

制造成本＝直接材料费＋直接人工费＋制造费用

但是企业在销售产品时还会发生销售费用，有些销售费用直接计入当期损益，月终全部转入"本年利润"账户，以确定当期经营成果，而运杂费、包装费、广告费等却要算作销售的直接费用，理应构成产品完全成本的组成部分。为了方便起见，将制造费用、销售费用合并为间接费用，因此公式为：

完全成本＝直接材料费＋直接人工费＋间接费用

例如：某公司4月份共生产了6 000件A产品，消耗原材料6 000 000元，支付生产工人工资7 200 000元，生产设备运转成本为10 200 000元，4月份制造费用3 000 000元，广告费为3 000 000元，公司规定的制造成本加成率为50%，完全成本加成率为35%，试分别确定制造成本加成法的A产品单价和完全成本加成法的A产品单价。

制造成本＝直接材料费＋直接人工费＋制造费用

＝6 000 000＋7 200 000＋10 200 000＋3 000 000

＝26 400 000（元）

单位产品制造成本＝制造成本/产品产量

＝2 640 000/6 000

＝4 400（元/件）

产品单价＝单位产品制造成本×（1＋制造成本加成率）

＝4 400×（1＋50%）

＝6 600（元/件）

完全成本＝直接材料费＋直接人工费＋间接费用

＝6 000 000＋7 200 000＋10 200 000＋3 000 000＋3 000 000

＝29 400 000（元）

单位产品完全成本＝29 400 000/6 000

＝4 900（元/件）

$$产品单价＝单位产品完全成本×(1＋完全成本加成率)$$
$$=4\,900×(1＋35\%)$$
$$=6\,615（元/件）$$

通常，行业内同类商品的加成率一般是比较固定的，也可以说是形成了某种习惯。这种情况在零售业中表现得相当明显。例如，美国的百货公司一般将烟草制品的加成率定为 20%；照相机定为 28%；书籍定为 34%；服装定为 41%；一般装饰品定为 40%。在我国，很多商品的加成率也已形成一种习惯，采用成本加成定价法的企业也很多。

虽然成本加成定价法存在着不合理的因素，但它仍然是目前企业界流行的定价方法之一，其原因主要有三点：（1）简单易行；（2）如果同行业的加成比例接近，制定出来的价格就会相差不多，企业相互间的竞争和摩擦就不会太激烈；（3）卖方的"将本求利"行为更易使买方接受。

10.3.1.2　盈亏平衡定价法

盈亏平衡定价法是企业按照生产某种产品的总成本和销售收入维持平衡的原则，制定产品保本价格的一种方法。其计算公式为：

看一看：盈亏平衡分析定价法

$$产品单价＝单位变动成本＋\frac{固定成本}{销售量}$$

例如，某公司产品的年销量为 10 万件，产品单位变动成本为 25 元，年固定成本为 120 万元，则利用盈亏平衡法定价为：25＋120/10＝37（元/件）。

利用盈亏平衡定价法，我们也可以制定出一种能获得一定利润的产品价格。

小思考

如何利用盈亏平衡定价法来确定能保证一定利润水平的价格？

假如某企业目标利润为 200 万元，预计的销量为 100 万件，固定成本 600 万元，单位变动成本为 4 元/件，定价多少可以实现目标利润？

10.3.1.3　边际贡献定价法

边际贡献定价法又称边际成本定价法，即仅计算变动成本，不计算固定成本，而以预期的边际贡献补偿固定成本，获得收益的定价方法。所谓边际贡献，是指价格中超过变动成本的部分。当企业生产多品种产品而开工率不足时，企业按原价格已无法出售它的产品，只能采取降价的策略，但这时的价格必须包含一部分边际贡献，以使企业在全部补偿变动成本后，还剩下一定的余额，用来补偿一部分固定成本，减少企业亏损。

例如，某企业 A 产品年产量为 1 000 万件，全部变动成本 600 万元，固定成本 400 万元，每件产品的平均变动成本为 0.6 元，平均固定成本为 0.4 元，在正常情况下，企业的定价必须高于 1 元，才会有利润。但现在的情况是即使产品保本价格为 1 元也难以实现企业的销售目标，考虑到停产并不能减少企业的固定成本支出，企业可以采用边际贡献定价法定价。也就是说，如果企业将产品的价格定为大于 0.6 元，企业就会获得一定的边际贡献，以补偿一部分固定成本支出，从而减少亏损。

10.3.2　需求导向定价法

需求导向定价法是指企业主要以市场对其产品的需求程度和购买者对产品价值的理解程度为基础，来确定价格的定价方法，它注重需求因素而相对不注重成本和竞争因素对定价的影响。

10.3.2.1　理解价值定价法

理解价值定价法是一种根据购买者对产品价值的认知程度来确定产品价格的定价方法。现在已有越来越多的企业开始把它们的价格建立在购买者对其产品的认知价值上，因为从营销的角度来看，许多产品定价的关键不是卖方的成本，而是买方对所购产品的价值认知。因而，理解价值定价法的要点就是企业利用营销组合中的非价格因素在购买者心目中建立起认知价值，从而为定价奠定基础。

例如，假设有 A、B、C 三家企业生产同一种玻璃杯，A 企业在市场上随机抽样选取一组顾客，了解他们对三家产品的理解价值。有三种方法可以确定理解价值：

（1）直接价格评比法。请顾客按自己的看法，分别对三家产品给予定价。经计算，这组顾客对三家产品的定价平均值分别为 A：5 元/个、B：4 元/个、C：3 元/个。

（2）评分法。给顾客 100 分，请他将 100 分分配给三个杯子，分数分配的原则按顾客对三个杯子的理解价值进行。假设顾客分别给三家产品的打分平均结果是 A：40分、B：35 分、C：25 分，平均分是 33 分。市场上三种产品的平均售价是 4 元，经过对分值的计算，三家产品依顾客理解价值所定价格分别为：

A 企业产品价格＝4×40/33＝4.8（元/个）
B 企业产品价格＝4×35/33＝4.2（元/个）
C 企业产品价格＝4×25/33＝3（元/个）

（3）特征法。这种方法要求顾客就产品的若干重要属性分别给三家产品评分，同时还要对若干重要属性分配权数。假定上述三家企业的产品有表 10-2 中所示的重要属性，顾客对此的评价结果见表 10-2。

表 10-2　特征法的应用

特征名称	特征得分			重要性权数	加权后特征得分		
	A 企业	B 企业	C 企业		A 企业	B 企业	C 企业
产品的耐用程度	40	40	20	25	10	10	5
产品的外观	33	33	33	30	9.9	9.9	9.9
产品的品牌	50	25	25	30	15	7.5	7.5
服务质量	45	35	20	15	6.8	5.3	3
全部理解价值				100	41.7	32.7	25.4

由此可见，A、B、C 三种产品按特征权数获得的理解价值评分分别是 41.7、32.7和 25.4。假设单位产品的市场平均售价仍为 4 元，则按特征得分计算出的价格分别是5.1 元、4 元和 3.1 元。

理解价值定价法的关键是准确地确定目标市场对企业所提供产品的价值认知，

企业对自己所提供产品的价值估计过高或过低都不利于产品的销售。因此，为了建立起市场对产品的认知价值以作为有效定价的一种指南，企业进行市场调研是必不可少的。

10.3.2.2　区分需求定价法

区分需求定价法是在同一产品面对不同的顾客需求时制定不同的价格的一种定价方法。在这里，同一产品的价格差异并不是因为成本的不同，而主要是由顾客需求的差异所决定的。因此，区分需求定价法的真正基础是不同市场对同一产品的需求价格弹性的差异。显然，区分需求定价法是一种差异定价的方法，它实施的是一种价格歧视策略。所谓价格歧视（price discrimination），是指企业的同一产品在不同情形下对不同的购买者要求不同的价格。另外，价格歧视也可以表现为企业的各种产品价格之间的差额大于其生产成本之间的差额。

这种定价方法一般有以下几种表现形式：

（1）对不同的顾客给予不同的价格。对不同顾客可以采用不同价格的主要理由，是因为消费群体事实上存在着购买能力、购买目的及购买数量等方面的差异，他们对同一产品的价格敏感程度是不同的。因此，对于对价格敏感的顾客或对企业贡献度大的顾客，企业就给予较低的价格，反之，价格则相应高些。如新老顾客的价格差别、会员制下的会员与非会员的价格差别等。

❖**营销战例 10 - 1**

打车的"苹果税"

相关研究验证了"苹果税"的存在：用"一键呼叫经济型＋舒适型两档后被舒适型车辆接走的订单比"来判断"被舒适"的程度。数据表明，与非苹果手机用户相比，苹果手机用户的确更容易被舒适型车辆（比如专车、优享等）司机接单，这一比例是非苹果手机用户的 3 倍。

除了通过手机品牌识别，平台也可能同时关注乘客手机价格所透露的信息。研究结果表明，如果乘客使用的是苹果手机，那么就更容易被推荐舒适型车辆；如果乘客不是用苹果手机，那么就要看他的手机价位，手机价位越高则越有可能被舒适型车辆接走。

此外，"苹果税"还体现在打车优惠上。数据表明，苹果手机用户平均只能获得 2.07 元的优惠，显著低于非苹果手机用户的 4.12 元。除绝对金额外，优惠折扣比依然支持上述结论。

资料来源：孙金云. 疯狂教授带队打了 800 多趟车，发现了什么秘密?. 老孙漫话（微信公众号），2021 - 02 - 17，有删改.

（2）对式样不同的产品给予不同的价格。"式样不同的产品"在这里特指内在价值相同，但包装、样式有一定差异的同种产品。虽然产品式样不同会引起成本的小小变化，但这里定价所考虑的真正因素是不同式样的产品对购买者的吸引程度不同，因此价格并不是与成本成比例，而是与购买者的购买目的和产品用途直接相关。例如，营

养保健品系列中礼品装、普通装及特惠装三种不同的包装虽然产品内涵和质量一样，但价格差异较大，购买者之所以能够接受这些价格，主要是因为其产品式样适应了购买者的购买目的和消费目的。

（3）对不同地点销售的产品给予不同的价格。企业对同一产品在不同地点销售制定不同价格的策略也与成本不相关，而与顾客对产品的需求及需求的满足程度相关。如同样的听装可乐在小卖部卖 2.5 元，在餐馆卖 5 元，在酒店、酒吧卖 10 元。

（4）对不同时间销售的产品给予不同的价格。一些产品在不同的时间，其效用的满足程度是不同的，如销售期分为淡旺季的产品，旺季对人的满足程度高，淡季对人的满足程度低，因而在旺季制定高价，淡季制定低价；还有一些产品，尤其是服务业提供的产品，因在销售上有时间性而形成销售高峰期和低谷期。企业通过在销售低谷期制定低价，可以吸引一部分顾客在淡季来消费。如电信服务业在白天和夜间、节假日和非节假日的收费标准就是有差异的。

区分需求定价法并不适用所有的场合，如果在条件不成熟时强行实施会弄巧成拙，因此，企业必须谨慎采用。实施区分需求定价法的条件主要有：市场要能够细分，不同市场上的需求要有明显的差异，具有不同的需求价格弹性；细分市场的边界很明确而且能阻断逃离情况的出现；企业实行差别定价不会因为有细分市场而增加开支，超过高价所得，得不偿失。换言之，采用区分需求定价法的总收益应该大于一般意义上的市场"统一价"的收益；差别定价必须能满足消费者的需求和愿望，同时，定价行为本身不会引起购买者的反感而影响产品销售量。

10.3.2.3 逆向定价法

逆向定价法是指企业依据消费者能够接受的最终销售价格，考虑中间商的成本和利润后，逆向推算出中间商的批发价和生产企业的出厂价格的定价方法。这种定价方法不以实际成本为主要依据，而是以市场需求作为定价的出发点，在考虑中间商利益的基础上力求使价格为消费者所接受。采用逆向定价法时，企业可以通过以下公式计算价格：

批发价＝零售价格÷（1＋零售商毛利率）

出厂价＝批发价÷（1＋批发商毛利率）

例如，某种规格为 200 克/只的大闸蟹在市场上的零售价格为 128 元/500 克，零售商毛利率为 20%，批发商毛利率为 10%，则经过逆向计算，可以得出批发价约为 107 元/500 克，出厂价约为 97 元/500 克。

利用逆向定价法制定的价格能够反映市场需求状况，有利于企业建立与中间商的良好合作关系，在保证中间商正常利益的基础上，使产品迅速向市场渗透，并可根据市场供应情况及时调整，定价方式比较简单、灵活。逆向定价法比较适合于需求价格弹性大、花色品种多、产品更新快、市场竞争激烈的产品。

10.3.3 竞争导向定价法

竞争导向定价法是一种主要以竞争者的价格为定价依据，而相对不注重成本和需求因素的定价方法。

10.3.3.1　随行就市定价法

这是最常见的一种竞争导向定价法，它以本行业的平均价格水平作为企业的定价标准。这种方法适用于那些类似于在完全竞争市场中销售的商品。另外，对于那些很难估计其价格与需求量之间关系的产品，"随行就市"集中了行业现有的经验，可以在很大程度上规避定价风险。同时，采用这一定价方法还可以避免行业内的互相竞争、排挤，这对竞争能力弱的中小企业十分有利。在现实经济环境里，大宗商品如大米、棉、石油等基本上采用这一定价方法。

10.3.3.2　密封投标定价法

这是工程投标企业通常采用的一种定价方法。有些单位采购建筑施工、设备制造、项目设计等产品或劳务时，经常采用密封投标法，即事先公布招标内容，各竞标者按照招标内容和对产品或劳务的要求，以密封标价方式参加投标。竞标企业定价的基点与其说依赖于对企业成本或需求的考虑，不如说取决于预期的竞争者将制定怎样的一个价格。竞标企业要想在投标过程中取胜，就必须制定出比其他企业更低的价格。很显然，竞标企业标价越低，中标的可能性就越大，但标价仍有一个最低界限。即使迫切希望中标的企业，除了个别特殊场合外，一般也不希望自己的标价低于单位产品的边际成本，因为那样企业不但不能回收固定成本，连变动成本也补偿不了。同时，企业也不能只顾赢利而标价过高，那样中标的可能性太小。由于利润的高低与中标概率的大小刚好相反，企业可采用这两种相反因素的净效应作为定价的依据。这个净效应就是利润与中标概率的乘积，叫"期望利润"。在企业一系列的备选标价方案中，哪种标价的期望利润高，企业就应选择哪种标价。

10.3.3.3　竞争价格定价法

竞争价格定价法，即根据本企业产品的实际情况及与竞争对手的产品的差异状况来确定价格。这是一种主动竞争的定价方法，一般为实力雄厚或产品独具特色的企业所采用。定价时，首先，企业将市场上竞争产品价格与企业估算价格进行比较，分为高于、等于、低于三种价格层次；其次，将本企业产品的性能、质量、成本、产量等与竞争产品进行比较，分析造成价格差异的原因；最后，根据以上综合指标确定本企业产品的特色、优势及市场地位，在此基础上，按定价所要达到的目标，确定产品价格，跟踪竞争产品的价格变化，及时分析原因，相应调整本企业产品的价格。

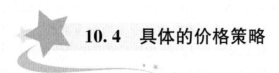

10.4　具体的价格策略

为适应不同的消费者，达到营销目标，企业可以运用一些具体的价格策略来有效地确定和调整产品的价格。这些具体的价格策略主要有新产品定价策略、折扣和折让定价、心理定价、促销定价等。

看一看：新产
品定价策略

10.4.1　新产品定价策略

新产品定价策略主要包括以下几种形式：

（1）撇脂定价。撇脂定价是将新产品的价格定在远远超过其成本的水平，以求在短期内获得高额利润的定价策略。如果新产品具有非常明显的"新、奇、特"等特征，采用这种定价策略可以使企业短期内获得巨大的市场利润回报。但是，采用这种策略会迅速导致激烈的市场竞争，从而使价格下降、高额利润消失。

（2）渗透定价。与撇脂定价相反，渗透定价将新产品价格定在略高于产品成本的水平，强调"薄利多销"。采用渗透定价的新产品，应该有足够的市场购买规模。

（3）满意定价。满意定价介于撇脂定价与渗透定价之间，是指企业将新产品价格定在买卖双方都能获利的适中水平。

10.4.2　折扣和折让定价

看一看：折扣
和折让定价

折扣和折让定价是指在定价过程中，企业可先定出一个基础价格，然后再用各种折扣和折让来刺激购买者，以促进销售。常用的折扣和折让定价主要有以下几种形式：

（1）现金折扣。即对立即付款的购买者实行减价，典型的例子是"2/10，n/30天"，意思是产品的付款期限是 30 天，但如果购买者在 10 天之内付款，可以享受 2％的现金折扣。超过 10 天不能享受现金折扣，超过 30 天需要加付利息。许多行业都实行这种现金折扣的方法，它能帮助卖方提高收现能力，减少坏账损失和收账费用。

（2）数量折扣。这是当购买者购买数量较多的产品时，企业提供的一种价格折扣。典型的例子是，如果买 100 件以下的产品，单价为 10 元，买 100 件或 100 件以上的产品，单价为 9 元。采用数量折扣方法的销售者必须对所有的客户都平等，但折扣金额不能超过销售者因大批量销售所节约的成本，这些成本包括销售、储存、运输费用等。数量折扣方法刺激客户从一个销售者处购买更多的产品，而不必分散地通过许多渠道购买。

（3）功能折扣。也叫贸易折扣，是销售者对销售其产品的渠道成员的一种优惠。如制造商给中间商的折扣，制造商可能对不同的分销渠道环节提供不同的功能折扣，如制造商报价为 100 元，折扣为 40％及 10％，表示给零售商 40％的折扣，即卖给零售商的价格是 60 元，则再给批发商 10％的折扣，即卖给批发商的价格为 54 元。不过，在同一渠道中，制造商必须为不同的零售商和批发商提供相同的功能折扣。

（4）季节折扣。是销售者对过季购买商品或服务的客户提供的一种折扣。例如，园艺设备制造商在秋季和冬季给予零售商季节折扣，鼓励其在旺季到来之前购买产品。旅馆、酒店和航空公司也在淡季实施季节折扣。采用季节折扣方法可以使销售者一年里的业务总体比较平稳。

（5）折让。是另一种降价方法，包括以旧换新折让和促销折让等。例如，在顾客购买新商品时，交上一个旧商品以此折抵一部分货款即以旧换新折让。以旧换新折让在汽车销售中最流行，其他耐用消费品的销售中也可以使用这种方式。例如，一台电冰箱标价 4 000 元，顾客以旧冰箱折价 500 元购买，只需付给销售商 3 500 元即可。促销折让则是指销售者为参加广告宣传或促销活动的经销商所付的酬金或采取的减价措施。

10.4.3　心理定价

心理定价是指企业在定价时，不但要考虑价格的经济作用，还要考虑顾客的心理作用，即利用顾客心理有意识地将产品价格定得高些或低些，以扩大销售。常见的心理定价策略包括以下几种。

10.4.3.1　炫耀定价

当购买者认为其消费选择与自己的身份地位相关时，往往愿意以远远超过商品实际价值的价格购买商品，这是人们的炫耀心理的表现。这时，需求规律好像已经失去作用。炫耀定价即利用人们的炫耀心理确定产品价格。例如，一瓶标价 100 元的香水可能只装有价值 3 元的香料，但却有人愿意花 100 元去购买它。

10.4.3.2　数字定价

在定价过程中，如果企业关注数字的巧妙运用，在一些细节处把握购买者的心理因素，可以取得很好的销售效果。

(1) 奇数定价。9.99 元的价格与 11 元的价格有多大的差别？但人们很容易认为前者是几元钱，后者则是十几元钱。奇数的价格零头，给人以便宜的感觉。奇数定价利用了人们贪图便宜的心理，经常用在一些低价日用商品的定价上。

(2) 整数定价。与奇数定价相对应，价格以整数结尾，则给人以安全、质量好的感觉。3 100 元一台的空调标价，明显感觉要比 2 999.99 元要来得踏实。所以，整数定价多用于价值高的耐用品。

(3) 特别的数字意义。一些心理学家认为，每一个数字都具有相应的心理和直觉意义，销售者在定价时应该加以考虑。例如，8 是圆的，给人一种祥和的效果；7 是带棱角的，给人一种不和的效果。所以在我国，产品的定价尾数带 8 或 9 的比较多，很少有尾数是 7 的。

10.4.3.3　心理暗示定价

采用心理暗示定价策略要充分利用参考价格的影响。参考价格是当购买者观察一个产品的时候，脑子里所想的价格。参考价格的形成，可能是由于购买者注意了流行的价格，记住了过去的价格，或者衡量了当时的购买形势。销售者定价的时候，可以利用购买者参考价格的影响。例如，可以把一个产品放在另一个特别昂贵的产品旁边，暗示这个产品是同等档次的产品。百货商店经常在店内不同区域销售各种妇女服装，并通过价格来表示差别：放置在价格高的服装区的服装表示高质量。销售者也可以通过几种方法来影响消费者的参考价格，如为产品标上制造商制定的很高的建议零售价格；暗示产品过去的价格比现在的价格要高得多；或者指出竞争者所制定的产品价格更高等。

❖营销资料 10－1

磁石效应

　　心理学家做过一个实验：当市场上只有 109 美元和 179 美元两档微波炉时，45％的顾客会购买后者。后来，又推出价格为 199 美元的更高价产品，你一定会猜想，购买 179 美元微波炉的顾客比例会降低，因为一部分买 179 美元微波炉的顾客转而购买 199 美元的微波炉了。错了！实验发现，当更高档次的产品出现后，购买 179 美元产品的比例居然上升到 60％。这一比例的提高，完全是原来购买 109 美元微波炉的顾客转到了购买 179 美元微波炉的行列。最高端的产品好像一块磁石，会将一部分消费者从低端拉到中端。

　　资料来源：李践．定价定天下．北京：中信出版社，2009：100.

10.4.3.4　价格阵线定价

　　企业为系列产品提供可供比较的系列价格，形成价格阵线。这种人为的价格参照体系，很容易诱导购买者"自动地"按照定价者的愿望选购商品。例如，同一种洗发水产品，提供三种不同规格的包装，定价分别为 200 毫升每瓶 20 元；400 毫升每瓶 30 元；800 毫升每瓶 70 元。400 毫升的洗发水似乎是最好的选择——因为它最便宜。这种感觉显然是通过定价者为产品提供的价格参照体系带来的。

10.4.4　促销定价

　　为了达到不同的促销目的，企业可以使用促销定价方法，暂时为产品制定低于标准价格、有时甚至低于成本的价格。

　　促销定价方法有几种形式：例如，超级市场和百货商店对少数产品的定价采取先赔的策略，吸引顾客来购物，同时希望他们按标准价格购买其他产品；销售者有时也使用特殊时节定价的策略，在特殊时节吸引顾客，比如每年"十一"长假过后各旅行社都会以较低的旅游报价来吸引顾客。

　　此外，一些制造商还提供低息或免息分期付款、长期产品保证或者免费维修业务，降低消费者脑中的"价格"。这种方法近来在汽车销售中十分受欢迎。销售者还可以直接对产品标准价格打折扣，以增加销售，减少库存。

大师在说 10－1

趋优消费、趋低消费、转换消费

　　迈克尔·西尔弗斯坦（Michael Silverstein）和尼尔·菲斯克（Neil Fiske）在《奢华正在流行：新奢侈时代的制胜理念》一书中，通过对一些中产阶级消费者的定期观察，发现了"趋优消费"的趋势，即购买"新奢侈"商品和服务。所谓"新奢侈"，也就是比其他同类产品有着更高的质量、品位和声望，但也不至于贵得遥不可及。

　　新奢侈商品的主要类型包括：

　　● 可获得的超优质商品，虽然和同类商品比价格溢价较高，但仍然属于相对定价较低、可支付得起的商品类别，如可特美味薯片。

● 传统奢侈品牌延伸，即保持了其奢侈品牌的根本，但在价格上却又向大众产品靠拢，如梅赛德斯-奔驰 C 系列。

● 新奢华主义大众商品，基于情感定价，价位介于中产市场品牌和超优质传统奢侈品牌之间，如科颜氏护肤品。

对于这些有情感倾向的品牌，消费者向上趋优消费；而对于日常用品，消费者则往往趋低消费，购买以质量和功能为主的折扣产品。近期低迷的经济推动了趋低消费的流行。随着经济的复苏，消费者不愿再推迟消费，因此零售行业销售额会增加。趋优和趋低消费会持续，但是同时会伴随着"转换消费"，即消费者从买某一种商品转为购买另一种商品，例如，一个消费者购买了新的家庭影院设备而不是新车。

资料来源：菲利普·科特勒，等. 营销管理. 精要版·第 6 版. 王永贵，等译. 北京：清华大学出版社，2017：177.

10.5　价格变动

企业处在一个不断变化的环境之中，为了生存和发展，企业有时候需要主动降价或提价，有时候又需要对竞争者的价格变动作出适当的反应。

10.5.1　降价与提价的原因

10.5.1.1　企业降价的原因

在现代市场经济条件下，企业降价的主要原因有以下几个方面：

（1）生产能力过剩。企业需要通过扩大产品销售来提高生产能力利用率，但是，企业如果不能通过改进产品和加强销售工作等措施来扩大销售的话，就需考虑降价。

（2）竞争激烈。在强大竞争者的压力特别是价格压力之下，企业的市场占有率下降。此时，企业只能通过直接的降价应对，来舒缓竞争压力，保住自己的市场份额。

（3）成本优势。企业的成本费用比竞争者低，可以通过降价来掌握市场主动权或提高市场占有率，从而扩大生产和销售量，进一步降低成本费用。在这种情况下，企业往往发动降价攻势。

（4）宏观经济衰退。由于宏观经济衰退，购买者收入减少的同时将普遍减少支出，企业可能需要通过降低价格来刺激需求。

（5）促销需要。为了达到不同的促销目的，如清减库存或者推出新产品等，企业可能选择降价。

企业在实施降价策略时，必须注意降价有可能给企业营销带来的负面影响：降价有可能被顾客误解为由于企业产品质量低、功能少所致；降价有可能提升企业的市场占有率，但肯定不能带来企业顾客忠诚度的提高，企业不能因此陷入"脆弱的市场占有率误区"；降价容易导致竞争者的激烈对抗，使企业陷入不能回头的"降价陷阱"。

10.5.1.2 企业提价的原因

虽然企业提价会引起购买者、经销商和企业营销人员的不满，但是一个成功的提价可以使企业的利润大大增加。导致企业提价的主要原因有下述两个方面。

10.5.1.2.1 通货膨胀，物价上涨

由于通货膨胀，物价上涨，企业的成本费用提高，因此不得不提高产品价格。在现代市场经济条件下，发生通货膨胀时，许多企业往往采取种种方法来调整价格，对付通货膨胀，这些方法包括以下几种：

（1）企业采取推迟报价的定价策略。即企业决定暂时不规定最后价格，等到产品制成时或交货时方规定最后价格。工业建筑和重型设备制造等行业一般采取这种定价策略。

（2）在合同上规定调整条款。即企业在合同上规定一定时期内（一般到交货时为止）可按某种价格指数来调整价格。

（3）企业采取不包括某些商品和服务的定价策略。即在通货膨胀、物价上涨的条件下，企业决定产品价格不动，但原来提供的某些服务要计价，这样一来，企业原来提供的产品的价格实际上提高了。

（4）降低价格折扣。即企业决定削减正常的现金和数量折扣，并限制销售人员以低于价目表的价格来拉生意。

（5）取消低利产品。

（6）降低产品质量，减少产品特色和服务。

企业采取这些做法可保持一定的利润，但会影响其声誉和形象，失去一些忠诚的顾客。

10.5.1.2.2 产品供不应求

企业的产品供不应求，不能满足所有顾客的需要，在这种情况下，企业可以考虑提价。提价方式包括：取消价格折扣；在产品大类中增加价格较高的产品项目；或者直接提高产品价格。为了减少顾客不满，企业提价时应当向顾客说明提价的原因，并帮助顾客寻找节约的途径。

10.5.2 购买者对企业价格变动的反应

企业无论是提价还是降价，必然会对购买者、竞争者、经销商和供应商产生影响，而且政府机构对企业价格变动也不能不关注。反过来，上述反应又必然会影响到企业的营销策略制定及价格调整。在这里，我们可以分析一下购买者对企业价格变动的反应。

10.5.2.1 购买者对企业降价的反应

购买者对于企业某种产品的降价可能会这样理解：

（1）这种产品的式样老了，将被新型产品所代替。

（2）这种产品有某些缺点，销售不畅。

（3）企业财务困难，难以继续经营下去。

（4）这种产品的价格还要进一步下跌。

（5）这种产品的质量下降了。

10.5.2.2　购买者对企业提价的反应

企业提价通常会影响销售，但是购买者对企业某种产品的提价可能会这样理解：

（1）这种产品很畅销，不赶快买就买不到了。

（2）这种产品很有价值。

（3）销售者想尽量取得更多利润。

购买者对价值不同的产品的价格变动的反应有所不同。对于那些价值高、经常购买的产品的价格变动较敏感；而对于那些价值低、不经常购买的小产品，即使单位价格较高，购买者也不大注意。此外，购买者虽然关心产品价格变动，但是通常更关心取得、使用和维修产品的总费用。因此，如果企业能使顾客相信某种产品取得、使用和维修的总费用较低，那么，它就可以把这种产品的价格定得比竞争者高，取得较多的利润。

10.5.3　竞争者对企业价格变动的反应

企业在考虑价格变动时，不仅要考虑购买者的反应，而且必须考虑竞争者的反应。特别是当某一行业中竞争者数量很少，提供同质的产品，且购买者颇具辨别力与知识时，竞争者的反应就更加重要。

假设面对一家大的竞争者，企业应根据以下两种情况，分别采用不同的方法了解竞争者对价格变动的可能反应：一是竞争者有一组价格反应政策；二是竞争者把每一次价格变动都当作单一挑战，并且根据其当时的利益作出反应。

如果竞争者有一组价格反应政策，企业至少可以通过两种方法了解它们：内部情报和借助统计分析。取得内部情报的方法有许多，比如企业从竞争者那里挖来管理人员，获得竞争者决策程序及反应模式等重要情报。此外，企业还可以雇用竞争者以前的职员以获取内部情报。类似的情报也可以从其他渠道如顾客、金融机构、供应商、代理商等处获得。

如果企业不得不根据竞争者当时的利益来考虑其反应，就必须通过调查竞争对手的财务状况、最近的销售量与生产能力、顾客忠诚度和企业目标等加以判断。如果竞争者有一个提升或保住市场份额的目标，它就有可能在企业价格变动上跟进。

总之，企业在实施价格变动时，必须善于利用企业内部和外部的信息来源，判断和分析竞争者的思路，以便采取适当的对策。

10.5.4　企业对竞争者价格变动的反应

在现代市场经济条件下，企业经常会面临竞争者价格变动的挑战。如何应对竞争者的价格变动并作出及时、正确的反应，是企业定价策略的一项重要内容。

10.5.4.1　不同市场环境下的企业反应

在同质产品市场上，如果竞争者降价，企业必须随之降价，否则顾客就会购买竞争者的产品，而不购买企业的产品；另外，如果某一个企业提价，且提价会对整个行业有利，其他企业也会随之提价。但是如果某一个企业不随之提价，那么最先发动提价的企业和其他企业也不得不取消提价。

在异质产品市场上，企业对竞争者价格变动的反应有更多的选择余地。因为在这种市场上，顾客选择产品时不仅考虑产品价格因素，而且考虑产品的质量、服务、性能、外观、可靠性等多方面的因素，从而使顾客对于产品较小的价格差异并不在意。

不管处于哪种市场环境，企业面对竞争者的价格变动时，都必须认真调查研究如下问题：

（1）竞争者为什么变动价格？

（2）竞争者打算暂时变动价格还是永久变动价格？

（3）如果对竞争者变动价格置之不理，将对企业的市场占有率和利润有何影响？

（4）其他企业是否会作出反应？

（5）竞争者和其他企业对于本企业的每一个可能的反应又会有什么反应？

10.5.4.2　市场主导者的反应

市场主导者往往会遭到一些小企业价格变动的进攻，这些小企业的产品能与市场主导者的产品相媲美，它们通过进攻性的降价来争夺市场主导者的市场阵地。在这种情况下，市场主导者有以下几种选择：

（1）维持价格不变。如果存在以下三种理由，市场主导者可能会选择维持原价不变。这三种理由分别是：降价不会减少很多利润收入；降价不会失去很多的市场份额；维持价格不变，尽管对市场占有率有一定的影响，但以后还能恢复市场阵地。当然，在维持价格不变的同时，市场主导者还要改进产品质量、提高服务水平、加强促销等，运用非价格手段来反击竞争者。

（2）维持原价并增加价值。许多企业的市场营销实践证明，维持产品原有价格比降价和低利经营更合算。因此，市场领导者可以维持原价，并进一步改进产品、服务和信息沟通。

（3）降价。如果存在以下三种理由，市场主导者可能会选择降价：降价可以使产品的销售量和产量增加，从而使成本费用下降；产品的市场占有率下降之后，很难得以恢复；市场对价格很敏感，不降价就会使产品的市场占有率下降。因此，市场主导者可能降低自己产品的价格，以达到竞争者的价格水平。但是，降价以后，市场主导者仍应尽力保持产品质量和服务水平。

（4）提价同时改进产品质量。在提价的同时，市场主导者还要致力于提高产品质量，或推出某些新品牌，以便与竞争者争夺市场。

（5）推出廉价品产品线反击。市场主导者可以在所营销的产品中，增加廉价品产品线，或者建立一个相关的廉价产品品牌，以强有力的手段正面回击对手的进攻。

❖**营销战例 10 - 2**

中国
榜样

3.88 万元的五菱宏光 MINI EV

五菱宏光 MINI EV 的价格，便宜到让日本人吃惊，毕竟在世界范围内，日系车才是便宜耐用实惠的代名词。丰田在日本市场也有一款 C＋Pod 微型电动车，定位与宏光 MINI EV 类似，但其售价高达 165 万日元（约合人民币 9.2 万元），是宏光 MINI EV 的三倍。

为了弄清楚宏光 MINI EV 为何可以这么便宜，日本名古屋大学教授山本真义当众拆解了一辆 3.88 万元的顶配宏光 MINI EV 电动车。根据山本真义教授等人最终估算，这款五菱车总的零件和组装成本约为 48 万日元（约合人民币 2.7 万元）。

其中，13.9kWh 的锂离子电池约 0.9 万元；电动马达、减速器、逆变器等约 0.28 万元；充电器、DC-DC 转换器等约 0.34 万元；车身、内饰等约 0.28 万元；行驶系统的轮胎悬架约 0.22 万元；空调压缩机约 0.34 万元；组装销售服务约 0.34 万元，总计成本约 2.69 万元。

在拆解的过程中，山本真义发现宏光 MINI EV 简化了部分设备，比如能量回收部分、电机水冷改成了空气冷却。但令人意外的是，山本真义并没有批评中国车企"偷工减料"，反而夸赞中国车企五菱在汽车研发方面有独特的创新意识，很值得日本企业学习。

山本真义认为，中国汽车制造商的产品思维已不同于日本汽车，这也就成了中国车企控制成本的关键。此外，在一些零部件方面，宏光 MINI EV 并没有采用车规级产品，而是采用了普通商用产品。比如说充电器、逆变器、芯片、轴承，相对来说使用寿命会短一些，但总体影响并不大。山本真义发现，宏光 MINI EV 在设计上采用了"模块化"的思路，如果这些零件坏掉，那么更换起来也比较方便，费用也不高，车主的体验也说得过去。

最终，《日本经济新闻》归纳了宏光 MINI EV 成功秘诀：

使用便宜的、不太耐用的零件，并通过一种易于更换的方式组装在一起。五菱宏光 MINI EV 具有"容易损坏，但容易修理"的特性。

《日本经济新闻》还发现了一个令其沮丧的事实：全车竟然没有日本制造的零部件。最核心的电池和电机，都是中国产的，分别来自宁德时代和宁波双林。主要零部件基本由中国企业垄断，还有部分来自欧美的零部件，如芯片、逆变器、充电器等电子零部件，供应商有美国得州仪器（TI）、德国英飞凌科技等。这些零部件基本都是普通商用级别的，并非车规级。如果日本打算造一台宏光 MINI EV 这样的便宜电动车，那么相当多零部件需要从中国进口，成本根本不可能做到和宏光 MINI EV 一样低。

因此，日本要造一台宏光 MINI EV，基本没戏。

资料来源：快科技．日本人拆解完五菱宏光 MINI EV 后大为震撼！日本真造不了．快科技企鹅号，2022-01-06，有删改．

学一下 10-3

看一看：如何
面对竞争者
价格变动

10.5.4.3　企业应对竞争者价格变动需考虑的因素

面对竞争者的价格变动，企业最好的反应应该是适时、适地、适度地进行反击。

面对竞争者的价格变动，企业不可能花很长时间来分析自己应采取什么对策。事实上，竞争者很可能花了大量的时间来准备价格变动，而企业又必须在数小时或几天内明确果断地作出明智反应。对企业来说，缩短价格反应时间的唯一途径是由专门的机构来研究和预测竞争者可能的价格变动，并预先准备适当的对策。

面对竞争者的降价行为，企业可以利用图 10 - 2 所示的价格反应程序来应对。

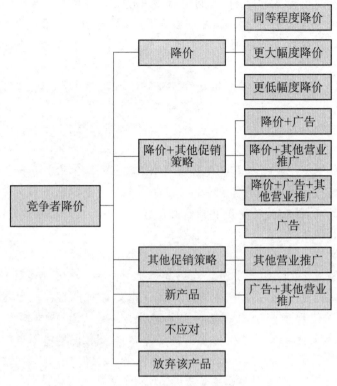

图 10 - 2　价格反应程序

学一下 10 - 4

本章小结

通过这一章的学习，我们已经掌握了基本的定价决策。在现代市场营销活动中，尽管非价格因素的作用在增长，但价格仍是营销组合中唯一能直接产生收入的因素。本章主要内容包括以下几个方面：

1. 影响定价的主要因素

影响企业定价的因素有很多，可以分为内部因素和外部因素。主要的内部因素有企业营销目标、成本及产品属性；主要的外部因素有市场与需求、不同的市场类型与竞争对手的价格策略。

2. 企业的定价目标

企业可以通过定价来追求生存、最大当期利润、最高当期收入、最高销售成长以及产品质量领先等主要目标。现实的企业，必须按自己的营销实际情况，因地制宜地制定自己的定价目标。

3. 定价的基本过程

企业定价的基本过程是：选择定价目标；确定需求；估计成本；分析竞争者成本、价格和提供的产品；选择定价方法；确定最终价格以及确定价格变动。

4. 企业定价方法

企业定价可以有三种导向，即成本导向、需求导向和竞争导向。成本导向定价法主要包括成本加成定价法、盈亏平衡定价法和边际贡献定价法；需求导向定价法主要包括理解价值定价法、区分需求定价法、逆向定价法；竞争导向定价法主要包括随行就市定价法、密封投标定价法、竞争价格定价法。

5. 具体的价格策略与价格变动

具体的价格策略主要有：新产品定价策略、折扣和折让定价、心理定价、促销定价等。价格变动则是企业适应不断变化的环境，为了生存和发展，主动降价或提价，或者对竞争者的价格变动作出适当的反应。

重要概念

需求价格弹性　成本加成定价法　盈亏平衡定价法　边际贡献定价法　理解价值定价法　区分需求定价法　随行就市定价法　密封投标定价法　撇脂定价　渗透定价折扣和折让定价　心理定价　促销定价

复习与思考

1. 谈一谈企业的不同营销目标如何影响其价格决策。
2. 你如何理解各种定价策略？
3. 从你的自身经历和体验出发，探讨一下顾客对企业价格调整的反应。

帮记 10-2

营销实战分析

中国榜样

小米：始终坚持做"感动人心、价格厚道"的好产品

对小米而言，2018 年 4 月 25 日是历史性的一天。这一天，在武汉大学举行的小米 6X 发布会上，小米向所有用户承诺，小米整体硬件业务的综合净利率，永远不会超过 5%。如超过，将把超过 5% 的部分用合理的方式返还给小米用户。

一、5% 硬件综合净利率红线是小米商业模式的必然选择

小米认为，紧贴成本定价，把实惠留给用户，才会得到用户的始终支持。"利小量大利不小，利大量小利不大"，薄利多销也会有合适的利润。而小米不同于传统的硬件公司，并不单纯依靠硬件获取主要利润。小米的商业模式是"硬件＋互联网服务＋新零售"——把设计精良、性能品质出众的产品紧贴硬件成本定价；通过自有或直供的高效线上线下零售渠道将产品直接交付到用户手中，并持续为用户提供丰富的互联网服务。

实际上，不仅是手机，1 万毫安时的移动电源以前定价普遍在 200 元以上，小米定价 69 元；主流空气净化器原本定价好几千元，小米把定价拉到了千元以内……在众多领域都同样以一流的品质、紧贴成本的定价彻底改变了行业面貌，大大加速了产品普及。

二、"感动人心、价格厚道"是密不可分的一体两面

小米懂得，"感动人心、价格厚道"这八个字密不可分，它们是一枚硬币的两面。产品不行，价格定再低也没有人喜欢。要做到不逾越 5% 红线的同时保持强大的竞争力，就必须坚持创新科技和顶尖设计，拿出远超消费者预期的极致产品，还做到"价格厚道"，才能真正"感动人心"。正因如此，小米才有不竭的探索动力，才会拿出引领全球行业风潮的全面屏技术，死磕陶瓷技术工艺；才会实现全球设计金奖大满贯，至今拿下 200 多项全球顶尖设计奖项。

因为小米始终坚持技术创新，在用户心目中已经逐渐赢得了高品质、高颜值、高性价比的口碑。8 年的积累，用户选择了对小米越来越信任。他们相信，只要是小米出品，品质、价格一定是最优的。

三、控制合理利润是商业发展的历史潮流

8 年前，小米公司成立时，曾经面对一件成本 100 元的衬衣要卖到 1 000 元，定倍率有惊人的 10 倍；一双鞋要加 5 到 10 倍，一条领带加 20 多倍。于是，小米要推动一场深刻的商业效率革命，把每一份精力都专心投入做好产品，让用户付出的每一分钱都值得。

过去 8 年间，小米凭极致性能、极致性价比的小米手机，推动了智能手机在中国的普及和全行业性能、品质的提升，为中国的移动互联网快速崛起、成熟做出了贡献。不仅如此，小米还和近 100 家价值观一致的小米生态链企业一起，把小米模式和方法论复制到了上百个行业，推动了智能新生活方式的加速渗透，建成了世界上最大的消费级 IoT（Internet of things 的缩写，即物联网）平台。深入日常生活各种场景、又好又便宜的精致产品，让更多人享受到了科技带来的美好生活。

所以，对小米而言，大众消费商品主动控制合理的利润，将成为不可阻挡的时代潮流。

资料来源：雷军．始终坚持做"感动人心、价格厚道"的好产品．雷军微信号，2018－04－25，有删改．

思考与分析：

1. 你如何看待小米的"综合净利率永远不超过 5％"？
2. 你如何看待小米的"感动人心、价格厚道"？
3. 你对小米的价格策略有何意见或建议？

素养提升

举例说明你了解到的一些企业或电商平台的"大数据"杀熟。对这些企业或电商平台的"大数据"杀熟，你是怎么看的？我国关于"大数据"杀熟有何规定？

营销实战训练

营销："价"值几何？

项目名称	确定产品价格			项目类别	个人训练
目的	学会和掌握常用的定价方法				
项目方案	步骤	项目内容			时间
	1. 准备	复习本章所学的所有定价方法。			与第 10 章教学时间同步，课外完成。
	2. 分析与思考	完成营销实战训练所附资料的各个问题，并提交报告。			
	3. 形成报告	将上述分析与思考形成文字报告。			
成绩测评	根据学生提交的报告给定成绩。				

营销实战训练资料：

资料 1　智能型 Wi-Fi 开关

博达电器有限公司生产智能型 Wi-Fi 开关 1 000 件，总固定成本 20 000 元，总变动成本 30 000 元。如果预期利润率为 20%，试按成本加成定价法确定这种智能型 Wi-Fi 开关的单位销售价格。

资料 2　智能电视

美华电器行从电视制造商处购进一批 65 英寸人工智能平板电视，这批电视进货的平均成本为 5 000 元。如果电器行的成本加成率为 15% 的话，电器行按照进货成本加成确定的这批电视的零售价格应该是多少？

资料 3　YPad 平板电脑

悠然公司去年共生产了 10 000 件 YPad 平板电脑产品，共消耗原材料价值 500 万元，支付生产工人工资 600 万元，全年生产设备运转成本为 1 000 万元，全年发生的管理费用 400 万元，广告费等营销费用为 500 万元，公司规定的制造成本加成率为 50%，完全成本加成率为 30%，试分别确定该公司制造成本加成法的产品单价和完全成本加成法的产品单价。

资料 4　老人手机

企业的固定成本为 500 000 元，所生产的老人手机单位变动成本为 180 元/部，预计产品销量 100 000 部。若要保证企业盈亏平衡，产品售价应该是多少？若要保证 20% 的投资收益，产品售价又应该是多少？

资料 5　小白杨文具袋

小白杨文具公司生产小学生用的小白杨牌文具袋。产品的生产能力可达 300 000 件，但目前市场需求为 200 000 件，且已趋于饱和。生产这种文具袋的单位变动成本为 1.2 元/件。企业固定成本总额为 100 000 元。请计算这种文具袋的盈亏平衡价格。如果企业要保证 60 000 元的利润，则应定价多少？如果有国外销售商向企业订购文具袋 50 000 件，但只愿出价 1.5 元/件，企业能否接受？请说明理由。

第11章

渠道决策

 方向标

我们已经知道了如何为市场提供产品，以及怎样为产品定价。但是，应该"在什么地方"为市场提供产品呢？在这一章里，将探讨什么是分销渠道、分销渠道有哪些功能和类型、企业建立分销渠道的意义。在此基础上去了解、掌握分销渠道决策的基本内容，即如何设计和管理分销渠道。最后，还将了解营销物流与供应链管理。

我们要达成的目标：

知识与能力目标

★ 了解分销渠道的基本概念与意义；

★ 掌握分销渠道的模式；

★ 掌握分销渠道决策；

★ 了解批发、零售与电子商务渠道；

★ 了解营销物流与供应链管理。

素养目标

★ 了解中国电子商务渠道及其发展，明确我国电子商务在世界的引领作用，增强民族自豪感；

★ 了解中国的直播电商，牢固树立在直播营销活动中守法、合规，遵循公序良俗，遵守商业道德，坚持正确导向，弘扬社会主义核心价值观，营造良好网络生态的意识。

导入案例

年轻人怎么又爱赶集了？

集市，原本是一种定期集聚进行商品交易的活动形式，随着时间的推移，也出现了不定期的空间集聚现象。

乡村集市保留了以往一贯的商品，如蔬菜、零食、锅碗瓢盆等。但随着科技的创新及媒体平台的发展，许多乡村大集进入了大众的视线，成为网红大集。以往乡里人喜欢跑到城里进货，现在反而是一些城里人想要感受乡土气息与热闹氛围而跑到乡村大集里进行采购。比如宁夏银川，目前其乡村市集在直播的带动下吸引了不少的客流量。距离银川市区不远的金贵集市，交易着各种各样的糖果、小吃、面食。在直播的带动下，这个占地近 3.5 万平方米、有近 300 家商户的乡村大集，在每逢日期尾号为 1、4、7 的开集日中，平均吸引了近万人次的人流量，若是恰逢节假日高峰，这一数值可高达 3 万人次。

除了乡村集市外，城市集市也纷纷兴起。相较于乡村集市，城市集市往往更加高端化、新颖化与个性化。在城市中，许多依托购物中心、步行街、景区的集市纷纷出现，涉及文创类、体验类、主题类商品。以购物中心为依托所打造的集市，其自身能凭借购物中心的商业资源进行集市上的品牌建设与宣传，反过来，购物中心也能利用新颖的集市所带来的客流量焕发或扩大商场的吸引力。如上海市内靠近静安商圈的安逸夜巷，还有靠近购物中心且在夜市中较有名气的首尔夜市。

城市集市如今在媒体网络平台上受到许多 "90 后" "00 后" 的追捧，在小红书上搜索 "集市" 就能找到 42 万＋篇笔记，北上广深、杭州、长沙等地的集市赫然在列。

资料来源：小笼包. 年轻人怎么又爱赶集了?. 非凡油条（微信公众号），2022 - 02 - 11，有删减.

一个企业生产出产品，并不意味着结束，而恰恰是产品另一种生命的开始。产品生产的终极目标是产品要被购买者所接受，满足购买者的某种需求。产品本身没有自我营销的功能，如果产品生产出来就堆积在仓库里，只能造成资源闲置、企业破产。因此，随着企业市场竞争的愈演愈烈，谁能率先抢占市场，将产品转移到购买者手中，谁就抢占了利润的制高点。当然，这就要靠渠道帮忙了。可以说，渠道是联系生产者与购买者的桥梁。

11.1　分销渠道的概念、意义和模式

11.1.1　营销渠道

11.1.1.1　营销渠道的概念和特征

企业要实现产品价值，就必须使产品经过交换从生产企业转移到购买者手中，而这一过程必须通过一定的渠道来实现，即在适当的时间、适当的地点，以适当的方式将产品提供给目标市场，从而满足购买者的需要，最终实现企业的市场营销目标。

从流通的角度出发，营销渠道被定义为帮助产品从生产者手中转移到购买者手中

学一下 11 - 1

所经过的各种通道。营销渠道的起点是生产者，终点是个人消费者或用户。在一般情况下，产品的转移需要中间环节的帮助，这个中间环节包括各种批发商、零售商以及其他各种商业中介机构。

从参与者的角度出发，营销渠道又可被定义为互相配合的、使产品和服务被使用或消费的一系列独立组织的集合。也就是说，营销渠道包括产、供、销整个过程中所涉及的所有企业和个人，不但包括生产者和最终消费者，还包括资源供应商和市场营销中介。

市场营销中介一般包括以下三种：

（1）商人中间商：指取得所经营产品或服务的所有权的企业或个人。

（2）代理中间商：指未取得产品或服务的所有权，却能帮助转移所有权的企业或个人。

（3）辅助商：指不直接经营产品或服务，起便利交换和物质分配作用的机构。

11.1.1.2　营销渠道的流程

营销渠道中的成员执行的活动在运动过程中形成不同种类的"流"，这些流程将组成渠道的各类组织机构贯穿起来，使营销渠道呈现出不同形态。

（1）实物流。指实体产品或服务从制造商转移到消费者和用户的过程。承载"实物流"的是实体分配渠道，如图 11-1 所示。

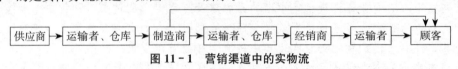

图 11-1　营销渠道中的实物流

（2）所有权流。所有权流又称为商流，是指产品所有权从一个分销成员到另一个分销成员的转移过程。承载"所有权流"的是分销渠道，如图 11-2 所示。

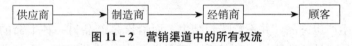

图 11-2　营销渠道中的所有权流

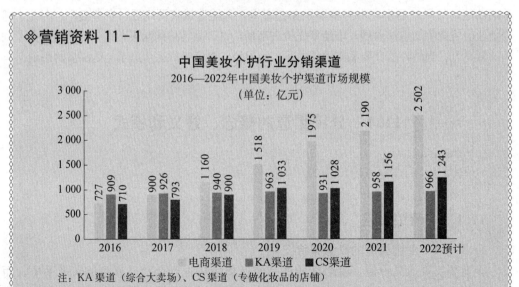

❖**营销资料 11-1**

中国美妆个护行业分销渠道

2016—2022年中国美妆个护渠道市场规模
（单位：亿元）

注：KA 渠道（综合大卖场）、CS 渠道（专做化妆品的店铺）

资料来源：中商情报网．深度分析：2022 年中国美妆个护行业各销售渠道预测分析．中商情报网（网易号），2022-03-24，有删改．

（3）付款流。货款在各分销成员之间的流动过程被称为付款流。承载"付款流"的是结算付款渠道，如图11-3所示。

图11-3　营销渠道中的付款流

（4）信息流。在营销渠道中，各营销中间机构相互传递信息的过程就是"信息流"。通常，渠道中每一相邻的机构间会进行双向的信息交流，而互不相邻的机构间也会有各自的信息流程。承载"信息流"的是信息沟通渠道，如图11-4所示。

图11-4　营销渠道中的信息流

（5）促销流。促销流是指一个渠道成员通过广告、人员推销、宣传报道、公关等活动对另一个渠道成员施加影响的过程。所有的渠道成员都有对顾客促销的职责，它既可以采用广告、公共关系和销售促进等针对群体的促销方法，也可以采用人员推销等针对个人的促销方法。承载"促销流"的是促销渠道，如图11-5所示。

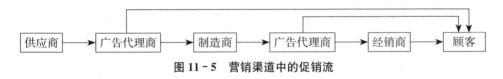

图11-5　营销渠道中的促销流

11.1.2　分销渠道的概念

作为营销渠道的一种具体形式，分销渠道与营销渠道是有区别的，不可不加区分地使用。分销渠道是指某种产品和服务在从生产者向顾客转移的过程中，取得这种产品和服务的所有权或帮助所有权转移的所有企业和个人。因此，分销渠道不包括资源供应商和辅助商。显然，企业要完成产品的转移，最重要的是要确定产品的分销渠道，即实现产品所有权的转移。

看一看：分销
渠道与营销
渠道

11.1.3　分销渠道的意义

分销渠道策略是营销组合中不可分割的重要组成部分之一。因为，即便企业生产出了高质量的产品，绞尽脑汁的定价、诱人的广告都不是其最终目的，企业所做的一切都是为了把产品卖给顾客，从而获得经济利益。分销渠道策略的正确和有效，都将有利于企业营销目标的实现。

（1）分销渠道是保证企业再生产过程顺利进行的前提。企业生产的产品，不仅要能符合目标消费群体的需要，还要能及时地销售出去。企业具备了良好的分销渠道，有利于产品的及时销售，能够使产品顺利进入消费领域，实现产品的价值，从而保证了企业再生产过程的顺利进行。

（2）有效的分销渠道有助于信息的反馈、资金的回笼及经济效益的提高。分销渠道的数量、便利性及规模，对产品的销售、信息的反馈都有直接的影响。企业合理地选择分销渠道，能加快产品的流通速度，加速资金的周转，从而提高企业的经济效益。

（3）建立和管理好分销渠道，有利于企业获得良好的竞争优势。营销的核心就是发现需求，满足需求。企业不但要针对顾客的需求生产出好的产品，而且应该有良好的通道，分销渠道畅通了，目标顾客买到了自己喜爱的产品，需求才能满足。一个良好的分销渠道可以在成本、特色上为企业和所有的渠道成员创造竞争优势。

（4）分销渠道的存在使市场交易简单化、秩序化，从而可以节省社会交易成本。在图11-6所示的例子中可以看到，由于分销渠道的存在，企业与顾客之间的交易联系减少。因此，利用分销渠道可以减少企业的分销工作量，从而有效地节省企业的分销成本。

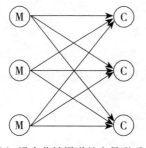　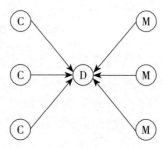

(a) 没有分销渠道的交易联系　　　(b) 有分销渠道的交易联系

M——生产商；C——顾客；D——分销渠道

图11-6　分销渠道的经济效果

学一下 11-2

11.1.4　分销渠道的模式

我们可以将分销渠道分成传统分销渠道和整合分销渠道两种类型。

11.1.4.1　传统分销渠道

传统分销渠道是指由各自独立的生产商、批发商、零售商和购买者组成的分销渠道。在传统分销渠道中，各渠道成员之间的联系是松散的。实际中，大多数企业采用的是传统分销渠道的模式。但随着营销环境的不断发展，传统分销渠道正面临越来越大的挑战。消费者市场和生产者市场的传统分销渠道模式可以用图11-7和图11-8来表示。

11.1.4.2　整合分销渠道

随着企业营销活动的更新，在实际的渠道运作过程中，出现了将渠道成员通过一体化整合形成的整合分销渠道系统，这种分销渠道正为越来越多的企业所采用。整合分销渠道主要包括垂直渠道系统、水平渠道系统和多渠道系统三种形式。

11.1.4.2.1　垂直渠道系统

垂直渠道系统又称纵向营销系统，它是由生产商、批发商和零售商通过不同的形式纵向整合组成的整合分销渠道；传统分销渠道与垂直渠道系统的不同之处如图11-9所示。根据整合方式的不同，垂直渠道系统可以分为公司式垂直渠道系统、契约式垂直渠道系统和管理式垂直渠道系统三种形式。

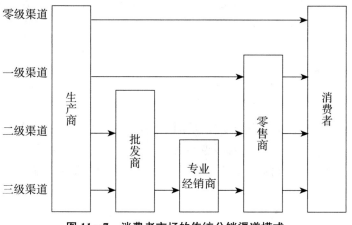

图 11-7　消费者市场的传统分销渠道模式

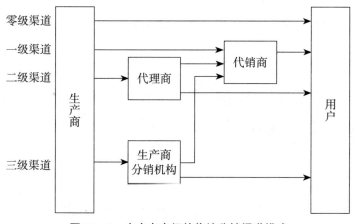

图 11-8　生产者市场的传统分销渠道模式

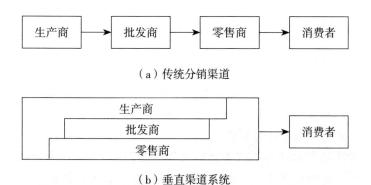

（a）传统分销渠道

（b）垂直渠道系统

图 11-9　传统分销渠道与垂直渠道系统的不同之处

（1）公司式垂直渠道系统。这是由一家企业拥有和管理若干生产商、批发和零售机构，控制渠道的若干层次或整个分销渠道，综合经营生产、批发及零售业务的垂直渠道系统。公司式垂直渠道系统可以由大工业企业拥有和管理，采取工商一体化经营方式；也可以由大商业企业拥有和管理，采用商工一体化经营方式。

（2）契约式垂直渠道系统。这是由不同层次的生产商和中间商通过合同契约的形式整合组成的垂直渠道系统，主要包括批发商组织的连锁店、零售商合作社以及特许专卖机构。

（3）管理式垂直渠道系统。这是通过渠道中最有实力的成员来协调、管理整个渠道运作的垂直渠道系统。

11.1.4.2.2　水平渠道系统

水平渠道系统又称横向营销系统，是同一层次上两家或两家以上的企业通过不同方式联合起来创造新的营销机会的渠道系统。例如，在一些大的商场开设快餐店，快餐店和商场都从中获得了利益：快餐店可以获益于大商场的大客流量；而大商场也为自己的顾客提供了更丰富的服务项目。

11.1.4.2.3　多渠道系统

多渠道系统又称混合营销系统，是指企业为同一目标市场提供两种或两种以上的分销渠道。例如，现在很多的电器生产商都通过多渠道服务于目标市场。顾客可以在大商场买到 TCL 智能电视；同样，顾客也可以从大型综合性超市、电器专卖店以及网上买到 TCL 智能电视。

小思考

　　放松一下，到附近的市场去转一转，然后想一想，可口可乐是怎样从生产商手中"转移"到你手中的？其他那些你熟悉的商品呢？

11.2　分销渠道的设计与管理

11.2.1　分销渠道的设计

企业为了使产品尽快销售出去并取得良好的经济效益，就必须在产品进入流通领域之前对其分销渠道进行"最佳设计"。

11.2.1.1　分销渠道设计的概念

分销渠道设计是指通过对各种备选的渠道类型进行评估，创建全新的分销渠道，或改进现有渠道，从而实现营销目标的活动。营销活动的重点就是满足购买者的需要，而分销渠道又是搭建在生产者和购买者之间的桥梁。因此，分销渠道设计的优劣直接影响着企业的产品价值实现的程度。一个成功的、科学的分销渠道能够更快、更有效地推动商品进入目标市场，为生产商及中间商带来更大的现实及长远收益。

分销渠道设计的目标是确保设计的渠道结构能产生适合市场定位的市场覆盖率，确保生产商对渠道有一定程度的控制，并具有一定的灵活性，便于调整和更换。所以，分销渠道设计同其他营销策略的制定一样，是企业为了在市场上获得竞争优势必不可少

学一下 11-3

看一看：如何
制定分销渠道
决策：分销渠
道决策的基本
结构

的。如上所述，分销渠道的设计可以包括重新创建渠道和对现有渠道进行改进两种选择。设计分销渠道的目的是实现企业的分销目标，从而更好地实现企业利润等营销目标。

11.2.1.2　影响分销渠道设计的因素

企业在设计分销渠道时并不是完全以自己的意志为转移的，往往会受到内部和外部多方面因素的影响。

11.2.1.2.1　内部因素

影响企业分销渠道设计的内部因素主要有企业的产品、财务及融资能力、企业的规模与声誉、管理能力以及企业对渠道控制的愿望。

（1）产品因素。产品性质、种类、档次、等级不同，都会影响企业分销渠道的选择。一般来说，对于易腐烂或易变质的产品，如水果、蔬菜、熟食制品，为减少被耽搁和反复搬运装卸所造成的损失，通常要求企业直接销售或建立短的、层次少的分销渠道。笨重、体积大的产品适于短渠道，而体轻身小的产品可采取长渠道。对于价格低、完全标准化的产品，为降低销售成本，企业可选择多层次的营销渠道。反之，可选择直接营销渠道。对于技术含量高、有专门用途的产品，可由企业的销售代表直接销售，因为中间商缺乏必备的科学知识。

（2）企业的财务及融资能力。这决定了企业可以自行承担哪些营销职能，哪些营销职能必须由中间商承担。企业的财力越雄厚，财务状况越良好，选择分销渠道的范围就越大，它既可以将分销职能让与中间商，也可以自己建立和采用直销网络。反过来，如果企业财务困难，选择渠道的余地就很小。

（3）企业的规模与声誉。如果企业具有良好的声誉，企业就可以提升自己的品牌文化和品牌运作力，通过品牌来拉动渠道。这样，企业分销渠道设计的空间不仅大，设计也更为便利。

（4）管理能力。有些企业虽然在生产方面具有超强的技术和能力，但却缺乏市场营销的技术和经验，这就需要企业物色与自身情况相适应的中间商专门从事企业的营销业务。

（5）企业对渠道控制的愿望。即便企业的财力雄厚、声望高，如果对产品市场的控制程度要求不高，就会采用间接渠道营销。反之，可以采用直接渠道营销，或者选择较短的分销渠道。

11.2.1.2.2　外部因素

从微观上看，影响企业分销渠道设计的外部因素主要包括中间商、购买者和竞争者。

（1）中间商因素。设计分销渠道时，还必须考虑不同类型的中间商在经营过程中的优劣，企业一定要解决好选择中间商的问题。例如，很多企业在选择中间商之前，会根据自己企业的特性拟订出选择的条件和标准，对竞标者逐个比较，然后根据企业的整体布局分别选定。

（2）购买者因素。购买者的购买行为也影响着企业分销渠道的设计。如日常消费品，购买者购买次数频繁，一般会选择就近购买，企业就可以利用批发商和零售商组成多层次分销渠道，通往城市各个角落。

（3）竞争者因素。企业分销渠道的设计还会受到竞争者使用渠道的影响。有的企业可能会进入竞争者的分销渠道，与竞争者直接竞争，如商场中同类产品都在一起展示；有的企业可能会避开竞争者的分销渠道，另辟蹊径，如美国安利公司避开和同类产品进入商场竞争，选择了一条适合自己的直销渠道。

从宏观方面看，影响企业分销渠道设计的因素主要包括国家政策法规、经济状况、技术水平、地理环境、交通运输条件、民族习惯等内容。例如，我国的化肥、烟草的专卖政策，使得这些产品的生产企业必须按照专卖的程序选择分销渠道。

❖营销战例 11-1

阿里和腾讯的"新零售"

就目前情况而言，我国新零售领域竞争格局呈现"两超多强"的局面："两超"指阿里和腾讯，"多强"则是指其余探索新零售模式的企业。腾讯和阿里在新型零售方向的布局思维有显著的不同——阿里更希望用自己的资源来引领改造，而腾讯则是做链接，提升效率。

阿里巴巴新零售的投资布局主要有三类：物流、销售端（即销售、支付和消费环节）、零售科技（大数据、人工智能、云计算等应用支撑）。阿里巴巴投资大润发、华联超市等线下商超巨头，收购饿了么并将其与口碑整合，其总体的布局思路为：线下由点及面再到空间一体化进行布局，获取线下流量，向线上导流。同时利用线上优势资源反哺线下，形成互补和融合——其本质在于以客户为中心，打造平台，提升用户体验。

腾讯在"新零售"的布局核心在通过链接提升效率上面。通过微信公众平台、微信支付、小程序等产品使得生产—销售—消费者之间信息透明程度更高。从 2017 年开始，腾讯集团通过投资参与到"新零售"产业。目前，在物流端腾讯投资了汇通达和京东快递，电商领域投资了京东、拼多多、唯品会等；传统商超方面，腾讯和永辉超市建立了合作，其中大部分的投资投给了电商。

资料来源：2020 年中国新零售行业现状与发展趋势分析．前端产业研究院（搜狐号），2020－07－09.

看一看：要不
要中间商？

11.2.1.3 分销渠道设计的基本内容

分销渠道的设计一般可分为以下几个步骤：分析渠道需要，明确渠道目标与限制；确定各主要渠道选择方案；评估各主要渠道选择方案。

11.2.1.3.1 分析渠道需要，明确渠道目标与限制

渠道设计首先必须仔细了解渠道存在的一个重要前提——购买者的需要。也就是说，企业必须了解目标市场的购买者对渠道的要求所在。目标市场对渠道的要求是多样化的，包括：购买者对购买地点的要求；购买者对购买的便利性的要求；目标市场对渠道包容产品范围的要求以及交货速度的要求；购买者对产品附加服务的要求；等等。企业在设计渠道时，对这些目标市场的需要，要结合自己的资源条件来把握可行性和运作成本，以购买者可以接受的价格来满足他们的需求。

在考虑市场需求以及产品、中间商、竞争者、企业政策和环境等其他影响渠道的因素的基础上，企业要合理地确定渠道目标，明确渠道限制。渠道目标包括渠道对目

标市场的满足内容、水平，以及中间商与企业应该执行的职能，为企业分销产品到达目标市场提供最佳途径。

11.2.1.3.2 确定各主要渠道选择方案

确定各主要渠道的选择方案包括两个基本问题：确定中间商的类型与数目；界定渠道成员的责任。

（1）确定中间商的类型与数目。企业必须识别、明确适合自己产品分销的中间商类型。通常的选择可以是：

● 企业销售人员。即企业扩大自己的直接销售人员队伍，利用自己的销售代表来联系顾客，销售产品。

● 生产商的代理机构。即企业通过经销来自不同企业的相关产品的独立公司销售产品。

● 行业销售商。即企业通过在相关行业或地区寻找愿意销售企业产品的销售商来销售产品。

在确定了中间商类型之后，企业还必须确定每一层次渠道上的成员即中间商的数目。企业通常可以有密集型分销、选择型分销和独家分销三种选择。其中，密集型分销是使企业的产品在尽可能多的零售商店销售，独家分销是指选择有限的几家经销商销售企业的产品，选择型分销使用中间商的数目介于上述两者之间。如图11-10所示。

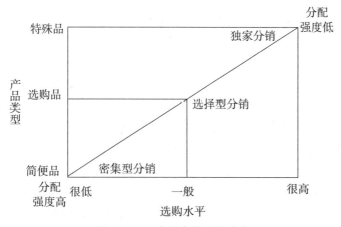

图11-10 中间商数目的确定

（2）界定渠道成员的责任。生产商与中间商要在相关的渠道成员的权责利方面达成协议。协议要规定好分销产品的价格政策、销售条件、区域权利以及具体服务安排。在未来的渠道运作中，各渠道成员要严格按照达成的协议，在承担相应责任的前提下，拥有相应的权利，并能够获得应有的利益。

11.2.1.3.3 评估各主要渠道选择方案

企业对各主要渠道选择方案的评估，可以采用经济性、控制性与适应性标准。

（1）经济性标准。每一种渠道方案都将产生不同水平的销售和成本。建立有效的分销渠道，企业必须考虑两个问题：一个是在成本不变的情况下，采用哪种分销渠道会使销售额达到最高；另一个是在同一销售量的范围内，采用哪种分销渠道成本最低。

（2）控制性标准。由于中间商是独立的企业，有自己的利益追求，因此，使用中间商会增加企业渠道控制上的问题。由于产品的流通过程是企业营销过程的延续，从生产企业出发建立的分销渠道，如果生产企业不能对其运行有一定的主导和控制，分销渠道中的实物流、所有权流、付款流和信息流就不能顺畅有效地进行。相对而言，企业自己销售比利用中间商更有利于对渠道的控制。

（3）适应性标准。这主要是指企业要考虑分销渠道对未来环境变化的能动适应性，即考虑渠道的应变能力。不能有效变化的渠道是没有未来的。所以，企业在与中间商签订长期合约时要慎重从事，因为在合约期内不能根据需要随时调整渠道，这会使渠道失去灵活性和适应性。所以，对企业来说，涉及长期承诺的渠道方案，只有在经济效益和控制力方面都十分优越的条件下，才可以考虑。

11.2.2　分销渠道的管理

对渠道的管理主要包括对中间商的选择、激励和评估工作。企业只有加强对分销渠道的管理，才能保证渠道的运行按照事先预定的方式和轨迹进行，才能保证渠道设计的有效性，使得生产商和中间商都能获得应有的利润。

11.2.2.1　选择分销渠道成员

企业在设计好分销渠道后，必须对分销渠道的成员进行谨慎的选择。由于企业的实力、规模、产品特色等各个方面的不同，在招募中间商时通常会出现三种局面：有的企业会毫不费力地找到许多合格并且愿意加入渠道系统的中间商；有的企业必须费尽周折才能找到中间商；有的企业费尽心思也找不到或找不够中间商。

无论情况如何，企业在选择中间商时不能马虎。企业对中间商一定要有具体条件的规定，企业要考虑中间商以下的情况：

（1）实力。包括中间商的分销历史长短、销售人员的素质、协作精神、收现能力及获利能力。

（2）信誉。包括合作伙伴、顾客、同行对中间商的评价。

（3）企业发展潜力。包括中间商的经营范围、开设地点、顾客类型、购买力大小和需求特点等。

11.2.2.2　激励分销渠道成员

企业不但要选择合适的中间商，同时要不断地激励中间商，充分调动其积极性。企业不但要保证自己的利润，同时要兼顾中间商的利益，从而达到"双赢"。企业处理与中间商的关系时一般会采取三种方式：合作、合伙和分销规划。

11.2.2.2.1　合作

这是指双方在互相满意对方的前提下，达成一种合作关系，并签订合同。这是运用最广的一种方式。企业采取正面和反面激励措施来达到激励中间商的目的。正面激励措施包括较高的毛利、特殊优惠、定额奖励、销售竞赛、广告补助等；负面的激励措施包括降低毛利、拖延交货等。

11.2.2.2.2　合伙

这是指企业与中间商建立长久、稳定的合伙关系，双方联合，共同出资建立公司，并在协议上注明双方的责任和义务。

11.2.2.2.3　分销规划

这是三种方式中最先进的方式，即企业和中间商组成垂直渠道系统。这种方式要求企业真正了解中间商的需要、存在的问题、实力和弱点，据此制定分销方案，帮助每个中间商尽可能达到最佳销售业绩。

11.2.2.3　评估分销渠道成员

企业必须定期按一定标准衡量中间商的销售业绩。每隔一段时间，企业就必须考察和评估中间商的配额完成情况、平均库存水平、装运时间、对受损货物的处理、促销方面的合作以及为顾客提供服务的情况。企业对表现好的中间商予以奖励；对表现不好的予以批评，必要时企业可更换渠道成员，以保证营销活动顺利有效地进行。

实际上，企业应该综合地从营销、促销业务、客户服务、现场服务支持、品质保证、存货管理等诸多方面对分销渠道所有成员进行合理评估。

❖营销战例 11-2

娃哈哈的终端价差管理

零售终端是产品形成销售的末端，是产品到达消费者的端口，各种品牌的产品都会在这里短兵相接，终端管理也就异常重要。

娃哈哈开始在这个环节上的做法并不是很好，但是跟随市场的发展变化经过多次摸索后，形成了自己独特的管理办法，效果很好。例如，娃哈哈的终端价差管理就很有特色。

娃哈哈对终端价差的管理，以互惠互利、信任共赢为基础，执行的是指导价。为了保证价格体系稳定，娃哈哈实行各级价差体系管理制度，明确制定出每个产品在一级批发商、特约二批商、二批商、三批商和卖场超市的出货价和零售价，各级必须严格执行价格顺差，一批商的单件利润要小于二批商，二批商的单件利润要小于三批商。比如，娃哈哈曾经对于批发商能整车要货的，规定一级批发商每件顺加 0.5 元直接把货送达批发商仓库，批发商按照娃哈哈规定每件顺加 2 元送达终端零售门店，零售门店统一按照零售指导价卖给消费者。也就是说，一级批发商靠的是走量和公司给予的销售奖励获取利润；与末梢最近的批发商是终端管理的关键，但是其走货量小，因此价差相对就要高。这样，量大的靠走量增加利润，量小的主要靠稍高些的差价增加利润。同时，各个卖场零售价必须统一，保证了终端零售门店的积极性和终端销售价格的稳定。

资料来源：罗宏文.跟娃哈哈学终端管理.销售与市场（管理版），2016（3），有删改.

11.3　批发商、零售商与电子商务渠道

企业要将自己的产品转移给顾客，在这中间要有一条高速路，这条高速路通常是

由能够协助产品所有权转移的中介组织，即批发商和零售商组成的。企业为保证高速路的畅通无阻，就必须很好地管理批发商和零售商。

11.3.1　批发商

11.3.1.1　批发与批发商的概念

批发是指一切向以经营为目标的客户销售物品或服务的商业活动。批发面向的不是最终消费者，而是为了将产品转卖给有商业用途的零售商或商业客户。

批发商是指专门从事批发业务的企业或个人。批发商的产品不是出售给最终消费者的，而是出售给最终消费者以外的组织。批发商处于商品流通的起点或中间环节，一方面它向生产企业购买商品，另一方面它向零售商或其他批发商批发商品。当批发商的商业交易结束时，商品仍处在流通领域。

批发商是搞活流通的关键性环节，它维系着生产商和零售商，对沟通生产商与零售商的信息、改善企业的经营管理、提高经济效益、满足市场需求、稳定市场起着不可忽视的作用。

11.3.1.2　批发商的分类

批发商的种类很多，它们经营的产品品种和承担的营销职能各不相同，可以根据不同的标准将其分别归类。现代的批发商业主要由三种批发商组成：商人批发商、经纪人和代理商、生产商与零售商的分销部和办事处。

11.3.1.2.1　商人批发商

商人批发商也叫独立批发商，是独立的经营者，对经营的产品拥有所有权。商人批发商是批发商最主要的类型。

（1）根据所具有的职能和提供的服务是否完全，可以将商人批发商分成完全服务批发商和有限服务批发商。前者具有批发商业的全部职能，提供存货、雇用固定销售人员、信贷、送货及协助管理等服务；而后者为了减少成本费用，降低批发价格，只提供一部分服务。如不提供赊销和送货的现购自运批发商等。

（2）根据所经营的范围，商人批发商又可分为一般商品批发商、单一种类批发商和专业批发商。一般商品批发商是指商品经营范围广，品种繁多的商人批发商。其销售的产品比较普通，价位也不高，如小五金、小百货等。单一种类批发商经营的商品仅限于某一类商品。专业批发商则是指经营专业化程度较高的商品的批发商，其客户主要是专业商店。

11.3.1.2.2　经纪人和代理商

经纪人和代理商是非独立的批发商，从事购买、销售的洽商工作，对产品不拥有最终的所有权。通常，经纪人和代理商提供的服务比有限服务批发商要少，其主要职能是促成交易以赚取佣金。经纪人和代理商主要包括以下几种形式：

（1）经纪人。即不实际控制商品，只受委托人委托进行购销谈判的中间人。经纪人一般涉及证券、房地产、广告及保险领域。

（2）代理人。即根据一方的要求，在签订合同的基础上，为其销售或购买商品的中间人。代理人一般分为生产商代理商、销售代理商和采购代理商。生产商代理商是指代表生产商销售产品的代理商。这种代理商代表两个或若干个互补的产品线的生产商，生产商代理商分别和每个生产商签订有关价格政策、销售区域、订单处理程序、送货服务和各种保证以及佣金比例等方面的正式书面合同。销售代理商是指销售生产商授权范围内的商品的代理商。这类代理商可全权处理产品的价格和交易条件等业务。采购代理商是指代表客户采购商品的代理商。采购代理商一般与顾客有长期的合作关系，替顾客采购，并负责为其收货、验货、储运，直至最终交货。

11.3.1.2.3　生产商与零售商的分销部和办事处

这是指生产商与零售商不通过独立或非独立的批发商，而是通过设立分销部和办事处自行经营批发业务。分销部和办事处的区别在于：分销部有自己的商品储存，而办事处没有商品储存。但它们的主要任务都是了解当地的市场动态并加强商品促销活动。

11.3.2　零售商

11.3.2.1　零售及零售商的概念

零售是指直接向最终消费者出售货物和服务供个人或家庭使用的一切活动。也就是说，用于商业用途的活动不属于零售的范畴。不管是生产商、批发商还是零售商，也不管它们采取什么方式进行销售活动，只要它们的销售活动直接面对最终的消费者，我们就将其归入零售的范畴。

零售商是指主要从事零售活动的企业或个人。零售商促使企业生产的产品由流通领域进入消费领域，由于它处于流通领域的末端，所以，一方面零售商能直接满足消费者生活水平的需要，从而影响整个经济的增长；另一方面零售商能及时地向供应商反馈最终消费者对自己产品的意见，有利于产品的改进，以进一步满足消费者需求。

11.3.2.2　零售商的分类

我国的相关部门将零售商店分为八类：百货店、超级市场、大型综合超市、便利店、仓储式商场、专业店、专卖店和购物中心。随着社会的进步，零售商的新形式也在不断地涌现。我们可以把零售商分成三种类型：商店零售商、无门市零售商及零售商组织。

11.3.2.2.1　商店零售商

这是有固定的营业场所的零售商。其主要形式有：

（1）百货店。百货店经营的产品种类非常多，每一种产品的规格也多，百货店的产品线既宽又深。百货店的经营范围通常包括服装、鞋子、五金用具、日常用品等，百货店把每一条生产线都作为一个独立的部门，由专门的营业员或进货专家来管理。百货店一般坐落于闹市商业中心。

（2）超级市场。超级市场一般是指相对而言规模较大，成本较低，毛利较低，销售量大，采取开架自主式服务的经营机构。超级市场经营的产品主要是食品和家庭日用产品。

（3）大型综合超市。大型综合超市是指规模比超级市场要大的商店零售商，它综合了超级市场、折扣和仓储零售的经营方针，经营内容包括家电、医药、日用品等许多行业的产品。

（4）便利店。便利店的规模相对较小，营业时间长。便利店一般位于居民住宅区附近，经营周转快的方便商品或易消耗品，主要是满足消费者的不时之需。

（5）仓储式商场。这类商场规模很大，内部装饰简单，是一种以大批量、低成本、低售价和薄利多销的方式经营的连锁式零售企业。这类商场通常以工薪阶层和机关团体为主要服务对象，从厂家直接进货，因此成本低、售价低。仓储式商场精选正牌产品，实施会员制，运用先进的计算机管理系统由收银员集中收银，选址一般在居民区或市郊。

（6）专业店。专业店是经营一条窄而深的产品线的商店零售商。它通常专门经营一大类花色、品种、规格齐全的商品。

（7）专卖店。专卖店经营的产品线也是窄而深的，与专业店不同的是它主要经营某一个品牌的产品。

（8）购物中心。购物中心的规模较大，经营的产品品种较多，产品价位较高，会提供良好的服务和宽敞的购物环境。

11.3.2.2.2　无门市零售商

这类零售商没有固定的营业场所或营业场地，具体形式主要包括：

（1）直接销售。它起源于沿街叫卖，经过发展，现代的直接销售有三种模式：一对一推销、一对多（聚会）推销和多层次（网络）营销。

（2）直接营销。它起源于邮购和目录营销，通过各种媒介与消费者进行沟通，以引起消费者的购买欲望和购买行为，如电话营销、电视直销、邮购营销及网上直销等。

（3）自动售货。它是利用售货机向消费者出售货物的一种形式，主要出售食品、报刊和音像制品等。它最大的优点是方便，能提供 24 小时服务。最大的缺点是对售货机有损害，存货补充有可能不及时。

11.3.2.2.3　零售商组织

这是为竞争的需要而形成的零售商团体。它的形式主要有以下两种：

（1）公司连锁店。公司连锁店由多个零售单位组成，实行统一化、标准化的经营模式。它适合所有类型的零售业务，具有较强的竞争力。

（2）特许经营店。特许者和被特许者以合同的方式规定双方的权利和义务，被特许者在一定的条件下可以使用特许者的名字、商标、特定产品和经营风格等，特许者因此获得相应的报酬，如麦当劳的经营模式。

11.3.3　电子商务渠道

11.3.3.1　电子商务渠道的概念

电子商务渠道是企业可以利用的，帮助其将产品所有权转移给购买者的互联网或移动互联网上的相关平台或中间环节。

通常，电子商务渠道一方面要为企业的产品提供信息，从而为购买者的购买提供条件；另一方面，则要帮助企业的产品完成交易的过程。

实际中，企业可以将产品的电子商务渠道与实体分销渠道有机结合。例如，企业可以将传统分销渠道组织商品销售的功能转变为商品的展示、体验服务、仓储、物流、售后服务，购买者利用实体分销渠道实现对产品的认知和体验，然后在电子商务渠道平台进行产品的订购，从而完成商品销售的过程。

11.3.3.2　电子商务渠道的分类

显然，电子商务渠道和传统的分销渠道一样，要帮助企业将产品及其所有权转移到购买者手中。

企业采用的电子商务渠道，有网络直接分销渠道与网络间接分销渠道。

网络直接分销渠道是企业有自己的直销平台，企业通过网络直销平台分销产品，如海尔网上商城（https：//www. haier. com/onlinestore）、联想商城（https：//shop. lenovo. com. cn）等；网络间接分销渠道，是企业利用中介模式的在线中间商分销产品，如京东、天猫等。

企业的电子商务渠道类型如图 11-11 所示。

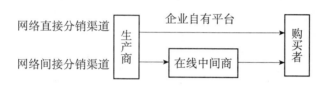

图 11-11　电子商务渠道类型

❖**营销资料 11-2**

2020 胡润中国 10 强电商

序号	公司	公司英文名称	价值（亿元人民币）	总部
1	阿里巴巴	Alibaba	41 090	杭州
2	美团点评	Meituan Dianping	9 190	北京
3	京东	JD	7 490	北京
4	拼多多	Pinduoduo	7 280	上海
5	滴滴出行	Didi	3 600	北京
6	携程	Ctrip	1 090	上海
7	唯品会	Vipshop	950	广州
8	苏宁易购	Suning. com	820	南京
9	车好多	CARS	600	北京
10	每日优鲜	Missfresh	210	北京

资料来源：胡润研究院．胡润研究院发布《2020 胡润中国 10 强电商》．胡润百富，2020-07-10，有删改．

放大镜 11-1

11.4 物流与供应链管理

20世纪90年代以来，随着科学技术的进步、经济的发展、全球化信息网络和全球化市场的形成，以及技术变革的加速，市场竞争愈演愈烈。技术进步和需求的个性化使得产品寿命周期不断缩短，企业面临缩短交货期、提高质量、改进服务和降低成本的压力。在这种情况下，物流作为一个现代化的概念"浮出水面"，并被喻为第三利润源泉，它对商务活动的影响也越来越引起人们的注意。为此，有人指出：谁掌握了物流，谁就掌握了市场。

11.4.1 营销物流的含义与职能

"物流"这一概念来源于军队的后勤工作——军事装备物资、设施与人员的获取、供给和运输。所以，传统的"物流"就是指物质实体在空间和时间上的流动。现代物流是对传统物流功能的延伸和扩大，在传统物流的基础上，引进高科技手段，通过计算机进行信息联网，并对信息进行科学管理，从而加快物流速度，提高准确率，减少库存，降低成本。

美国物流管理协会在1985年对物流的定义如下：物流是以满足客户需求为目的，为提高原料、在制品、制成品以及相关信息从供应到消费的流动和储存的效率和效益而对其进行的计划、执行和控制的过程。对企业营销而言，物流为企业营销活动创造时间效用与地点效用。所以，营销物流（marketing logistics）是指计划、执行和控制从起点到消费点的材料、最终产品以及相关信息的实体流动，以便在满足顾客要求的同时赚取利润。[①]

因此，营销物流的主要职能包括：订单处理、仓储、存货管理和运输。

（1）订单处理。企业营销必须面对用多种方式获得的多种形式的订单，对这些订单快速、有效的处理可以加速企业对顾客需求的响应，也可以给企业带来更多的收益。因此，企业需要有一套简单、方便、高效、准确的系统来对所有的订单进行收集与处理。

（2）仓储。物流中的仓储行为是为了调整生产和消费之间的时间而进行的，这是物流活动的一个中心环节，起着缓冲、调节和平衡的作用，主要包括储存、管理、保养和维护等活动。

（3）存货管理。存货管理是指在控制存货成本的前提下，企业对存货水平的管理。存货管理主要要解决何时进货以及进多少货的问题。企业必须在存货的多与少之间进行平衡，以尽量在控制成本的基础上，保证不会因为出货过少影响顾客获得产品。

---

① 加里·阿姆斯特朗，等.科特勒市场营销教程.6版.俞利军，译.北京：华夏出版社，2004：468-469.

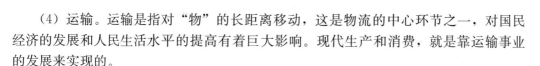

（4）运输。运输是指对"物"的长距离移动，这是物流的中心环节之一，对国民经济的发展和人民生活水平的提高有着巨大影响。现代生产和消费，就是靠运输事业的发展来实现的。

11.4.2　营销物流的目标

党的二十大报告要求我国"加快发展物联网，建设高效顺畅的流通体系，降低物流成本"。显然，这为企业更好地达成营销物流目标提供了重要保证。有人认为，营销物流的目标是对产品进行适时适地的转移，兼顾最佳顾客服务与最低配送成本。但事实上，对很多企业来说，同时兼顾最佳顾客服务与最低配送成本是两难的事情。在很多情况下，更好的服务意味着更高的物流成本，或者反过来，低的物流成本意味着低水平的服务。所以，我们认为物流的目标应该是以尽可能低的成本为顾客提供合适水准的服务。

营销物流为顾客提供的服务包括：产品的可得性；订货及送货速度；存货或缺货的比率；送货频率；送货可靠性；安装、调试及维修服务；运输；等等。

11.4.3　供应链管理

11.4.3.1　供应链的含义

所谓供应链，是指围绕核心企业，通过对信息流、物流、资金流的控制，从采购原材料开始，制成中间产品以及最终产品，最后由销售网络把产品送到购买者手中，将供应商、制造商、分销商、零售商直到最终用户连成一个整体的网链结构和模式。供应链的实质是由企业间供需关系链接成的市场链，也是一条体现竞争实力的价值增值链。

11.4.3.2　供应链管理的含义和目的

供应链管理（supply chain management，简称 SCM）是指企业为了在满足服务水平要求的同时降低系统总成本，而将供应商、生产商、销售商、物流商到最终用户结成网链来组织生产与销售商品，并通过商流、物流、信息流、资金流系统设计、计划、运行和控制等活动达到预期目的。因此，可以将供应链管理理解为，对供应链商流、物流、信息流、资金流以及合作者关系等的规划、设计、运营、控制过程进行一体化的集成管理思想、方法和技术体系。

可以看出，供应链管理不仅强调企业内部的协作，而且要求渠道所有成员之间的协作。所以，它覆盖了从供应商的供应商到客户的客户的全部过程，其主要内容包括外购、制造分销、库存管理、运输、仓储和客户服务等。

供应链管理最根本的目的就是增强企业的竞争力。实现供应链管理能够使渠道安排从一个松散联结着的独立企业群体，变为一种致力于提高效率和增加竞争力的合作力量。这样不仅可以降低成本，减少社会库存，而且使社会资源得到优化配置，更重要的是通过信息网络、组织网络实现生产与销售的有效连接和物流、信息流、资金流的合理流动。

11.4.3.3　第三方物流

为了使企业整个供应链管理更为出色，出现了第三方物流。

第三方物流是指独立的物流服务供应商，它具有将其客户的产品送往市场所需之处的部分或全部职能。生产经营企业为集中精力搞好主业，可以把原来属于自己处理的物流活动，以合同方式委托给第三方物流，同时通过信息系统与之保持密切联系，以达到对物流全程的管理和控制。因此，第三方物流又叫合同制物流。第三方物流提供者是一个为外部客户管理、控制和提供物流服务作业的公司，其并不在产品供应链中占有一席之地，仅是第三方，但通过提供一整套物流活动来服务于产品供应链。

第三方物流的出现，使企业可以集中精力于主业，实现资源优化配置，将有限的人力、财力集中于核心业务，开发出新产品参与市场竞争。同时，第三方物流提供者是物流专家，其利用完备的设施和训练有素的员工对整个供应链实现完全控制，减少物流的复杂性；而且通过遍布全球的运送网络和服务提供者大大缩短了产品交货期，帮助顾客，改进服务，树立自己的品牌形象。此外，第三方物流可以帮助企业减少产品库存，保证最低库存量。

学一下 11-4

本章小结

通过这一章的学习，我们掌握了制定渠道策略的基本理论与方法。本章主要内容包括以下几方面：

1. 分销渠道的概念与意义

分销渠道是指某种产品和服务在从生产者向顾客转移的过程中，取得这种产品和服务的所有权或帮助所有权转移的所有企业和个人。显然，企业要完成产品的转移，最重要的是要确定产品的分销渠道，即实现产品所有权的转移。

2. 分销渠道的设计与管理

分销渠道的设计是指通过对各种备选的渠道类型进行评估，创建全新的分销渠道，或改进现有渠道，从而实现营销目标的活动。其目标是确保设计的渠道结构能产生适合市场定位的市场覆盖率，确保生产商对渠道有一定程度的控制，并具有一定的灵活性，便于调整和更换。分销渠道的设计一般可分为以下几个步骤：分析渠道需要，明确渠道目标与限制；确定各主要渠道选择方案；评估各主要渠道选择方案。

分销渠道的管理主要是对中间商的选择、激励和评估工作。企业只有加强对分销渠道的管理，才能保证渠道的运行按照事先预定的方式和轨迹进行，才能保证渠道设计的有效性，使得生产商和中间商都能获得应有的利润。

3. 批发商和零售商

批发商是指专门从事批发业务的企业或个人，是搞活流通的关键性环节，它维系着生产商和零售商，对沟通生产商与零售商的信息、改善企业的经营管理、提高经济效益、满足市场需求、稳定市场起着不可忽视的作用。批发商包括商人批发商、经纪人和代理商、生产商与零售商的分销部和办事处。

零售商就是主要从事零售活动的企业或个人。零售商促使企业生产的产品由流通领域进入消费领域。零售商处于流通领域的末端，承担着对消费者直接销售产品和方便购买、信息沟通的职能。

4. 营销物流

营销物流是指计划、执行和控制从起点到消费点的材料、最终产品以及相关信息的实体流动，以便在满足顾客要求的同时赚取利润。营销物流的主要职能包括：订单处理、仓储、存货管理和运输。营销物流的目标是以尽可能低的成本提供合适水准的服务。

重要概念

营销渠道　分销渠道　垂直渠道系统　水平渠道系统　多渠道系统　密集型分销
选择型分销　独家分销　批发商　零售商　电子商务渠道　营销物流　供应链管理
第三方物流

复习与思考

帮记 11-2

1. 试述分销渠道建设有何重要意义。
2. 结合实际，分析营销渠道的发展趋势。
3. 从影响渠道设计的因素谈谈如何为产品选择适宜的分销渠道。
4. 以实例介绍和分析你身边的不同类型的批发商和零售商。
5. 现代企业进行物流和供应链管理的重要性表现在哪些方面？

营销实战分析

中国榜样

这个"第一"不简单！

全国工商联"2021 中国民营企业 500 强"榜单中，华为、京东、恒力位列前三。不过，你知道哪个企业是中国员工最多的民营企业吗？答案是京东。

京东 2020 年年底员工超过 36 万人，2021 年二季度财报显示已接近 40 万人。其中，26 万人是一线物流小哥，还有近 2 万人是一线客服员工。最近三年，京东面向应届毕业生也累计开放 358 个岗位，提供了近 4 万个就业机会。

40 万员工是什么概念？放在互联网行业，是 BAT（百度、阿里、腾讯）三家企业之和。放在物流行业，是顺丰＋"三通一达"总和的两倍。顺丰员工 12 万人，圆通、申通、中通、韵达正式员工有 1 万人～3 万人。"三通一达"网点和快递小哥遍布全国，但因为多是加盟制，上百万快递员多数都不是这些公司的正式雇员。

当然，业务不一样，简单对比员工数，也不够科学。但员工总数，却是一个重要的数据。因为什么是最大的民生？就业！

一份不错的职业，不仅仅意味着薪水，还意味着尊严，意味着希望。40 万员工背后，就是 40 万个充满希望的家庭啊！这也凸显了今天中国民营经济的分量。老百姓光有一份工作还不够，还需要这份工作给予足够的保障和尊重，让我们离美好生活更近，也就是说需要"更高质量"的就业。从近期密集出台的措施看，相关部门越来越重视灵活就业人员的劳动权益保障。

京东 26 万物流小哥全部是京东的正式员工，京东缴纳的是六险一金，比通常的五险一金还多了一份意外伤害商业保险。而且，京东对物流一线员工的月工资支出，平均超过 1.1 万元，还有各种面向员工的福利。比如，对春节期间坚守一线的物流员工，京东每年投入近亿元，提供高于国家法定标准的补贴，包括加班补贴、子女团聚补贴等，支持员工将子女接到身边过团圆年。京东名为"我在京东过大年"的专项福利，已累计投入 7 亿元，让超 5 万个员工家庭春节团聚。

能做到这些，显然很不容易，因为这需要真金白银的投入。按照京东发布的 2021 年二季度财报，其当季度收入为 2 538 亿元人民币，但经营利润仅为 3 亿元。原因主要是"对扩大就业规模、员工薪酬福利、技术研发和基础设施持续投入"。可以想见，如果京东在员工方面抠一点，利润肯定会更好看一点。但京东选择了前者。此外，京东于日前宣布，要用两年时间，将员工平均年薪由 14 薪逐步涨至 16 薪。

2021 年 6 月 28 日，福布斯中国发布的"2021 福布斯中国·最佳雇主"年度评选的 10 家上榜企业，京东集团是同行业唯一一家入选的企业。可以说，京东推动了高质量就业，承担了一个企业应该承担的社会责任。

怎样才算是好的企业？站在不同的立场，标准肯定是不一样的。好企业必须是一个创新的企业、盈利的企业，等等。企业当然要创新、要盈利、要发展，也只有这样，才能满足人民对美好生活的向往。但企业的成功标尺，也不能只看经济效益，还要看社会效益。企业做得越大，社会责任就越大。

消费者认为京东送货快，京东为什么能做到？除了 26 万一线物流员工的打拼，还有一组财报数字可以解释：到 2021 年上半年，京东在全国各地有 1 200 个仓库，仓储总面积 2 300 万平方米。一年间仓库数量增加了 450 个，相当于京东从 2007 年开始自建物流到 2017 年十年间的仓库增长总量。这些人员和仓储设施，在平时是企业的核心竞争力，在国家发生险情和灾难时，又能成为一份支撑。在抗击疫情和水灾等行动中，京东往往能第一时间把救援物资送到一线，原因就在于此。一些互联网企业，把靠资本疯狂补贴烧钱作为抢占市场的不二法门。有的公司补贴停掉了，用户可能就不会回来了，之后再来一家更能烧钱的，三天就超过你。长此以往，行业生态越来越恶化。而京东长期低利润率运营，但把钱投到员工薪酬福利、技术研发和基础设施建设上。这种社会价值，值得我们高度重视。

这里，还要说一下京东的"三毛五"理论：能赚一块钱，只留三毛五。什么意思？如果京东有机会赚一块钱，只拿走七毛，另外三毛给合作伙伴，拿走的七毛再分三毛五给员工团队，而剩下的三毛五则用于公司持续发展。薄利和让利，并非能力不足，背后是朴素的商业价值观。要共赢，不是独赢；只有共赢，才能长久。

京东模式，曾经被质疑和嘲笑，路遥知马力，经过十几年的长跑，人们应该也能看到它的独特价值：扎扎实实做实业，为社会创造价值。

资料来源：牛弹琴. 这个"第一"不简单!. 牛弹琴（企鹅号），2021 - 09 - 26，有删改.

思考与分析：

1. 你如何看待京东及其他电商主导的"新零售"？

2. 对京东的发展模式提出你的看法与建议。

3. 你如何评价京东的"三毛五"理论？

素养提升

了解我国的电商渠道。你知道我国的电商渠道发展为什么会在全球居领先地位？

分销渠道：条条大路通"罗马"

项目名称	分销渠道策略		项目类别	个人训练
目的	了解企业分销渠道中的有关理论是如何在企业产品销售中应用的			
项目方案	步骤	项目内容		时间
	1. 准备	复习本章所学的分销渠道的理论。		与第11章教学时间同步，课外完成。
	2. 实地考察	（1）以班级为单位，对一个企业进行走访，了解该企业所应用的分销渠道模式及该模式是如何沟通生产企业和最终消费者的。 （2）访问企业的中间商，考察企业分销渠道模式的实际效果，并了解企业如何对渠道实施管理以及中间商对企业渠道管理的态度。		
	3. 形成报告	写出访问报告或小结（内容包括：实践项目、实践目的、实践内容、本人实际完成情况、实践总结等），并与其他同学进行交流。		
成绩测评	根据学生提交的报告给定成绩。			

营销基本功必备之六

人员推销

目的：

提高学生的推介能力。

规则与方式：

（1）每个学生根据事先准备的产品，按照下面提供的"产品＝声明＋特征＋利益＋敲定"模式，用20分钟时间完成下面的填空，写出自己产品的声明、特征、利益及敲定等内容。

1）确定一项产品或服务。

_____

2）确定一个可与此产品或服务相联系的声明。

_____

3）确定该产品的重要事实或特征。

_____

4）列举所有与事实或特征相关的利益。

事实或特征1	事实或特征2	事实或特征3
_____	_____	_____
_____	_____	_____
_____	_____	_____

5）列举一系列有力的敲定陈述。

"产品＝声明＋特征＋利益＋敲定"模式：

● 声明是一种关于产品的断言；

● 事实或特征是一种做什么或是什么的表达方式；

● 利益是一种如何帮助某人的特征；

● 敲定则是追求另一方对声明＋特征＋利益的重要性的肯定。

（2）每个学生准备 30 分钟，按照 AIDA 模式，设计出自己产品销售的五个步骤。然后，每两人一组，分别为销售人员和顾客。销售人员要尽量运用自己的设计，对顾客进行推销表现，每对表现时间 10 分钟左右（要求顾客要保证表现的正常进行）。

推销的 AIDA 模式：

1）注意：即引起顾客的注意。专业推销人员需要用礼貌的、流畅的话语抓住顾客的注意力，并把交谈引向更为重要的第二步，即兴趣上去。

2）兴趣：确认顾客的需要，决定是否可以满足这些需要。这是最重要的环节，属于对顾客需求分析的阶段，推销人员应尽量采用开放式方式与顾客沟通。

3）介绍：按照"产品＝声明＋特征＋利益＋敲定"的模式进行产品介绍。介绍完毕，举例说明顾客采用你的推荐后的种种好处，有助于调动顾客购买欲望。

4）欲望：调动顾客的购买欲望。

5）结束：确定如何使顾客决定购买产品，即达成销售。

（3）学生随机抽取其他同学提供的电话号码，尽量运用自己设计的内容，并运用电话这一媒介，向顾客推荐产品或服务，时间为 3～5 分钟。

提示：

● 学生事先准备好一件（份）产品或产品资料（宣传页或产品说明）；

● 学生事先准备好电话号码及电话对象，由老师随机抽取决定使用情况；

● 整个电话推销过程要求录音，并回放点评。

第12章

促销决策——制定整合营销传播策略

方向标

本章要在探讨什么是整合营销传播的基础上，去把握企业营销传播过程，熟悉广告、营业推广、公共关系、人员推销、直复营销和数字营销等营销传播的工具。这章学习的结束，将意味着我们可以完整地制定企业营销组合。

帮记 12 - 1

我们要达成的目标：

知识与能力目标

★ 了解营销传播的基本概念与特点；

★ 学会分析、把握企业营销传播的整个过程；

★ 了解营销传播组合；

★ 掌握营销传播的基本工具：广告、营业推广、公共关系与人员推销；

★ 了解直复营销和数字营销。

素养目标

★ 了解中国的数字化营销传播，增强大局意识，坚定政治立场，坚持以有利于国家、人民、企业利益的内容"为王"。

▶ **导入案例**

北京 2008 年奥运会的整合营销传播

北京 2008 年奥运会通过合理设计、应用多种整合传播元素，并以多种传播媒介，有效地向全世界人民宣传了北京 2008 年奥运会要举办一届有特色、高水平的奥运会目标以及将北京奥运会办成"绿色奥运、科技奥运、人文奥运"的三大理念。同时，向世界展示了中国的文化传统、北京的城市形象和人文精神。奥林匹克五环和北京奥运会形象元素是奥林匹克精神和本届奥运会举办理念的象征，是营造北京 2008 年奥运会形象与景观的基础。它们是载体，是北京 2008 年奥运会的重要财富。

1. 北京 2008 年奥运会的传播目标

举办一届有特色、高水平的奥运会。这也是北京 2008 年奥运会的目标。

2. 北京 2008 年奥运会的传播理念

绿色奥运、科技奥运、人文奥运。这也是北京 2008 年奥运会的三大理念。

3. 北京 2008 年奥运会的整合传播元素

北京 2008 年奥运会主要利用奥运会形象元素进行传播。这些元素包括奥林匹克五环、北京奥运会会徽（中国印·舞动的北京）、色彩系统、主题口号（同一个世界，同一个梦想）、二级标志、吉祥物（福娃）、体育图标、核心图形以及一组图片形象、奖牌和火炬（祥云火炬）。

4. 北京 2008 年奥运会的传播媒介

北京 2008 年奥运会主要通过四类传播媒介进行传播：

（1）特许纪念品：服饰、玩具、纪念邮品等；

（2）各类媒体：大众媒体、出版物、网站等；

（3）事件和体验：全球奥运火炬传递、奥林匹克文化节、志愿者活动等；

（4）公共关系与宣传：新闻发布会、赞助商关系、公益广告、教育等。

通过前面的学习，我们已经知道，市场营销要求企业在营销过程中，在合适的地点、以合适的价格提供顾客需要的产品。但事实上，针对目标市场光做这些工作是不够的，企业必须通过努力，与目标市场进行有效沟通，从而清楚地把握自己顾客的需求，并且能够向顾客传达自己的经营理念、品牌形象、产品资料等帮助企业有效实现营销目标的信息，并由此影响和改变顾客的态度与行为。因此，企业的营销过程还需要整合营销传播。

12.1　整合营销传播概述

随着社会的进步、科技的发展，尤其是信息技术的发展，企业的经营环境发生了很大变化。企业单纯追求利润的最大化已经不受欢迎，要想持续发展，企业必须建立并长期维持与各利害关系者之间的良好关系。整合营销传播（integrated marketing communications，简称 IMC）应运而生。

12.1.1　整合营销传播的含义

"传播"一词在英文中为"communication"。《牛津大辞典》这样为其定义：传播是"借助语言、文学形象来传达或交换观念和知识"。传播的基本模式如图 12-1 所示。

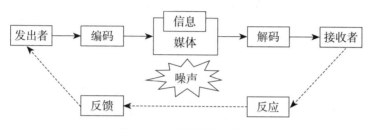

图 12-1　传播的基本模式

从图 12-1 可以看到，传播过程包含九个基本要素：作为传播主体的发出者和接收者；作为传播主要工具的信息和媒体；传播的四个主要职能，即编码、解码、反应与反馈；噪声，即传播过程中的干扰信息，如营销过程中竞争者的信息。按照传播模式，信息由发出者按照一定形式组织（编码），经由不同媒体传送到接收者，接收者按照一定方式对信息进行理解（解码），并对此有所反应，形成反馈信息返回至发出者。整个传播过程都是在相应的环境因素（噪声）的影响下进行的。

整合营销传播理论的先驱、全球第一本整合营销传播专著的作者唐·E. 舒尔茨（Don E. Schultz）教授认为整合营销传播是一个业务战略过程，它是指制订、优化、执行并评价协调的、可测度的、有说服力的品牌传播计划，这些活动的受众包括消费者、顾客、潜在顾客、内部和外部受众及其他目标人群。

奥美（Ogilvy）这个素以整合营销传播为己任的跨国公司则认为：整合营销传播"融合各种传播技能和方式，为客户解决市场问题或创造宣传机会"。

有关整合营销传播的观点还有很多。但是，根据上述观点，我们可以看出整合营销传播主要包括以下几个方面的内容：

（1）整合营销传播使用多种传播手段，并对这些手段进行整合。

（2）整合营销传播不仅以顾客为研究对象，还应该研究包括与企业经营活动有直接、间接利害关系的一切利害关系者。如从业人员、投资者、社区、大众媒体、政府、同行业者等。

（3）整合营销传播是一个过程。整合营销传播不是对这些对象进行一次性整合，而是分阶段一步步地进行。

（4）整合营销传播是一种强调整合所带来的附加值的营销传播理念，重心在于传播。

12.1.2　整合营销传播的原则

12.1.2.1　由外而内

很多企业所采取的是一种由内而外的传播规划模式：销售金额或销售目标→成本→利润目标→营销资金→依不同潜在的顾客群体分配资源→执行。而整合营销传播观念强调企业首先要了解利害关系者更容易接受在何时、以何种方式传播的何种信息，然后建立利害关系者资料库，并以此制定 IMC 战略，即由外而内制定 IMC 战略。IMC战略的基础是利害关系者，只有利害关系者才是企业制定传播战略的源泉。

12.1.2.2　形象整合，声音一致

整合营销传播就像踢足球，各种营销传播工具如球场上的前锋、中锋、后卫，它们不但各司其职，还要讲究方法，默契配合，这样才能发挥团队的精神。整合营销传播的核心思想就是将与企业进行市场营销所有有关的一切传播活动一元化，即一方面把广告、促销、公关、直销、媒体宣传等一切传播活动都包括在企业营销活动的范围之内；另一方面则使企业能够将一切传播资讯传达给顾客。

12.1.2.3　横向计划

整合营销传播中的利害关系者接收信息是水平式的。所以，传播过程中首先应存在基本的横向信息，再把它与企业所具备的传播机能相结合，把信息重新整合。利害关系者凭借"信息"和"劝告"这两个概念来决定如何接收和接收什么，他们把"信息"作为未来价值，把"劝告"作为当前价值接受。

12.1.2.4　双向沟通

整合营销传播倡导双向沟通，其最佳方法是利用各种不同形式的顾客数据库，或筹划数据库营销方案，把反馈的信息保存在资料库中，用于了解利害关系者接收了什么信息，并对利害关系者的情况、实际购买状况等进行记录。整合营销传播的特征是把来自利害关系者的反馈作为下一个传播的参考信息，通过反复循环的过程，企业会与利害关系者建立长期的良好关系。

12.1.3　有效的营销传播过程

有效的营销传播过程如图 12 - 2 所示。

学一下 12 - 1

看一看：如何
制定促销决策：
促销决策的基
本结构

确定传播目标受众　确定传播目标　设计传播信息　选择传播渠道　确定传播预算　决定营销传播组合　衡量传播效果　管理整合营销传播

图 12 - 2　有效的营销传播过程

12.1.3.1　确定传播目标受众

有效的传播必须首先明确传播的对象——受众。受众选择的失误将导致整个传播过程的失败。所以，企业必须在明确目标受众构成的前提下，分析目标受众的基本特征、媒体偏好、关注的利益点及基本的态度。

（1）目标受众是谁。只有准确界定目标受众是谁，企业才能决定是否需要与之沟

通，以及向其传播何种内容、怎样向其传播。营销传播的目标受众可以是目标市场的购买者或潜在购买者，也可以是相关的决策者、影响者或者公众。

（2）目标受众的基本特征。目标受众的基本特征将影响其在传播过程中对传播内容及方式的接收与把握。我们可以从受众的年龄、性别、收入等基本情况以及他们的生活方式、个性特点、思维模式与行为模式等方面来分析、了解目标受众的基本特征。

（3）目标受众的媒体偏好。不同的受众可以有不同的媒体偏好，很多受众从自己喜欢且容易接触到的媒体得到信息。有效的营销传播必须根据目标受众的媒体选择，确定合适的传播媒体。

（4）目标受众关注的利益点。传播必须从受众角度出发，考虑受众的利益，只有这样，才能保证传播过程的有效性。所以，企业必须充分了解目标受众目前对传播信息的认知状态，鉴别他们的利益点在哪里，以及什么是他们最在意的利益，从而保证传播过程的针对性、有效性。

（5）目标受众的基本态度。有效的传播可以影响、改变目标受众的态度。在了解、把握目标受众对传播信息的认知状况的基础上，企业要正确评估目标受众的基本态度及其对企业营销的影响，并根据营销过程的需要设计有效的整合营销传播过程。

在评估目标受众基本态度的过程中，我们可以采用印象分析法。印象分析法是一种鉴别、评估受众对传播信息的认知现状及基本态度的技术性方法。如图 12 - 3 所示，印象分析法首先用熟悉量表测量受众对传播信息的认知程度：当受众对传播信息不甚了解时，营销传播的主要目标是让受众知晓事物。当受众对传播信息比较了解时，可以接着用偏好量表测量受众对事物的喜好程度。如果受众对传播信息的喜好程度较低，营销传播的主要目标是提高受众对事物的喜好程度。

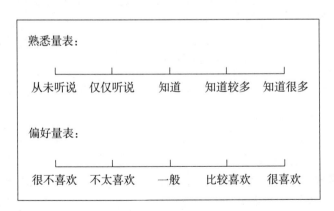

图 12 - 3 印象分析法

12.1.3.2 确定传播目标

在确定传播的目标受众之后，必须确定为什么要进行传播——确定传播目标。理论上认为，营销传播要在确定目标受众面对传播时的可能的认知、情感以及行为反应的前提下，确定不同的传播目标。

大师在说 12-1

四种经典的反应层次模式

模式	认知阶段	感知阶段	行为阶段
AIDA 模式		注意 → 兴趣 → 欲望	→ 行动
层次效果模式	知晓 → 认识	喜爱 → 偏好 → 信任	购买
创新模式		知晓 → 兴趣 → 评估	→ 试用 → 采用
沟通模式	接触 → 接收 → 认知反应	态度 → 意图	行动

资料来源：菲利普·科特勒．营销管理．11 版．梅清豪，译．上海：上海人民出版社，2003：639．

目标受众对传播的反应有很多种模式，层次效果模式描述了受众从知晓、认识、喜爱、偏好到信任、购买的六种状态。按照层次效果模式，可以确定面对受众不同反应下的基本传播目标，如表 12-1 所示。

表 12-1　受众不同反应下的基本传播目标

反应阶段	传播目标
知晓	使目标受众知晓要传播的相关信息，如企业、品牌或企业的产品
认识	使目标受众对传播对象有具体、客观的理解与认知，如对企业产品特性的了解
喜爱	在目标受众了解传播信息的基础上，使目标受众对传播对象产生正面的好感
偏好	在目标受众对传播信息有好感的基础上，通过进一步的有效信息的传播，使目标受众对传播对象产生有倾向性的特别偏爱，如通过传播使目标受众对企业产品特别喜欢
信任	使目标受众信任传播对象。如通过对企业产品的有效传播，使受众在偏好企业产品的基础上，相信企业的产品是其最好的选择
购买	使目标受众作出购买企业产品的决定，并付诸实际行动

12.1.3.3　设计传播信息

只有通过有效的信息传播，才能实现传播目标。而有效的信息传播以成功的信息设计为前提。在进行传播信息设计时，要就信息主题（说什么）、信息结构（怎样有逻辑地说）、信息格式（怎样具体地说）及信息源（由谁说）等进行决策安排。

12.1.3.3.1　设计信息主题

进行信息设计首先必须确定传播信息的主题或诉求、构思、创意或称独特的销售建议。信息主题有三种类型：理性诉求、感性诉求和道德诉求。

（1）理性诉求是在信息传播中理性地描述传播对象的客观事实，以理"服"人。例如，企业通过介绍产品的技术性指标来传达产品质量的"优良"。"乐百氏"纯净水曾经的"27 层"净化，充满了理性的智慧。

（2）感性诉求是利用受众的某种肯定或否定的情感来说服目标受众做或者不做某

些事。例如，可以通过期望、幽默、热爱、骄傲及高兴等肯定性情感鼓励受众的某些行为（如鼓励刷牙）；而通过害怕、内疚及愧疚等否定性情感来劝阻受众不做某些行为（如不吸毒）。因为电影《流浪地球》而火爆的"道路千万条，安全第一条；行车不规范，亲人两行泪"，则属典型的感性诉求，利用亲切的语言和温暖的亲情来感动受众。

（3）道德诉求是在传播中利用公共道德标准规范受众行为。例如，通过传播鼓励受众保护环境、关注后代健康成长等。"别让眼泪成为地球最后一滴水"则是典型的道德诉求。

12.1.3.3.2　设计信息结构

通过信息结构的确定，要明确传播信息的逻辑结构及表达方式。为了表达传播主题，应该从几个有机联系的不同部分来设计信息结构，并决定这些部分的互相联系。

12.1.3.3.3　设计信息格式

确定信息结构之后，要进一步确定信息的具体表现形式。企业可以运用不同的语言、文字、图案、画面、声音、气氛及环境等诸多表现元素或者它们的有效结合来表现信息，成功地传达传播信息。

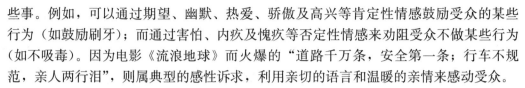

❖**营销资料 12－1**

色彩传递的信息

色彩在食品偏好中起着重要作用。一项调查表明：当被调查的家庭主妇分别品尝了放在棕色、蓝色、红色和黄色四种容器中的咖啡后（所有咖啡都是一样的，并对被调查者隐瞒了品牌），75％的妇女认为放在棕色容器中的咖啡味道过苦；大约85％的妇女认为红色容器中的咖啡味道最浓；几乎所有的妇女感觉蓝色容器中的咖啡味道较淡；而黄色容器中的咖啡几乎无味。

有学者曾做过有关跨文化的颜色比较的深入研究。他们对中国、韩国、日本及美国消费者进行调查，发现亚洲人往往把灰色和廉价联系在一起，这恰恰与美国人相反，美国人认为灰色象征着贵重且品质高。亚洲人认为紫色为富贵之色，美国人却认为紫色有廉价感。不过，各国消费者不约而同地认为，蓝色、红色、黄色与黑色分别与高品质、爱、幸福及力量联系在一起，认为绿色象征着纯洁与值得信赖。

资料来源：钱旭潮，等. 市场营销管理. 北京：机械工业出版社，2005：263.

12.1.3.3.4　选择信息源

在信息设计阶段，最后可能要选择信息源——由谁来代言信息传播。在选择信息源时，要注意信息代言人与所代言内容的一致性，另外，还要注意信息源的可信度及声誉。

12.1.3.4　选择传播渠道

在营销传播过程中，当信息设计好了之后，企业要选择通过什么传播渠道将信息传递出去。信息传播渠道主要有人员传播渠道和非人员传播渠道两种类型。

12.1.3.4.1　人员传播渠道

人员传播渠道利用直接、互动的方式与信息接收者进行双向沟通，可以通过两个或两个以上的人相互之间面对面或以电话、电子邮件及网络即时互动等方式进行直接沟通。人员传播的传播效果好，但传播效率低。

12.1.3.4.2　非人员传播渠道

非人员传播渠道利用不同的传播媒介向受众单向传播信息，传播效率高，但传播效果差。非人员传播渠道包括媒体、气氛和事件。

（1）媒体。随着时代的进步，能够进行信息传播的媒体的种类越来越丰富，现代传播媒体已经包括印刷媒体（报纸、杂志、邮寄广告等）、广播媒体（收音机、电视等）、网络媒体（电话、电缆、卫星、无线电等）、电子媒体（录音带、录像带、光盘、网页、App等）和展示媒体（广告牌、指示牌、海报等）等多种类型。

（2）气氛。气氛则是通过有意营造的环境、氛围来让受众接受、感觉到相关信息的非人员传播渠道。家具制造商可以通过营造温馨的家居氛围，让消费者感觉到家的温暖，体会其家具产品的实用价值。

（3）事件。事件是利用人为制造或捕捉到的偶然机会，通过特定的活动来对目标受众传递特别的信息。蒙牛曾经通过轰动全国的"超级女声"活动，有效地向全国人民传达了企业及品牌形象，使蒙牛"酸酸乳"产品几乎妇孺皆知。

12.1.3.5　确定传播预算

没有预算的有效支持，营销传播不可能有效实施。营销传播预算的确定可能是企业进行相关营销决策中非常困难的一项决策。在制定营销传播预算决策时，企业要面对很多难以把握的不确定性因素。进行传播预算的方法有很多，量力而行法、销售百分比法、竞争对等法及目标任务法是运用非常普遍的四种方法。

12.1.3.5.1　量力而行法

量力而行法，就是企业根据自己的财务能力，来确定下一个阶段的传播费用预算。这种方法简单易行，但是，由于企业资金条件是影响传播效果的重要因素之一，而传播效果的好坏又肯定会影响营销效果的好坏，营销效果的不同则决定企业不同的财务状况。所以，量力而行法错置了原因与结果的关系，使那些营销状况本来就不好的企业难以取得有效的营销效果。

12.1.3.5.2　销售百分比法

销售百分比法，就是企业按照销售额（一定时期的销售实绩或预计销售额）或者单位产品售价的一定百分比来计算和决定传播预算。采用这种方法，企业一般要考虑两个方面的内容：一是销售额的高低；二是传播预算总额占销售额比例的大小。这种方法有着与量力而行法一样的特点与问题。

12.1.3.5.3　竞争对等法

竞争对等法，就是企业比照竞争对手特别是主要竞争对手的传播预算来决定自己的预算。这种方法可以保证企业在传播沟通方面不落后于竞争对手，所以这是一种维持与竞争对手的均衡关系的方法。但是，这种方法必须建立在对竞争对手足够了解的基础之上，企业还要相信竞争对手的情况与自己相似或相同，而且竞争对手对预算的确定是正确的。

12.1.3.5.4　目标任务法

目标任务法，就是企业先确定传播目标，然后根据传播目标来确定传播预算。目标任务法的应用程序是：明确传播目标；确定为实现传播目标而必须执行的工作任务；估算执行各项工作任务所需的各种费用；汇总各项工作经费，作出传播预算。

12.1.3.6　决定营销传播组合

在确定营销传播预算之后，企业要决定使用何种营销传播手段对目标受众进行营销传播，即企业要确定自己的营销传播组合。营销传播组合是企业可以针对目标受众使用的传播工具的集合，主要包括广告、营业推广、公共关系、人员推销、直复营销和数字营销等 5 种主要工具。

学一下 12 - 2

（1）广告（advertising）。指企业以付费的方式通过媒介向受众传播其营销相关信息。通过广告，企业可以提升其市场销量，也可以改善与公众的关系，提升企业的公众形象。

（2）营业推广（sales promotion）。即营业额推广，是企业为提升短期销售业绩而进行的各种努力。

（3）公共关系（public relations）。指企业为改善与公众的关系，提升企业公众形象而进行的各项活动。有效的公共关系，可以改变公众的态度，提升购买者对企业品牌的忠诚度。

（4）人员推销（personal selling）。指企业派人员与受众就企业产品的销售及相关信息进行直接的互动沟通，从而推介、销售自己的产品。

（5）直复营销和数字营销（direct and digital marketing）。指企业利用各种不同的手段或工具，与特定的受众进行沟通，并力图引发其反馈或互动，以获得快速的反应及建立持久、有效的顾客关系。

实际上，营销传播并不局限于这些工具。例如，产品的外观、包装等自身因素也可以向受众传递有效的信息。所以，企业整个营销组合的高度协调、互相支持非常重要。

❖营销战例 12 - 1

放大镜 12 - 1

感谢有你

资料来源：十年啦！感谢有你，礼物送上．中国政府网（微信公众号），2023 - 12 - 26.

5种营销传播工具及其常用要素如表12-2所示。

表12-2　营销传播工具及其常用要素

广告	营业推广	公共关系	人员推销	直复营销和数字营销
电视广告 印刷广告 广播广告 翻牌广告 广告牌 招牌 外包装 随包装广告 宣传手册 招贴和传单 企业名录 视听材料 标志图形	比赛、游戏 抽奖、奖券 免费样品 演示 展示 折价券 低息贷款 招待会 以旧换新 搭配商品 奖励、赠品 回扣 交易会	媒体报道 演讲 出版物 研讨会 公益活动 慈善捐款 游说 年度报告 企业刊物 标识宣传 关系 捐赠	销售展示 销售会议 奖励 样品 拜访顾客 展览会	邮寄 网上购物 电话购物 电视购物 电子邮件 传真 博客 论坛 贴吧 微博 微信 在线沟通 在线社区

不同的营销传播工具具有不同的特点，如表12-3所示。

表12-3　主要营销传播工具的基本特点

广告	营业推广	公共关系	人员推销	直复营销和数字营销
公共性 普及性 表现力强 非强制性	引起受众注意 利益诱惑 刺激行为	可信度高 减少受众戒备 戏剧性	直接的人际接触 培养人际关系 及时反映和反馈 针对性强	双向沟通 及时反映和反馈 精确选择 高效率、低成本

企业必须认真考虑各种营销传播工具的特点，以决定营销传播组合。同时，企业还要仔细分析产品市场类型、购买者所处的购买阶段、产品寿命周期阶段以及企业的市场地位等因素。

12.1.3.6.1　产品市场类型

由于不同市场类型购买者需求特点不同，所以应该采用不同的营销传播工具。通常，面对消费者市场，广告是普遍使用且有效的传播工具；面对生产者市场，人员推销则是最有效的传播工具。

12.1.3.6.2　购买者所处的购买阶段

面对购买者所处的不同购买阶段，不同的营销传播工具具有不同的成本效应。如果将购买者的购买阶段分为认知、理解、信任、购买及再购买的话，广告与公共关系一般在认知阶段作用最大；而在购买及再购买阶段，营业推广与人员推销的作用更明显。

12.1.3.6.3　产品寿命周期阶段

在产品寿命周期的不同阶段，不同的营销传播工具效果也大不相同。通常，在新产品投入期，广告的作用可能最好，其次是促进新品上市的营业推广活动；在成长期，任何一种工具的作用都会有所弱化；进入成熟期，以作用的大小为序，依次是营业推广、广告与人员推销；进入衰退期，营业推广的作用继续增大，而广告的作用减少，人员推销的作用则最小。

12.1.3.6.4　企业的市场地位

通常，企业的市场地位越强大，广告及公共关系的作用越大；而市场地位没有优势的企业，通过营业推广可能取得更好的营销效果。

12.1.3.7　衡量传播效果

企业实施营销传播组合策略之后，必须衡量其实施效果，以评估传播目标的实现程度。对传播效果的衡量，就内容而言可以衡量传播沟通效果和市场销售效果。传播沟通效果的衡量是最重要的方面，它能够抓住整合营销传播的核心和实质，真实地反映营销传播过程的绩效；对市场销售效果的衡量，可以反映出传播沟通过程对销售的提升作用。对传播效果的衡量，可以采用事前衡量、事中衡量及事后衡量的方式来进行。

12.1.3.8　管理整合营销传播

对整合营销传播的管理，应该贯穿于营销传播的整个过程。它主要体现在，由专人负责整个过程的规划、协调与控制，从而保证营销传播过程的有效进行。

12.2　广告

12.2.1　广告的概念与特征

在营销理论中，广告是以营利为目的的，即广告主以付费的方式，通过一定的媒体向广大现实或潜在受众传递企业与产品信息，以达到增加产品、劳务销售的传播活动。所以，广告首先是一种经济现象，因此它具有一切经济活动所具有的投入产出特征。这也是广告的本质特征。其次，广告也是一种信息传播活动。当某种信息传播与企业经营活动挂钩，并以赢利为目的时才称为广告。只有成功的广告才能带来经济效益。要进行成功的广告，我们必须研究"3W1H1M"，即"对什么人做广告"（who）、"广告的内容是什么"（what）、"什么时间做广告"（when）、"怎么做广告"（how）、"如何处理由上述问题引发的管理问题"（manage）。

广告一般具有高度公开性、传播面广、方式灵活多样、艺术性强、形象生动、节省人力及表现力强等优点。但是，广告的费用一般比较高，说服力相对较小，并且通常不能促成即时交易。

12.2.2　广告的过程

企业进行广告决策时，在确定目标受众的动机之后，必须进行广告五要素的决策，即决定任务（mission）——广告的目标；资金（money）——广告的预算；信息（mes-

看一看：如何制定广告决策：广告决策的基本结构

sage）——广告要传播的信息；媒体（media）——广告的传播媒体；衡量（measure-ment）——广告效果的评价。所以，广告的过程应该是在确定目标受众及广告目标的前提下，明确广告的创意，制定有效的广告表现形式与媒体实施方案，并进行广告效果评价。如图 12-4 所示。

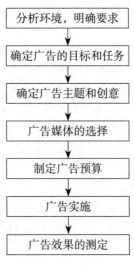

图 12-4　广告的过程

12.2.2.1　分析环境，明确要求

有效的广告首先要进行广告机会分析，要明确针对哪些受众做广告以及选择什么样的时机做广告等问题。因此，企业必须收集并分析有关方面的情况，如购买者情况、竞争者情况、市场需求发展趋势、环境发展动态等，然后根据企业的营销目标和产品特点，找出广告的最佳切入时机，做好广告的目标群体的定位，为开展有效的广告促销活动奠定基础。

12.2.2.2　确定广告的目标和任务

确定广告目标，就是根据企业营销的总体目的，依据现实需要，明确广告宣传要解决的具体问题，以指导广告活动的进行。广告的具体目标规定了广告应取得的效果，从而也决定了为什么做广告和怎样做广告。广告目标和任务的确定必须符合企业营销目标的要求。因此，在制定广告目标之前，必须认真研究企业的营销目标。

大师在说 12-2

广告目标的"样式"

广告目标是指在一个特定时期内，对于某个特定的目标受众所要完成的特定的传播任务和所要达到的沟通程度。例如，在 3 000 万拥有自动洗衣机的消费者中，认识到品牌 X 为低泡沫洗涤剂并相信这种洗涤剂有较强去污力的人数，在一年中从 10％上升到 40％。

资料来源：菲利普·科特勒. 营销管理. 11 版. 梅清豪，译. 上海：上海人民出版社，2003：666.

12.2.2.3　确定广告主题和创意

广告主题就是广告的中心思想，创意则是将广告主题形象化、艺术化和具体化的表现。广告主题和创意应根据广告目标、媒体的信息可容量来加以确定。一般来说应包括以下三个方面：

（1）产品信息。包括产品名称、技术指标、销售地点、销售价格、销售方式及国家规定必须说明的情况等。

（2）企业信息。包括企业名称、发展历史、企业声誉、生产经营能力及联系方式等。

（3）服务信息。包括产品保证、技术咨询、结款方式、零配件供应、维修网点分布及其他服务信息。

广告主应基于对各种信息的通盘考虑，通过一定的方法，根据广告对象的要求，提炼广告主题，构思出广告创意。

12.2.2.4　广告媒体的选择

广告信息需要通过一定的媒体才能有效地传播出去，广告媒体选择得是否恰当，直接影响着广告效果的实现。因此企业在选择广告媒体时，应充分考虑不同的媒体在广告内容承载力、覆盖面、送达率、展露频率、影响价值及费用等方面的差异性。正确地选择广告媒体是广告过程中一项非常重要的工作。

对广告媒体的选择，首先要根据广告过程的需要，综合考虑广告的需要、成本以及媒体的特征等诸多因素，确定使用什么媒体。还要考虑媒体的时间安排及在地理位置上的分配等问题。

12.2.2.4.1　选择具体的广告媒体

媒体是将传播信息传达到受众的媒介，是广告的重要一环。企业可以使用的广告媒体主要有大众媒体（报纸、杂志、广播与电视）及直接媒体（电话、电子邮件等）。选择具体媒体时，企业必须考虑目标受众的媒体习惯、广告产品的特征、信息的类型和成本。同时，还要考虑媒体的传播效果与效率、覆盖范围、媒体特点、能力等因素。主流广告媒体的基本特点如表 12-4 所示。

表 12-4　主流广告媒体的基本特点

媒体	优点	缺点
报纸	灵活、及时、弹性大；本地市场覆盖率高，容易被受众接受，有较高的可信度	保存性差；复制质量低；相互传阅者不多
杂志	可信并有一定的权威性；复制率高，保存期较长，可以有较多的传阅者	时效性较差；广告购买的前置时间较长
广播	普及性大众化宣传；可以有较强的地理和人口选择；成本低	表现较单调；展露时间太短
电视	同时给受众视觉、听觉和动作刺激，有很强的感染力，可以引起高度注意；触及面广，送达率高	成本高；受众选择性小；干扰多；转瞬即逝

续表

媒体	优点	缺点
直接邮寄	可以选择接受者；灵活、方便；可以避开同一媒体的广告竞争；有人情味	相对成本较高；由于滥寄容易造成受众反感
户外媒体	灵活；可以有较长的展露时间，重复性高；费用低，竞争少	受众没有选择；创新余地较小
互联网与移动互联网	有很高的选择性；交互性强；可以使用多种元素表现；相对成本较低	受众相对有限

❖营销战例 12-2

英国学生把脸当"广告栏"出租，日赚 400 英镑

英国牛津大学学生罗斯·哈珀和埃德·莫伊斯把脸作为"广告栏"出租，从最初一天收费 1 英镑到现在一天数百英镑，已经筹得 2.5 万多英镑，成功还清学费贷款。

哈珀和莫伊斯现年 22 岁，从上大学第一天开始认识，两人的共同目标是毕业后还清学费贷款。2011 年 10 月 1 日，他们的生意正式开张。任何企业、个人或机构都可以通过他们的网站"买我的脸"（buymyface.co.uk）购买广告空间，收费以天计算。广告受众是他们日常生活中身边的每一个人。最初的客户是朋友和家人，一天收费 1 英镑（约合 1.58 美元）。随着客户增多，费用涨至一天 400 英镑（约合 632 美元）。他们自称正处于"创业空当期"，不时在脸部画上各种广告标语和图案，按客户要求去跳伞、滑雪、看表演。当然，这些都是客户"埋单"。

资料来源：黄敏.英国学生把脸当"广告栏"出租，日赚 400 英镑.羊城晚报，2012-03-09，有删改.

12.2.2.4.2　广告媒体排期与媒体的地理位置分配

选择好具体媒体后，企业要就广告在媒体上出现的时机、次数与频率进行安排，即进行合理的广告排期。企业可以选择集中式排期、连续式排期及间断式排期。其中，集中式排期要求广告集中一段时间密集出现；连续式排期是广告在一定时期均匀地出现；间断式排期则让广告在连续出现一段时间后有一段时间的间歇，然后重复进行。

决定广告的地理位置分配，主要要考虑广告媒体的覆盖范围。企业可以根据需要选择全国性媒体、地方性媒体或者两者的结合。

12.2.2.5　广告效果的测定

企业不惜重金做广告不可能只为了一幅精美的广告画面，其注重的是投入能带来多大的收益。因此测定广告效果已成为广告活动的重要组成部分。另外，这也是增强广告主信心的必不可少的保证。广告效果测定包括广告的传播效果测定和广告的销售效果测定。

广告的传播效果测定，是对广告对于受众知晓、认识和偏好的影响的测定，主要有三种测定方法，分别是：消费者反馈法、组合测试法和实验测试法。

广告的销售效果测定，是对广告对销售影响的测定。可以通过测定广告费用份额产生的声音份额（指企业某产品广告占同种产品所有广告的百分比），来了解由此获得的注意度份额，并最终测定由注意度份额决定的市场份额。

❖**营销战例 12 - 3**

索尼（中国）被罚 100 万元

据国家企业信用信息公示系统网站 2021 年 10 月 17 日消息，索尼（中国）有限公司因违反《中华人民共和国广告法》被北京市朝阳区市场监督管理局罚款 100 万元，处罚日期为 10 月 12 日。

行政处罚决定书显示，经查，当事人为推销新产品，于 2021 年 6 月 28 日委托上海传采广告有限公司（以下简称"传采公司"）为其设计、制作了"SONY 更多精彩 随心记录 新机将至 2021.07.07 22:00"等表述的互联网广告（以下简称"涉案广告"）。当事人向传采公司提供了文字、图片等广告素材。2021 年 6 月 30 日 22 时，当事人通过其拥有合法使用权的互联网媒介自行发布了涉案广告，并于 2021 年 7 月 1 日 9 时 45 分将涉案广告予以删除。

当事人违反了《中华人民共和国广告法》（2018）第九条第一款第（四）项，依据《中华人民共和国广告法》（2018）第五十七条第一款第（一）项，北京市朝阳区市场监督管理局对当事人罚款 100 万元。《中华人民共和国广告法》（2018）第九条第一款第（四）项的内容为：广告不得损害国家的尊严或者利益，泄露国家秘密。

另据此前报道，2021 年 6 月 30 日，索尼（中国）宣布新机将选在 7 月 7 日晚上 10 点发布，而这正是 1937 年"七七事变"的发生时间，此举引发争议。随后，索尼（中国）先后将宣发微博和公众号文章删除。7 月 1 日上午，索尼（中国）对此事发布道歉微博，称由于工作安排不周，在日期选择上给公众造成误解和困扰。

资料来源：中新经纬．新品发布选在"七七事变"发生时间 索尼中国被罚 100 万．凤凰网，2021 - 10 - 18，有删改．

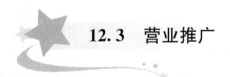

12.3　营业推广

12.3.1　营业推广的概念及适用性

营业推广也称为销售促进，是指企业在短期内为了提升销量或销售收入而采取的各种促销措施，比如有奖销售、直接邮寄、赠送或试用样品、减价折扣销售等。通过这些措施，企业可以有效地吸引顾客，刺激顾客的购买欲望，并且能在短期内收到显著的促销效果。

营业推广的目标一般是通过强有力的刺激，来迅速增加企业眼前的销售收入。但必须注意的是，营业推广的最终目标仍然是实现企业的营销目标。所以，运用营业推广需要通盘考虑。营业推广如果使用不当，急功近利，不但不会吸引顾客，反而会引起顾客的怀疑和反感，对企业及企业的品牌造成负面影响。

12.3.2　营业推广的过程

看一看：如何制定营业推广决策：营业推广决策的基本结构

一般来讲，企业的营业推广过程包括确立目标、选择工具、制定企划方案、实施方案及评价效果等内容。

12.3.2.1　确立营业推广目标

企业市场营销的总目标决定着营业推广的目标，制定营业推广目标是营销总目标在推广环节具体化的过程。但是，由于目标市场存在差异性，因此针对不同的目标市场，营业推广目标的确立也不相同。另外，由于推广对象的不同，营业推广也应该有性质不同的目标。具体来说，应该针对消费者、中间商和企业销售人员制定不同的推广目标。

不论针对哪种目标市场，营业推广目标的确立要考虑两方面的内容：一是营业推广的目标必须与企业总体的营销目标相匹配；二是每一次营业推广的目标都应实现一定时间的营销目标所要求的任务。

12.3.2.2　选择营业推广的工具

企业为了实现其制定的营业推广目标，往往会采取一系列的推广手段和方法。但是，由于不同的方式有不同的特性，企业应根据营业推广的目标、市场的类型、推广的对象、企业希望达到的效果等要求，在综合考虑市场竞争情况及每一种推广工具的适用性、成本效率等因素的基础上选择恰当的推广工具。

12.3.2.3　制定营业推广企划方案

企业制定一个行之有效的营业推广企划方案，要涉及以下内容：

（1）刺激程度。即营业推广对推广对象的刺激程度。一般来说，营业推广刺激程度小时，销售反应也小。刺激程度达到一定规模才能使推广活动引起推广对象足够的注意。当刺激程度超过一定点时，推广活动一方面可能会立竿见影，使销售量快速增长，但由于成本过高会导致产生的利润随销量的增长而降低；另一方面，过于激烈的刺激，可能不但不会引起注意，反而会引起推广对象的逆反心理，使其产生诸如产品有问题等不利于企业的猜疑。

（2）刺激的对象范围。企业需要对刺激的对象范围进行明确的规定。实际中，企业的推广对象可能必须具备一定的条件，比如要有一定的购买能力等。制定营业推广方案时，企业必须根据推广目标确定推广活动的对象范围。

（3）持续的时间。营业推广是一个短期促销行为。所以，企业要恰当地控制推广活动的持续时间。如果持续时间太短，一些顾客可能还未来得及购买或由于太忙而无法利用推广机会，从而降低了企业应得的利润，影响推广效果；如果持续时间太长，可能导致顾客认为这是长期行为，甚至使顾客对产品质量产生怀疑，从而使

推广优惠失去吸引力。

（4）营业推广的途径。即企业决定如何将营业推广的信息传达给推广对象。不同营业推广途径的费用不同、效果不同，企业应根据自身的财力情况采取合适的途径组合。

（5）营业推广的预算。企业应该在营业推广活动开始之前对所需费用做好详细的预算。

12.3.2.4　实施方案

营业推广方案制定以后，企业应该安排专人负责方案的实施，并按照实施细则逐步推行营业推广方案。企业在执行方案时要高度重视两个重要的时间概念：一个是准备时间，如营业推广方案的设计、修改、制作及传达等需要的时间；另一个是延续时间，是从营业推广活动开始到结束的时间。相关时间的有效把握，对营业推广活动的实际运作和管理，确保推广方案的顺利进行起着重要的作用。

12.3.2.5　评价营业推广的效果

企业可以采用多种方法对营业推广的效果进行评价。常用的方法有对营业推广活动前后的销售量变化的情况分析、对顾客进行调查分析等。对营业推广效果进行全面评价，对于企业及时总结经验、吸取教训，改进和提高企业的营销工作有着积极的意义。

12.3.3　营业推广的具体策略

营业推广的目标对象主要有三类，即最终消费者、中间商及企业销售人员。因此，我们有必要针对这三类目标对象探讨采取何种营业推广策略。

12.3.3.1　对最终消费者的营业推广策略

针对最终消费者的营业推广策略灵活多样，它主要是通过对最终消费者的强烈刺激，促使其迅速采取购买行为。常见的策略包括以下几个方面：

（1）赠送样品。在产品进入市场初期，企业通过邮寄、挨家派送、店内发送或随其他成熟品牌产品销售附送的方式，免费向消费者赠送样品供其使用，目的在于宣传本企业的产品，刺激消费者的购买欲望。

（2）现场展示。企业的销售人员在销售现场展示产品，特别是展示产品的独特功能，并可以邀请消费者现场试用。目的在于增强产品自身的说服力，使消费者通过自身的体验更加了解产品。

（3）优惠券。当消费者购买产品达到一定的数量或金额时，企业按其购买数量或金额的比例赠送消费者一定面值的优惠券，消费者可凭此券在购买指定商品时减免一部分金额。优惠券可以有效地促使消费者多购买或者再次购买。

（4）赠送礼品。在消费者购物过程中，企业赠送消费者一定的礼品。通过赠送礼品，吸引消费者购买或更多地购买产品。

（5）消费信贷。消费者不用支付现金，可以通过赊销或分期付款的形式购买产品。消费信贷可以降低消费者的购买门槛，使消费者更方便地购买产品。

（6）价格折扣。即企业通过不同方式，直接或间接地降低产品的销售价格，刺激消费者更多地购买产品。价格折扣是促销效果最直接的推广手段，很容易使产品的当前销量迅速提升，但操作不当也容易降低企业利润。

（7）有奖销售。企业通过设置形式不同、程度不同的奖项，吸引消费者购买或更多地购买产品。有奖销售作为一种普遍使用的推广活动，已经为消费者所熟悉。有奖销售要想取得更好的效果，必须有新意，并对消费者有足够的吸引力。

12.3.3.2 对中间商的营业推广策略

针对消费者采取的营业推广策略，有些也适用于中间商，但是对中间商的营业推广还有一些有针对性的策略。企业为取得批发商和零售商的合作，通常采用购买折让、促销资金、免费赠品等营业推广策略。

（1）购买折让。购买折让通常有两种形式：一种是现金折让；另一种是数量折让。两种购买折让都是企业为吸引中间商所采取的变相降价的形式。现金折让是企业为了鼓励中间商付现金购买产品而给予中间商的一种优惠，这种折让一般会规定具体的时间，如客户必须在30天内付款，若在20天内付款，则可优惠2%。这样做有利于企业迅速收回资金，加速资金周转，扩大商品经营。数量折让则是企业为刺激中间商大量购买而给予中间商一定的优惠折扣，企业可根据中间商的一次性购买数量提供折扣，也可以根据中间商在一定时间内的销货量进行返利。

（2）促销资金。企业向中间商提供资金供其在销售区域内进行广告宣传活动，目的在于促进中间商增购本企业的产品，鼓励其对最终消费者开展促销活动，扩大企业产品的影响力。

（3）免费赠品。中间商在购货时，企业向其提供一些额外的赠品，给予一定的销售支持。

12.3.3.3 对企业销售人员的营业推广策略

为了调动企业销售人员的积极性，企业一般也会采取一定的激励措施，鼓励自己的销售人员积极开展销售活动，开拓潜在市场。常用的营业推广策略包括红利提成、销售竞赛、特别推销金、推销回扣等。

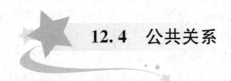

12.4 公共关系

12.4.1 公共关系的概念

"公共关系"一词源于美国，其英文缩写为PR（public relations），简称为公关。

公共关系是企业整合营销传播中一个重要的组成部分，企业公共关系的好坏直接影响着企业在公众心目中的形象，影响着企业营销目标的实现。如何利用公共关系促进产品的销售，是现代企业必须重视的问题。

公共关系是指企业运用各种传播手段，在企业与社会之间建立相互了解和依赖的关系，并通过双向的信息交流，在社会公众中树立企业良好的形象和声誉，以取得公众的理解、支持和合作，从而有利于企业目标的实现。与营业推广相比，公共关系注重的是长期效果，属于间接传播促销手段。

12.4.2　公共关系的构成要素与实施步骤

企业公共关系主要是由企业、公众、传播三大要素构成，其结构如图12-5所示。

社会环境

企业 ⇄ 传播 → 公众

公共关系

图 12-5　企业公共关系结构

作为企业整合营销传播的一种方式，在企业公共关系结构中，企业、公众、传播三要素共存于同一个社会环境中，企业是公共关系的主体，公众是公共关系的客体，传播则是沟通公共关系主客体之间的桥梁。

企业的公共关系活动必须遵循一定的程序，进行全面的规划和安排，有条不紊地实施，方能达到预期的目的。企业公共关系活动的步骤一般包括调查研究、确定目标、制定并实施企划和评价效果。

12.4.2.1　调查研究

这是进行公共关系活动的基础，是公关活动的起点。企业进行调查研究的目的在于了解社会公众的意见，及时把握舆论导向，并将这些意见反映给领导层，使企业的决策科学化。调查研究有利于企业准确地进行形象定位，塑造良好的企业形象。

12.4.2.2　确定目标

在调查研究的基础上，企业应根据企业营销的总目标及公众对企业的了解和意见来确定具体的公共关系目标。公共关系的目标通常包括提升企业知晓度、可信度，减少公众对企业的误解，消除不当事件的负面影响，等等。

12.4.2.3　制定并实施企划

企业公共关系活动能否获得预期的效果，不仅要看公共关系企划制定得是否可行，更重要的是要看其实施的情况如何。对企业而言，开展公共关系活动存在许多不确定的因素，所以在实施公共关系企划时需要公共关系人员在完成既定目标的前提下，具有一定的灵活性。

12.4.2.4　评价效果

评价效果是企业公共关系活动的最后一个阶段。评价效果的目的在于为今后的公关工作提供资料和经验。由于公共关系活动的核心在于树立企业的形象，而且往往和其他促销工具一起使用，因此对公共关系活动的评价很难进行。比较常用的方法有以下几种：

（1）个人观察法。组织负责人现场参加活动，了解公关活动的进展情况，然后同目标对比，提出意见。这是最简单、最普遍的评价方法。

（2）比较调查法。在公关活动进行前后进行一次调研，看公众态度、社会舆论导向有何区别，分析公共关系活动的效果。

（3）销售额观察法。在公共关系活动后一段时间内，观察企业实际的销售额与利润额的变化程度。

（4）统计问询数字法。在公关活动进行后，了解此次活动引起了多少人的注意。通过这种方法评价公关活动的效果。

大师在说 12-3

营销中公共关系的作用

- 进行产品的公共宣传，获得口碑。
- （为企业及其品牌）确保活动赞助权。
- 管理危机。
- 管理并撰写新闻故事。
- 推动公众事件的发生。
- 管理与地方、全国及全球媒体的关系（媒体关系）。
- 组织发言人。
- 教导消费者。
- 游说及处理政府事务。
- 处理投资人关系。

资料来源：格雷格·W马歇尔，等. 营销管理（原书第2版）. 董伊人，等编译. 北京：机械工业出版社，2017：404.

12.4.3 公共关系的具体策略

在实际中，公共关系通常采用的策略有以下几种。

12.4.3.1 利用新闻媒体进行宣传

利用新闻媒体宣传企业和产品是企业比较喜欢采用的一种公关策略。企业可以向新闻媒体投稿宣传企业及其产品，或召开记者招待会、新闻发布会、新产品信息发布会，或邀请记者写新闻通讯、人物专访、特稿等。新闻媒体具有客观和真实的特点，受众在心理上易于接受。利用新闻媒体进行宣传往往比做广告更具说服力，但企业在运用这一策略时，要注意符合国家有关法律法规的规定。

12.4.3.2 参加各种社会活动

企业通过对文体、福利事业或市政建设等一些社会活动进行赞助，扩大企业影响力，提高企业认知度与美誉度，赢得社会公众的信任和支持。中国国际航空股份有限公司（AIRCHINA，简称国航）早在1984年，就为重回奥运大家庭出征洛杉矶奥运会的中国代表团的健儿保驾护航；2004年，国航更是成为2008年北京奥运会唯一航空客运合作伙伴；2017年国航成为北京冬奥会官方航空客运服务合作伙伴。通过赞助奥运会，国航树立起强大的企业形象。

12.4.3.3 刊登公共关系广告

公共关系广告与纯商业性广告不同，公共关系广告主要是宣传企业的整体形象，如介绍企业历史的广告、节假日庆贺的广告、对同行的祝贺广告、向公众致意或道歉的广告、鸣谢广告等。这种广告有助于公众对企业的了解，进而推动企业产品的销售。

12.4.3.4　开展各种专题性活动

企业可以通过开展各种专题性活动来扩大企业的影响，加强企业同外界公众的联系，树立良好的企业形象。专题性活动如举办展览会、周年庆典活动、知识竞赛、对外开放参观、有奖答题活动等。

12.4.3.5　危机事件处理

"天有不测风云，人有旦夕祸福。"一切危机事件都有可能发生，如消费者投诉、不合格产品引起的事故、对企业不利的信息传播等。这些事件的发生往往会使企业的信誉下降，产品销售额下跌。在面对此类危机事件时，企业公共关系人员不可回避，应该迅速行动起来，积极协助有关部门查清原委并及时做好处理工作，尽可能减少企业遭受的损失。

12.4.3.6　人际交往

人际交往是指企业不借助传播媒介，而是通过直接进行人与人之间的交流和沟通的方式与公众互动，改善或加强与公众的关系，如演讲、咨询、谈判、举办联谊会等。通过这些活动，有助于企业同社会各界的接触和合作，有助于改善企业营销环境。

12.4.3.7　导入 CIS

CIS（corporation identity system）即企业形象识别。这种策略是指企业通过导入企业形象识别系统，吸引外界的注意，改变企业形象，加强公众对企业的正面认知。

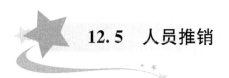

12.5　人员推销

12.5.1　人员推销的概念

人员推销是人类社会最古老的促销手段之一。随着市场经济的发展，人员推销的内容不断扩充，成为现代营销一种重要的传播促销方式。同其他非人员传播促销方式相比较，人员推销最大的特点就是直接与目标受众接触，能及时得到信息反馈并据此作出相应的调整。

人员推销是推销人员帮助和说服购买者购买某种商品或服务的过程。推销人员通过宣传展示产品来引起顾客的兴趣，激发顾客的需求，通过销售产品及提供信息服务、技术服务来满足顾客的需求。从这一过程我们可以看出，人员推销活动是一个产品转移的过程，也是一个信息沟通的过程，还是一个技术服务的过程。

人员推销主要包括两种组织形式：一种是建立自己的销售队伍，即使用本企业的推销人员来推销产品，如销售经理、销售代表等；另一种是使用合同销售人员，如代理商、经销商等。

不同的产品，人员推销的方法也不相同。常用的人员推销有三种方法：上门推销、柜台推销及会议推销。

12.5.2 人员推销的特点

人员推销与其他非人员推销相比，有下述一些显著的特点。

12.5.2.1 方式灵活

推销人员在推销过程中与潜在顾客进行的是面对面的交谈。通过交谈和观察，推销人员可根据顾客的态度和反映，及时发现问题，掌握顾客的购买动机，然后有针对性地根据顾客的情绪和心理变化，灵活地采取必要的协调措施，从不同的层面满足顾客的需求，从而促进交易的达成。

12.5.2.2 注重人际关系

推销人员既是企业利益的代表，也是顾客利益的代表。推销人员应该清醒地认识到，满足顾客需求才是促成交易的保证。所以，推销人员在与顾客的直接接触中，应为顾客提供多方面的帮助，以利于增强双方的了解，在企业与顾客之间建立良好的友谊。

12.5.2.3 针对性强

与广告重复性强、覆盖面广的特点相比，人员推销更具有针对性，因为人员推销在推销前总要对顾客进行调研，选择有较大购买可能的潜在顾客进行推销，带有一定倾向性，目标较为明确，这样有利于提高成交率。这也是广告所不能及的。

12.5.2.4 促成及时购买

人员推销的直接性，缩短了顾客从接受促销信息到采取购买行为之间的时间间隔。人员推销，可以及时解决顾客提出的问题，通过推销人员面对面的讲解和说服，可促使顾客立即采取购买行为。

12.5.2.5 信息的双向沟通

一方面，推销人员推销产品，必须把产品的质量、功能、用途、售后服务等情况介绍给顾客；另一方面，推销人员还必须通过与顾客的交谈，了解顾客对本产品的意见和态度，上报给决策层，以利于更好地满足顾客的要求。

12.5.2.6 推销人员可承担其他营销功能

推销人员除了承担多项产品（服务）推销工作外，还可以兼做信息咨询服务、收集客户情报、市场调研、开发销售网点、帮助顾客解决相关问题等工作。

人员推销的优点固然很多，但在使用时应该注意人员推销占用人数较多、费用大、接触面窄，而且优秀的推销人员非常难得。因此，企业除了致力于推销人员的挑选与培训外，还可以用其他推销方式作为人员推销活动的有效补充。

12.5.3 人员推销的步骤

12.5.3.1 做好推销前的准备

推销人员如果想成功地推销产品，在推销前应该做充分的准备，这是推销工作的第一步。首先，推销人员要对自己的产品有深入的了解，这样才能在向顾客介绍产品时充分说明产品的特性与优点。其次，推销人员要熟悉本行业内竞争者的情况。再次，推销人员要掌握目标顾客的情况。如潜在顾客的收入水平、年龄段等。最后，推销人员要拟订好访问计划，包括访问的目的、对象、时间和地点，并且做好被拒绝的心理准备。推销人员准备得越充分，交易成功的可能性就越大。

12.5.3.2　寻找顾客

推销人员在做好充分的准备后，就要开始寻找可能成为真正顾客的潜在顾客。只有有了特定的对象，推销工作才能真正开始。寻找顾客的方法很多，推销人员可以利用市场调研、查阅现有的信息资料、广告宣传等手段进行。另外，推销人员还可以请现有顾客推荐、介绍新的顾客。值得注意的是，寻找到潜在顾客后，推销人员不可盲目进行访问，要先对他们进行排查，确认其值得开发后再访问，以免浪费时间和资源。

12.5.3.3　接近顾客

通过对寻找到的潜在顾客的排查，推销人员应把精力放在那些最有潜力的顾客身上，想方设法接近他们。只有接近准顾客，推销才有成功的可能。推销人员可以采取的方法有介绍接近、赠送样品接近、攀关系接近、以调查的方式接近或者通过锲而不舍的"软磨"接近等。

12.5.3.4　激发顾客的兴趣

接近顾客后，推销人员首先要取得顾客的信任，从感情上与之缩小距离。然后，通过交谈时对顾客的观察，把握顾客的心理，投其所好，针对顾客的需求加以适当的引导，激发其对本企业产品的兴趣。

12.5.3.5　推销洽谈

这是推销过程中重要的一步，洽谈的成败决定着此次人员推销的成败。在此阶段，推销人员要向顾客生动地描述相关产品的特征和优点，并且能够提供具有说服力的证据，证明产品的确能更好地满足顾客的需求。推销人员在推销洽谈过程中一定要努力营造融洽的气氛。

12.5.3.6　异议处理

推销人员要随时准备解决顾客的一切问题。如顾客可能在与推销人员洽谈的过程中对其所推销产品的质量、作用、价值等提出意见，推销人员此时要有耐心，不要争辩。要在给予顾客充分尊重的同时，有针对性地向顾客解释或说明，以消除顾客疑虑，坚定其购买信心。

12.5.3.7　推销成交

推销人员的最终目的就是促使产品或服务成交。接近与成交是推销过程中最困难的两个步骤。在与顾客洽谈的过程中，一旦发现顾客流露出要购买的意思，推销人员要善于把握成交的机会，尽快促成交易。

12.5.3.8　建立联系

一个好的推销人员会把一笔生意的结束，看作是另一笔生意的开始。这就意味着推销人员要与顾客建立长期的联系，对顾客做好售后服务工作，了解他们的满意度，听取他们的意见并及时解决他们的不满。良好的售后服务一方面有利于培养忠诚顾客，另一方面有利于传播企业及产品的好名声，树立良好的企业形象。

12.5.4　人员推销的管理

12.5.4.1　推销人员的挑选

推销人员素质的高低直接影响其工作效率和企业的经济效益。因此，企业必须严格确定推销人员选拔标准，然后按照标准进行人员招聘。

企业招聘推销人员主要有两个途径：一是从企业内部选拔，即把企业内品行端正、业务能力较强的人员选拔到销售部门工作。这样可以减少培训时间和费用，迅速充实推销人员队伍。二是对外公开招聘，经过严格的考试，择优录用。企业可以通过笔试和面试，了解应聘人员的工作态度、语言表达能力、仪表风度、反应速度、理解能力、分析能力、应变能力及知识的深度和广度。

一般来说，推销人员应具备以下几个方面的素质：热爱自己的企业，有强烈的敬业精神；具有良好的业务素养和业务能力；善于沟通，能够不断提高自己的工作能力与业绩；具有健康的体魄和良好的气质。

12.5.4.2 推销人员的培训

在顾客自由选择度日益增强和产品复杂程度越来越高的今天，如果推销人员不经过系统的专业训练，是不能很好地与顾客沟通并完成销售任务的。因此，企业招聘到推销人员后，应先对其进行培训，再委派他们工作。对企业原有的推销人员，也应每隔一段时间进行一次轮训，以便提高其业务水平，适应企业发展与市场变化的需要。

企业培训推销人员的方式一般有在职培训、个别会议培训、小组会议培训、销售会议培训、定期设班培训和函授培训等。企业通常采用的方法有课堂培训、模拟试验、现场训练等。各企业可根据实际情况选择适宜的培训方式和方法。

企业对推销人员培训后，通常要求推销人员达到以下要求：了解本企业的基本背景，如企业的发展历史、经营宗旨、战略目标等；熟悉本企业产品情况，了解市场上同类产品的基本情况并能正确地进行比较和鉴别；了解本企业的目标顾客及其基本特征；清楚自己的本职工作职责与工作程序；掌握基本的销售工作方法和技巧。

12.5.4.3 推销人员的激励

优秀的推销人员很难得，所以企业要留住优秀的推销人才，就应该建立一套具有吸引力的激励制度，以提高推销人员工作的积极性和主动性，取得良好的推销效果。企业通常采取的激励手段主要有两种：一是物质激励，如工资或奖金的增加、实物奖励、职位提升等；二是精神激励，如表扬、关心等辅助手段。

12.5.4.4 推销人员的评价

对推销人员的工作表现与工作业绩作出合理的评价，是企业分配报酬、调整促销战略、改善人员推销工作的重要依据。对推销人员进行评价的指标主要有销售量增长情况、毛利、每天平均访问顾客的次数及每次访问平均时间、每次访问顾客的平均费用、每百次访问顾客收到订单的百分比、一定时期内新顾客的增加数及失去的顾客数、销售费用占总成本的百分比等。

通常，企业采取两种方式评价推销人员：一是横向比较，即将各个推销人员的业绩进行比较；二是纵向比较，即把推销人员目前的绩效同过去的绩效相比较，这样做有利于全面、客观地评价推销人员。

12.6　直复营销和数字营销

12.6.1　直复营销和数字营销的概念及主要形式

直复营销和数字营销是直接回应的营销，指企业利用电话、信件、传真、网络、电子邮件等手段，与特定的受众进行沟通，并力图引发其反馈或互动，实现营销效果并建立持久有效的顾客关系。数字营销是直复营销的最新发展。数字营销使用数字传播渠道，从而以一种及时、相关、定制化和节省成本的方式与特定顾客进行快速回应的沟通。

直复营销始于 20 世纪 80 年代后期，由于它可以与大量顾客直接沟通并得到回应，帮助企业以较低的沟通成本大范围覆盖顾客，故得以迅速发展。

直复营销和数字营销的主要形式见表 12 - 5。

表 12 - 5　直复营销和数字营销的主要形式

直复营销	数字营销
面对面销售 直接邮寄营销 购物目录营销 电话营销 电视直销 自动售货	网络营销，如网站、网络广告、电子邮件、网络视频、博客、微博、论坛等 社交媒体营销，如社交网络、论坛、百科网站、博客、微博、媒体分享、虚拟世界、社会化游戏、评论网站、折扣聚合器等 移动营销，如二维码、移动广告、App、微信等

现在，对于很多企业来说，直复营销和数字营销只是一种辅助渠道或营销传播媒体。企业主要用其来与特定受众进行沟通，并以此帮助企业更好地进行营销。但与此同时，也有很多企业不只是将直复营销和数字营销视为辅助渠道或广告媒介，而是将之作为企业经营模式的组成部分。例如，亚马逊、小米就围绕直复营销和数字营销建立了完整的企业经营模式。

12.6.2　传统的直复营销

传统的直复营销形式主要包括：直接邮寄营销、购物目录营销、电话营销、电视直销及自动售货。

12.6.2.1　直接邮寄营销

直接邮寄营销（direct-mail marketing）以准确的数据库为基础，将企业的产品、服务及其他营销相关信息直接邮寄到特定地址的人手中。直接邮寄营销可以非常方便地帮助企业与特定顾客进行直接、一对一的沟通，从而使自己的营销过程极具个性化。虽然直接邮寄的方式每千人成本可能高于电视、报纸等大众媒体，但直接邮寄针对性强、准确率高。即使今天有更高效的电子邮件等新的营销方式出现，仍然有很多企业在继续使用传统的直接邮寄营销。例如，我们身边的很多超市就坚持通过各种途径将其广告传单或海报直接邮寄给顾客。

12.6.2.2 购物目录营销

购物目录营销（catalog marketing）是指企业将相关信息编制为商品目录，并通过电话、直接邮寄、短信、电子邮件或者让顾客自由拿取等方式使之到达特定顾客手中，从而获得对方直接反应（如购买）的营销活动。实际上，购物目录营销有可能需要复合其他直复营销媒介（如直接邮寄）。购物目录营销是一种销售成本低、覆盖面广、信息传递速度快的直复营销方式。进入互联网时代，购物目录营销肯定会受到数字化潮流的影响，数字化的购物目录也将会越来越多地被企业运用。

12.6.2.3 电话营销

电话营销（telemarketing）是指企业利用电话向顾客直接销售。定位准确、设计合理的电话营销在消费者市场、企业市场均可以有效运用。实际中，许多顾客通常是通过电话方式来订购商品和服务的。电话营销可以给顾客提供全面的产品及服务信息，同时为顾客购买提供便利。但是，不可否认的是，由于"骚扰电话"泛滥，电话营销在今天的国内市场有着不可忽视的"负能量"，如何合理运用电话营销值得仔细斟酌。

12.6.2.4 电视直销

电视直销（direct-response television marketing）是指企业利用电视广告直接向顾客销售。现今我国的直销出现了专业家庭购物频道与传统电视直销（直复广告）并存并行的局面。专业家庭购物频道主要通过相关电视频道播放产品广告信息，观众每天24小时均能收看，并随时拨打电话购买；直复广告则是在电视广告展示或推介产品时，告知购买电话，顾客拨打电话订购。电商销售的迅猛发展，给电视直销带来巨大的冲击。

12.6.2.5 自动售货

自动售货（automatic selling）是指利用自动售货机向顾客直接销售。作为自动销售商品的常用设备，自动售货机因为便捷的布点、在24小时不限时提供售货服务，为现代人的生活提供了极大的便利。同时，自动售货机也为企业节省成本、人力，增加销售机会。自动售货机主要提供食品、饮料、小型生活用品等。在移动支付盛行的今天，很多自动售货机也具备了移动支付功能，进一步方便顾客购买。

12.6.3 网络营销

进入网络时代，人们的生活已经根本离不开网络。第49次《中国互联网络发展状况统计报告》显示，截至2021年12月，我国网民规模已经达到10.32亿，互联网普及率达73%；同时，我国手机网民规模达10.29亿，网民中使用手机上网人群的占比达99.7%；同期，我国网络购物用户规模达到8.42亿，占网民总体比例达到81.6%。

进入网络时代，许多企业都有实质性的线上业务，即使在线下经营传统业务的企业，也都建立了自己的不同形式的在线销售、营销和品牌社区的平台或渠道。更不用说那些互联网企业，通过网络将自己的产品或服务直接提供给顾客。

网络营销（online marketing）是指企业在互联网或移动互联网上利用多种手段（如网络广告与推广、电子邮件营销、视频营销、博客与微博营销等）开展的各种营销活动。所以，网络营销是以互联网为主要平台进行的，为达到一定营销目的的相关营

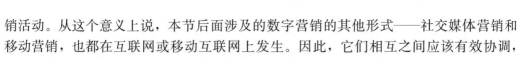
销活动。从这个意义上说，本节后面涉及的数字营销的其他形式——社交媒体营销和移动营销，也都在互联网或移动互联网上发生。因此，它们相互之间应该有效协调，发挥更好的作用。

12.6.3.1　营销网站和品牌社区网站

企业进行网络营销，通常首先要有自己的网站。站在营销的角度，企业建立的网站通常包括营销网站和品牌社区网站。营销网站通常帮助企业向顾客推介、销售产品和服务；而品牌社区网站主要是展示品牌内容、吸引顾客并不断与顾客互动（或者为顾客之间的互动提供平台和条件），建立与维护紧密的顾客关系。通常，品牌社区网站可以包括品牌信息、相关话题以及活动等内容。

12.6.3.2　网络广告

网络广告是指企业以各种形式在网上宣传品牌、产品，传播营销相关信息。网络广告已经成为企业不可或缺的传播选择，越来越多的企业将更多的营销预算投放到网络广告。一般来说，网络广告的主要形式包括展示广告和搜索广告。展示广告可以出现在网络用户屏幕的任何地方，并可以与其正在浏览的内容关联；而搜索广告则是支出最大的网络广告形式。在搜索广告中，基于内容的广告或链接会随着搜索结果同时出现。

12.6.3.3　电子邮件营销

电子邮件营销是指企业通过电子邮件向特定受众发送营销相关信息。在今天，由于电子邮件的便利性、成本低、回报高、受众广，电子邮件营销仍然是一种被企业经常使用且还在不断发展的网络营销工具。需要注意的是，由于"垃圾邮件"泛滥，企业进行电子邮件营销时，一定要注意邮件的合理、有效、有价值，尽量个性化地结合受众需要或特点，发送有针对性的邮件。

12.6.3.4　网络视频

网络视频是指企业将品牌营销相关视频传输至互联网，以达到一定的营销目的。通常，企业会将网络视频发布在品牌网站、相关视频网站及相关社交媒体网站上。企业发布的视频应该是专门为网站或社交媒体制作的，内容可以和品牌营销直接相关（如产品体验等），也可以是为了提升品牌形象的公共关系视频。从营销的角度而言，企业希望自己的网络视频能够像病毒一样迅速传播，产生"网红效应"，从而为企业带来意想不到的营销回报。

❖**营销战例 12 - 4**

奥克斯直播，不只是卖货，更是传递健康生活理念

直播卖货，顾名思义，就是以卖货为主要目的的一种销售模式。但奥克斯却把普通的直播玩出了多种花样，赋予其更多意义。

例如，奥克斯在直播中通过"奥克斯实验室"节目，让观看直播的观众可以学习平时如何使用空调的小知识，从而更加健康地使用空调；通过"CP联盟"与其他产品跨界互动，和罗技鼠标"华山论剑"，打造出拥有多元化可能性的空调产品；通过"奥克斯轻松一刻"节目让主播们展现才艺，不仅丰富了消费者枯燥的居家防疫生活，又令奥克斯空调产品更加融入大众生活。

> 　　除了直播内容、形式丰富多彩，奥克斯直播的奖励机制也是别出心裁，即针对不同的直播时长均设置不同的奖励机制，既能吸引更多人加入直播，全渠道联动，进一步扩大直播营销效果，又能实现品牌、产品与目标受众的有效连接，让直播优势与品牌价值相互助益，更让奥克斯品牌价值在广大网友粉丝面前得到更大限度的释放与升华。
>
> 　　据了解，奥克斯2020年4月直播活动曝光突破2亿次，总观看超过2千万人，销售额超过1亿元。
>
> 资料来源：奥克斯直播，岂止于卖货．砍柴网官方百家号，2020-06-02，有删改．

12.6.3.5　博客和其他在线论坛

企业可以利用博客（即网络日志），不定期地张贴、发布与品牌相关的新的文章或信息来保持与顾客沟通。当然，也可以通过微型博客（即微博）来完成。营销实践中，博客可以作为企业融入顾客网络，从而吸引顾客并与之维系关系的一种低成本、个性化的方法。企业也可以通过与第三方（如网红、各路明星等）博客来进一步提升品牌对受众的吸引力。

企业还可以设定某些与品牌及其营销相关的主题，建立在线论坛，为企业与顾客或顾客与顾客之间提供可以一起交流的平台。例如，戴尔曾经在其官方网站上设有"社区"，在"社区"里分别设有"笔记本电脑""台式机""服务器""家用产品及外设产品""解决方案与服务"等论坛。

12.6.4　社交媒体营销与移动营销

12.6.4.1　社交媒体营销

社交媒体营销（social media marketing）亦称社会化媒体营销，是指企业利用社交网络、论坛、百科网站、微博、博客、媒体分享、虚拟世界、社会化游戏、评论网站、折扣聚合器等进行品牌营销相关的活动。实际中，社会化媒体主要是指一个具有网络性质的综合站点，为大家提供了一个可以聚集、社交并交换想法和信息的网络虚拟空间，而它们的内容都是由用户自愿提供的，内容提供者与站点并非雇佣关系。

第49次《中国互联网络发展状况统计报告》显示，截至2021年12月，微信等即时通信用户规模达到10.07亿，使用率达97.5%。所以，对于今天的企业来说，社交媒体使企业营销的空间、方式得以扩展，因而被越来越多的企业重视。

依照社交媒体功能的不同，可以将其分为社会化社区、社会化发布、社会化娱乐及社会化商务四种类型。

（1）社会化社区（social communities），是指具有相同兴趣爱好或共同目标指向或同样身份的人共同参与相关活动的社交媒体渠道。如，社交网络、论坛、百科网站等。社会化社区强调社区平台成员的个人贡献、沟通、交流与合作。

（2）社会化发布（social publishing），是指企业利用博客、微博网站、媒体分享网站（如优酷、爱奇艺）等社交媒体向受众发布相关内容，所发布的内容可以有文字、图片、声音或视频等。对于社会化发布的内容，可以允许受众引发、分享以及评论，从而营造更好的发布环境，获取更好的发布效果。

（3）社会化娱乐（social entertainment），是指提供游戏、娱乐的平台或工具，主要有社会化游戏、虚拟世界及娱乐社区等。如，腾讯旗下天美工作室群的《王者荣耀》，久游的 3D 舞蹈虚拟社区《久游吉堂社区》，等等。

（4）社会化商务（social commerce），是指利用社交媒体来帮助更好地进行其产品或服务的在线购买与销售。通常，社会化商务渠道主要包括评论网站或品牌电子商务网站的评价、折扣网站和折扣聚合器（将折扣信息聚合为个性化的折扣推送）、社会化购物平台（有顾客推荐商品、购买时可以与他人互动沟通等功能的在线购物平台）以及社会化商店（即在社交媒体上经营的零售商店，如微信中的微商）。

◈营销资料 12 - 2

中国社交媒体平台概览（2021）

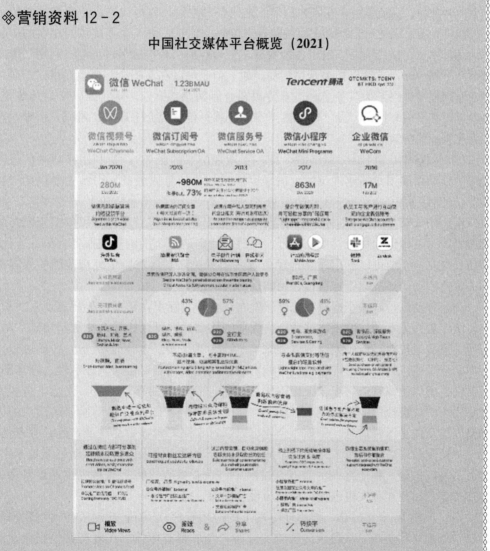

放大镜 12 - 2

资料来源：中国社交媒体平台概览（2021）. KAWO 科握（微信公众号），2021 - 04 - 23，有删减.

12.6.4.2　移动营销

移动互联网的迅猛发展，使我们生活的很多方面迅速凸显移动化特征。面对移动化浪潮，企业的直复营销和数字营销的移动化也就成为必然。

移动营销（mobile marketing），是指企业将品牌及其营销相关信息发送给持有移动设备（手机、平板电脑等）的顾客，并力求与之互动，建立及保持关系。

移动营销的主要方式包括二维码、LBS、移动广告、App、微信等。

（1）二维码，是依附在移动设备上的一种编码方式，它用某种特定的几何图形按一定规律，在二维平面上分布的黑白相间的图形上记录数据符号信息。二维码营销主要有4种方式：第一，将二维码植入各类社交软件（如微信、微博等），让其成为线上或线下的关键入口，让顾客参与到营销活动中。第二，让二维码依托不同的电商平台，借助电商平台的开放性、高流量性，在顾客扫描二维码登录之后，就可以进入企业相关营销活动中。如，顾客可以通过扫描京东商城贴有二维码的信息，进入企业提供的相应的产品营销活动。第三，让二维码依附于各种服务，企业在提供相应服务的同时，利用二维码引导顾客下载App，或参与相关营销活动。如，企业可以在演唱会门票上提供二维码，顾客通过扫描二维码下载票务App，方便顾客今后购票。第四，让二维码依附传统媒介，企业可以在平面海报、广告宣传单甚至产品包装等传统媒介上印上二维码，引导顾客扫码参与企业的营销活动。

（2）LBS（local-based service，即基于地理位置的服务），是利用移动通信运营商提供的移动终端用户的地理位置，向顾客推送相关信息或服务。LBS主要包括"在哪儿？（空间信息）"、"和谁？（社会信息）"及"有什么？（信息查询）"三大内容。企业可以运用的LBS营销方式主要有：第一，生活服务。如，百度地图可以基于顾客的地理位置，为其提供购物、饮食、银行、旅游等特定地理范围的相关服务。第二，社交，即地点交友。企业可以利用顾客地理位置的趋近关联，针对特定地理范围的顾客进行相关营销活动，如发起广告宣传、团购优惠等。

（3）移动广告，是企业在移动终端发布广告。实际上，移动广告就表现形式而言，与传统广告并无不同。但是，移动广告受众的移动性，可以让受众充分利用碎片时间，方便、迅捷地接收广告信息。常见的移动广告包括：第一，短信广告。即通过短信平台向受众发布广告。短信广告是很早就有的移动广告类型，由于其便利性、覆盖面广、及时性、成本低等特点，在今天仍不失为一种非常有效的移动广告。当然，企业要注意不要用"垃圾短信"骚扰受众。第二，语音类广告。即通过移动通信运营商的语音通道向受众发送语音信息。例如，企业可以通过集团彩铃播放品牌及产品、服务信息。第三，植入类广告。就植入方式的不同，可以分为内容植入广告和移动终端植入广告。前者是将广告植入移动终端的游戏、视频中；后者则直接将广告植入终端设备中，如让广告信息出现在开关机画面，或成为设备屏保，等等。

（4）App（application，指移动终端上的应用程序）。App开创了移动互联网的新时代，从社交到游戏、从餐饮到购物、旅游，App都有覆盖。App营销是指企业利用移动终端上的各种应用程序进行营销活动。常见的App营销可以有以下内容类型：第一，传达企业或品牌的所有信息内容。如，麦当劳、肯德基的App，可以方便顾客查询所有信息并完成购买。第二，传达品牌或产品的某些特点。如，耐克的Nike Run

Club 跑步锻炼辅助类 App。第三，传达品牌文化。如迪士尼的动画形象壁纸。第四，为使用产品而开发的 App。如，小米为其产品开发的"米家"。

（5）微信。微信已经成为移动终端人群的必备应用，利用微信进行的营销活动即微信营销也被越来越多的企业所重视。微信营销的常见形式有：第一，利用微信公众号营销。微信公众号可以有订阅号、服务号和企业号。订阅号是微信公众平台上的一个信息平台，主要用于在微信端为受众提供企业发布的各种信息；订阅号类似于传统纸质媒体报纸、杂志，区别在于将纸质媒介上的内容搬上了移动终端。所以，订阅号也可被视为信息发布、推送的自媒体平台，企业可以利用订阅号发布品牌及营销相关信息。服务号是侧重于服务方面的功能更全面的平台，可以通过自定义设置菜单以及二次开发等操作，为企业提供强大的业务服务与顾客管理能力。企业可以根据自己的需要，申请认证服务号。企业号是微信为企业用户提供的移动应用入口。通过企业号，可以连接企业内部各部门、员工，也可以连接外部有密切联系的合作伙伴，从而打造属于企业自己的"朋友圈"。第二，利用微信小程序营销。由于微信小程序是一种不需要下载、安装就可以直接使用的应用，可以让使用者"用完即走"。因此，作为微信的加载应用，微信小程序可以帮助企业在营销过程中实现基于线下场景的"即时"服务，从而给顾客带来更好的体验。

本章小结

学一下 12-3

这一章的主要内容包括以下几方面：

1. 整合营销传播

整合营销传播是一个业务战略过程，它是指制订、优化、执行并评价协调的、可测度的、有说服力的品牌传播计划，这些活动的受众包括消费者、顾客、潜在顾客、内部和外部受众及其他目标人群。显然，整合营销传播"融合各种传播技能和方式，为客户解决市场问题或创造宣传机会"。为此，整合营销传播使用了多种传播手段，并对这些手段进行整合。它不仅以受众为研究对象，还应该包括与企业经营活动有直接、间接利害关系的一切利害关系者。整合营销传播是一个过程，是一种强调整合所带来的附加值的营销传播理念，重心在于传播。

整合营销传播的原则包括：由外而内的原则；形象整合，声音一致原则；横向计划原则；双向沟通的原则。

2. 营销传播的基本程序

有效的营销传播过程包括八个基本步骤：确定传播目标受众；确定传播目标；设计传播信息；选择传播渠道；确定传播预算；决定营销传播组合；衡量传播效果；管理整合营销传播。

3. 广告

广告是企业以付费的方式，通过一定的媒体向广大现实或潜在受众传递产品信息，以达到促进产品、劳务销售的传播活动。企业进行广告决策时，在确定目标受众的动机之后，必须进行广告五要素的决策，即决定任务、资金、信息、媒体及衡量。所以，广告的过程应该是在确定目标受众及广告目标的前提下，明确广告的创意，制定有效的广告表现形式与媒体实施方案，并进行广告效果评价。

4. 营业推广

营业推广也称为销售促进，是指企业在短期内为了提升销量或销售收入而采取的各种促销措施。企业营业推广的过程包括确定目标、选择工具、制定企划方案、实施方案及评价效果等内容。营业推广的目标对象主要有三类，即最终消费者、中间商及企业销售人员。企业必须根据不同的推广对象制定具体的推广策略。

5. 公共关系

公共关系是指企业运用各种传播手段，在企业与社会之间建立相互了解和依赖的关系，并通过双向的信息交流，在社会公众中树立企业良好的形象和声誉，以取得公众的理解、支持和合作，从而有利于企业目标的实现。企业公共关系活动的步骤一般包括调查研究、确定目标、制定并实施企划和评价效果。与营业推广相比，公共关系注重的是长期效果，属于间接传播促销手段。

6. 人员推销

人员推销是指企业通过派出销售人员与一个或一个以上可能成为购买者的人交谈，作口头陈述或书面介绍，以推销产品，促进和扩大产品销售。人员推销是推销人员帮助和说服购买者购买某种商品或服务的过程。人员推销主要包括两种组织形式：建立自己的销售队伍和使用合同销售人员。人员推销常用的方法有三种：上门推销、柜台推销及会议推销。为了做好人员推销，企业必须做好推销人员的挑选、培训、激励与评价等管理工作。

7. 直复营销和数字营销

直复营销和数字营销是直接回应的营销，指企业利用电话、网络等手段与特定的受众进行沟通，并力图引发其反馈或互动，实现营销效果并建立持久有效的顾客关系。传统的直复营销主要包括：直接邮寄营销、购物目录营销、电话营销、电视直销及自动售货。数字营销是直复营销的最新发展，主要形式有网络营销、社交媒体营销和移动营销。

重要概念

整合营销传播　营销传播组合　目标受众　AIDA 模式　层次效果模式　理性诉求感性诉求　道德诉求　广告　营业推广　公共关系　人员推销　直复营销和数字营销网络营销　社交媒体营销　移动营销

复习与思考

1. 试述企业如何制定整合营销传播策略。
2. 结合实际，分析广告的促销作用是如何体现的。
3. 企业在什么情况下适合采用营业推广策略？
4. 什么是公共关系？公共关系有哪些特点？
5. 假如你是一家食品公司的老板，你会如何选择和培训你的推销人员？
6. 直复营销和数字营销有哪些主要形式？你认为企业应该如何使用社交媒体营销和移动营销？

帮记 12-2

营销实战分析

一坛酸菜引发的危机公关战

放大镜 12 - 3

2022 年中央电视台"3·15"晚会曝光的酸菜问题，不断发"酵"。

监测平台"壹沓"的数据显示，相关报道 13.3 万次，成为整个 3·15 报道最热话题。

统一、康师傅、肯德基、今麦郎、白象、太二酸菜鱼等几家涉事企业分别回应，但却呈现出完全不同的危机公关策略。

统一：改声明，从"致歉"变"优秀"？

统一是最早公开回应此事的，却是表现最糟糕的。

因为，统一把 3 月 15 日晚发布的声明从官网撤下，隔了一段时间后，又发了一个新的声明。

仔细对照这两份声明，会发现完全是一个"事实"的两面。前后两份声明，最大的不同有三点：

第一，从"我致歉"到"我优秀"。对于第一份声明中承认的问题和道歉，第二份声明则全盘否认，还自称"不允许外购酸菜"，欢迎大家去酸菜生产车间参观。

第二，"锦瑞食品"竟然消失了。第一份声明中，统一承认与"锦瑞食品"合作，但在第二份声明中竟然绝口不提，而"3·15"晚会的画面中，就是在暗访"锦瑞食品"时出现了统一的产品。

第三，从"五年内不是"到"不是"。对于另一家被曝光的湖南插旗菜业，统一在第一份声明中强调是"五年内不是供应商"，言下之意，五年前有合作，而到了第二份声明，一句"不是供应商"，直接否认了。

看完这两份声明，很难相信这是出自同一家企业之手。危机公关确实有很多技巧，尤其是写声明这个环节，但危机公关不应该是掩盖问题，红的说不成黑的，错了就要认错，没有就是没有。企业在危机公关中要利用好官网这个渠道，因为自己家的官网，可以修改，不像微信只能改 20 个字符，显然，这样自相矛盾的两份声明，代表了企业内部两股"自相矛盾"的势力，也充分暴露了企业内部的管理问题，公关部只能又出来背锅了。

康师傅：关评论其实没必要

康师傅应该是最晚回应此事的，但至少目前来看，是相对比较负责的。截至目前，康师傅官方发了两份声明。第一份是在"3·15"晚会的次日凌晨 1 点。

致歉、承认了"插旗菜业"是自己的酸菜供应商，但否认了"锦瑞食品""雅园酱菜""坛坛俏"是其供应商，并强调"从未使用"。

康师傅的声明也用了一些公关技巧，先把"否认"的内容放在了第一条，优先强调了自己没问题的部分，"承认"的问题放在了第二条。

但这条声明关闭了评论区，并有选择地放了几条"不是批评"的评论。网友只能一边转发一边评论。其实，没必要关评论。因为你根本拦不住大家去评论你，除非你和"统一"一样，不在社交媒体的官方账号发布，你去自己的官网上发。从这个角度，也属于"掩耳盗铃"，刻意规避掉对自己不利的评论，但现在网民的情绪是，你越这样，我越骂，有点适得其反了。

但需要强调的是，虽然康师傅的声明最晚，但其声明中，对事实的回复是最彻底的，央视曝光的所有问题酸菜供应商，都很正式地说明合作情况，没有故意漏掉一个。这代表了企业在处理此次危机中所持的"负责任"态度。

3月16日中午近12点，康师傅官方又发了一个声明，进一步对外说明进展："插旗菜业"向4个工厂提供了酸菜，启动相关产品下架。

这里也用了一个危机公关的技巧，基于事实，对外传递了此事的影响范围有限。这至少能说明，康师傅确实在持续关注此事，不像很多企业，发完第一份"声明"之后，就消失了。

肯德基：借"危机"刷了一波好感

肯德基的声明，简单明了，事实清晰，回应时间也较快，但也用了一个技巧，就是只否认了媒体曝光的、和自己有关联的插旗菜业，这也合乎逻辑。借此直接否认，还能刷一波好感度，肯德基自然是不会关闭评论的。

白象 & 今麦郎：被旧新闻牵连后发声

央视的报道里，并没有出现白象品牌的画面，但有网友指出，此前有媒体报道称"白象将插旗菜业列为原材料供应重点企业"。

白象和今麦郎官方应该是监测到了相关内容，还是主动发了声明。毕竟，同属方便面行业，也有酸菜的产品，主动强调自己的产品没问题，一方面能打消消费者的顾虑，另一方面借机蹭个热点，能增加媒体曝光量和好感度。

但二者还是略有差别，今麦郎是4家酸菜供应商都否认合作，而白象只提了1家。

五谷渔粉：躲过老坛酸菜没躲过你

五谷渔粉虽然没出现在央视"3·15"晚会，但应该是从"插旗菜业"官网上被提及的品牌。官方微博在3月16日中午11点发布声明，承认此事，并公开致歉。网友评论称："躲过老坛酸菜没躲过你"。

声明里，也有一个小技巧，就是"原材料供应商之一"，这个"之一"的意思也是想传递影响面有限，但到底多有限，无法得知了。

太二酸菜鱼：满屏的求生欲

由于和酸菜的关联度太高了，太二酸菜鱼3月16日中午火速发了一个题为"太二酸菜安全报告"的内容，强调食品安全合规性。

太二这么做是正确的做法，不能因为没有媒体报道，就静悄悄，毕竟，它家和酸菜的关联度真的太高了，主动回应是非常正确的做法，并不属于蹭热点，而是

"求生"。

资料来源：万能的大叔. 一坛酸菜引发的危机公关战. 新浪财经头条，2022 - 03 - 16，有删改.

思考与分析：

1. 上述几家企业是如何进行危机公关的？它们各有什么不同特点？

2. 你如何评价这几家企业的危机公关？

3. 你认为企业应该如何更好地进行危机公关？

 素养提升

收集资料，分析 2022 北京冬奥会的整合营销传播，并分析其对企业营销传播有何借鉴意义。

营销实战训练

广告与推广：体验与实操

项目名称		广告与推广策略	项目类别	团队训练
目的		实际体验和操作广告与推广策略的制定		
项目方案	步骤	项目内容		时间
	1. 准备	(1) 3～5 人组成一个团队，以团队为单位进行训练。 (2) 收集更多的资料，了解《中国好声音》等电视选秀节目的营销传播策略。		与第 12 章教学时间同步，课外完成。
	2. 制定广告策略	自主选择《中国好声音》等任意电视选秀节目，为之设计广告策略： (1) 确定广告目标与广告受众。 (2) 确定一个广告主题。 (3) 选择媒体类型并确定广告表现策略。		
	3. 制定推广策略	自主选择《中国好声音》等任意电视选秀节目，为之设计推广策略： (1) 确定推广目标与推广受众。 (2) 确定一个推广主题。 (3) 确定具体的推广策略。		
	4. 展示	(1) 将团队制定的广告、推广策略制作成 PPT。 (2) 面向全班同学讲解。		10 分钟/团队
成绩测评		根据学生制定的广告、推广策略及展示情况给定成绩。		

第 5 篇　营销实现

第13章

营销实现

方向标

帮记 13 - 1

这一章，我们更加强调的是"实战"——营销实现。所谓营销实现，就是要规划营销行动方案并加以有效实施。所以，让我们充分利用前面掌握的各种知识，首先学习怎样制定营销行动方案——营销企划；在此基础上，去了解如何有效地建立营销组织，成功地执行营销企划，并做好营销企划实施过程中的控制。

我们要达成的目标：

知识与能力目标

★ 掌握如何形成营销企划；

★ 了解如何建立营销组织；

★ 了解营销执行与控制。

素养目标

★ 了解如何针对中国市场制定有效的营销企划，树立以人为本，全面、协调、可持续的科学发展观，科学、合理规划未来。

> **导入案例**

阿里调整大淘宝架构

　　2022年1月6日，阿里集团中国宣布原淘宝天猫业务的新组织架构。新架构将"全面聚焦用户体验、客户价值，消除惯性思维，鼓励机制创新"，设立产业运营及发展中心、平台策略中心、用户运营及发展中心。

　　有专家认为，淘宝、天猫的融合还是希望能够降低组织成本，提高组织效率。同时，应对用户的消费升级。首先，阿里本身在天猫和淘宝内部的组织效率低、成本高，内耗比较厉害，协同效应也没有达到预期；其次，就是消费者端和商家的变化。阿里没有过多的投入和心力去经营那么多平台，尤其在一个体系里。融合后，对于用户来说，可以在一个平台或者是在一个体系里更好地满足需求，获得更好的用户体验和更多的选择；对于品牌来说，不管是人员上还是资金上，有一些投入可以减少。而在阿里的相应部门组织的沟通和协调上，也会更加有效率，缩短沟通时间。

　　如何更好地利用一个平台或者是融合后的一体化这种思路，去更好地服务用户不同层次的不同层面的需求，阿里之前没有这样的组织来支撑。组织上的调整是要支撑业务的发展。所以目前来看，这三个中心就是为了应对更激烈的竞争，以及商家和消费者的变化做出的调整。

　　资料来源：电子商务研究中心.阿里调整大淘宝架构意欲何为?.中国营销传播网，2022-01-10，有删改.

13.1　营销企划

学一下 13-1

看一看：营销
企划及其结构

13.1.1　营销企划的概念与营销企划书的结构

　　营销企划是指在研究和分析企业营销环境的基础上，确定适合于企业资源状况、竞争能力、任务和目标的营销目标，并规划其实现的行动方案的结构性程序。这一结构性程序的最终结果是营销企划书。每一个产品层次（如产品线、品牌等）都必须有自己的营销企划。

　　就企划的内容范围而言，我们可以将企业的营销企划分成整体市场营销企划与专门市场营销企划两类：前者针对企业的不同产品层次而制定；后者则针对企业不同产品层次营销活动的某一营销要素而制定，如广告企划、促销企划、分销渠道企划、商品企划等。显然，这里所说的是整体营销企划。

　　营销企划通过营销企划书来制定整个营销活动的行动方案。营销企划书必须规划整个营销管理过程（参见第1章中的"营销管理过程"相关内容）。

营销企划书的一般结构包括以下方面：

（1）前言：营销企划的意义。

（2）企划概要：将整份营销企划作一简要介绍，以方便阅读者直观地对企划有整体的了解与把握。

（3）营销环境分析：对影响企业营销活动的宏观、微观环境因素进行仔细分析。

（4）SWOT 分析：根据营销环境分析，得出企业面对的机会与威胁，以及自身把握机会成功营销的优、劣势结论。

（5）营销企划对象与目标界定：根据环境分析及 SWOT 结论，明确营销企划的对象。同时，在细分市场的基础上，确定企划对象所面对的目标市场，并进行有效的市场定位。在此基础上，确定企划对象在目标市场要达成的目标。

（6）营销策略：为企划对象设计符合目标市场需求的包括产品策略、价格策略、渠道策略及促销策略在内的整体营销策略。

（7）实施计划：为实现营销企划而进行的组织安排、资源配置预算及进度安排。

（8）效果预计：用具体、定量的财务、销售等相关指标分析营销企划的各方面效果。

（9）建议：为更有效地实施营销企划提供必要的建议。

13.1.2　营销企划的内容

如前所述，营销企划应该是对整个营销活动的整体规划，应该涵盖整个营销过程。所以，在学习了前面各章的知识后，我们对营销过程的各个环节已经有了基本的了解，现在要做的只是如何将前面所学的知识，合理地运用到营销企划实践过程中。

大师在说 13-1

菲利普·科特勒谈营销企划的内容

● 执行概要和目录表：执行概要是营销企划开始时关于本企划的主要目标和建议事项的简短摘要，它使阅读者迅速抓住企划要点。在其之后是整个企划内容的目录表。

● 当前营销状况：介绍关于市场、产品、竞争、分销和宏观环境的背景资料，并进行 SWOT 分析。

● 机会和问题分析：根据 SWOT 分析指出企业面临的主要机会，并确定影响组织目标的关键问题。

● 目标：企划中的财务目标和营销目标，可以采用销售量、市场份额、利润和其他相关指标来设立。

● 营销战略：定义相关产品层次的目标市场，并明确其竞争定位，以形成"博弈计划"，完成企划目标。

● 行动方案：营销企划必须具体描述为了达到营销战略而将要采取的特定的和实际的营销方案，从而实现企业业务目标。对每个营销战略必须详细回答下列问题：将要做什么？什么时候做？谁来做？成本是多少？如何衡量这个方案的优劣？

● 财务目标：在行动方案中，应该集中说明支持该方案的预算。在收入方面，指出预估的产品销售量和平均实现价格。在支出方面，说明生产成本、实际分销成本和营销费用，以及再细分下去的细节项目。收入和支出之差就是预计利润。预算批准之后，它就是制订计划和进行材料采购、生产调度、人力补充、营销活动安排的基础。

● 执行控制：营销企划的最后一部分。控制的目的是用以监督企划的实施过程。有些控制部分包括权变计划，以规定遇到特殊的不利情况时所应该采取的步骤。

资料来源：菲利普·科特勒．营销管理．11版．梅清豪，译．上海：上海人民出版社，2003：128.

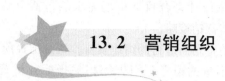

13.2 营销组织

营销组织是企业组织的重要组成部分，是企业内部与营销活动相关的各个职位及结构。营销组织从体制与制度的基本层面保证了企业有效地进行营销活动。

13.2.1 营销组织的类型

看一看：
营销组织

企业营销组织的建立，首先要规划营销部门在企业组织中的地位及其基本构成。从历史发展的角度来看，企业营销部门经历了从无到有、由小到大、由虚到实的变化过程。

企业营销部门的组织设立，可以有不同的方式。因此，营销部门有不同类型的组织形式。一般来说，营销部门的基本组织形式包括职能型营销组织、地区型营销组织、产品或品牌管理型营销组织、顾客管理型营销组织及产品-顾客管理型营销组织（矩阵型营销组织）五种类型。如表13-1所示。

表13-1　企业营销部门的组织类型

职能型营销组织	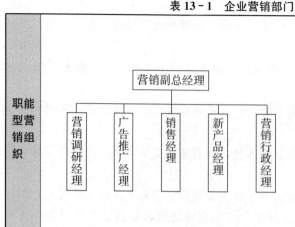	概念：职能型营销组织在营销副总经理之下设置不同的营销职能部门，这些职能部门为相应的营销决策提供建议 优点：结构简单、易于管理，可以充分重视不同营销职能的作用 缺点：随着企业产品品种增加及市场扩大，由于各职能部门间协调更加困难，且缺乏对产品与市场的关注，这种组织形式的效率将越来越低 主要适用范围：产品比较单一、市场相对集中且规模不太大的企业

续表

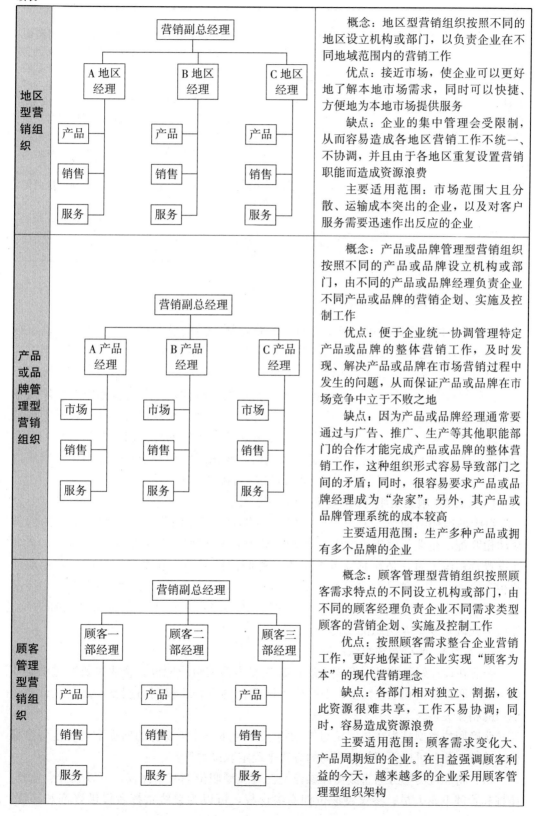

地区型营销组织	概念：地区型营销组织按照不同的地区设立机构或部门，以负责企业在不同地域范围内的营销工作 优点：接近市场，使企业可以更好地了解本地市场需求，同时可以快捷、方便地为本地市场提供服务 缺点：企业的集中管理会受限制，从而容易造成各地区营销工作不统一、不协调，并且由于各地区重复设置营销职能而造成资源浪费 主要适用范围：市场范围大且分散、运输成本突出的企业，以及对客户服务需要迅速作出反应的企业
产品或品牌管理型营销组织	概念：产品或品牌管理型营销组织按照不同的产品或品牌设立机构或部门，由不同的产品或品牌经理负责企业不同产品或品牌的营销企划、实施及控制工作 优点：便于企业统一协调管理特定产品或品牌的整体营销工作，及时发现、解决产品或品牌在市场营销过程中发生的问题，从而保证产品或品牌在市场竞争中立于不败之地 缺点：因为产品或品牌经理通常要通过与广告、推广、生产等其他职能部门的合作才能完成产品或品牌的整体营销工作，这种组织形式容易导致部门之间的矛盾；同时，很容易要求产品或品牌经理成为"杂家"；另外，其产品或品牌管理系统的成本较高 主要适用范围：生产多种产品或拥有多个品牌的企业
顾客管理型营销组织	概念：顾客管理型营销组织按照顾客需求特点的不同设立机构或部门，由不同的顾客经理负责企业不同需求类型顾客的营销企划、实施及控制工作 优点：按照顾客需求整合企业营销工作，更好地保证了企业实现"顾客为本"的现代营销理念 缺点：各部门相对独立、割据，彼此资源很难共享，工作不易协调；同时，容易造成资源浪费 主要适用范围：顾客需求变化大、产品周期短的企业。在日益强调顾客利益的今天，越来越多的企业采用顾客管理型组织架构

续表

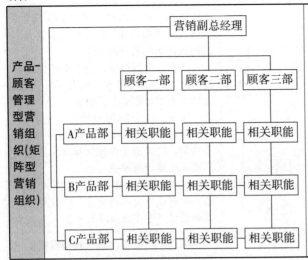

产品-顾客管理型营销组织(矩阵型营销组织)	概念：产品-顾客管理型营销组织是由产品管理型与顾客管理型组织组合而成的矩阵型营销组织，分别由产品经理负责不同产品的营销企划、实施与控制，而由顾客经理负责顾客需求的把握 优点：同时具有产品管理型营销组织与顾客管理型营销组织的优点，可以通过协调满足顾客需求，并进行复杂的决策 缺点：管理费用高，容易产生内部冲突 主要适用范围：经营范围广、顾客分散、规模大的企业

13.2.2　营销组织的设置

不同企业的组织设置可以不太一样，但都遵循一定的设置规律。企业的营销组织设置也不例外，通常，设置企业的营销组织应该考虑以下基本环节。

13.2.2.1　适应营销组织环境

企业的营销活动受营销环境因素的影响与制约，因此，企业的营销组织必须与不断变化的营销环境因素相协调。为了保证企业营销活动的顺利进行，面对包括宏观经济、政治、技术、社会、市场、竞争者等众多企业不可控的外部因素及其变化，企业的营销组织必须作出适当的调整、适应。同时，营销组织还必须与企业组织及组织内部环境因素相适应，受到企业目标及资源状况的制约。

13.2.2.2　根据组织内部活动设计组织形式

组织的内部活动是决定组织形式的重要基础，营销组织必须与营销组织的内部活动相匹配。企业营销组织的内部活动主要有两种类型：一种是职能性活动，企业在设置营销组织时，必须充分考虑实现各种职能的需要，并要注意保证各营销职能的相互协调；另一种是管理性活动，营销管理过程是通过企划、协调、组织和控制等环节来实现的。企业可以在分析、把握营销环境的基础上，制定营销活动方案，然后以此确定组织及组织的功能。

13.2.2.3　明确营销组织职位

企业在设计好营销组织形式之后，必须明确营销组织职位。企业主要通过明确职位类型、职位层次和职位数量，来明确不同职位的责任、权利与利益，及其在营销组织中的相互关系。

明确职位类型是指在与营销组织的需求及内部条件相吻合的前提下，规定每个职位。通常，企业可以采用三种不同的方法来确定职位类型：

（1）将职位类型分为直线型和参谋型。直线型职位拥有指挥权，可以领导、监督、指挥和管理下属人员；参谋型职位拥有参谋权，可以为直线指挥者提供咨询和建议。

实际上，直线型职位和参谋型职位之间的界限不一定很清晰。

（2）将职位类型分为专业型和协调型。专业型职位是按照专业化分工的结果为不同专业确定的职位，如专门从事调研的职位、专门负责推广的职位等；而协调型职位则是为了保证各专业型职位的工作符合整体目标的要求，而在专业型职位之间发挥协调作用的职位。

（3）将职位分为临时型职位和固定型职位。临时型职位是为了完成临时性短期目标而临时设置的职位；而固定型职位则是在营销组织中相对稳定的职位，拥有相对固定的工作内容。

确定职位层次是指明确不同职位在组织中的地位高低。企业可以按照不同职位体现的营销活动与职能在营销过程中的重要程度来安排职位的高低。显然，不同企业的不同职位可以有不同的职位层次安排。

确定职位数量是指规定营销组织中不同职位的合理数量。企业可以根据不同职位的职位层次来确定相应的职位数量。

13.2.2.4　设计营销组织结构

设计营销组织结构，就是合理安排不同的职位类型在营销组织中的地位与比重。不同的营销组织形式有不同的组织结构。例如，企业如果采用矩阵型组织，就可能建立大量的协调性职位；如果采用产品管理型、顾客管理型等金字塔形组织形式，则必须有足够的职能型职位。

设计营销组织结构时，为了强调组织的有效性，必须同时注意控制好分权化程度与管理幅度。分权化程度的不同，可以决定权力分散到什么程度才能使上下级之间更好地沟通；而不同的管理幅度决定了上级可以管理、控制的下级人数。管理幅度越大，营销组织的管理层次越少。营销组织的分权化程度越高，管理幅度越大，组织效率也就越高。

13.2.2.5　合理安排人员

设计好企业营销组织结构之后，企业需要在分析营销人员状况的基础上，按照不同职位、岗位的需要，为不同职位合理安排人员。组织人员的安排会由于建立新的组织和进行组织再造而不同。由于面对更多、更复杂的改变，进行组织再造时的人员安排要比建立新组织的人员安排更为复杂和困难。

安排组织人员时必须为每个职位制定详细的工作说明书，并从受教育程度、工作经验、个性特征及身体状况等方面对人员进行全面考察，选择合适的人员。为组织再造安排人员时，企业还必须重新考核现有员工的水平，以确定他们在再造组织中的职位。

13.2.2.6　营销组织的评价与变动

由于外部营销环境、企业目标、资源的变化，以及营销组织运行过程中可能遇到不同问题，企业必须适时、合理评价营销组织。事实上，不可能有完美的营销组织。企业必须通过对营销组织现状的合理评价，适时、适度对营销组织进行调整，使之不断得到发展。

一般来说，造成营销组织变动的因素主要有：营销组织外部因素的变动，如市场需求的变化、竞争格局的变化、企业目标的变化等；组织主管人员的变化，如新的主管人员试图通过组织变动实现其管理意图。除此之外，为了修正现有组织缺陷以及协调现有组织人员之间的矛盾，也有可能造成营销组织变动。

◈营销资料 13-1

市场营销中的职位

营销职位	
营销主管/协调员	管理所有与市场营销相关的活动
品牌经理/产品经理	产品经理负责管理一个产品或者一个产品线。在这个职能范围内，他/她基于顾客需求改变进行调查研究，参与产品的开发与设计。此外，市场经理制订产品生产线的经营计划及营销战略，管理产品的分销，发布产品信息，协调售后服务与销售
品牌/销售助理	初级品牌助理的职责包括：进行市场分析，追踪产品销售情况，进行销售额及市场份额分析，监控促销活动等
市场研究员/分析员	市场研究员搜集并分析相关信息，以判定消费者是否存在对特殊产品或服务的需求。其中一些工作包括设计问卷，搜集所有可得的且相关的信息，并对收集来的信息进行分析，提交并展示报告结果，提出一些建议等
市场沟通经理	管理组织的市场传播活动，包括广告、公共关系、赞助费及直复营销
客户服务经理/专员	管理服务交付以及客户与组织的交流。不同行业的客服经理扮演的角色也不同
销售职位	
销售主管/业务拓展主管	与现有的以及潜在的客户建立良好的商业关系，保持公司良好的销售前景
销售经理	计划并协调销售队伍的销售活动，监控产品的分销及预算的达成率、培训并激励员工，准备预测
大客户经理	管理大客户的销售及市场运作：与大客户就产品、数量、价格、促销以及特别优惠等方面进行沟通；与能够影响大客户购买决定的关键人员建立良好关系；在对大客户提供商品与服务的过程中，负责与所有部门内部及相关同事进行沟通；监测大客户的经营业绩
销售支持经理	通过对顾客进行实地询问、电话建议等方法提供销售支持；参与商品展销与促销活动；为产品宣传册、销售小册子的制作准备材料，并购买市场调查公司提供的主要数据
跟单员	旨在全面展示公司销售点的展示品，并确保它们被正确地保存及维护
促销主管	通过抽样方法，选择要直接拜访的客户，并在客户所在地将产品的特性及优点直接介绍给客户；对所有的促销活动进行说明与管理
电话营销代表	拨打和接听与销售相关的电话
广告营销专员	为潜在广告客户展示公司的无线播放器、电视插播广告、视频空间

资料来源：约翰·费伊，等.市场营销学.4版.徐瑾，等译.大连：东北财经大学出版社，2017：26.

13.3 营销执行与营销控制

营销执行与营销控制是保证营销企划成功实施的两个必不可少的重要环节。

13.3.1 营销执行

13.3.1.1 营销执行的影响因素

营销执行（marketing implementation）是通过实施营销企划以实现营销企划所制定的目标的过程。显然，没有有效的营销执行，再好的营销企划也只能是空中楼阁、水中明月。

好的营销企划只是成功营销的开始，有效的营销执行才可以保证营销企划的成功。在企业实践中，有许多因素会影响营销执行的好坏，这些因素主要包括以下几个方面：

（1）制度保障因素。营销企划的成功实施，首先必须有周全的制度保障。没有制度保障，营销执行就没有行为规范，执行就没有依据、没有秩序。

（2）考核评价因素。只有正确的考核评价，才能把握营销执行过程的状况与水平，并对此加以约束与激励，从而使执行真正有利于营销企划目标的实现。

（3）过程管理因素。有效的执行过程管理是令人满意的执行结果的基本保证。所以，必须建立合理的管理机制保证执行的顺利进行，而不是一味强调对销售收入、销售成本等执行结果的控制。

（4）整合与协调因素。有效的营销执行需要通过环环相扣的整体性协调来实现。因此，在营销执行的各个环节，都必须加强沟通及对整体目标的把握，保证执行步调的一致和统一。

（5）业务流程因素。营销执行过程不能过于复杂，以免降低执行效率；同时，执行过程不应环节过多，业务部门的分工应合理，以免造成执行人员缺乏行动积极性与主动性。

（6）企划因素。营销企划是营销执行的蓝本。因此，营销企划本身应密切联系企业营销实际，注意长、短期目标，以及局部、整体目标的协调与统一，并要从根本上具有可操作性。

13.3.1.2 营销执行的保障

为了保证有效的营销执行，企业必须注意从制度、流程、权限及资源等各方面做好营销执行的保障工作：

（1）制度保障。即为有效的营销执行建立行之有效的制度体系，包括绩效考核制度、相关部门协作制度及相关职能管理制度等。

（2）流程保障。即按照营销企划关键业务的内容要求，架构、优化业务流程，并以此调整营销组织结构。

（3）权限保障。即以真正落实各业务部门职能为基础，合理规划上、下级以及各业务部门的权限分配。

（4）资源保障。即根据营销企划的要求，为实现营销执行目标合理配置各种资源，对关键业务所需资源更要予以充分保障。

13.3.1.3 营销执行中企业应掌握的基本执行能力

企业要进行有效的营销执行，必须掌握一些基本的营销执行能力，这些能力主要包括判断能力、配置能力、调控能力、组织能力及相互配合能力。

（1）判断能力。即对营销执行问题的判断能力。当营销执行不能实现目标时，企业必须有能力准确判断是企划问题还是执行问题；如果是执行问题，又是什么样的执行问题。

（2）配置能力。即合理配置资源的能力。为完成营销执行目标，企业必须合理进行包括时间、人员及资金等在内的各种资源的配置，从而使营销资源达到最佳利用状态。

（3）调控能力。即对营销执行过程进行全程有效评价与控制的能力。控制通常包括年度控制、赢利能力控制、效率控制及战略控制等。

（4）组织能力。即运作有效的工作组织的能力。正式及非正式的营销组织对于有效的营销执行活动非常重要。

（5）相互配合能力。即通过影响他人来完成自己工作的能力。营销执行是全员性的，有效的营销执行必须通过企业营销人员的影响，得到企业全体成员的大力支持与帮助，同时还要得到企业以外的相关个人、部门、组织及机构的大力支持与帮助。

13.3.2 营销控制

营销控制是指企业将营销执行情况及其结果与营销企划进行比较，通过发现差异并进行改进以保证营销企划实现的过程。营销控制主要包括年度控制、赢利能力控制、效率控制及战略控制等不同类型。如表 13-2 所示。

表 13-2 营销控制的不同类型

控制类型	控制目的	控制方法	控制责任人
年度控制：企业对年度营销企划的控制	保证年度目标实现	销售分析、市场占有率分析、营销费用与销售收入比率分析、财务分析及顾客态度追踪分析	高级管理人员、中级管理人员
赢利能力控制：企业对不同产品、不同销售区域、不同顾客群及不同渠道或销售方式所实现的赢利能力的控制	检查、控制企业营销成本与赢利状况	营销成本分析、赢利能力分析	营销财会人员、审计人员
效率控制：企业对各种营销职能工作效率的控制	检查、控制企业营销开支的效率、效果	销售人员效率控制、广告效率控制、推广效率控制等	各营销相关部门管理人员及营销财会人员、审计人员
战略控制：企业对营销战略进行的控制	保证企业营销整体战略目标与规划的实现	营销审计、营销效益等级考评等	高级管理人员、营销审计人员

13.3.2.1　年度控制

企业通过营销年度控制，来保证年度营销企划目标的实现。年度控制可以包括四个步骤：制定标准，即确定本年度的周期性（季度或月度）营销目标；绩效测量，即将营销企划实施效果与预期效果比较；因果分析，即分析实际与预期产生差异的原因；改正措施，通过努力消除偏差，使预期目标实现。现实的营销实践中，企业可以利用不同的营销度量工具来衡量营销的绩效。

营销资料 13-2

营销绩效指标

营销绩效指标是市场导向管理的核心，因为它们告诉我们某产品或业务在市场中的表现如何。营销绩效指标为营销绩效提供了度量方法，如顾客满意、顾客保留和顾客忠诚；同时，营销绩效指标与盈利能力相关。

营销绩效指标分为四类：

第一类，市场指标——测量市场的当前绩效和利润影响。例如，某产品或业务的相对市场份额就是将其市场份额与三个最强竞争对手相对比的市场绩效指标。

第二类，顾客指标——一项业务或产品与顾客相关的绩效情况。

第三类，竞争指标——反映一项业务或产品在产品绩效、服务质量、品牌形象、采购成本和顾客价值等方面与竞争对手比较的情况。

第四类，营销盈利性指标——营销投资回报率（即营销 ROI），是一个关键的营销盈利性指标，主要评估营销和销售费用对利润的影响。由于营销 ROI 是一个百分比指标，可以非常方便地在企业不同产品或业务、不同部门以及企业总体营销 ROI 之间进行比较。当然，也可以与竞争产品或企业以及企业选择的不同标杆企业进行比较。其他的营销盈利性指标还包括净营销贡献（net marketing contribution，NMC）和营销销售回报率（营销 ROS）。

净营销贡献＝销售收入×毛利率－营销与销售费用

营销 ROS＝净营销贡献/销售收入×100%

营销 ROI＝净营销贡献/营销与销售费用×100%

为了跟踪总体绩效，企业既需要内部绩效指标，也需要外部绩效指标。实际中，一些企业内部绩效指标和外部绩效指标是前瞻性指标，而另一些指标则属于回顾性的，如下表所示。

绩效评价角度	时间轴	
	前瞻性指标	回顾性指标
企业内部指标	在运营周期中使用的企业指标，例如： ● 产品缺陷 ● 延迟交货 ● 逾期付款 ● 存货周转率	在运营期末报告的企业指标，例如： ● 销售收入 ● 毛利率 ● 税前净利润 ● 资产回报率

续表

绩效评价角度	时间轴	
	前瞻性指标	回顾性指标
企业外部指标	在运营周期中使用的营销指标，例如： ● 顾客知晓度 ● 顾客满意度 ● 感知绩效 ● 重购意愿	在运营期末报告的营销指标，例如： ● 相对市场份额 ● 市场份额 ● 顾客保留率 ● 单位顾客收入

资料来源：罗杰·J贝斯特．营销管理：提升顾客价值和利润增长的战略．6版．权小妍，等译．北京：北京大学出版社，2017：37－39，42，44，有删改．

企业可以通过销售分析、市场占有率分析、营销费用与销售收入比率分析、财务分析及顾客态度追踪分析这五种方法进行年度控制。

13.3.2.1.1　销售分析

销售分析主要用于分析、评估预期销售目标与实际销售之间的关系，可以采用销售差异分析和微观销售分析两种常用方法。

（1）销售差异分析。当企业需要分析不同因素对销售绩效的不同作用或影响时，可以使用销售差异分析方法。

例如，如果企业年度企划预计第二季度完成 5 000 件产品销量，每件 1 元，即完成 5 000 元销售收入；但第二季度企业实际只销售 4 000 件产品，每件 0.9 元，实际完成销售收入 3 600 元。

这样，销售绩效差异为－1 400（＝3 600－5 000）元，或为预期销售收入的－28％。

销售绩效差异的原因显然来自两个方面，其中：

由于销量下降带来的差异为 1 000［＝（5 000－4 000）×1］元，占销售绩效差异的 71.43％（＝1 000÷1 400×100％）；

由于价格下降带来的差异为 400［＝（1－0.9）×4 000］元，占销售绩效差异的 28.57％（＝400÷1 400×100％）。

可以看出，销量下降导致销售绩效差异的 71.43％，所以造成预期目标不能实现的主要原因是销量下降，企业应该认真分析、解决销量下降的原因，提升销量，从而消除销售绩效差异。

（2）微观销售分析。通过微观销售分析，企业可以清楚地确定没有达到预期销售目标的特定产品、销售区域以及其他具体因素。

例如，如果企业同时销售 3 种产品，预期销售收入分别是 1 000 元、4 000 元及 3 000 元，总共 8 000 元。但实际上，3 种产品分别实现销售收入 900 元、4 500 元及 2 000 元。就预期销售收入来说，第 1、3 种产品分别欠缺 10％和 33.33％，而第 2 种产品有 12.5％的超出。显然，企业必须更加关注第 3 种产品的销售状况，仔细分析到底是市场因素还是企业内部因素造成该产品销售不能实现预期目标。

13.3.2.1.2　市场占有率分析

市场占有率分析可以通过分析、评价企业市场份额的变化，来衡量企业的市场竞争地位的变化。市场占有率提升可以说明企业较竞争者绩效更好，反之则更差。市场占有率分析首先应该明确使用何种方法度量市场占有率及其度量结果，在此基础上去进一步分析造成市场占有率变动的原因。市场占有率的度量，可以借助全部市场占有率、可达市场占有率、相对于三个最大竞争者的市场占有率及相对于市场主导者的市场占有率这四种指标来进行。

（1）全部市场占有率。一般简称市场占有率，是企业销售收入占全行业销售收入的比重。分析全部市场占有率，必须明确行业范围，即本行业所包括的产品与市场。由于不同行业结构不同，单凭全部市场占有率未必可以清楚地把握企业在行业中的真正地位。

（2）可达市场占有率。这是指企业销售收入占其可进入市场销售收入的比重。企业的可进入市场，是企业产品最适合的市场或企业通过营销努力希望企及的市场。企业的可进入市场可能只是全部市场的一个部分，因而 100% 的可达市场占有率可能只是全部市场占有率的较低水平。

（3）相对于三个最大竞争者的市场占有率。这是指企业销售收入相对于最大的三个竞争者销售收入总和的比重。例如，企业市场占有率为 35%，三个最大竞争者的市场占有率分别是 10%、20% 与 30%，则企业相对于三个最大竞争者的市场占有率为 58.33% $[=35\div(10+20+30)\times100\%]$。一般来说，如果企业相对于三个最大竞争者的市场占有率高于 33%，则被认为在竞争过程中处于强势地位。

（4）相对于市场主导者的市场占有率。这是指企业销售收入相对于市场主导者销售收入的比重。企业相对于市场主导者的市场占有率的增加，意味着企业在靠近市场主导者；如果企业相对于市场主导者的市场占有率为 100%，说明企业和市场主导者同为市场主导者；如果企业相对于市场主导者的市场占有率大于 100%，则说明企业是市场主导者。

13.3.2.1.3　营销费用与销售收入比率分析

这是一种用来检查、分析企业为达成预期目标而发生的费用支出水平的主要方法。企业可以通过各种营销费用占销售收入的比重高低，来合理控制营销费用支出水平。

13.3.2.1.4　财务分析

除对营销费用与销售收入比率进行分析外，企业还必须进行更加全面的财务分析，来扩大企业的销售水平，从而提高企业的利润水平。

13.3.2.1.5　顾客态度追踪分析

企业通过建立一套系统，追踪顾客、中间商及其他营销活动相关者的态度及其变化，并通过敏锐地捕捉这些变化，来及时调整自己的对策。这一系统应该包括投诉与建议机制、顾客固定样本调查及顾客调查等内容。

13.3.2.2　赢利能力控制

企业通过赢利能力控制，可以对不同产品、不同销售区域、不同顾客群、不同销售渠道及不同销售规模等不同赢利单位的营销成本与赢利能力进行分析、评价与控制。赢利能力控制可以从营销成本及赢利能力两个方面加以分析。

13.3.2.2.1 营销成本分析

营销成本的高低直接影响企业的赢利能力，企业必须严格控制营销成本。企业的营销成本主要由直接推销费用、促销费用、储运费用及其他营销费用构成。

（1）直接推销费用。包括销售人员工资、奖金、差旅费、培训费、招待费等。

（2）促销费用。包括广告媒体费用、产品说明书及宣传册印制费用、赠品等促销费用、展览会费用、促销人员工资等。

（3）储运费用。包括租金、维护费、折旧、保险、包装费、存货成本、燃料费、相关人员费用等。

（4）其他营销费用。包括管理人员工资、办公费用等。

13.3.2.2.2 赢利能力分析

利润是企业营销活动最重要的目标，企业必须特别重视赢利能力分析。企业赢利能力分析主要可以通过销售利润率、资产收益率、净资产收益率及资产管理效率等指标来进行。

（1）销售利润率。销售利润率是企业利润与销售收入的比率，是反映企业赢利能力的重要指标之一。其计算公式为：

$$销售利润率 = \frac{本期利润}{本期销售收入} \times 100\%$$

实际中，对企业销售利润率的评价通常需要通过与同行业平均水平比较来进行，而同一行业不同企业负债比率的差异会影响这一比较。因此，为了尽可能消除由于负债因素带来的利息支付对利润计算的影响，方便同行业企业间的比较，可以在分析赢利能力时考虑利息支出加上税后利润。这样，销售利润率的计算公式变为：

$$销售利润率 = \frac{税后息前利润}{产品销售收入净额} \times 100\%$$

（2）资产收益率。资产收益率是企业本期利润与全部资产的比率，这个指标可以反映企业资产的赢利能力。其计算公式为：

$$资产收益率 = \frac{本期利润}{资产平均总额} \times 100\%$$

出于类似的原因，为了在同行业企业中具可比性，资产收益率的计算公式可以变为：

$$资产收益率 = \frac{税后息前利润}{资产平均总额} \times 100\%$$

（3）净资产收益率。净资产是企业资产总额与负债总额的差额。净资产收益率是企业税后利润与净资产的比率，可以反映企业偿还债务之后的剩余资产的收益水平。其计算公式为：

$$净资产收益率 = \frac{税后利润}{净资产平均余额} \times 100\%$$

（4）资产管理效率。企业可以通过资产周转率与存货周转率来分析企业的资产管理效率。

其中，资产周转率是以企业资产平均总额去除产品销售收入净额而得出的全部资产周转率，用以反映企业全部投资的利用效率。资产周转率高，说明投资的利用效率高。其计算公式为：

$$资产周转率 = \frac{产品销售收入净额}{资产平均占用额} \times 100\%$$

存货周转率是以产品销售成本与存货平均余额进行比较，用以反映企业特定时期内存货周转的次数，从而考核存货的流动性。存货周转率越高，说明企业存货水平较低、周转快，资金使用效率高。其计算公式为：

$$存货周转率 = \frac{产品销售成本}{存货平均余额} \times 100\%$$

实际上，资产管理效率与企业赢利能力有着相当密切的关系，资产管理效率高，企业赢利能力相应也高。从下面的公式可以看出，资产收益率实际上是资产周转率与销售利润率的乘积：

$$资产收益率 = \left(\frac{产品销售收入净额}{资产平均占用额} \times \frac{税后息前利润}{产品销售收入净额} \right) \times 100\%$$
$$= 资产周转率 \times 销售利润率$$

13.3.2.3　效率控制

企业可以通过效率控制来分析、评价销售人员及其他营销职能的工作效率。常见的效率控制包括销售人员效率控制、广告效率控制、推广效率控制及分销效率控制。

（1）销售人员效率控制。常用的指标包括：每个销售人员平均每天销售访问次数；每次销售访问平均所需时间；每次销售访问平均收益；每次销售访问平均成本；每次销售访问平均招待费；每百次销售访问的订单百分比；每期新增顾客数；每期流失顾客数；销售人员成本占销售总成本的比重；等等。

（2）广告效率控制。常用的指标包括：每种媒体的千人成本；广告的注意率、收视（听）率、阅读率、知晓率；顾客对广告内容与有效性的意见；广告前后顾客对于产品态度的变化测量；由广告所引起的咨询次数；等等。

（3）推广效率控制。常用的指标包括：由于推广而销售的百分比；单位销售收入中的陈列成本；赠券收回的比率；因产品演示所引起的咨询次数；等等。

（4）分销效率控制。常用的指标包括：物流成本占销售成本的比重；订单有效率；准时送货的比率；开票错误的比率；等等。

13.3.2.4　战略控制

企业通过战略控制，可以保证营销活动长期地、整体地沿着规划的目标与方向前进。战略控制可以分别通过营销效益等级考评和营销审计来进行。

（1）营销效益等级考评。通过营销效益等级考评，可以对企业营销工作进行整体性的战略评价。通常，营销效益等级考评可以从顾客哲学、整合营销组织、充分的营销信息、战略导向及工作效率五个方面来进行。

（2）营销审计。企业通过营销审计，对企业或其业务单位的营销环境、营销目标、战略和营销活动进行全面、系统、独立和定期的检查，以更好地确定问题的范围和机会，改善营销规划，提升企业的营销绩效。企业的营销审计具有全面性、系统性、独立性及定期性的显著特点。也就是说，营销审计是以独立审计的方式，定期地对企业全部营销活动进行系统的审计。就审计内容而言，营销审计可以包括营销环境审计、营销战略审计、营销组织审计、营销系统审计、营销赢利能力审计及营销职能审计等方面。

学一下 13 - 2

本章小结

这一章的主要内容包括以下几个方面：

1. 营销企划

营销企划通过营销企划书来制定整个营销活动的行动方案。它是在研究和分析企业营销环境的基础上，确定适合于企业资源状况、竞争能力、任务和目标的营销目标，并规划其实现的行动方案的结构性程序。这一结构性程序的最终结果是营销企划书。每一个产品层次（如产品线、品牌）都必须有自己的营销企划。

2. 营销组织

营销组织从体制与制度的基本层面保证企业有效地进行营销活动，它是企业组织的重要组成部分，是企业内部与营销活动相关的各个职位及其结构。营销部门的基本组织形式包括职能型营销组织、地区型营销组织、产品或品牌管理型营销组织、顾客管理型营销组织及产品-顾客管理型营销组织五种类型。企业应该结合自己的实际情况，合理设置营销组织。

3. 营销执行

营销执行是通过实施营销企划以实现营销企划所制定的目标的过程。为了保证有效的营销执行，企业必须注意从制度、流程、权限及资源等各方面做好营销执行的保障工作。

4. 营销控制

营销控制是指企业将营销执行情况及其结果与企划进行比较，通过发现差异并进行改进，以保证营销企划实现的过程。营销控制主要包括年度控制、赢利能力控制、效率控制及战略控制等不同类型。

重要概念

营销企划　职能型营销组织　地区型营销组织　产品或品牌管理型营销组织　顾客管理型营销组织　产品-顾客管理型营销组织　营销控制　年度控制　赢利能力控制效率控制　战略控制

复习与思考

1. 什么是营销实现？营销实现具有什么意义？
2. 什么是营销企划？营销企划书的基本结构是怎样的？
3. 提高营销执行力对中国企业意义何在？

帮记 13 - 2

营销实战分析

碧欧泉男士黑金洁面乳北京市场营销企划①

前言

放大镜 13 - 1

由于中国人口众多，日用消费品市场颇为巨大，随着经济的不断发展，生活水平

---

① 本营销企划是本书作者指导北京科技大学职业技术学院营销专业学生李一憬鸿完成的课程作业，与碧欧泉无关，无任何商业用途。

的不断提高，人们对护肤品的需求也不断提升。行业分析师指出：在护肤品市场中，我国是世界上最大的洗面奶市场。在巨大的市场蛋糕面前，不同国家的品牌竞争激烈。在激烈的竞争环境下，企业应当提升品牌化经营程度，开展与整合更为广泛的渠道模式，发掘新的市场机会，追求同类产品不同品牌之间的差异，包括功效、包装、宣传等诸多方面，从而形成每个品牌的鲜明个性。

因此，为碧欧泉做了针对北京市场的营销企划。通过对北京市场洗面奶的消费者与中间商进行市场调研，了解现在不同年龄、不同性别、不同职业、不同收入等的消费者对于洗面奶的认识与需求，以及了解中间商在洗面奶市场的销售经营状况，从而进一步了解洗面奶市场的需求状况及发展方向，为碧欧泉的进一步发展提供有利依据。

8.3　企划资源日程

9　碧欧泉男士黑金洁面乳企划效果预计

附录

思考与分析：

1. 分析、评价你所看到的这份营销企划书。

2. 你认为营销企划应该包括什么内容？具有什么现实意义？

3. 请为这份营销企划书提供你的修改建议。

素养提升

　　企业应该如何根据中国国情及企业实际情况，进行科学、合理、有效的营销决策与规划？

营销实战训练

市场营销：综合训练

项目名称		课程综合训练	项目类别	团队训练
目的		实际体验与把握市场营销企划的制定		
项目方案	步骤	项目内容		时间
	1. 准备	（1）8～10人组成一个团队，以团队为单位进行训练。最好与市场调研时的团队保持一致。 （2）仔细阅读市场调研实战训练所得到的市场分析报告，并对市场分析报告中已经发生变化的内容进行调整。 （3）选择一个特定的企业，为该企业推出的一款新产品制定营销企划。 （4）围绕所选定的企业收集更多的资料。		持续到本课程结束，课外完成。
	2. 制定营销企划	（1）所选定企业的营销环境分析。 （2）SWOT分析。 （3）确定企划对象、企划时间并界定目标市场（在市场细分的基础上选择市场目标并进行市场定位）。 （4）制定营销组合策略。 （5）制订实施计划。		
	3. 展示	（1）将团队制定的营销企划制作成PPT。 （2）面向全班同学讲解。		10分钟/团队
成绩测评		根据学生制定的营销企划及展示情况给定成绩。		

营销基本功必备之七

合作与组织

一、善于合作

目的：

提高学生的合作能力。

规则与方式：

1. 笑对小错

（1）所有学生站成半圆形，按顺序报数，每人均有一个号。

（2）第一个人（1号）叫另一个人的号，被叫到者立即叫另一个人的号，犹豫或叫错者站到队尾。队伍重新编号，游戏重新开始。

（3）"犯错误者"不许作出惨相或难过状，必须举起一个拳头，骄傲地叫喊"对"，并且骄傲地走到队尾。大家都必须为他鼓掌。

（4）游戏持续6～8分钟。

（5）讨论：

● 对小错误等闲视之是什么感觉？

● 看他人犯错误是什么感觉？

● 生活中你会经常犯什么小错误？

● "犯错误者"举起拳头说"对"的意义是什么？

2. 集体智慧

（1）要求全体学生花10～20分钟时间一起编个故事，每人一次说一个词或句子（每个人要尽可能选用有趣、新颖的词），编故事时声音要大，表达要清晰。

（2）故事从老师的"很久以前……"开始。

（3）第一个故事编完以后，学生开始编第二个故事，大家说的词或句子必须满足通俗易懂（敢于用单调、乏味的词或句子）和尽可能给前面的人圆场这两个条件。

（4）讨论：

● 第一个故事与第二个故事有何不同？为什么？

3. "推"的游戏

（1）学生两人一组，面对面站好，举起双手，双方手掌对在一起。

（2）老师喊"开始"，学生用力推对方的双手。

（3）教师喊"停"，大家坐回位置。

（4）讨论：

● 当你用力推你的对手时，为保持平衡，他必须做什么？

● 如果你用更大的力推，对方有什么反应？

● 如果他人持有与你不同的看法、想法和意见时，你作何反应？在哪些情况下，你可以在语言上"推"对方？"推"会使对方作何反应？

● 为使与你的观点不同的人不产生"推回来"的行为，你可以采取其他的方式吗？

二、学会组织

目的：

提高学生的组织及场面调控能力。

规则与方式：

（1）学生两人为一组，左为A，右为B。A、B均准备5分钟，分别向对方描述一件自己觉得最不幸、最委屈的事（先A后B）。之后，老师让同意对方委屈的人举手。

（2）讨论：

● 如何面对自己的委屈与不幸？

（3）按照老师的要求进行"苹果与菠菜"的游戏。

（4）讨论：

● 以两种方式同时进行该游戏为什么变得困难？

● 如何成为一名好的信息接收者和发送者？如何同时在接收和发送信息中取得平衡？

（5）按照事先准备的主题，将学生分成两组，一组为活动组织者，另一组为参与者，组织一次与营销有关的会议或活动，时间为20分钟。然后互换角色再次进行。

主要参考文献

1. 菲利普·科特勒,加里·阿姆斯特朗. 市场营销原理与实践. 17 版. 楼尊,译. 北京:中国人民大学出版社,2020.

2. 加里·阿姆斯特朗,菲利普·科特勒. 市场营销学. 12 版. 王永贵,等译. 北京:中国人民大学出版社,2017.

3. 格雷格·W 马歇尔,马克·W 约翰斯通. 营销管理(原书第 2 版). 董伊人,等译. 北京:机械工业出版社,2017.

4. 王永贵. 市场营销. 2 版. 北京:中国人民大学出版社,2022.

5. 菲利普·科特勒,何麻温·卡塔加雅,伊万·塞蒂亚万. 营销革命 4.0:从传统到数字. 王赛,译. 北京:机械工业出版社,2018.

6. 约翰·费伊,戴维·乔布尔. 市场营销学. 4 版. 徐瑾,等译. 大连:东北财经大学出版社,2017.

7. 郭国庆. 市场营销. 4 版. 北京:中国人民大学出版社,2021.

8. 迪克·马丁. 营销大师. 杨丽艳,译. 北京:企业管理出版社,2014.

9. 钱旭潮,王龙. 市场营销管理. 3 版. 北京:机械工业出版社,2013.

10. 张荣,等. 市场营销案例集. 杭州:浙江大学出版社,2014.

11. 克里斯·安德森. 免费. 蒋旭峰,等译. 北京:中信出版社,2014.

12. 罗杰·J 贝斯特. 营销管理:提升顾客价值和利润增长的战略. 权小妍,等译. 北京:北京大学出版社,2017.

13. 孟韬. 市场营销:互联网时代的营销创新. 北京:中国人民大学出版社,2018.

14. 陈建萍,杨勇,汤宇军. 教你做企划:企划设计与写作. 北京:中国人民大学出版社,2018.

15. 吴健安,等. 市场营销. 7 版. 北京:清华大学出版社,2021.

16. 阳翼. 大数据营销. 北京:中国人民大学出版社,2017.

17. 艾·里斯,等. 定位:争夺用户心智的战争. 邓德隆,等译. 北京:机械工业出版社,2018.